新编21世纪高等职业教育精品教材
通识课系列

“十四五”职业教育四川省规划教材

新时代高职大学生劳动教育

主　编　任孝勇　肖雍琴　李　艳

中国人民大学出版社
·北京·

图书在版编目（CIP）数据

新时代高职大学生劳动教育/任孝勇，肖雍琴，李艳主编. -- 北京：中国人民大学出版社，2024.1
新编 21 世纪高等职业教育精品教材. 通识课系列
ISBN 978-7-300-32279-7

Ⅰ.①新… Ⅱ.①任… ②肖… ③李… Ⅲ.①劳动教育-高等职业教育-教材 Ⅳ.①G40-015

中国国家版本馆 CIP 数据核字（2023）第 211390 号

"十四五"职业教育四川省规划教材
新编 21 世纪高等职业教育精品教材·通识课系列
新时代高职大学生劳动教育
主 编 任孝勇 肖雍琴 李 艳
Xinshidai Gaozhi Daxuesheng Laodong Jiaoyu

出版发行	中国人民大学出版社		
社　　址	北京中关村大街 31 号	**邮政编码**	100080
电　　话	010－62511242（总编室）		010－62511770（质管部）
	010－82501766（邮购部）		010－62514148（门市部）
	010－62515195（发行公司）		010－62515275（盗版举报）
网　　址	http://www.crup.com.cn		
经　　销	新华书店		
印　　刷	天津中印联印务有限公司		
开　　本	787 mm×1092 mm　1/16	**版　　次**	2024 年 1 月第 1 版
印　　张	17	**印　　次**	2024 年 1 月第 1 次印刷
字　　数	382 000	**定　　价**	49.00 元

《新时代高职大学生劳动教育》
编写组

主　编　任孝勇　肖雍琴　李　艳

副主编（以项目为序）

曾　清　马炳利　郑　容　姚　梅　魏勇军

刘武周　谢　敏

参　编（以项目为序）

郭腾贵　王蓉蓉　周雪辉　兰　恒　邓立群

冯　逃　王举媚　韩冬梅　黄　文　董新刚

匡　法　高民权　李　翠　胡　雪　李红林

张　玺　江　勇　田　斌

前言

PREFACE

劳动是一切幸福的源泉，热爱劳动是中华民族的传统美德。党的十八大以来，习近平总书记立足中国特色社会主义进入新时代这一新的历史方位，高度重视青少年劳动教育，对劳动和劳动教育作出一系列重要论述。2018 年全国教育大会上，习近平总书记明确指出要努力构建德智体美劳全面培养的教育体系。2020 年 3 月，中共中央、国务院发布《关于全面加强新时代大中小学劳动教育的意见》（以下简称《意见》）。《意见》指出，劳动教育是中国特色社会主义教育制度的重要内容，是学生成长的必要途径，具有树德、增智、强体、育美的综合育人价值，直接决定了社会主义建设者和接班人的劳动精神面貌、劳动价值取向和劳动技能水平。《意见》要求设置劳动教育课程，将劳动教育纳入中小学国家课程方案和职业院校、普通高等学校人才培养方案，形成具有综合性、实践性、开放性、针对性的劳动教育课程体系。

新时代的大学生是民族复兴的“生力军”、强国建设的“续写者”、红色江山的“接班人”。新时代的大学生生逢其时，在向着全面建成社会主义现代化强国的第二个百年奋斗目标迈进的新征程上，责任在肩。习近平总书记勉励道：“新时代的中国青年要以实现中华民族伟大复兴为己任，增强做中国人的志气、骨气、底气，不负时代，不负韶华，不负党和人民的殷切希望!”而要不负期望、担负历史使命，首要的是具有健全人格，树立正确的劳动观。正确的劳动观能够帮助大学生形成正确的劳动态度，尊重劳动群众，珍惜劳动成果，以昂扬向上的姿态和劳动热情投入社会劳动生产，创造幸福生活。

开设“大学生劳动教育”这门课程，是为了让高校和大学生对大学阶段的劳动教育内容有更加准确的把握。在日常教学和学习中，职业院校劳动教育课程需要更加注重围绕创新创业，结合学科和专业积极开展实习实训、专业服务、社会实践、勤工助学等；更加注重新知识、新技术、新工艺、新方法的应用，创造性地解决实际问题；更加注重增强诚实劳动意识，积累职业经验，提升就业创业能力；更加注重树立正确的择业观，具有到艰苦地区和行业工作的奋斗精神，懂得“空谈误国、实干兴邦”的深刻道理；更加注重培育公共服务意识，使大学生具有面对急难险重等情况主动作为的奉献精神。

党的二十大报告指出，“在全社会弘扬劳动精神、奋斗精神、奉献精神、创造精神、勤俭节约精神”。为了更好地开展“大学生劳动教育”课程教育教学工作，促进高校劳动教育质量和大学生劳动技能素养提升，根据这门课程的基本要求，本教材以习近平新时代中国特色社会主义思想为引领，全面贯彻党的教育方针，落实全国教育大会精神，坚持立德树人，坚持培育和践行社会主义核心价值观，紧扣《意见》和教育部印发的《大中小学劳动教育指导纲要（试行）》的要求，以新时代高素质技术技能人才培养为主线，结合经济社会发展变化，突出高职院校实际，针对高职大学生的学习特点和生活实际，以项目任务形式对高职大学生相关的劳动主题内容进行较全面的梳理，融入"课程思政"元素，结合案例实行模块化思辨教学，力求做到思想性、科学性、时代性、知识性和趣味性相统一，兼顾教师讲授、学生实习实训和正确价值观培养的需要，创新编写体例，整体规划设计，图文并茂，精选案例素材，切实服务于劳动教育"树立正确的劳动观念、具有必备的劳动能力、培育积极的劳动精神、养成良好的劳动习惯和品质"的总体目标，实现"五育并举"，以劳树德、以劳增智、以劳强体、以劳育美。

本教材以树立正确的劳动观念为基础，以提升必备的劳动能力为关键，以培育积极的劳动精神为核心，以养成良好的劳动习惯和品质为目标，以项目任务形式设置教材体例，对高职大学生相关的劳动主题内容进行系统呈现，理论实践并重，任务驱动项目，案例资源丰富。本教材紧扣高职大学生实际，按照"循序渐进、环环相扣"的思路编排教学内容，全书共八个项目，分别为认识劳动、崇尚劳动、体验劳动、劳动素质、劳动技能、劳动权益、劳动境界和劳动追求。各项目遵循"进阶式"教学体系，通过"名人名言""项目目标""案例导学""任务目标""认知学习""问题卡片""知识链接""出力流汗""实践举案""项目小结""课后思考与练习"等栏目，将劳动观念和劳动精神教育贯穿人才培养全过程，贯穿家庭、学校、社会各方面，帮助学生把握劳动教育的基本内涵，让学生理解和形成马克思主义劳动观，提升自我劳动实践意识和能力，树立"劳动最光荣、劳动最崇高、劳动最伟大、劳动最美丽"的观念，增强获得感、成就感和荣誉感。同时，本教材注重思政融合，结合劳动教育课程的育人属性，分析课程思政的必要性和可行性，指引教师引入思政元素开展教学，注重学生在学习和掌握基本劳动知识技能的过程中领悟劳动的意义价值，培养劳动精神、工匠精神和劳模精神，培育遵纪守法、诚实守信等优良品质，争做有理想、有本领、有担当、有追求的新时代合格劳动者。

本教材作为高等职业院校"大学生劳动教育"必修课程的教材，力求体现如下特色与创新。

（1）彰显"时代性"，展现教育工作新视野。

教材充分考虑科技发展和产业变革趋势，把握育人导向，遵循教育规律，体系设计科学，将推进家庭劳动教育日常化、学校劳动教育规范化、社会劳动教育多样化的具体举措融入教材，符合学生的心理特征和认知养成规律，充分展现了新时代教育工作的新视野。

（2）突出"思政元素"，发挥劳动文化育人功能。

体现职业教育类型教育特色，传承弘扬中华优秀传统劳动文化，充分挖掘新时代劳动精神的内涵和外延，以劳动创造辉煌成就，增强文化自信。强化榜样的激励作用，既有大国工匠、劳动模范，也有身边优秀的普通劳动者和同学，力求以文化人，以心促行，激发学生塑造劳动品质、发扬劳动精神、弘扬劳模精神、传承工匠精神，充分体现综合育人功能，突出劳动教育的思想内涵。

（3）凸显“职教规律”，符合学生发展需求。

依据职业教育特点，采用项目任务式编写模式，打破传统教材编写体例，注重理论与实践相结合，精选具有职业代表性的案例素材，层层递进、深入浅出，使学生明晰劳动教育要点，拓展思辨、认识空间，引导学生动手实践、出力流汗，积极主动参与生活劳动、生产劳动和服务性劳动实践，增强劳动实践意识和能力，自我养成诚实劳动、辛勤劳动和创造性劳动的品质。

（4）推进“混合式教学”，开展教育教学改革。

本教材有配套的线上课程，教师可突破时间和空间限制，根据教学需求开展线上线下混合式教学，实现“一书、一课、一空间”，使得教学方式更加灵活。同时也可解决部分职业院校劳动教育课程“内容多、学时少”的问题，教师可留出更多时间开展劳动教育实践教学，将理论与实践相统一。

（5）借力“融媒体”，配套立体化课程资源。

本教材有“六个一”立体化课程资源，即一个课程标准、一套教学设计、一套演示文稿、一套测试题库、一套教学案例和一套教学微课，为课程教学和学生自主学习提供保障，让学生深刻感受劳动、劳动者和劳动精神的魅力，增强劳动教育课程的吸引力、感染力，使得教学和学习方式更加多元化。

（6）创新“专业＋”，赋能劳动教育特色。

本教材针对不同专业大类的职业标准要求和岗位（群）能力要求，创新设计不同的劳动教育相关内容，适合各专业学生学习和体验。新颖的实践形式有利于激发学生的积极性、创造性，有利于锻炼学生的综合能力，有利于学生体验实践的成就感。

本教材的编写和出版得到了各方的关心和支持，在此表示衷心的感谢！在编写过程中，编者参考和使用了一些资料，在此谨向这些资料的作者致以诚挚的谢意。同时，本教材仍可能存在一些不足或疏漏，敬请有关专家学者和广大师生提出宝贵意见！

编 者

目 录

CONTENTS

项目一 认识劳动

名人名言

1. 劳动创造幸福，实干成就伟业。

——习近平

2. 我觉得人生求乐的方法，最好莫过于尊重劳动。一切乐境，都可由劳动得来，一切苦境，都可由劳动解脱。

——李大钊

3. 劳动创造是对人的社会本质的肯定，美感是认识到这一事实所感到的喜悦。

——朱光潜

项目目标

1. 认识劳动的概念，熟悉劳动的分类，理解劳动的价值。

2. 理解马克思主义劳动价值观，掌握中国特色社会主义劳动价值观的历史沿革。

3. 了解劳动教育的内涵，明晰新时代高职大学生劳动教育的内容。

4. 树立劳动光荣的观念，崇尚劳动精神，领会新时代劳动教育的意义，树立做好德智体美劳全面发展的社会主义建设者和接班人的远大理想。

任务一 劳动及其本质

案例导学

胡中辉：20 多本笔记里，藏着一个“85 后”从职校生到“大国工匠”的密码

全国五一劳动奖章、首席工匠、国家级技能大师工作室负责人、享受国务院政府特殊津贴……如果告诉你这串头衔背后的年轻人是一名“85 后”，而且是一名职业学校的毕业生，或许不少人会感到惊讶。在位于河南省平顶山市的平高集团有限公司，就有这样一位“大国工匠”——胡中辉。从技工学校毕业后，胡中辉便一头扎进一线岗位，用亲手打磨的“中国产品”，让“中国制造”与“工匠精神”走向世界；同时，也用自己的奋斗故事，打破了“重普轻职”的陈旧观念，吸引着更多青年人走上技能报国之路。

一边当车工一边自学大专、本科，光笔记就记了 20 多本

2004 年，17 岁的胡中辉从平顶山市高级技工学校毕业，随后进入平顶山煤矿机械厂工作。经过一年的学习和磨炼后，2005 年，胡中辉来到平高集团有限公司，成为一名普通车工。

“干过机械加工的都知道，车工是个又苦又累的活儿。但是作为一名农村孩子，能进入平高集团当一名技术工人，我是倍加珍惜的。”胡中辉说，父母从小就教育他，学技术要好好学，当工人要好好干，不管干什么工作都要有上进心，要懂得感恩。因此，他暗暗下定决心：一定要好好干，干出个名堂。

平高集团是我国中低压、高压、超高压、特高压开关重大装备研发制造基地，也是国家电工行业重大技术装备支柱企业。在一线岗位上，胡中辉像一块吸不饱水的海绵，不断学习完善自己。他一方面不断自学理论知识，另一方面虚心向老师傅请教技术，光是加工笔记就记了 20 多本，还通过自学，先后取得了机电一体化技术大专、机械设计制造及其自动化专业大学本科学历。

“在我看来，工匠精神一方面是专注，一方面是追求极致。选择一件事，不管多不起眼，只要一直坚持做好，就一定会有收获。”靠着这股精神，胡中辉在 25 岁成为“全国技术能手”，29 岁享受国务院政府特殊津贴、获评河南省首批中原大工匠，并在 30 岁那年荣获全国五一劳动奖章。

获得专利 11 项、打破国外关键技术垄断，一线工人成了创新型工匠

扎根一线十多年，在理论知识和技能水平的快速提升中，胡中辉成为公司的“老师傅”和技术骨干，不仅技术过硬，在科研攻坚上也发挥着重要作用。

面对难题，已是业务骨干的胡中辉主动请缨，承担攻关任务。他没日没夜耗在车床前，一次次试验，一次次失败，但却没有气馁。经过 30 余次试验，耗时 1 个月，他最终研制出动平衡配重工装、内外螺纹装夹工装和专用精密深孔加工刀具，确保零件加工精度在 0.01 毫米内，保证了百万伏零件的高品质。该项目获得了国家发明专利和实用新型专利、中国机械工业科技进步二等奖、国家电网公司科技进步三等奖，一次就创造经济价值 120 多万元。

参加工作至今，胡中辉累计解决一线生产技术难题 300 多项，打破了国外关键零部件加工技术的垄

断；并获得省部级以上科技奖励 7 项、专利 11 项，发表论文 4 篇，为公司创造经济效益达 3 400 多万元，完成了从一名中级工到享受国务院政府特殊津贴的高级技师、高级工程师的转变，成为新时代知识型、技能型、创新型工匠的代表。

“工作不分贵贱，只要沉下心来，什么样的岗位都能出彩”

从一名刚出校门的职校生，到如今成为企业的首席工匠，在胡中辉看来，实现人生价值升华的关键，在于“奋斗”二字。

“作为全国人大代表，我到很多企业和高职院校进行过调研，我常跟学生们说，工作不分贵贱，作为青年人，只要沉下心来，不急不躁，只要肯努力，有理想和抱负，什么样的岗位都能出彩。”胡中辉说，习近平总书记一直很关心职业教育和技能人才的培养，最近，又专门对职业教育工作做出重要指示，强调要弘扬工匠精神，提高技术技能人才社会地位。对此，胡中辉感触很深。

这位从职业学校走出来的“大国工匠”，正在不断的奋斗中实现自己的梦想，抒写无愧于这个伟大时代的青春风采。

资料来源：宋迎迎．胡中辉：20 多本笔记里，藏着一个“85 后”从职校生到“大国工匠”的密码［N］. 东方今报，2021-05-04.

任务目标

知识目标： 理解劳动的概念及本质特征，了解劳动的三要素。

能力目标： 掌握劳动的概念。

素质目标： 理解劳动的价值，培养热爱劳动、崇尚劳动的品质。

认知学习

马克思认为：“整个所谓世界历史不外是人通过人的劳动而诞生的过程，是自然界对人来说的生成过程。”① 也就是说，人类通过自觉的劳动来认识世界和改造世界，劳动是理解人类社会历史和人自身的钥匙，对一切社会问题都应该从劳动实践出发去理解。新时代的高职大学生只有清楚什么是劳动，才能更好地理解其他社会问题。

一、劳动的概念

（一）劳动的词源分析

“劳”字甲骨文写法为“”，从“二火”、从“衣”，表示烛火下缝缀衣服的辛劳，衣中小点代表缝缀的痕迹。金文写法有作从“二火”、从“衣”，即“”，指天气炎热还在劳作，所以把衣服都汗湿了；也有作从“二火”、从“心”，即“”，表示心力的操劳。隶书写法为“勞”，将“衣”旁改写作“冖”旁，其下从“力”，表示屋内灯烛之火下劳作。由汉字“劳”的写法演变可看出，“劳”字是一个会意字。“劳”字的发展分为从

① 马克思. 1844 年经济学哲学手稿［M］. 北京：人民出版社，2018：89.

“衣”、从“心”、从“力”三系，从“力”的一系发展成为现代汉字。“劳”的本义是费力、劳苦。

“动”字篆书写法为“[illegible]”，以“辵”作偏旁，说明“动”是需走动、起身来做事。“动”字隶书写法为“動”，是形声字，从“力”，“重”声，左声右形的写法。现简化为“动”，左边的“云”用于代替声符“重”。“动”是指改变原来位置或脱离静止状态，与“静”相对。“动”的本义是行动、为实现一定意图而活动。

由“劳”和“动”两个字的本义可以看出，“劳动”是人们为实现一定意图而耗费体力、心力所进行的活动。从人类发展的历史来看，在不同社会形态下的劳动往往具有不同侧重的特征。农业社会的劳动主要指人的体力借助自然力作用于动植物的农业劳动，是动手与动脑相统一的、以体力劳动为主的劳动。工业社会的劳动主要是制造业劳动，特征是运用生产工具对初级产品进行加工，动手和动脑的社会分工更加明显。后工业社会或信息社会的劳动是以生产无形产品（非实物使用价值）的服务劳动为主体的劳动，在产品生产过程中，体力劳动不再处于核心地位，管理劳动、科技劳动、信息劳动和知识劳动的地位则越发重要。

（二）劳动的定义

马克思、恩格斯关于劳动的概念包含多层含义，这里主要从两个方面认识劳动的概念：一是劳动是人类生存的手段，二是劳动力的使用就是劳动本身。

1. 劳动是人类生存的手段

人类历史的第一个前提就是有生命的个人存在，人类历史上第一个活动就是生产物质生活本身。当人们开始生产自己的生活时，便把自己同动物区别开来。“劳动首先是人和自然之间的过程，是人以自身的活动来中介、调整和控制人和自然之间的物质变换的过程。人自身作为一种自然力与自然物质相对立。为了在对自身生活有用的形式上占有自然物质，人就使他身上的自然力——臂和腿、头和手运动起来。”[①] 在这里，劳动可以分解为人、自然以及把人和自然联结起来的身体活动。自然界的客观性决定了人不仅不能任意发挥，而且必须依赖自然界，受客观物质条件的制约。人和自然的物质交换活动主要是指占有自然物以维持生命所需。因此，要保证生命的存续和发展就必须劳动。

作为谋生的手段，劳动是农民的农耕劳动，也是工人的产业劳动，不论其具体形式如何，没人能否认劳动是人类生活所固有的客观必然性活动。人类劳动不外乎是劳动力的支出，不管其支出形式如何，在人类社会发展的任何一个阶段都要首先成为一种谋生活动。

① 马克思，恩格斯. 马克思恩格斯选集：第2卷［M］. 3版. 北京：人民出版社，2012：169.

比如生产衣服的活动，一般而言要涉及生产目的、生产方式、生产对象和生产结果。这样的一种生产活动我们通常称之为劳动。当然，在不同的历史时期，由于生产关系和生产力发展水平的不同，生产的目的、方式、对象和结果也会有很大的区别。在自然经济时期，衣服的生产是为了个人的穿着使用，而非用来出售；在生产方式上，基本都是个人手工制作。这与当前商品经济时期生产衣服的目的和方式完全不一样。但从结果来看，劳动生产出来的物品，都具备有用性，具有使用价值。例如，理发师的劳动结果是让顾客的发型美观；清洁工的劳动结果是让环境干净卫生；外卖员的劳动结果是让顾客快捷便利地买到所需商品。尽管这些劳动没有生产出具体的劳动产品，但它们也同样表现出对他人有用性的特征。劳动之所以成为人类最普遍的活动，就在于它是人类生存的必要手段。

2. 劳动力的使用就是劳动本身

在马克思之前，无论是理论阐述还是实践活动，人们对劳动的认识都只是停留在现象层面，都是基于“社会生活内部分裂”而做出的判断。马克思在《资本论》中指出：“如果把生产活动的特定性质撇开，从而把劳动的有用性质撇开，劳动就只剩下一点：它是人类劳动力的耗费。尽管缝和织是不同质的生产活动，但二者都是人的脑、肌肉、神经、手等等的生产耗费，从这个意义上说，二者都是人类劳动。这只是耗费人类劳动力的两种不同的形式。”①

关于劳动的概念，马克思明确地将之定义为“劳动力的使用”。值得注意的是，对于这一定义要在商品经济条件下进行理解。马克思在《资本论》中巧妙地给劳动下了定义：“劳动力的使用就是劳动本身。劳动力的买者消费劳动力，就是叫劳动力的卖者劳动。”②而劳动力或者劳动能力则可以理解为“一个人的身体即活的人体中存在的、每当他生产某种使用价值时就运用的体力和智力的总和”③。因此，通俗地讲，劳动是劳动者运用体力和脑力，以获取劳动成果为目的，对劳动对象实施改造的活动。比如洗衣做饭、种植蔬菜、制造汽车零件、装修房屋、设计网页、编写程序等。

知识链接

商品的二因素和劳动的二重性

一、商品的二因素

商品是用来交换、能满足人的某种需要的劳动产品，具有使用价值和价值两个因素或两种属性，是使用价值和价值的矛盾统一体。

第一，商品的使用价值是指商品能够满足人的某种需要的有用性，反映的是人与自然之间的物质关系，是商品的自然属性，是一切劳动产品所共有的属性。使用价值构成社会财富的物质内容，是交换价值的物质承担者。

第二，商品的价值是指凝结在商品中的无差别的一般人类劳动，即人的脑力和体力的耗费。价值是商品所特有的社会属性。商品的价值在质的规定上是相同的，因而可以相互比较。价值是交换

---

① 马克思，恩格斯. 马克思恩格斯选集：第2卷［M］. 3版. 北京：人民出版社，2012：103.

② 马克思，恩格斯. 马克思恩格斯文集：第5卷［M］. 北京：人民出版社，2009：207.

③ 同①164.

价值的基础，交换价值是价值的表现形式。商品的价值在本质上体现了生产者之间一定的社会关系。

第三，商品的使用价值和价值之间是对立统一的关系。其对立性表现在：商品的使用价值和价值是相互排斥的，二者不可兼得。要获得商品的价值，就必须放弃商品的使用价值；要得到商品的使用价值，就不能得到商品的价值。其统一性表现在：作为商品，必须同时具备使用价值和价值两个因素。使用价值是价值的物质承担者，价值寓于使用价值之中。

二、劳动的二重性

具体劳动和抽象劳动是同一劳动的两种规定。任何一种劳动，一方面是特殊的具体劳动，另一方面又是一般的抽象劳动，这就是劳动的二重性。正是劳动的二重性决定了商品的二因素。

第一，具体劳动是指生产一定使用价值的具体形式的劳动。具体劳动创造了商品的使用价值。

第二，抽象劳动是指撇开一切具体形式的、无差别的一般人类劳动，即人的脑力和体力的耗费。抽象劳动形成商品的价值。

第三，具体劳动和抽象劳动是对立统一的关系。具体劳动和抽象劳动是商品生产者的同一劳动过程不可分割的两个方面，二者在时间上和空间上是统一的。具体劳动与抽象劳动分别反映劳动的不同属性：具体劳动所反映的是人与自然的关系，是劳动的自然属性；抽象劳动反映的是商品生产者的社会关系，是劳动的社会属性。

二、劳动的本质特征

（一）目的性

劳动是有目的的活动，主要表现在：劳动过程结束时得到的结果，在这个过程开始时就作为目的在劳动者头脑中以观念的形式存在着，目的决定着劳动者的行为。马克思形象地说过："蜘蛛的活动与织工的活动相似，蜜蜂建筑蜂房的本领使人间的许多建筑师感到惭愧。但是，最蹩脚的建筑师从一开始就比最灵巧的蜜蜂高明的地方，是他在用蜂蜡建筑蜂房以前，已经在自己的头脑中把它建成了。"① 可以看出，蜘蛛织网、蜜蜂筑巢、猫捉老鼠这些动物界的活动都不是劳动，它们的这些行为都只属于本能行为，是一种程序化的动作反射，是无目的性的。目前来看，只有人类社会才存在真正意义上的劳动。

就具体劳动而言，不同的劳动活动具有不同的目的性。例如，农业种植的目的不同于工业制造的目的，这可以看成第一产业和第二产业的生产目的大不相同。同样地，第三产业的生产目的也与前两者存在差异。这种差异既表现在人与对象的关系上，又表现在劳动过程中人对体力和智力的运用上。然而，从有用性的角度来看，劳动的目的则具有共同的特征，即生产有用性物品或者提供有用性服务。例如，生产汽车零件、生产家用电器、酿造酱油等，就属于生产有用性物品，而提供家政服务、咨询服务、导游服务等，就属于提供有用性服务。

（二）社会历史性

劳动的历史性表现了人类活动的社会形态及其变迁。在人类社会发展的不同时期，由

① 马克思，恩格斯. 马克思恩格斯选集：第2卷［M］. 3版. 北京：人民出版社，2012：169-170.

于生产力与生产关系水平的不同，必然伴随着劳动形态的变迁问题。从原始人利用石器、棍棒进行的劳动，到今天人们借助先进仪器、设备所进行的劳动，既是人类社会生产力发展的历史，也是人类从简单劳动到复杂劳动的劳动发展史，是人类从单纯体力劳动向脑体劳动相结合的劳动发展史。生产力水平不断提高，社会逐渐发展，脑力劳动和复杂劳动在社会劳动中的比重日益增大。随着脑力劳动和复杂劳动程度的提高，人类社会也得到发展。

劳动的历史性与劳动的社会性是密不可分的。个人的力量是有限的，因此，人对自然界的改造活动要通过联合的方式完成。通过分工、协作，每个人在社会中有了属于自己的位置，通过一定数量的劳动，生产满足社会需要的产品；通过为他人和社会提供必要的生活产品，来获得自己生存所需的生活资料。这样劳动成为维系整个社会正常运作的重要方式，劳动就变成社会性的劳动，并使个人的活动与社会的总体活动联系起来了。个体与他人在社会劳动中使用的劳动工具，应用的劳动知识、经验，有相当一部分是前人在劳动中总结出来的成果。这种在劳动过程中不断发展的技术、知识和经验，促进了社会生产力的极大发展，催生出了更为先进的生产方式，带来了劳动方式的不断丰富、劳动水平的不断提高，从整个人类历史发展的角度来看，推动了劳动的历史发展。

问题卡片

请仔细阅读下列问题，判断以下行为哪些属于劳动活动，逐一回答“是”或“否”，并将答案填写在相应的位置上。

序号	问题	是/否
1	职业电竞选手为参加刀塔 2（DOTA 2）国际邀请赛而每日训练是否属于劳动活动？	
2	小轩暑假天天在家玩手机游戏是否属于劳动活动？	
3	心理咨询师为来访者进行沟通是否属于劳动活动？	
4	小铭在游玩的路上捡到了一副墨镜是否属于劳动活动？	

三、劳动的三要素

在劳动产品的生产过程中，劳动过程的顺利开展离不开劳动本身、劳动对象以及劳动资料这三大劳动构成要素。

（一）劳动本身

前面已经阐述过了劳动力的使用就是劳动本身，并对此进行了解释。在这里我们来讲讲劳动本身在劳动过程中成为商品的情况。劳动力成为商品，标志着简单商品生产发展到资本主义商品生产的新阶段。此时，劳动力要成为商品必须具备两个条件：

第一，劳动者是自由人，能够把自己的劳动力当做自己的商品来支配。劳动力所有者要想保持自己的自由状态，就不能一下子把自身的劳动力时间都出卖给资本家，否则就和没有人身自由的奴隶无异了。因此，劳动者在出卖自己的劳动力的同时，他本身是一个自由人，他在把自己的劳动力让渡给资本家时没有放弃对自身劳动力的所有权。

第二，劳动者没有别的商品可以出卖，没有任何实现自己的劳动力所必需的物质条件。劳动力所有者在面对自身一无所有的情况下，就只能把自己的劳动力当做商品出卖，以此谋取生活所需。在当时资本主义的生产关系下，无产者如果在生活中不靠出卖自己的劳动力为生，就必须拥有生产资料和生活资料，用于维持自己的生活。劳动资料都是被资本家占有的，劳动力所有者在资本的支配下替资本家生产商品，但这种商品被劳动者生产出来却不属于他自己。在自由得一无所有的情况下，要想获得生活资料，无产者就必须出卖自己的劳动力。

（二）劳动对象

物质性劳动对象是人们在物质资料生产过程中利用劳动资料将劳动施加于其上的一切事物。它可分为两大类：一类是自然物，另一类是原材料。

众所周知，土地和水最初以食物的样貌给人类提供现成的生活资料，它们未经过人的协助，就作为人类劳动的一般对象而存在。“所有那些通过劳动只是同土地脱离直接联系的东西，都是天然存在的劳动对象。”① 例如，海中捕获的鱼、林中被砍的树木、开采的矿石，都是人类的劳动对象，它们都是自然物。

还有一种劳动对象是被劳动加工过、处理过的，其本身已经是劳动产品，这种可以称为原材料。例如，加工服装用的布匹、制作皮包用的皮料、组装汽车用的配件等，这些产品每一种都有不同的属性和用途，因此同一种产品也能成为不同的劳动过程的原料。

（三）劳动资料

劳动资料是一种中介，主要作用于生产者改造加工劳动对象的过程中。“劳动资料是劳动者置于自己和劳动对象之间的、用来把自己的活动传导到劳动对象上去的物或者物的综合体。劳动者利用物的机械的、物理的和化学的属性，以便把这些物当做发挥力量的手段，依照自己的目的作用于其他的物。”②

在原始社会，劳动者的身体器官是唯一的劳动资料，自然物本身成为劳动者活动的“器官”，劳动者把它加到自己的身体上，延长了自然的身体。在当时生产力水平十分低下的情况下，土地为人们的物质生产活动提供了丰富的劳动生产资料。当农业稍微有了一点发展后，就出现了石制工具等加工过的劳动资料。在人类历史的初期，经过加工的石块、木头、骨头、贝壳和动物的遗骸也曾被当做劳动资料发挥作用。人类在劳动过程中的独有特征就在于人会制造和使用劳动资料。劳动资料的使用方式，体现了社会经济的发展程度，机械性的劳动资料更能显示一个社会的时代特征。

---

① 马克思，恩格斯．马克思恩格斯选集：第 2 卷［M］．3 版．北京：人民出版社，2012：170.

② 同①171.

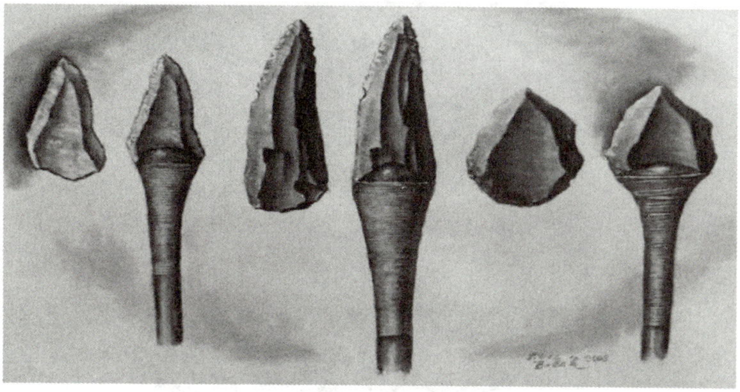

某一物品究竟是劳动对象、劳动资料还是劳动产品，取决于它在劳动过程中所起的特定作用，以及它在劳动过程中所处的地位。随着该物品在劳动中地位的改变，它的属性也随之发生改变。例如，土地在农业劳动中是劳动对象，而在工业生产中又是劳动资料，为劳动生产提供必需的场所。

四、劳动的价值

从马克思主义哲学和政治经济学的角度来看，劳动具有两方面的价值：一是社会价值，二是个人价值。

（一）劳动的社会价值

不可否认的是，劳动贯彻人类社会始终。劳动使物质世界被区分为自然界和人类社会两大领域。所以说，人类社会存在和发展的前提和基础是物质资料的生产，而劳动是直接创造物质资料的活动。例如，通过劳动才能解决粮食问题，促进第一产业的发展，以此满足人类生存的最低需求；通过劳动才能促进工业和建筑业等第二产业的发展，为人类生活创造更好的条件。同时，人类还有更高的精神需求，这就离不开各种文化活动、艺术活动、娱乐活动等第三产业的支持。换言之，通过劳动创造物质财富和精神财富，以满足人们吃、住、行、游、购、娱等需要，进而维持社会的正常循环和发展。此外，劳动也是社会关系形成的基础，人们在劳动过程中，一方面同自然界发生关系，另一方面有了劳动才逐渐有了社会分工，人们内部之间又结成了各种生产关系。

（二）劳动的个人价值

习近平一直强调劳动的重要性。2020 年 11 月 24 日，习近平在全国劳动模范和先进工作者表彰大会上讲道："光荣属于劳动者，幸福属于劳动者。"在 2023 年"五一"国际劳动节到来之际，习近平强调："广大劳动群众大力弘扬劳模精神、劳动精神、工匠精神，诚实劳动、勤勉工作，锐意创新、敢为人先，依靠劳动创造扎实推进中国式现代化，在强国建设、民族复兴的新征程上充分发挥主力军作用。"劳动对于国家、民族来讲都是极具价值的，对于个人来讲，劳动不仅具有谋生价值，而且具有自我实现的价值。

1. 谋生价值

作为新时代的青年，劳动是我们重要的谋生手段。随着互联网的高度发展，现代社会劳动的形式多种多样，多种新兴职业如雨后春笋般涌现，例如，快递员、外卖员、网络主播、云工程师、数据工程师、后端开发工程师等多种新兴职业。这些职业的本质特点都是通过劳动创造个人谋生价值。因此，劳动不分高低贵贱。2015 年 4 月 28 日，习近平总书记在庆祝“五一”国际劳动节暨表彰全国劳动模范和先进工作者大会上的讲话中说道：“在我们社会主义国家，一切劳动，无论是体力劳动还是脑力劳动，都值得尊重和鼓励；一切创造，无论是个人创造还是集体创造，也都值得尊重和鼓励。全社会都要贯彻尊重劳动、尊重知识、尊重人才、尊重创造的重大方针，全社会都要以辛勤劳动为荣、以好逸恶劳为耻，任何时候任何人都不能看不起普通劳动者，都不能贪图不劳而获的生活。”

2. 自我实现的价值

在马斯洛需求层次理论中，生理的需求是最基本的需求，而自我实现的需求是最高级的需求。在生活中我们看到有许多义工和志愿者，他们进行义务劳动，在劳动中体会充实与快乐，不求任何报酬，因为他们的目的不是财富，而是一种满足内心的自我实现的需求。

我们熟知的劳模精神也是自我实现价值的表现。拥有劳动精神的人在劳动中已经不单纯地局限于劳动带来的物质上的满足，而是通过劳动来获得精神上的荣耀感。2018 年 9 月 10 日，在全国教育大会上，习近平总书记明确指出：“要在学生中弘扬劳动精神，教育引导学生崇尚劳动、尊重劳动，懂得劳动最光荣、劳动最崇高、劳动最伟大、劳动最美丽的道理，长大后能够辛勤劳动、诚实劳动、创造性劳动。”这一重要论述强调了劳动教育的重要意义，同时也为高职院校开展高职大学生劳动教育提供了根本遵循。可以说，在劳动中感悟、在劳动中收获、在劳动中创造所带来的社会价值极具精神鼓舞的力量。

任务二　劳动的分类

案例导学

“军工绣娘”潘玉华

潘玉华，中国电子科技集团公司29所高级技师，中国国防邮电工会示范性劳模创新大师工作室带头人，四川省机电冶煤工会兼职副主席。潘玉华从事无线电精密组装焊接工作26年，练就一身“绝活儿”，荣获“大国工匠”“全国最美职工”等荣誉称号。在一块1元硬币大小的电子板上，焊接1 144根细小的铅柱，没有任何机器辅助，她能够全凭手感完成，被称为“军工绣娘”。潘玉华出生在四川农村，她的奶奶是一位绣娘，潘玉华从小就看着奶奶在锦缎上穿针引线，并深深着迷。1995年，20岁的潘玉华进入中国电子科技集团公司。此后的20多年，她专注于微波集成制造的无线电装接手工焊接工作，常常在很多身形庞大的“国之重器”内部，完成比芝麻粒还小得多的焊接。2009年的一天，设计人员在研发新一代北斗卫星时遇到难题，潘玉华接到任务，要把硬币大小的电子板上面的1 144个“小腿”拆下来，找到故障后再原样焊回。如此严苛的要求，潘玉华屏气凝神，一动不动坐了4个小时，在没有任何辅助全凭手感的情况下，稳、准、细致地完成了焊接。所焊接的电子板跟原厂出来的几乎一样，上千次动作的重复没有任何失误，基本看不到焊接的痕迹，可谓把每个细节都做到了极致。

潘玉华分享她对“工匠精神”的看法时说：“‘工匠精神’就是专注、坚持和创新。专注就是我们所说的干一行、爱一行、专一行；另外一个就是坚持，坚持就是一个锲而不舍、持之以恒的过程；再有一个就是要不断创新，才能持续激发工匠活力。”

资料来源：卢锦根．【工会先锋】四川劳模工匠分享匠心故事［J］．当代县域经济，2022（5）．

任务目标

知识目标：熟悉劳动的分类。

能力目标：能够区分不同类型的劳动。

素质目标：定位自己感兴趣的劳动类型。

认知学习

劳动是人类生存和发展的基础，是指能够对外输出劳动量或劳动价值的人类活动，即生产物质资料的过程。劳动是人维持自我生存和自我发展的唯一手段。人们按照不同的标准，从不同的角度，将劳动进行不同的分类。

一、生产劳动与非生产劳动

（一）生产劳动

生产劳动一般指创造物质财富的劳动。生产劳动的目的是改变物的使用价值，在这个过程中活劳动被固化，因而创造价值。按劳动的自然形态区分，生产劳动指创造物质财富的劳动，如农业、工业、建筑业、交通运输业等中的劳动；不创造物质财富的劳动，如教师、律师、演员、歌手等的劳动，是非生产劳动。按劳动的社会形态区分，在资本主义社会中，生产劳动指能为资本家创造剩余价值的劳动；只创造使用价值的劳动，是非生产劳动。

（二）非生产劳动

非生产劳动不能将劳动固化在商品或特殊物品中，用亚当·斯密的话说只是“随生随灭”，因而它无法创造价值。虽然非生产劳动不创造价值，但是进行这些劳动的劳动力却是有价值的，而且非生产劳动也是人类社会所不可或缺的。非生产劳动是生产劳动的延伸或补充，比如仓储、运输是商品生产的后续工作；专家和科学家的劳动是对一定水平的生产力的维护和促进。

所有的非生产劳动都依赖于生产劳动，人类社会只有在出现了经常性的剩余劳动以后才会出现专门的非生产劳动分工。生产力水平越高，生产劳动所需要的人就越少，就会有越多的富余劳动力流向非生产劳动。

二、体力劳动与脑力劳动

（一）体力劳动

体力劳动是指以人体肌肉与骨骼的运动为主，以大脑和其他生理系统的运动为辅的主体运动，如打字、缝纫、扫地、洗衣服、搬运家具。任何体力劳动的形成、维持和发展都必须依靠机体其他生理系统的参与，并为之提供物质、能量和信息，因此体力劳动必然伴随着其他生理系统的运动。

（二）脑力劳动

脑力劳动是相对于体力劳动而言的，是人类所独有的劳动形式。体力劳动是指以人体的肌肉与骨骼运动为主的劳动形式，那么脑力劳动自然是指以大脑神经系统为主要运动器官的劳动，如记忆、思考、感受等。人的脑力包括注意力、感知力、理解力、记忆力、创造力五大素质。身体的发达和健康在于体力劳动，而大脑的发达和机智在于脑力劳动。

体力与脑力的劳动统一于人的实践活动，没有完全分割的体力劳动或者脑力劳动，这源于概念与实践本身的关系。

三、具体劳动与抽象劳动

（一）具体劳动

生产一种商品，人们就要进行一种特定种类的生产活动。例如，制造一把斧头，人们就要进行砍伐树木、打造铁器这种特定种类的生产活动，这一过程中人们所从事的特殊的生产活动是由它的目的、方式、对象和结果所决定的。人们在制造斧头这种具体形式上进行的劳动就是具体劳动，它是生产出某种特殊的使用价值的有用劳动。

各种不同质的特殊的具体劳动，创造出不同质的使用价值。例如，面包师傅的具体劳动，生产出各种类型的面包；汽车工人的具体劳动，生产出各式各样的汽车。由于人们从事的具体劳动多种多样，使用价值也因此各不相同。随着社会生产的发展，生产各种使用价值的具体劳动逐渐分离开来和独立化，从而形成社会分工。人类为了生存，总是需要有各种物质财富，这些物质财富除天然存在的以外，都必须通过具体劳动创造出来。

（二）抽象劳动

抽象劳动是形成价值的相同的人类劳动，是价值的实体，而价值所体现的又是一定的社会生产关系。生产使用价值的各种具体劳动，是有用性质各不相同的劳动。但不论社会的经济形态如何，也不论劳动的具体形式如何，它都是人类劳动力的耗费。例如，种植和收割是两种不同质的生产活动，但二者都是人的脑力、神经、肌肉、手等的生产耗费，这种生理学意义上的人类劳动力的耗费，就是一般人类劳动或抽象劳动。但抽象劳动不仅仅是生理学意义上的一般劳动力的支出，它同时还通过商品交换表现出来，是形成商品价值的一般人类劳动。

具体劳动和抽象劳动是“对立统一”关系。一方面，二者相互统一。人们在从事具体劳动的同时，也就支出了抽象劳动。具体劳动和抽象劳动不是各自独立存在的两种劳动或两次劳动，它们在时间上和空间是统一的，是人们在劳动过程中不可分割的两个方面。另一方面，二者相互对立。具体劳动是从生产商品的劳动具有某种特定的有用性和具体形式来考察的，它们在性质上各不相同，而抽象劳动是抽掉了劳动的有用性和具体形式，单纯从劳动是人类的体力和脑力的支出来考察的。具体劳动所反映的是人与自然的关系，是劳动的自然属性；抽象劳动所反映的是商品生产者的社会关系，是劳动的社会属性。

四、简单劳动与复杂劳动

（一）简单劳动

简单劳动是指在一定的社会条件下不需要经过特别的专门训练，每个普通者都能从事的劳动。例如，刷牙、切菜、拖地、割草、浇花等日常生活劳动，不用经过专门训练，不用花太多时间和精力便可习得。

（二）复杂劳动

复杂劳动是“简单劳动”的对称，指具有一定技术专长的劳动，而获得这些技术专长和知识，需要经受专门的培养和训练。在同等时间里，复杂劳动可以比简单劳动创造出更多的价值。复杂劳动是一种较高级的劳动，它需要花费更多的时间和精力。因此复杂劳动等于倍加或自乘的简单劳动。

从简单劳动到复杂劳动，马克思在《资本论》中指出，提高劳动密度可以通过三个基本途径：提高劳动强度、提高劳动熟练度和提高劳动复杂度。可以说，简单劳动和复杂劳动辩证统一，不可分割。

五、技术性劳动与非技术性劳动

（一）技术性劳动

技术性劳动是指在某一个领域具有一定专长，且专业性较强的劳动。例如，医学技术、生物能源技术、软件开发技术、新能源动力技术等，这些领域具有一定的专业性，劳动者需经过专业学习、特殊培训才能从事，对劳动者素质要求较高。一般而言，技术性越稀有，不可替代性越高。

（二）非技术性劳动

与“技术性劳动”相对应，非技术性劳动主要是一些日常生活中的普通劳动。例如，搬运工、环卫工、商场服务员、餐厅服务员等，他们所从事的劳动一般不需要经过特别专业的劳动培训。非技术性劳动虽然专业性不是那么强，但同样是生产生活不可或缺的组成部分。如果没有他们付出的艰辛劳动，也无法维持社会生活的正常运转。

技术性劳动和非技术性劳动相辅相成，都是社会生活的重要组成部分。技术性劳动能更大程度推动生产力的发展，非技术性劳动则更多地为人们的基本生活需要提供服务和保障，两者共同推动人类社会的进步和发展。

六、数字劳动与传统劳动

（一）数字劳动

“数字劳动”一词最早出现在意大利学者蒂齐亚纳·泰拉诺瓦（Tiziana Terranova）的《免费劳动：为数字经济生产文化》（2000）一文中。

从学界对数字劳动概念的界定看，大致可分为两种路径：一是后结构主义者的文化研究路径，以蒂齐亚纳·泰拉诺瓦为代表；二是马克思主义者的政治经济学路径，以克里斯蒂安·福克斯为代表。

文化研究路径认为，数字劳动是和传统物质劳动有着显著区别的“非物质化劳动”模式。在福克斯看来，数字劳动是指知识文化的消费被转化为额外的生产性活动，这些活动被劳动者欣然接纳的同时，劳动者却受到了一定程度的剥削。福克斯指出，数字劳动是异化的劳动：数字劳动与自身异化、与工具异化、与劳动对象异化、与劳动产品异化。

数字劳动在时间上是分散的，可以在平时工作的间隙，以及周末和假日；数字劳动在空间上也是分散的，它可以在任何地方进行，包括家里、茶吧、办公室、户外等。

（二）传统劳动

传统劳动是指通过身体力行的方式进行劳作，比如洗衣、做饭、除草、种地等。中华优秀传统文化蕴含着丰富的劳动教育思想，例如，《三字经》有“稻粱菽，麦黍稷。此六谷，人所食”，《弟子规》有“房室清，墙壁净。几案洁，笔砚正”，《千字文》有“治本于农，务兹稼穑。俶载南亩，我艺黍稷”。中国传统劳动教育的理论与方法，为今天的劳动教育提供了很好的借鉴和启示。时至今日，劳动工具在创新，劳动范畴也在不断拓展。但无论怎样，身体力行的劳动是我们每个人的立足之本。

问题卡片

请仔细阅读下列问题，作出相应判断，逐一回答“对”或“错”，并将答案填写在相应的位置上。

序号	问题	对/错
1	演员和歌手的劳动属于生产劳动。	
2	注意力、感知力、理解力、记忆力、创造力属于脑力劳动。	
3	面包师傅在生产面包时只消耗了具体劳动。	
4	数字劳动可以不受时间和空间的限制。	

任务三 劳动价值观

案例导学

“当代愚公” 黄大发

红旗渠精神是什么？——“自力更生、艰苦创业、团结协作、无私奉献”。这短短的 16 个字，凝结的是代代人民的辛苦劳作。与红旗渠精神异曲同工的还有“大发渠”。“大发渠”的名字源自一位民众心目中的大英雄——黄大发，这条水渠绵延三座山，总长 9 000 多米。光听这样庞大的数字，很难想象得到，这个大工程是由一位已年近半百的村支书负责的。黄大发半路出家，从完全不懂水利的外行变成精通的一把手，这其间的辛苦可想而知。

黄大发出生在战火纷飞的 1935 年。新中国成立后，20 多岁的他因从小深受党的温暖呵护，于是决定加入党的队伍。当时，他所处的环境是穷乡僻壤，不仅与外界交流困难，而且最为严重的是水源匮乏。

水是生命之源。没有水，粮食谈何而来？莫说过上滋润富足的生活，就是为了喝上一口水，他们每天都要走四五公里的山路。农民们就连最基本的小麦都种不出来，也无法养活牛羊。身为大队长的黄大发也是这么一路饿过来的，因此他心中萌生了一个大胆又伟大的想法，他要让大伙都喝上干净的水。

这在当时是一个遥不可及的愿望，尤其对于只有小学文化的黄大发来说，他没有水利经验，也没有学习过水利工程的知识。他只是听说过，可以从水源引水下来，但是具体该怎么做，他实在是两眼一抹黑。但是，曾对村民做出的承诺最终还是激励着他探索，他知道实践出真知。

他组织了一队村民进行了长时间的实地考察，最终决定挖通挡着水源的这座山，从中修一条隧道。但是由于方法有误，再加上他们本身资金、资源有限，这条隧道最终只挖了 116 米，缺水的问题还是没有解决。从大队长到村支书，他一直在为这件事奔走劳累，24 岁与 40 岁之间横跨着的不仅是岁月的流逝，更是为了人民操碎的心。

直到 1989 年，机会来了。当时，他一听说附近村的枫香水利站有学习水利知识的机会，就立马奔赴那里报了名。由于只有小学文化水平，刚开始的时候他学习起来非常吃力。但他风里来雨里去，从不错过每一堂课和每一次提问的机会，发誓要把每个疑问弄明白。经过几年的学习，他终于明白自己当初的方案错在了哪里，毕竟盲人摸象，事情的本质不了解，最后只能绕了远路。

经过这次学习，他在 1992 年向组织提交了修渠道的建议。这次，他有所准备，终于不再迷茫。组织很快同意了他的请求，并向他和村民们提供了资助。挖渠期间，他从不将工作假手于人，已经快 60 岁了，还经常站在危险的山崖上工作。

背负着人民与党的使命，两年后水渠终于建成。当第一捧清澈的水流蔓延进村里的时候，他知道，全村人从此都可以很方便地喝上干净的水了。

在这场跨了三代的工程中，黄大发为家乡人民的生活和发展做出了巨大贡献，提高了村民的生活质量，让村民朝着小康之路迈了一大步。

任务目标

知识目标：理解马克思主义劳动价值观。

能力目标：掌握中国特色社会主义劳动价值观的历史沿革。

素质目标：树立劳动为荣、崇尚劳动的精神。

认知学习

一、马克思主义劳动价值观

劳动价值理论最早是由古典政治经济学提出的，亚当·斯密和大卫·李嘉图通过经济制度的研究奠定了劳动价值理论的基础，马克思在对古典政治经济学劳动价值理论批评、继承和发展的基础上，创立了科学的劳动价值理论。17 世纪中叶到 19 世纪初，劳动价值论成为资产阶级，特别是产业资本家阶级发展社会生产力，反对封建贵族阶级的理论武器。“劳动决定商品价值，劳动产品按照这个价值尺度在权利平等的商品占有者之间自由交换，这些——正如马克思已经证明的——就是现代资产阶级全部政治的、法律的和哲学的意识形态建立于其上的现实基础。”①

（一）劳动创造了人和人类历史

马克思认为“人类通过劳动摆脱了最初的动物状态”②。劳动使得人从自然界中分离出来，逐步形成了不同于一般动物的语言和肢体结构，有了区别于其他动物的生物性特征。劳动不仅是谋生的手段，更是通向客观世界与主观世界的媒介，也是实现人性至美至善、彻底自由的必由之路。

恩格斯在《劳动在从猿到人转变过程中的作用》一文中指出：在一定意义上说，“劳动创造了人本身”③。劳动是人类社会存在和发展的最基本的条件，人类的祖先——猿，经过长期劳动才成为能制造工具的人。可以说劳动在人类社会形成过程中，起决定性的作用。关于“劳动创造了人本身”这一命题，系统辩证论这样认为，“劳动创造了人本身”大体经历了三个阶段：自然界在变化发展中孕育着人类；人类在制造石器中诞生；人类在学会使用火的过程中脱离了动物界。所以说，劳动是自然界和人类社会范畴的中介环节。

劳动是生物人转向社会人的基础。马克思指出，“正是在改造对象世界中，人才真正

---

① 马克思，恩格斯．马克思恩格斯全集：第 18 卷［M］．2 版．北京：人民出版社，2018：256.

② 马克思．资本论（节选本）［M］．北京：人民出版社，2018：167.

③ 马克思，恩格斯．马克思恩格斯文集：第 9 卷［M］．北京：人民出版社，2009：550.

地证明自己是类存在物”[①]。也正如恩格斯所言，“劳动是整个人类生活的第一个基本条件”[②]。因此，劳动创造了人本身。

马克思、恩格斯认为人类社会的全部历史都是以生产劳动为起点的，人类的生产劳动构成了人类历史的基础，推动了人类历史的进步。可以说，没有生产劳动就没有人类的延续和发展。

（二）劳动是商品价值的源泉

劳动是商品价值的源泉，这是马克思主义劳动价值理论的核心思想。同时，马克思、恩格斯阐述了劳动在商品价值中的重要作用。

商品具有二属性，生产商品所付出的劳动同样具有二重性——具体劳动和抽象劳动，二者统一于劳动过程中。一切劳动，一方面是人类劳动力在生理学意义上的消耗，就相同的或抽象的人类劳动这个属性来说，它形成商品价值；一切劳动，另一方面是人类劳动力在特殊的有一定目的形式上的消耗，就具体的、有用的这个属性来说，它生产使用价值。[③]因此，商品的价值凝结了无差别的人类劳动，而各个商品价值的大小，是由耗费在商品中的相对应的劳动数量或劳动量决定的。

所以，商品的价值由劳动创造。要生产出一个商品，就必须在这个商品上面耗费一定的劳动，劳动是商品价值的源泉。

（三）劳动实现人的全面发展

人类社会进程中，有许多先贤都提出过关于人的全面发展的主张。如亚里士多德、夸美纽斯、卢梭、傅立叶等。马克思、恩格斯批评继承了历史上关于人的全面发展的思想，他们在前人理论基础上，通过大量考察、调研，指出旧式分工造成了人的体力劳动和脑力劳动的分工和对立，导致人的劳动能力逐渐丧失整体性，这便是劳动的异化。而要实现人的全面发展，就要实现人的体力、智力的统一。马克思深入分析异化劳动形成的根源，提出以共产主义代替私有制，消除劳动异化，实现人的全面发展。正如马克思对共产主义社会的构想：到那时，劳动不再是生存的必需，而成为解放人的手段。共产主义社会的形式主体就是劳动者有序自由联合的这样一个联合体，“在那里，每个人的自由发展是一切人的自由发展的条件”[④]。

劳动价值理论作为马克思主义的重要组成部分，具有与时俱进的理论品质，是随着时代和实践的发展而不断发展的科学理论。

二、劳动价值观的发展与演变

（一）毛泽东的劳动价值观

一是劳动为了人民。“为人民服务”是无产阶级政党的根本宗旨，是毛泽东的一大贡

---

① 马克思．1844年经济学哲学手稿［M］．北京：人民出版社，2018：54.

② 马克思，恩格斯．马克思恩格斯全集：第26卷［M］．2版．北京：人民出版社，2014：759.

③ 陈国维．高职大学生劳动教育［M］．北京：高等教育出版社，2020：36.

④ 马克思，恩格斯．马克思恩格斯选集：第4卷［M］．3版．北京：人民出版社，2012：647.

献。全心全意为人民服务的宗旨，建立在历史唯物主义基本原理的基础上，相信人民群众的力量，正确处理个人同群众的关系，密切联系群众，人民群众是历史的主体。

1944 年 9 月 5 日，中共中央警备团战士张思德在陕北安塞山中烧炭时不幸牺牲。9 月 8 日，毛泽东在张思德同志的追悼会上，做了题为“为人民服务”的重要讲话，号召全党全军学习和发扬张思德全心全意为人民服务的宝贵精神。“为人民服务”这一高度的思想概括，体现了我们党的根本宗旨，也集中体现了共产党人的价值观。1945 年 4 月，毛泽东在中共七大政治报告中明确指出全心全意为人民服务是我们党的出发点。取得全国政权后，为人民服务也就成为各级人民政权及其工作人员的根本宗旨。1957 年 3 月 18 日，毛泽东在济南党员干部会议上的讲话中指出：“共产党就是要奋斗，就是要全心全意为人民服务，不要半心半意或者三分之二的心三分之二的意为人民服务。”①

“忆往昔峥嵘岁月稠”。正是无数劳动者，让新中国一路走来，充满活力。

二是劳动和教育紧密结合。毛泽东对中国几千年来教育脱离实际的情况进行了批判，认为教育应引导学生将所学知识运用到实际生活中去，将理论与实践相结合。教育与劳动结合的理想状态是实现“知识分子劳动化，劳动人民知识化”，即体力劳动和脑力劳动同时进行。

毛泽东的“劳动大学”教育观启示我们多到基层去，到农村去，先做群众的学生，再做群众的先生。他说：“在我党的一切实际工作中，凡属正确的领导，必须是从群众中来，到群众中去。”② 这就是说，将群众的意见（分散的无系统的意见）集中起来（经过研究，化为集中的系统的意见），又到群众中去做宣传解释，化为群众的意见，使群众坚持下去，见之于行动，并在群众行动中考验这些意见是否正确。然后再从群众中集中起来，再到群众中坚持下去。如此无限循环，一次比一次地更正确、更生动、更丰富。

（二）邓小平的劳动价值观

党的十一届三中全会拉开了改革开放的序幕。在继承马克思主义劳动价值观的基础之上，邓小平提出了“科学技术是第一生产力”③“尊重知识，尊重人才”④ 的劳动价值思想。

邓小平在 1978 年 4 月 22 日召开的全国教育工作会议上指出：“我们的学校是为社会主义建设培养人才的地方。培养人才有没有质量标准呢？有的。这就是毛泽东同志说的，应该使受教育者在德育、智育、体育几方面都得到发展，成为有社会主义觉悟的有文化的劳动者。”

1978 年 10 月，邓小平在中国工会第九次全国代表大会致辞中指出，“劳动模范至今还是我们学习的榜样和团结的核心”。现代经济和技术的迅速发展，要求教育质量和教育效率的迅速提高，要求我们在教育与生产劳动结合的内容上、方法上不断有新的发展。

---

① 毛泽东. 毛泽东文集：第 7 卷 [M]. 北京：人民出版社，1999：285.

② 毛泽东. 毛泽东选集：第 3 卷 [M]. 2 版. 北京：人民出版社，1991：899.

③ 邓小平. 邓小平文选：第 3 卷 [M]. 北京：人民出版社，1993：275.

④ 邓小平. 邓小平文选：第 2 卷 [M]. 2 版. 北京：人民出版社，1994：41.

邓小平指出："不论脑力劳动，体力劳动，都是劳动。"① 随着社会的发展，脑力劳动和体力劳动更加密不可分，要重视从事脑力劳动的人，由此可见邓小平对科学知识劳动者的认同。

邓小平提出的"科学技术是第一生产力""尊重知识，尊重人才"的思想，是对马克思主义劳动价值观的继承和发展，对促进我国生产力的发展，形成全社会崇尚劳动的良好氛围有着重大意义。

（三）江泽民的劳动价值观

江泽民在党的十五大报告中强调，要深入持久地开展以为人民服务为核心、集体主义为原则的社会主义道德教育，引导人们树立正确的世界观、人生观、价值观。江泽民的劳动价值观的核心，是为人民服务，坚持以人民为中心。

江泽民在党的十六大报告中指出，必须尊重劳动、尊重知识、尊重人才、尊重创造。"四个尊重"充分体现了中国共产党在新时期，对劳动、知识、人才、创造的重视。"四个尊重"相互联系，不可分割，其中"尊重劳动"是基础和根本，没有劳动，其他一切都无从谈起。这是中国共产党治国理政的重大方针之一，也是对马克思主义劳动价值观的创造和发展。

江泽民说，"必须全面贯彻党的教育方针，坚持教育为社会主义现代化建设服务、为人民服务"②。事实已充分证明，"象牙塔"式的教育，不能适应当今时代的需要。教育同经济、科技、社会实践越来越紧密的结合，正在成为推动科技进步和经济、社会发展的重要力量。教育要培养学生的创新精神和实践能力，努力造就有理想、有道德、有文化、有纪律的，德育、智育、体育、美育等全面发展的社会主义事业建设者和接班人。

（四）胡锦涛的劳动价值观

进入 21 世纪，胡锦涛坚持与时俱进和求真务实的精神，在继承毛泽东、邓小平、江泽民劳动价值观的基础之上，进一步丰富了劳动价值观的内容。

2006 年 3 月 4 日，胡锦涛在看望出席全国政协十届四次会议的委员们时提出了"八荣八耻"，其中强调"以辛勤劳动为荣、以好逸恶劳为耻""以艰苦奋斗为荣、以骄奢淫逸为耻"，旨在引导人们树立劳动光荣理念，将"劳动""奋斗"作为一种美德去弘扬和践行。

2010 年 7 月 13 日，胡锦涛在全国教育工作会议上的讲话中谈道："要以终身学习理念引领学校教育改革，构建灵活开放的终身教育体系，努力做到学历教育和非学历教育协调发展、职业教育和普通教育相互沟通、职前教育和职后教育有效衔接，为努力形成全民学习、终身学习的学习型社会奠定坚实基础。"树立终身学习理念也是倡导奋斗意识、强调劳动创造的重要性。

胡锦涛指出，"促进体面劳动，构建和谐劳动关系"③。要主动与经济发展方式转变和经济结构优化升级相适应，建立健全面向全体劳动者的职业技能培训制度，形成有利于劳

---

① 邓小平. 邓小平文选：第 2 卷 [M]. 2 版. 北京：人民出版社，1994：41.

② 江泽民. 江泽民文选：第 2 卷 [M]. 北京：人民出版社，2006：332.

③ 胡锦涛. 胡锦涛文选：第 3 卷 [M]. 北京：人民出版社，2016：433.

动者学习成才的引导机制、培训机制、评价机制、激励机制，全面提高劳动者职业素质和技能水平。

胡锦涛在 2010 年全国劳动模范和先进工作者表彰大会上的讲话中谈到，要进一步弘扬劳模精神。成就任何一项伟业都离不开劳动。要实现全面建设小康社会、进而基本实现现代化的宏伟目标，必须依靠全体人民热爱劳动、勤奋劳动，必须依靠全社会尊重劳动、保护劳动，必须使通过诚实劳动创造美好生活成为亿万人民的共同追求。同时要尊重劳模，积极发挥榜样的力量。

（五）习近平的劳动观

“社会主义是干出来的，新时代也是干出来的。”中国共产党自成立之日，就以马克思主义劳动价值观作为指导，并在中国化的过程中不断推动理论和实践发展。中国共产党的几代领导人在马克思主义劳动价值观基础之上，坚持实事求是、与时俱进，形成了具有中国特色的社会主义劳动价值观。

党的十八大以来，习近平在讲话和会议中多次谈到劳动价值、劳动力量、劳模精神，构建和谐劳动关系等，进一步丰富和发展了马克思主义劳动价值理论体系。

2012 年 11 月 15 日，习近平同采访十八大的中外记者见面时指出：“人民对美好生活的向往，就是我们的奋斗目标。人世间的一切幸福都需要靠辛勤的劳动来创造。”用简洁朴素的语言阐述了劳动创造幸福生活。

2013 年 3 月 17 日，习近平在第十二届全国人民代表大会第一次会议上的讲话中指出：“实现中国梦，创造全体人民更加美好的生活，任重而道远，需要我们每一个人继续付出辛勤劳动和艰苦努力。”

2013 年 4 月 28 日，习近平在同全国劳动模范代表座谈时的讲话中谈道：“人民创造历史，劳动开创未来”“劳动是财富的源泉，也是幸福的源泉”，多次谈到辛勤劳动、诚实劳动、创造性劳动的重要性。

2014 年 4 月 30 日，习近平在乌鲁木齐接见劳动模范和先进工作者、先进人物代表，并同他们座谈发表重要讲话，第一次提出“劳动精神”这一重大理论概念，并对弘扬劳动精神提出具体要求：“我们要在全社会大力弘扬劳动光荣、知识崇高、人才宝贵、创造伟大的时代新风，促使全体社会成员弘扬劳动精神，推动全社会热爱劳动、投身劳动、爱岗敬业，为改革开放和社会主义现代化建设贡献智慧和力量。”

2015 年 4 月 28 日，习近平在庆祝“五一”国际劳动节暨表彰全国劳动模范和先进工作者大会上的讲话中指出：“全面建成小康社会，进而建成富强民主文明和谐的社会主义现代化国家，根本上靠劳动、靠劳动者创造”“正是因为劳动创造，我们拥有了历史的辉煌；也正是因为劳动创造，我们拥有了今天的成就”。

2016 年 4 月 26 日，习近平在知识分子、劳动模范、青年代表座谈会上的讲话中再一次谈到了劳动：“幸福不会从天降，美好生活靠劳动创造”“说到底，实现中华民族伟大复兴的中国梦，要靠各行各业人们的辛勤劳动”。

2019 年 2 月 3 日，中共中央、国务院在人民大会堂举行 2019 年春节团拜会，习近平发表讲话时强调“用辛勤劳动创造中国人民的美好生活、创造中华民族的美好未来”。

2021年4月，习近平在“五一”国际劳动节到来之际谈道：“劳动创造幸福，实干成就伟业。”

2022年10月16日，习近平在党的二十大报告中指出：“在全社会弘扬劳动精神、奋斗精神、奉献精神、创造精神、勤俭节约精神”“坚持尊重劳动、尊重知识、尊重人才、尊重创造”等。

以劳动筑基，以奋斗开路。习近平始终对劳动者关心关怀，对劳模精神尊崇礼赞。习近平多次强调劳动、劳动者、劳动模范、劳模精神的重要性，逐步确立了“劳动最光荣、劳动最崇高、劳动最伟大、劳动最美丽”的观念，形成了新时代中国特色社会主义劳动价值观。

教育中强调“五育”，德智体美劳全面发展，劳指的就是提升劳动技能，加强劳动教育。劳动教育的根本就是实践，产教融合、工学结合是职业教育中两种基本的模式，形式是实践教学。以充分的产教融合、校企合作在职业教育培训中共建“大师＋名师”工作室，在企业共建“教授工作室”，将校园文化、职业文化、企业文化、社会主义核心价值观、中华优秀传统文化等文化内容嵌入技术技能人才培养的全过程，以此彰显职业教育的实践性。国家近年来相继出台文件，大力发展职业教育，让每个人都有人生出彩机会。

“幸福是实干出来的”“社会主义新时代是奋斗劳动者的时代”，将劳动教育纳入教育体系，对职业教育的发展具有重要意义。在全面建设社会主义现代化国家新征程中，职业教育前途广阔、大有可为。

问题卡片

1. 马克思主义劳动价值观对今天的启示和意义是什么？
2. 从习近平总书记的劳动观中，你学到了什么？
3. 对当代高职大学生而言，怎样做一个合格的劳动者？

任务四 劳动教育

案例导学

匠心筑梦大飞机——胡双钱

核准、划线，锯掉多余的部分，拿起气动钻头依线点导孔，握着锉刀将零件的锐边倒圆、去毛刺、打光……作为中国商飞公司总装制造中心零件加工中心数控车间的一名高级钳工技师，胡双钱日复一日、全神贯注地进行这些动作已经整整39年。

胡双钱出生在上海市一个工人家庭，他从小就喜欢飞机。1980年，技校毕业的他进入当时的上海飞机制造厂，参与中国人在民用航空领域的第一次伟大尝试——研制运-10运输机，并见证了其成功飞上蓝天。

“学飞机制造技术是次位，学做人是首位。干活儿，要凭良心。”技校老师的这句话影响了胡双钱一辈子。

参加工作后，胡双钱养成了每天睡觉前在脑海中“放电影”的习惯，想想今天做了什么，有没有做好。一次，他按流程、标准进行飞机修理：拧螺丝、上保险、安装外部零部件。深夜回到家，躺在床上，他又进行了“回放”，却对“上保险”这一环节怎么也感到不踏实。思前想后，他索性起床，骑着自行车赶到单位，拆去外部零部件，保险醒目出现，一颗悬着的心才落地。此时已是凌晨3点多钟。

胡双钱通宵达旦攻坚任务的事例不胜枚举，不论是周末还是平日下班，经常能看到他专注地站在车间工作台前或是查阅图纸或是加工零件。39年来，他始终坚持在生产第一线，以敬业的职业素养、严谨的工作态度、精湛的加工技艺诠释了大飞机人的坚守和奉献。

近年来，默默奉献的胡双钱逐渐得到了各方的认可。2009年，他获得了全国五一劳动奖章；2015年4月底被评为全国劳动模范，并登上5月2日央视《新闻联播》头条，成为举国关注的“大国工匠”，同年10月荣获第五届全国敬业奉献道德模范称号。2016年，胡双钱受聘担任永康市质量形象大使，被中央宣传部、中央文明办、全国总工会评为“最美职工”，获得上海市五一劳动奖章、“上海工匠”称号。

“我们的大飞机事业经历过坎坷，熬过了，迎来了春天。我现在生活得很好。我们全家也都很知足。我们应当更加珍惜咱们的大飞机事业，这一步不容易，我还要继续尽己所能，为大飞机贡献一份力量。”胡双钱感慨道。

资料来源：中国商用飞机有限责任公司．胡双钱：匠心筑梦大飞机［EB/OL］．学习强国，2020-01-09.

任务目标

知识目标：了解劳动教育的内涵，明晰新时代高职大学生劳动教育的内容；了解新时代高职大学生劳动教育的实施体系。

能力目标：增强劳动意识，培育劳动情感。

素质目标：领会新时代劳动教育的意义，树立做好德智体美劳全面发展的社会主义建设者和接班人的远大理想。

认知学习

2018 年 9 月 10 日，习近平总书记在全国教育大会上明确指出："培养德智体美劳全面发展的社会主义建设者和接班人""要在学生中弘扬劳动精神，教育引导学生崇尚劳动、尊重劳动，懂得劳动最光荣、劳动最崇高、劳动最伟大、劳动最美丽的道理，长大后能够辛勤劳动、诚实劳动、创造性劳动"，从教育方针的高度突出并强调了劳动教育的重要地位，也正式确立了党的"五育并举"的教育方针。加强劳动教育是习近平新时代中国特色社会主义思想在教育领域的凝练与体现，是对马克思主义"人的全面发展"理论的继承和发展，更是贯彻落实立德树人根本任务、提升青少年实践创新能力、培养新时代合格的社会主义建设者和接班人的必然要求。

一、劳动教育的内涵

19 世纪的空想社会主义者罗伯特·欧文在英国纽克兰纳开展了生产劳动与教育相结合的实验。马克思充分肯定了欧文的实验，在此基础上提出了教育与生产劳动相结合，"未来教育对所有已满一定年龄的儿童来说，就是生产劳动同智育和体育相结合，它不仅是提高社会生产的一种方法，而且是造就全面发展的人的唯一方法"。这一全面发展思想被视为共产主义教育的萌芽，为解决工人阶级的片面发展，进而为整个人类的全面发展提供了理论基础。

《辞海》将"劳动教育"归为德育内容之一。《教育大辞典》侧重从实践出发，强调劳动教育即劳动、生产、技术和劳动素养方面的教育，旨在培养学生正确的劳动观点、劳动态度、劳动习惯，使学生获得工农业生产基本知识和技能。《中国百科大辞典》将劳动技术教育解释为全面发展教育的重要组成部分之一，指出其由劳动教育和技术教育两部分组成。2015 年 7 月 20 日，教育部、共青团中央、全国少工委联合发布的《关于加强中小学劳动教育的意见》从政策层面对劳动教育的内涵进行阐释：一是一门学习生产技术、培养动手操作和劳动技能、职业技能的课程；二是以兴趣小组、社团等方式进行的实践活动；三是公益劳动、志愿服务等；四是家务劳动。本书认为，劳动教育是指通过学校课程、实践活动、生活劳动等使学生充分体验劳动过程，培养学生未来生活和工作中必备的劳动意识、技能、习惯和精神，培养学生成为尊重劳动、热爱劳动、自立自强的社会公民的一种教育形态。

2020 年 3 月 20 日，中共中央、国务院发布的《关于全面加强新时代大中小学劳动教育的意见》明确了新时代劳动教育的基本内涵："劳动教育是国民教育体系的重要内容，是学生成长的必要途径，具有树德、增智、强体、育美的综合育人价值。实施劳动教育重点是在系统的文化知识学习之外，有目的、有计划地组织学生参加日常生活劳动、生产劳动和服务性劳动，让学生动手实践、出力流汗，接受锻炼、磨炼意志，培养学生正确劳动价值观和良好劳动品质。”

二、新时代高职大学生劳动教育的内容

2018 年 9 月 10 日，习近平总书记在全国教育大会上首次将劳动教育明确为全面发展教育的重要组成部分，提出了建构德智体美劳全面培养的教育体系的总要求。这一要求把劳动教育从传统意义上促进青少年全面发展的有效途径提升为重要教育内容，也要求新时代劳动教育有不同于以往的新体系、新设计。《关于全面加强新时代大中小学劳动教育的意见》明确指出，劳动教育的总体目标是：“通过劳动教育，使学生能够理解和形成马克思主义劳动观，牢固树立劳动最光荣、劳动最崇高、劳动最伟大、劳动最美丽的观念；体会劳动创造美好生活，体认劳动不分贵贱，热爱劳动，尊重普通劳动者，培养勤俭、奋斗、创新、奉献的劳动精神；具备满足生存发展需要的基本劳动能力，形成良好劳动习惯。”

在新时代背景下，高职院校应当毫不动摇地把劳动教育纳入人才培养全过程，引导学生树立正确的劳动观，全面落实立德树人根本任务。2021 年 4 月，习近平对职业教育工作作出重要指示：“加快构建现代职业教育体系，培养更多高素质技术技能人才、能工巧匠、大国巧匠。”职业教育更加重技能、重实践、重劳动，将劳动教育重点纳入职业教育，通过知行合一，引领学生形成正确的三观。

因此，新时代劳动教育应该包含以下几个方面内容。

（一）劳动价值观教育

劳动价值观是劳动者对劳动的思想认识、根本看法，它直接决定劳动者的价值判断、情感取向与行为选择，是劳动素养的核心内容。习近平总书记多次强调，“劳动最光荣、劳动最崇高、劳动最伟大、劳动最美丽”，这是对新时代劳动价值观的明确定位。落实这一定位，需结合唯物史观教育和劳动科学知识的学习，引导高职大学生充分认识“人民创造历史，劳动开创未来。劳动是推动人类社会进步根本力量”的真理性意义；真正明白“劳动是财富的源泉，也是幸福的源泉”的道理，真切体验在劳动创造中“把自己的理想同祖国的前途、把自己的人生同民族的命运紧密联系在一起，扎根人民，奉献国家”的幸福感；深刻理解按劳分配是实现社会正义的基本原则，“全社会都要以辛勤劳动为荣、以好逸恶劳为耻”，鄙视不劳而获、少劳多获的投机思想；正确认识新时代劳动的复杂性与多样性，由衷认同“劳动没有高低贵贱之分，任何一份职业都很光荣”“一切劳动，无论是体力劳动还是脑力劳动，都值得尊重和鼓励”的道理，切实改变轻视体力劳动和体力劳

动者的错误心态；深入理解为什么“尊重劳动”为“四个尊重”之首，不能离开“尊重劳动”去谈时代精神。

新时代高职大学生劳动价值观教育更加强调劳动幸福观教育和劳动使命观教育。新时代我国社会主要矛盾已经转化为人民日益增长的美好生活需要和不平衡不充分的发展之间的矛盾。在新时代，相较于物质文化需求，人们对美好生活的需求更加广泛、更加迫切，尤其是即将步入职场的高职大学生，他们对美好生活更是充满了期待。但是现实表明，当下部分高职大学生并未找到创造美好生活、获得幸福的途径和方法，没有认识到“劳动创造幸福，奋斗成就美好生活”。因此，在主要矛盾发生变化的新时代，对高职大学生进行劳动创造幸福的劳动价值观教育，有利于高职大学生在劳动中创造美好生活，提升感受幸福的能力。除此之外，新时代高职大学生劳动教育也特别强调劳动使命观教育。新时代高职大学生劳动教育不仅仅要让高职大学生懂得劳动的意义，更要让他们明白为什么要劳动。在实现第二个百年奋斗目标和中华民族伟大复兴中国梦的紧要关头，青年人理应担负起民族复兴的使命和任务，报效国家、奉献社会，即使面对种种困难和考验，也不放弃、不退缩。

（二）劳动情感态度教育

劳动情感态度是劳动者的个性心理特征的反应，是个体在一定劳动价值观支配下，在长期劳动情感体验基础上形成的一种相对稳定的对待劳动的心理倾向。“爱劳动”一直是我国劳动教育特别重视培养的基本劳动情感态度。新时代劳动情感态度教育既要强调热爱劳动、勤于劳动，又要强调热爱创造、善于劳动。热爱劳动、热爱创造是立业为人的根本，是实干兴邦的基石，更是富民强国的动力。2014 年 4 月 30 日，习近平在乌鲁木齐接见劳动模范和先进作者、先进人物代表，并同他们座谈时强调“要通过各种措施和方式，教育引导广大青少年牢固树立热爱劳动的思想、牢固养成热爱劳动的习惯，为祖国发展培养一代又一代勤于劳动、善于劳动的高素质劳动者”。2015 年 4 月 28 日，习近平在庆祝“五一”国际劳动节暨表彰全国劳动模范和先进工作者大会上的讲话中指出，“要教育孩子们从小热爱劳动、热爱创造，通过劳动和创造播种希望、收获果实，也通过劳动和创造磨炼意志、提高自己”。

培育高职大学生热爱劳动、热爱创造的情感态度，首先，要在培养热爱劳动者的真挚情感上下功夫，教育引导高职大学生真正做到“任何时候任何人都不能看不起普通劳动者，都不能贪图不劳而获的生活”，认识到尊重普通劳动者、珍惜他们的劳动成果是人的基本修养；其次，要在科学构建劳动实践训练体系上下功夫，着力优化高职大学生专业实习实训、精心组织社会实践与志愿服务、全面推进创新创业教育、不断深化产教融合，引导高职大学生在广阔的生产劳动与实践中加强磨炼、增长本领，教育高职大学生“要敢于做先锋，而不做过客、当看

客，让创新成为青春远航的动力，让创业成为青春搏击的能量”；最后，要在培养高职大学生勤奋学习、刻苦钻研上下功夫，狠抓学风建设，教育高职大学生由衷认识到认真学习、刻苦钻研不仅是增进知识的过程，更是锤炼品行、提升自我的过程，让勤奋学习成为青春飞扬的动力。

新时代高职大学生劳动教育除了一以贯之地进行热爱劳动的教育以外，更加强调在教育过程中弘扬劳模精神和工匠精神，以此培养高职大学生精益求精的劳动态度。迈入新时代，经济发展由量到质的转变，制造业的转型升级，民族品牌的打造，越来越需要这种精益求精的劳动态度。然而，现实是一部分人早已在快节奏的发展模式和生活方式中变得浮躁、患得患失，这在伴随着互联网长大的新时代高职大学生身上体现得尤为明显。通过劳模精神和工匠精神的弘扬，有利于把高职大学生培养成为在工作和学习中尚巧求精、执着耐心、专注品质的匠心青年。

（三）劳动品德教育

劳动品德体现了劳动的伦理要求，是指人们在劳动过程中所体现出来的对他人和社会的稳定的心理特征或倾向。辛勤劳动、诚实劳动、创造性劳动，是习近平总书记对新时代劳动的基本要求。辛勤劳动、诚实劳动、创造性劳动是统一的。辛勤劳动是诚实劳动、创造性劳动的前提和基础。“一勤天下无难事”“民生在勤，勤则不匮”，这些中国人自古秉承的劳动信念在新时代依然熠熠生辉，“坚持艰苦奋斗，不贪图安逸，不惧怕困难，不怨天尤人，依靠勤劳和汗水开辟人生和事业前程”依然是新时代高职大学生需要发扬的美德。诚实劳动是辛勤劳动的表现，也是创造性劳动的前提。习近平总书记高度讴歌诚实劳动的价值，将其视为实现人世间的美好梦想、破解发展中的各种难题、创造生命里的一切辉煌的必由之路。创造性劳动是辛勤劳动、诚实劳动的发展，也是劳动的核心和本质要求。

新时代是创新发展的时代，高职大学生是新时代创新发展的重要新生力量，因此，新时代高职院校劳动教育要在辛勤劳动、诚实劳动的基础上强调创造性劳动。要让高职大学生深刻理解新时代的劳动者“不仅要有力量，还要有智慧、有技术，能发明、会创新”的道理，教育引导高职大学生以科学家、大国工匠和劳动模范为榜样，胸怀理想、脚踏实地、勤奋学习、锐意进取、敢为先锋、勇于创造，不断谱写新时代的劳动创造之歌。

（四）劳动习惯教育

劳动习惯是个体在长期劳动实践训练中形成的稳定的行为模式。新时代互联网的飞速发展、数字经济的到来、人工智能的崛起，在给人类生活带来极大便利的同时，也使一些年轻人在无形中滋长了企图不劳而获、渴望一夜暴富、追求一夜成名的不良心理。习近平总书记一直强调“空谈误国、实干兴邦”，倡导“在全社会大力弘扬真抓实干、埋头苦干的良好风尚”，强调“幸福不会从天而降，梦想不会自动成真”“人世间的美好梦想，只有通过诚实劳动才能实现；发展中的各种难题，只有通过诚实劳动才能破解；生命里的一切辉煌，只有通过诚实劳动才能铸就”，实现我们的奋斗目标，开创我们的美好未来，“必须依靠辛勤劳动、诚实劳动、创造性劳动”，正是对前述种种不良现象的有力纠偏。

2018 年 5 月 2 日在北京大学师生座谈会的讲话中，习近平总书记更是谆谆教诲广大青年“要力行，知行合一，做实干家”“不论学习还是工作，都要面向实际、深入实践，实践出真知；都要严谨务实，一分耕耘一分收获，苦干实干”。新时代高职院校劳动教育要回到全面的、本原的劳动观上，把劳动看成人类创造世界、改造世界的一切实践活动，是劳动、工作、做事、干事、奋斗的统称，让“真抓实干、埋头苦干”成为新时代高职大学生学习、工作，做人、做事的基本行为方式。

新时代高职大学生劳动教育更加强调劳动习惯教育的持续性。一方面，强调劳动习惯教育的持续性是由养成良好劳动习惯的长期性决定的。一个良好劳动习惯的养成是一个长期的过程，它不是一朝一夕的事情，需要长时间的教育和引导。因此，教育主体在教育的过程中不能断断续续，而应该持久进行。另一方面，强调劳动习惯教育的持续性是由新时代高职大学生劳动习惯的现状所决定的。与以往的高职大学生相比，新时代高职大学生大多是“00后”，他们是伴随着互联网长大的一代，智能化、数字化的发展给他们的生活带来便利的同时，也导致他们的劳动机会减少，再加上生活条件的优越、父母的宠爱，致使这一代人中不想劳动、不会劳动、不爱劳动的现象更为突出一些。因此，针对上述问题，更应该持续地加强新时代高职大学生劳动习惯方面的教育，让自觉劳动成为新时代高职大学生生命的底色。

（五）劳动知识与技能教育

劳动知识与技能是个体从事一定劳动所必须具备的知识、技术、技巧及综合运用这些知识、技术、技巧的能力，是高职大学生劳动素养全面提升的必备基础。2016 年 4 月 26 日，习近平在知识分子、劳动模范、青年代表座谈会上的讲话中指出，“素质是立身之基，技能是立业之本。广大劳动群众要勤于学习，学文化、学科学、学技能、学各方面知识，不断提高综合素质，练就过硬本领”。

（1）大学各专业知识的学习本身就是一种劳动知识学习，高职大学生的专业实习、毕业实习也都是被明确地列入教学计划的劳动技能训练，这正是大学劳动教育区别于中小学劳动教育的重要方面，必须抓紧抓好，为建设宏大的知识型、技术型、创新型劳动者大军奠定基础。

（2）除各门专业课程中的劳动知识与技能教育，新时代高职院校劳动教育还应加强劳动科学的教学。人类在总结规律、创新知识的过程中形成了劳动哲学、劳动伦理学、劳动文化学、劳动社会学、劳动教育学等一系列“劳动＋”学科。这些学科深化了人们对劳动问题的研究，提升了高等教育水平和劳动人才培养质量，同时，也提高了高职大学生对劳动多学科、多维度的认识，使高职大学生学到分析、解决劳动问题的本领，增强劳动观念、提升劳动技能。

（3）结合高职大学生未来的劳动、工作、职业发展需要，通过开设专门的劳动教育课程，完善高职大学生职业生涯规划和就业指导教育，加强劳动人权、劳动伦理、劳动关系、劳动条件、社会保障、职工福利、职业安全与卫生、劳动法与社会保障法等相关知识与技能的学习。

（4）通过实习实训、产教融合、社会实践、志愿服务、劳动实践形式，引导高职大学生在广阔的生产劳动与社会实践中增进知识、磨炼意志、增长才干、提高素质、培养社会责任感。

（5）新时代高职大学生劳动知识与技能教育更加强调创造性劳动教育。所有的劳动都孕育着创新的元素，所有创新都从劳动中脱胎而来。在新时代建设中国特色社会主义现代化强国，实施创新驱动发展战略，都离不开创造性劳动。因此，这对我国的劳动教育事业也提出了更高的要求。它要求教育主体在劳动技能教育过程中，不仅要进行科学知识和技能的教学，还要创造更多的条件培养高职大学生的创新能力，进而把高职大学生培养成为专业技能过硬、自主创新能力高超的新型劳动者，以满足时代发展的需要。

三、新时代高职大学生劳动教育的实施体系

2018 年 9 月 10 日，习近平总书记在全国教育大会上讲话指出，培养什么人，是教育的首要问题，要培养德智体美劳全面发展的社会主义建设者和接班人，培养一代又一代拥护中国共产党领导和社会主义制度、立志为中国特色社会主义奋斗终身的有用人才。“要在学生中弘扬劳动精神，教育引导学生崇尚劳动、尊重劳动，懂得劳动最光荣、劳动最崇高、劳动最伟大、劳动最美丽的道理，长大后能够辛勤劳动、诚实劳动、创造性劳动。”新时代“有用人才”的一个重要特征就是具备劳动的素质，具有正确的劳动价值观。习近平总书记把劳动教育纳入社会主义建设者和接班人的培养要求之中，提出“德智体美劳”的总体要求，丰富和发展了党的教育方针。

为深入贯彻习近平总书记关于教育的重要论述，全面贯彻党的教育方针，2020 年 3 月 20 日，中共中央、国务院印发《关于全面加强新时代大中小学劳动教育的意见》，对新时代劳动教育做出顶层设计和全面部署。2020 年 7 月，教育部印发《大中小学劳动教育指导纲要（试行）》，重点针对劳动教育是什么、教什么、怎么教等问题进行说明。这是新时代高职大学生劳动教育的行动指南。

（一）构建系统化的劳动教育课程

构建系统化的劳动教育课程包括以下几个方面。

（1）把劳动教育纳入高职大学生的必修课程。《关于全面加强新时代大中小学劳动教育的意见》中明确提出“普通高职院校要明确劳动教育主要依托课程，专科阶段不少于 32 学时”，把劳动教育课程纳入高职院校人才培养方案，是实现劳动教育目的的基本保障。

（2）开设必要的劳动教育选修课程。选修课可以是劳动法律、劳动安全、劳动文化、创新创业等课程，也可以邀请行业领域内的专业人士到学校开设技能化、专业化的选修课程，让学生亲身实践。

（3）把劳动教育融入思政课程、专业课程。一方面，要把劳动教育融入思想政治理论课教学中，发挥思政课的主渠道作用。思政课理论教程中包括大量的马克思主义经典劳动学阐释和马克思主义中国化劳动学说的最新发展成果，这些理论成果是树立高职大学生社会主义劳动价值观的根本，遵循劳育与德育结合的协同效应，能增强马克思主义劳动理论的信服力，更能增强马克思主义劳动价值观的认同感，使新时代劳动价值观在高职大学生中生根发芽，结出美丽的硕果。另一方面，要选准专业课程的融入点，专业课程主要与服务学习、实习实训、科学实验、社会实践、毕业设计等相结合开展各类劳动实践，注重分

析相关劳动形态发展趋势，强化劳动品质培养，把劳动价值观、劳动精神特别是劳模精神、工匠精神等积极融入其中，增强高职大学生学习的动力和学习的导向性。

（二）共建学校、家庭、社会的教育联动机制

高职院校劳动教育不是学校单方面的事情，需要学校、家庭、社会的联合，形成教育共同体，全方位积极开展劳动教育，推行热爱劳动的风尚。

（1）高职院校要发挥在高职大学生劳动教育中的主导作用。高职院校应明确劳动教育的要求，着重引导学生形成马克思主义劳动价值观，使其系统学习并掌握必要的劳动技能；组织学生参加力所能及的生产劳动和新型服务性劳动，使学生与普通劳动者一起经历劳动过程。

（2）家庭要发挥在高职大学生劳动教育中的基础作用。家长应注重抓住衣食住行等日常生活中的劳动实践机会，鼓励孩子自觉参与、自己动手，随时随地、坚持不懈地劳动。家庭要树立崇尚劳动的良好家风，家长要通过日常生活的言传身教、潜移默化，让孩子养成从小爱劳动的好习惯。

（3）社会要发挥在高职大学生劳动教育中的支持作用。充分利用社会各方面资源，为劳动教育提供必要保障。工会、共青团、妇联等群团组织以及各类公益基金会、社会福利组织要组织动员相关力量、搭建活动平台，共同支持学生深入城乡社区、福利院和公共场所等参加志愿服务，开展公益劳动，参与社区治理。

高职院校要将劳动教育有机纳入专业教育、创新创业教育，不断深化产教融合，强化劳动锻炼要求，加强与行业骨干企业、高新企业、中小微企业紧密协同，推动人才培养模式改革。

（三）推进创新创业

高职大学生作为社会向前发展的原动力，必须与知识经济时代发展要求相适应，具有较强的创新创业能力。未来社会迫切需要的是具有创新创业能力的人才。高素质人才应具有独立生存的自信心、不断创新的进取心、广泛关怀的责任心，具有对环境的适应能力、对文化的整合能力、为理想而奋斗的实践能力。高职大学生应该通过坚持知识能力素质的辩证统一，突出创新能力的培养，努力提高实践能力，加强心理素质的锻炼，促进独立创业思想的培养。

高职院校要注重围绕创新创业，结合学科和专业积极开展实习实

训、专业服务、社会实践、勤工助学等，重视新知识、新技术、新工艺、新方法应用，创造性地解决实际问题，使学生增强诚实劳动意识，积累职业经验，提升就业创业能力，树立正确择业观，具有到艰苦地区和行业工作的奋斗精神，懂得“空谈误国、实干兴邦”的深刻道理；注重培育公共服务意识，使学生具有面对重大疫情、灾害等危机主动作为的奉献精神。

（四）在校园文化建设中强化劳动文化

高职院校应将劳动教育与学生的个人生活、校园生活和社会生活有机结合起来，丰富学生劳动体验，提高学生劳动能力，深化学生对劳动价值的理解。

高职院校要将劳动习惯、劳动品质的养成教育融入校园文化建设之中。通过制定劳动公约、每日劳动常规、学期劳动任务单，采取与劳动教育有关的兴趣小组、社团等组织形式，结合植树节、学雷锋纪念日、“五一”国际劳动节、农民丰收节、志愿者日等，开展丰富的劳动主题教育活动，营造劳动光荣、创造伟大的校园文化。

高职院校要举办“劳模大讲堂”、“大国工匠进校园”、优秀毕业生报告会等劳动榜样人物进校园活动，组织劳动技能和劳动成果展示，综合运用讲座、宣传栏、新媒体等，广泛宣传劳动榜样人物事迹，特别是身边的普通劳动者事迹，让师生在校园里近距离接触劳动模范，聆听劳模故事，观摩精湛技艺，感受并领悟勤勉敬业的劳动精神，争做新时代的奋斗者。

（五）激发高职大学生自我劳动教育

内因是事物发展的根据，外因是事物发展的条件，外因通过内因起作用。没有自我教育，就没有真正的教育，社会教育、学校教育、家庭教育等都要通过自我教育才能起作用，自我教育是教育的最高点，它对高职大学生的成长成才起着至关重要的作用。自我教育涉及很多方面，其中一个重要的方面就是自我劳动教育，让自我劳动教育自觉化，有助于高职大学生劳动综合素质的提高，是新时代高职大学生劳动教育的关键之举。

（六）健全劳动素养评价制度

《关于全面加强新时代大中小学劳动教育的意见》要求将劳动素养纳入学生综合素质评价体系，制定评价标准，建立激励机制，组织开展劳动技能和劳动成果展示、劳动竞赛等活动，全面、客观地记录课内外劳动过程和结果，加强实际劳动技能和价值体认情况的考核；建立公示、审核制度，确保记录真实可靠；把劳动素养评价结果作为衡量学生全面发展情况的重要内容，作为评优评先的重要参考和毕业依据。这样的量化举措，可以起到很好的激励作用和督促作用，让高职大学生积极投身到劳动的洪流中，在劳动锻炼中磨炼意志、涵养精神，树立积极的劳动价值观，进而涵养社会主义核心价值观。

四、新时代高职大学生劳动教育的意义

《关于全面加强新时代大中小学劳动教育的意见》指出了劳动教育的重大意义：“劳动教育是中国特色社会主义教育制度的重要内容，直接决定社会主义建设者和接班人的劳动精神面貌、劳动价值取向和劳动技能水平。”长期以来，各地区和学校坚持教育与生产劳

动相结合，在实践育人方面取得了一定成效。同时也要看到，近年来高职大学生群体中出现了不珍惜劳动成果、不想劳动、不会劳动的现象，劳动的独特育人价值在一定程度上被忽视，劳动教育正被淡化、弱化。对此，全党全社会必须高度重视，采取有效措施切实加强劳动教育，通过劳动教育让学生认识到劳动具有本源性价值，即劳动是创造物质世界和人类历史的根本动力；通过劳动教育让学生认识到劳动是一切社会财富的源泉，不劳而获、少劳多得是可耻的；通过劳动教育让学生认识到劳动是实现个人成长进步的阶梯，不愿劳动、不爱劳动则会阻碍个人的全面发展。劳动教育包含丰富的德智体美等教育资源，劳动是学生生活教育和生命教育最佳的汇合点，通过劳动教育，要让学生认识到劳动是实现生命价值和生命意义的唯一途径。

（一）新时代培养社会主义建设者和接班人的要求

建成社会主义现代化强国，实现中华民族伟大复兴，是一场接力跑，需要由一代又一代能够堪当民族复兴大任的时代新人来完成。劳动教育与德育、智育、体育、美育一样，是人才培养不可或缺的内容。习近平总书记在 2018 年的全国教育大会上提出，要培养德智体美劳全面发展的社会主义建设者和接班人。这不仅为新时代培养堪当民族复兴大任的时代新人指明了方向，也为在新形势下促进高职大学生全面发展和健康成长提供了基本遵循。

高职院校是高职大学生劳动精神培育、劳动素养提升的重要场所，劳动教育是高职大学生成人成才的基础，事关高职院校立德树人根本任务的实现。高职大学生的劳动素养左右着他们对未来职业、岗位和人生道路的选择，影响他们人生价值的实现，进而在一定程度上影响国家和社会的未来。当代高职大学生在劳动观念、劳动态度、劳动习惯和劳动技能等方面与社会的需要还存在较大差距。培育时代新人需要高职院校全面贯彻党的教育方针，加强教育教学改革，把劳动素养教育纳入人才培养方案，加强劳动教育和实践环节培养。同时，坚持专业教育与生产劳动相结合，为高职大学生提供崇尚劳动、尊重劳动者的思想文化氛围，获得外部环境和条件支持。家庭要重视勤劳家风的培育，培养孩子热爱劳动的思想意识和良好习惯，使高职大学生在努力获取知识的同时，积极参加劳动实践，在实践中获得劳动体验、提升劳动素养，成为知识型、技能型、创新型社会主义事业的合格建设者和接班人。

（二）实现中华民族伟大复兴中国梦的必然选择

中国梦是国家的、民族的，也是每一个中国人的。中国梦的实现不仅需要国家的意志，更需要每一个中国人的努力。中华民族从站起来、富起来到强起来，靠的就是一代又一代中国人踏石有印、抓铁有痕的实干。实现中华民族伟大复兴的中国梦，需要新一代中国人的接力奋斗。作为时代新人主体的青年高职大学生更应该接过奋斗的接力棒，用劳动托起中国梦。

新时代是创新发展的时代，中国速度向中国质量的转变、制造大国向制造强国的转变、中国制造向中国创造的转变离不开创新，在激烈的国际竞争中赢得主动离不开创新，人民生活的智能化、便捷化离不开创新。而创新离不开创造性劳动，创造性劳动是创新的源泉。所以，国家富强、民族振兴、人民幸福中国梦的实现也需要青年一代的创造性劳动。而无论是辛勤劳动、诚实劳动还是创造性劳动，都离不开劳动教育。

2013 年 4 月 28 日，习近平在同全国劳动模范代表座谈时的讲话中指出："人民创造历史，劳动开创未来。劳动是推动人类社会进步的根本力量。"这充分体现了劳动人民至上的社会主义核心价值观，深刻把握了劳动、劳动人民和历史发展之间的内在逻辑。新时代劳动教育是以人民为中心的教育，是为人民谋幸福的教育。"今天我们强调的劳动教育，就是坚持和发展中国特色社会主义教育制度，就是营造尊重劳动、热爱劳动、崇尚劳动的社会主义先进文化，让所有人的劳动和劳动成果得到尊重，特别是尊敬普通劳动者，增进与劳动人民的感情。"积极营造"用劳动托起中国梦"的劳动文化，引导学生在身体力行的劳动中形成劳动的理性自觉，树立正确的劳动价值观。

（三）完善当前立德树人教育体系的需要

党的十八大以来，习近平总书记多次强调立德树人的重要性。在 2018 年的全国教育大会上，习近平总书记又提出德智体美劳"五育并举"的论断。新时代强化高职大学生劳动教育，有利于培养高职大学生吃苦耐劳、服务社会的时代精神，有利于高职大学生形成尊崇劳动和劳动者的思想品质。

当今时代，由于新技术的不断应用，不少传统的体力劳动被取代，科技在经济发展中所发挥的作用也越来越大，社会上出现了一些轻视体力劳动的思想，劳动教育普遍存在弱化、异化和淡化等现象，劳动的社会意义和教育意义正在被消解。习近平总书记在 2018 年的全国教育大会上指出，要努力构建德智体美劳全面培养的教育体系，形成更高水平的人才培养体系。这一重要论述体现了我们党和国家对高职院校人才培养目标的新要求。以往教育体系中劳动教育的缺位或忽视，不但局限了高职大学生对劳动价值的认知，而且加剧了高职大学生对劳动及其价值认识的异化。我们必须及时补齐这块短板，重塑劳动教育在整个教育体系中的基础性和全局性地位，以顺应学生成长成才的规律和社会发展对人才综合素质的需要。

（四）促进高职大学生全面发展实现人生价值

苏霍姆林斯基认为，学校的教育目标是培养真正的人，也就是全面、和谐、发展的人。高职院校只有对新时代高职大学生在德智体美劳这几个方面同时开展教育和培养，才能实现教育目标，培养全面、和谐、充分发展的人才。劳动教育在五育中有着基础性和全局性的地位，只有加强和改进当前的劳动教育，才能把高职大学生培养成为德智体美劳全面发展的有思想、有觉悟的劳动者，个体生命的潜能才能得到自由、充分、全面、和谐和可持续的发展。

劳动一直充当着人类谋生的手段，人们要通过劳动来创造财富获得报酬，以维持生活所需。同时，劳动又是人的社会属性需要，人们要通过劳动来显示其社会价值，实现个人价值，发展与成就自己。“劳动教育是国民教育体系的重要内容，是学生成长的必要途径，具有树德、增智、强体、育美的综合育人价值。”高职大学生在劳动中，用自己的身体和心灵感知与感悟世界，拓展认知的视野，激发求知的欲望，在探究未知的过程中积累知识，提高智育；在艰苦的劳动中强健体魄，磨砺意志，提高承受挫折的能力，促进身心健康，收到健体的效果；在劳动的过程中发现自然和生活的美，体验劳动的愉悦，也感受到劳动之美，升华审美情趣，提升审美能力。由此可见，新时代加强高职大学生劳动教育，发挥劳动教育的育人功能，可以促进高职大学生德智体美劳全面发展。新时代高职大学生劳动教育有助于培养高职大学生勤俭、奋斗、创新、奉献的劳动精神；培养他们服务社会、服务他人的奉献情怀和服务意识；培养他们通过劳动实践磨炼意志、砥砺品格，进而实现人生价值的能力。

当代高职大学生应不畏艰难、百折不挠、敢于担当，在劳动中增阅历、长才干、坚意志、熟技能、知荣辱、懂感恩，为实现人生价值做好思想、信念、人格、品质、知识和能力上的准备。

问题卡片

1. 如何把握新时代劳动教育的内涵？

2. 联系现实思考新时代高职大学生劳动教育的意义。

3. 有些学校用“劳动”来处罚那些违纪的学生。有些家长只要求孩子好好读书，学习以外的所有事情都由家长包办代替。那么，你认为劳动的价值是什么呢？

实践举案

1. 进行我国高职大学生劳动教育的现状调研，目的与任务如下：

（1）了解当下高职大学生劳动状况、劳动教育的现状；

（2）分析当下劳动教育的不足并提出科学建设。

2. 自我检查：思考在劳动态度、情感、习惯、技能等方面已具有的优秀表现以及尚存在的问题。

项目小结

开展高职大学生劳动教育，首先应全面、深刻地认识劳动，了解劳动及其本质，尤其是马克思、恩格斯关于劳动的界定，从历史的角度了解劳动的发展历程，理解劳动的价值。其次，要了解劳动的分类，从不同角度、不同层面，劳动的分类是有所不同的，引导高职大学生学会更好地去辨析劳动。马克思、恩格斯、毛泽东、邓小平、江泽民、胡锦涛等都对劳动价值观进行了深刻阐述，中国特色社会主义进入新时代，习近平总书记更是多次强调树立劳动价值观的重要意义。高职院校应帮助学生理解劳动教育的内涵，结合新时代高职大学生劳动教育的内容，了解新时代高职大学生劳动教育的实施体系，以使高职大学生增强劳动意识，培育劳动情感，深刻领会新时代劳动教育的意义，树立做好德智体美劳全面发展的社会主义建设者和接班人的远大理想。

课后思考与练习

一、选择题

1. 劳动具有什么本质特征？（　　）【多选题】

A. 实践性　　B. 时代性　　C. 目的性　　D. 社会历史性

2. 劳动的个人价值有哪些？（　　）【多选题】

A. 谋生价值　　B. 自我实现价值　　C. 储蓄价值　　D. 创造价值

3. 工程师进行软件开发是以下哪类劳动？（　　）【单选题】

A. 技术性劳动　　B. 体力劳动　　C. 简单劳动　　D. 传统劳动

4. 党的二十大报告中提出“在全社会弘扬（　　）、奋斗精神、奉献精神、创造精神、勤俭节约精神”。【单选题】

A. 劳模精神　　B. 劳动精神　　C. 红船精神　　D. 雷锋精神

二、判断题

1. 歌手演唱一首歌是生产劳动。（　　）
2. 劳动创造了人和人类历史。（　　）
3. 劳动教育是高职大学生成人成才的基础。（　　）
4. 劳动教育有助于培养高职大学生勤俭、奋斗、创新、奉献的劳动精神。（　　）

三、简答题

1. 劳动教育的内涵包括什么内容？
2. 作为新时代高职大学生，谈谈我们应该做怎样的劳动者。

项目二 崇尚劳动

名人名言

1. 劳动，是人生的第一堂课。只有劳动才可能使人在生活中强大。

——路遥

2. 世界上没有一种具有真正价值的东西，可以不经过艰苦辛勤的劳动而能够得到。

——爱迪生

3. 伟大的成绩与辛勤的劳动总是成正比例的，付出劳动越多，创造的幸福就越多。

——鲁迅

项目目标

1. 认识劳动对人类文明形成和发展，对促进人的全面发展的重要价值和意义。

2. 引导学生理解劳动创造美好生活、劳动创造有价值人生的道理，树立正确的劳动价值观。

3. 发扬勤俭节约、无私奉献、拼搏奋斗、创新探索等优秀劳动精神，培养热爱劳动、主动劳动、崇尚劳动的能力。

4. 了解劳动对于劳动者实现自身价值和意义具有重要作用，引导学生在平凡的岗位上活出精彩人生。

任务一　劳动铸就文明

案例导学

三星堆新发现·揭秘

2022年6月14日至6月16日，中央广播电视总台和四川广播电视台连续三天联动播出了三星堆遗址考古直播第三季——《三星堆新发现·揭秘》。据统计，14日至16日三天，《三星堆新发现·揭秘》三场直播在四川观察App累计观看人数近80万人次，三个话题登上新浪微博全国热搜，相关内容受到新华社、人民日报等全国数十家媒体关注。截至6月16日，《三星堆新发现·揭秘》相关内容全网阅读量突破1.3亿次，收获了众多网友的好评。

三星堆火爆“出圈”，持续“霸屏”，文物“盲盒”越开越刺激。随着一大批国宝重器亮相，三星堆给多元一体的中华文明又增添了浓墨重彩的一笔。三星堆遗址的发现和研究，是中国考古学史的重要篇章，成为20世纪中国考古重大发现之一。曾经有学者认为：四川属于西南夷，地处蛮荒之地，文化发展滞后，且蜀道之难，难于上青天，与中原隔绝不通。李白在《蜀道难》中这样写道：“蚕丛及鱼凫，开国何茫然！尔来四万八千岁，不与秦塞通人烟。”尽管《华阳国志》设专篇记述，但由于其中多为神话传说，四川古史一片空白。而三星堆遗址破土而出震惊天下，就像是一缕耀眼的曙光，照亮了荒昧的黑暗。

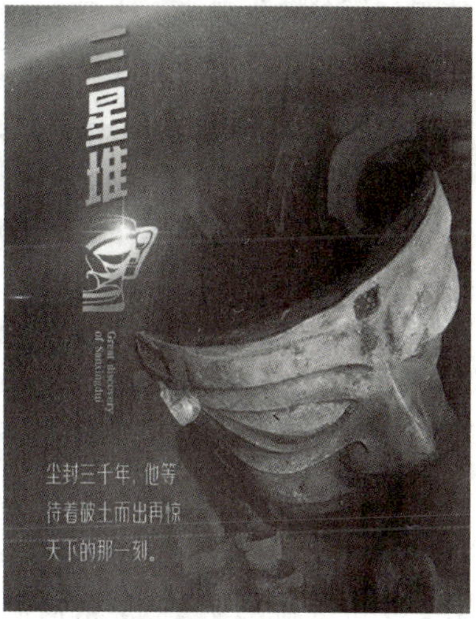

从1986年至今，三星堆不断有新的考古发现，不断带给人们新的惊喜。一棵棵神树，一个个铜人，一只只飞翔的鸟儿，一双双神秘莫测的眼睛……三星堆的青铜器成功地搭建起了古蜀青铜文明的高度，绘声绘色地把一个失落已久的古老王国重新拉到我们身边。也许，当风拂过古国的时候，整个王国的人们都可以听到那些由金属的摇曳和碰撞演奏出的音乐，那一声声清脆的声响证明了一个伟大的青铜时代在成都平原达到顶峰，它自成体系的题材，吟唱着古老却特立独行的史诗。

三星堆文明的不断丰富，让我们再一次认识到，文明的形成不是一朝一夕的。在遥远的时代，我们的祖先就已经开始用勤劳的双手创造属于那个时代的伟大文明。酷似烧烤架的网格青铜器，可以加热的火锅——“陶三足炊器”，一件件“网红”文物的背后，为我们展现的是丰富多彩的古蜀国老百姓的生活风貌，是用劳动铸就的灿烂文明。

任务目标

知识目标：掌握劳动创造世界、劳动创造历史、劳动创造文明等基本观点，了解劳动对人类文明形成和发展的作用。

能力目标： 具备灵活运用历史的和发展的眼光看待劳动的能力。

素质目标： 通过学习，让学生认同劳动最光荣、劳动最崇高、劳动最伟大、劳动最美丽的道理，抵制不劳而获的错误思想，抵制歧视劳动者的思想，形成崇尚劳动、尊重劳动、热爱劳动和“不劳者不得食”的价值观。

认知学习

一、劳动创造世界、改变世界

劳动创造世界，实际指的是劳动创造人类的世界，也就是说人类社会中的一切物质财富都是劳动创造的，一切精神财富，归根结底也是劳动创造的，甚至人本身，也是因为劳动，才从动物界分离出来，形成了人类的社会。要明白劳动创造世界的道理，就要先从人类社会的产生说起。[①]

那么，人类社会是怎样产生的?

（一）人的出现和开始制造工具

达尔文的进化论是马克思主义诞生的三大自然科学基础之一，另外两个是细胞学说和能量守恒与转化定律。这三个 19 世纪自然科学的重大发现，实际上充分证明了这个世界是一个不断变化的物质世界，它为马克思主义尤其是马克思主义哲学的诞生提供了自然科学的条件。根据进化论学说，人类到底是怎么起源的呢？大量的科学资料已经证实，人类的祖先是古代类人猿，地球有一段时间变暖之后，大片的森林消失，有些猿不得不从树上下来，在平地上生活，并逐渐形成了直立行走的习惯，直到前肢和后肢的功能完全区分开来。许多动物都是四只脚着地的，它们的眼睛和视野有局限性，而直立行走对人类眼界的开阔、胸腔的发育、智力的发育都起到了重要的作用。所以，直立行走是从猿到人的决定性一步，它使人的视野更加开阔。在从猿到人的过渡形态过程中，猿人逐渐学会了使用工具。使用工具是猿变为人的根本性标志。这些工具最初是很粗糙的，比如说打制石器，仅仅是简单改造，但这也是非常重要的，因为任何一种动物都不会有意识地去改造这种东西。在使用工具进行劳动的过程中，猿的手就慢慢地变成了人的手。人手的大拇指异常粗壮，它可以和其他四根手指形成 90°的夹角，便于握住工具，这对于劳动来说非常重要。这样的手只有人才有，猿是不具备的，这是劳动的一个结果。

（二）语言和思维的产生

在劳动的过程中，语言产生了。在生产活动中，比如说在搬运东西的时候，人会发出劳动号子，这是语言的萌芽。因为劳动越来越复杂，所以在生产劳动中，交往的需要促进了语言的产生。语言反映的是生活，人的生活和劳动实践越来越丰富，在此过程中人有很多意思要表达，逐渐形成了沟通交流的人类语言，语言的产生又促进了人的大脑和认知能

---

① 修林. 政治理论常识讲座第一讲“劳动创造世界”（下）[J]. 前线，1963 (08)：24-25.

力的发展。由此可见，古代类人猿通过劳动获得丰富的营养，脑髓发展，前后肢分工，视野开阔，大脑发达，手脚形成，直立行走，发音器官发展，需要交换思想表达意见，于是促成了语言的产生、思维的发展，最终促成了人脑的形成，这一过程都是劳动的结果。

（三）劳动创造了人和人类社会

“政治经济学家说：劳动是一切财富的源泉。其实，劳动和自然界在一起才是财富的源泉，自然界为劳动提供材料，劳动把材料转变为财富。但是劳动的作用还远不止于此。劳动是整个人类生活的第一个基本条件，而且达到这样的程度，以致我们在某种意义上不得不说：劳动创造了人本身。”① 有一双能制造和使用工具的手，能说话，有比较发达的大脑和思考的能力，这些都是人区别于猿以及其他一切动物的特点。而所有这些特点，都是在劳动当中产生和发展起来的。劳动不仅是人类最主要的特点，也是人类社会出现的基础和前提。要进行劳动，实现劳动目的，人和人之间就要结成一定的关系，许多单独的人结合成一个集体，逐渐形成了蕴含着诸多生产资料和生产关系的人类社会。人和人类社会的产生，都是由劳动决定的。“动物仅仅利用外部自然界，简单地通过自身的存在在自然界中引起变化；而人则通过他所作出的改变来使自然界为自己的目的服务，来支配自然界。这便是人同其他动物的最终的本质的差别，而造成这一差别的又是劳动。”② 人类是群居动物，人类发展到了高度合作的社会化大生产阶段，没有任何一个人可以脱离社会单独存在，我们每一个人都需要他人的劳动成果，都需要整个社会支持下的产品和服务，绝大多数人不可能既会种粮食，又会造化肥，既会造芯片，又会盖房子……只有通过日益精细的社会分工，才能让每个人享受高质量、现代化的生活。

二、人民创造历史、开创未来

“新的征程上，我们必须紧紧依靠人民创造历史，坚持全心全意为人民服务的根本宗旨，站稳人民立场，贯彻党的群众路线，尊重人民首创精神，践行以人民为中心的发展思想，发展全过程人民民主，维护社会公平正义，着力解决发展不平衡不充分问题和人民群众急难愁盼问题，推动人的全面发展、全体人民共同富裕取得更为明显的实质性进展!”这句话出自 2021 年 7 月 1 日习近平总书记在庆祝中国共产党成立 100 周年大会上的讲话。在讲话中，习近平总书记 86 次提到“人民”一词，充分体现了中国共产党深厚的人民情怀，这一切，都是建立在马克思主义人民观的基础之上的。

（一）“人民”的概念

谈到“人民”的概念，首先要了解马克思关于人的本质的看法，他认为“人的本质不是单个人所固有的抽象物，在其现实性上，它是一切社会关系的总和”③。马克思认为人是活生生的、现实的人，在论述人的问题时要将其放在一定的社会关系中进行论述，坚持历史唯物主义。因此，解释“人民”的概念时也要从历史唯物主义角度出发。“人民”的概

---

① 恩格斯. 自然辩证法［M］. 北京：人民出版社，2015：303.

② 同①313.

③ 马克思，恩格斯. 马克思恩格斯选集：第 1 卷［M］. 3 版. 北京：人民出版社，2012：135.

念主要包括以下两个方面：第一，“人民”具有历史的特征，随着历史的发展而不断变化。在封建社会时期，人民主要是指农民，这时的农民受到贵族的剥削和压迫。在反封建斗争时期，人民包括新兴的资产阶级。在资本主义社会时期，人民主要是指工人。人民的范围会随着社会历史的发展而不断变化发展，人民的队伍也不断扩大，最后将拓展至全人类。第二，马克思所说的“人民”是指全世界的人民，是大多数的人，不应该有民族和国家的界限，此时的人民应该是一种身份和存在。

（二）人民群众是历史的创造者

马克思认为，“人民群众是历史的创造者”[①] ——这是唯物史观的重要观点，也是与唯心主义相对的观点。首先，人民群众是历史的创造者主要是指人民通过自己的社会实践活动创造自己的物质生产资料，在这个过程中，社会物质财富不断累积，社会存在不断完善。其次，人民群众是历史的创造者是指人民通过实践活动创造物质财富的同时，也不断更新思想与文化，推动社会精神文化的发展。最后，人民群众是历史的创造者是指人民群众通过实践活动推动了社会变革。从历史唯物主义出发，我们可以知道社会发展有其必然的规律，从奴隶制社会到共产主义社会的转变需要人民群众的共同努力，人民群众要自觉地投身于历史的创造活动中，只有团结起来才能推翻资产阶级的统治，才能成为自己的主人。同时，马克思也批判了历史唯心主义关于英雄创造历史的观点，历史唯心主义认为历史应该是由英雄豪杰和帝王将相创造的，与历史唯物主义的观点相反，否认人民群众是社会发展的主导力量。而历史唯物主义从社会存在与社会意识的关系出发，认为社会存在决定社会意识，人类历史首先是生产发展的历史，是物质生产资料的承担者，得出了人民群众是历史创造者的重要结论。人类社会的每一次发展都离不开人民，每一次发展变革都是人民群众共同努力的结果。

（三）实践是人民社会生活的本质

实践是马克思主义理论的基本观点，也可以说实践是一种途径。马克思指出：“哲学家们只是用不同的方式解释世界，而问题在于改变世界。”[②] 其中改变世界的途径就是实践，而人民群众就是实践的主体，所以人民群众在创造物质生产资料的时候必须经过实践劳动，可见实践在马克思主义理论中的重要性。在社会发展过程中，人民群众通过实践活动为我们创造物质生产资料，促进了社会的整体发展，这就要求我们想问题、办事情要一切从实践出发，而我们所说的“劳动”就包含在实践过程之中。

（四）劳动是促使社会历史发展的根本推动力量

人民创造历史，实际上指的是人民的劳动、实践，以及理论和实践相结合的过程创造了历史。既然劳动造就了中华民族的辉煌历史，也必将创造出中华民族的光明未来。在百年奋斗历程中，中国共产党团结带领全国各族人民进行革命、建设和改革，使中华民族迎来了实现伟大复兴的光明前景。中国从站起来、富起来到强起来的征程中，凝结着劳动者

---

① 马克思，恩格斯．马克思恩格斯选集：第 4 卷［M］．3 版．北京：人民出版社，2012：954.

② 马克思，恩格斯．马克思恩格斯选集：第 1 卷［M］．3 版．北京：人民出版社，2012：136.

的智慧，浸透了耕耘者的汗水。纵观国际格局，一个国家的发展能否抢占先机、赢得主动，越来越取决于国民素质特别是劳动者素质。随着全面小康的实现，我们比历史上任何时期都更加接近中华民族伟大复兴的伟大梦想。越是接近目标，越要依靠劳动，越要奋发劳动。我们要把马克思主义劳动观蕴含的科学真理运用到新时代坚持和发展中国特色社会主义的伟大实践中去，不断把中华民族伟大复兴事业推向前进。

三、劳动书写幸福、铸就文明

马卡连柯说："劳动永远是人类生活的基础，是创造人类文化幸福的基础。"2013 年 4 月 28 日，习近平在同全国劳动模范代表座谈的讲话中指出："劳动是财富的源泉，也是幸福的源泉。人世间的美好梦想，只有通过诚实劳动才能实现；发展中的各种难题，只有通过诚实劳动才能破解；生命里的一切辉煌，只有通过诚实劳动才能铸就。"

（一）劳动是创造幸福的源泉

劳动创造了巨大的社会物质财富和光芒万丈的精神财富，为人类的幸福创造了基本条件。

1. 劳动创造物质财富

物质需求是人生存的首要条件，是人类社会可持续发展的基础。物质需求是人类最低级需求，人要生存，首先需要解决物质问题，进而思索其他方面的需求。物质问题解决的关键在于劳动，劳动创造了人类幸福的物质基础。中华文明是典型的农耕文明，精耕细作是中华文明源远流长的重要途径，历朝历代都大力提倡勤劳致富。中国经济从新中国成立初期的积贫积弱、百废待兴，到如今的世界第二大经济体，都是一代代中国人民通过劳动实现的。

2. 劳动创造精神财富

人类在不断劳动的过程中，不仅创造了满足自身生活的物质财富，还创造了璀璨夺目的精神财富，丰富了自身的精神生活，提升了自身的精神境界。人类在劳动的过程中积累了丰富的知识和经验，创造了宝贵的科学成就和优秀的文化成果。从"四大发明"、长城、赵州桥、都江堰、故宫，到探月工程、"东风"系列弹道导弹、港珠澳大桥、"新基建"等，无不展现着中国劳动人民的勤劳与智慧。正是因为一代又一代劳动群众的劳动创造，我们才有今天的辉煌。人类不仅在劳动过程中创造了宝贵的科学成就和优秀的文化成果，更在劳动中找到了自身存在的价值和意义。劳动者在劳动中获得他人的尊重、肯定、表扬，便会增强满足感、获得感、成就感。

（二）劳动创造辉煌的中华文明

把猿变成人的，是劳动，劳动创造了人本身。依靠劳动，人类脱离蛮荒、脱离饥寒，从茹毛饮血到刀耕火种，从衣不蔽体到物阜民丰，从手工技术到机器大生产，人类社会的每一个进步都浸透着伟大的劳动创造。劳动使人类不断完善自身，人类也通过劳动不断改变世界、创造文明。

1. 劳动与中华优秀传统文明

中华民族历来就是热爱劳动、勤于创造的民族。五千年的灿烂文明是世代中国人辛苦劳作、不断探索的成果。在整个民族的意识中，个人荣辱、民生甘苦、国家兴衰以及社会进退，都与社会对劳动创造的重视程度紧密相关。贾谊在《论积贮疏》中写道："一夫不耕，或受之饥；一女不织，或受之寒。"（《汉书·食货志》）崇尚劳动、勤于劳动，使我们的文明独树一帜、绵延不绝。我国的上古神话非常有特色，无论是先天神灵，还是后天英雄，都有一个特点，即他们都是"人"，手里都有"工具"，可以说，他们都是劳动者。盘古开天辟地，手里拿着的是斧子，像一个樵夫，象征着先民筚路蓝缕、以启山林；大禹治水的时候，手上不离"准绳"和"规矩"，走到哪里，测量到哪里，像一个工程师；女娲补天，需要烧制五彩石，更像是一个手工业者；神农尝百草，更像是一个深入民间基层的农民和"赤脚医生"；有巢氏盖房子，是建筑师；燧人氏点火，是化学家；黄帝造指南车，像一个科学家；伏羲推演八卦，更像是一个最原始的数学家和程序员。[①] 我们翻开《史记》也会发现，部落时代的英雄们，其实也都是"劳动者"，没有人脱离过生产，比如西周先祖后稷就是一个农学家，平时研究的就是五谷生长，相当于那个时代的袁隆平。

2. 劳动推动中华文明新的发展

社会主义是干出来的。从烽火连天的革命年代，到如火如荼的建设岁月，再到波澜壮阔的改革大潮，长期以来，在党的领导下，我国工人阶级和广大劳动群众始终站在时代前列，用汗水和智慧奏响"咱们工人有力量"的主旋律。新中国的发展，靠的就是劳动，从"红旗渠"到三峡工程，从"天路"到高铁，从"东方红"到神舟载人航天再到"天宫一号"空间站，每一个脚印里，凝结的都是中国劳动者的血汗。我们习以为常的一切，我们便利的现代生活，都是劳动创造出来的。自来水、电、网络、超市货架上的商品、四通八达的公路，城市里出门就能坐的公交车、出租车、地铁、高铁、飞机，哪怕到了边远乡村也不会消失的手机信号……我们脚下的道路是一颗颗石子、一粒粒沙子、一袋袋水泥铺成的，住的房子是一根根钢筋、一车车混凝土搭起来的，手中的手机是工厂里一条条流水线上的工人们组装起来的，享受的 4G、5G 网络，是通信工人们深入社区、农村、山林、沙漠把基站一个个建起来的。人类的进步、社会的发展，都是劳动者推动的，劳动者包括一切工人、农民、手工业者、小商贩、工程师、科学家，他们有的创造着物质文明，有的创造着精神文明；有的成果在当下，有的成果在未来。总而言之，只有劳动者万众一心，才能解放和发展生产力，推动人类文明向前发展。将来，我们的生活水平提高，精神追求提高，科技水平的提高，直至走向星空和宇宙，还是要依靠劳动。

新时代创造新文明。习近平总书记在庆祝中国共产党成立一百周年大会上的重要讲话中指出："我们坚持和发展中国特色社会主义，推动物质文明、政治文明、精神文明、社会文明、生态文明协调发展，创造了中国式现代化新道路，创造了人类文明新形态。"这个文明新形态，是以社会主义为基础的新形态，更是以共产主义文明为方向的新形态，需要新时代的劳动者薪火相传，不断建设才能成就。古代劳动人民用勤劳的双手和智慧创造

① 申鹏. 劳动，创造文明 [EB/OL]. 共青团中央微信公众号，2020-05-01.

了辉煌，留下许多可歌可泣的经典故事。可以说，五千多年的中国文明史，就是一部劳动创造的历史。新时代的中国人民必将用劳动的汗水与智慧去创造一个强大的祖国。

问题卡片

1. 你怎样理解“劳动创造人”这一观点？
2. 如果没有劳动，人类社会的发展会有什么变化？
3. 哪些中华民族的文明成就与劳动有直接的关系？

知识链接

社会主义是干出来的，新时代是奋斗出来的

习近平总书记在全国劳动模范和先进工作者表彰大会上的重要讲话中指出，光荣属于劳动者，幸福属于劳动者。社会主义是干出来的，新时代是奋斗出来的。劳动模范是民族的精英、人民的楷模，是共和国的功臣。我国是人民当家作主的社会主义国家，党和国家始终坚持全心全意依靠工人阶级的方针，始终高度重视工人阶级和广大劳动群众在党和国家事业发展中的重要地位，始终高度重视发挥劳动模范和先进工作者的重要作用。立足新发展阶段，贯彻新发展理念，构建新发展格局，推动高质量发展，必须紧紧依靠工人阶级和广大劳动群众。我国工人阶级和广大劳动群众要更加紧密地团结在党中央周围，勤于创造、勇于奋斗，努力在全面建设社会主义现代化国家新征程上创造新的时代辉煌、铸就新的历史伟业。

劳动不但创造人，劳动还能改造人，改造我们的思想，改造我们的世界观、价值观和人生观。当下，我国已转向高质量发展阶段，需要更多知识型、技能型、创新型劳动者，也为广大劳动者实现人生价值提供了广阔舞台。强化榜样的引领示范作用，宣传好、培养好、关心好劳模工匠，为他们提供更为广阔的发展平台，让劳模精神、劳动精神、工匠精神厚植生根，推动更多劳模工匠竞相涌现。这就需要我们适应新一轮科技革命和产业变革的需要，立足新发展阶段，深入贯彻新发展理念，准确识变、科学应变、主动求变，大力弘扬工匠精神，用自己的劳动推动高质量发展，加快构建新发展格局。

劳动，是光荣的、进步的；劳动者，应该享有最高的荣耀，因为人类的进步、社会的发展，都是劳动者推动的，只有劳动者万众一心，才能解放和发展生产力，推动人类文明向前发展。

任务二 劳动丰富文化

案例导学

中华优秀传统文化

中华优秀传统文化绵延几千年，不管是农耕文化、节日文化，还是文化艺术作品，如诗歌、舞蹈、音乐、绘画、书法等，都与人民的劳动实践密不可分。

二十四节气与劳动

“二十四节气”是上古农耕文明的产物，它是上古先民顺应农时，通过观察天体运行，认知一岁中时令、气候、物候等变化规律所形成的知识体系。二十四节气在我国传统农耕文化中占有极其重要的位置，其背后蕴含了中华民族悠久的文化内涵和历史积淀。二十四节气准确地反映了季节的变化并用于指导农事活动，影响着千家万户的衣食住行。它不仅是农事活动的基本时间指针，也在一定程度上成为民众日常社会生活的时间指针。

传统节日与劳动

我国的传统节日的设定以及节日习俗大多与人民生产生活劳动是分不开的。如春节，各地都有一些关于辞旧迎新的顺口溜：“二十三，糖瓜粘；二十四，扫房子；二十五，冻豆腐；二十六，去买肉；二十七，宰公鸡；二十八，把面发；二十九，蒸馒头；三十晚上熬一宿，初一带你满街走。”这其中如扫房子，指的就是“腊月二十四，掸尘扫房子”，也有美好的寓意。因为“尘”和“陈”是谐音，新春扫尘有“除陈布新”的含义，也是对新的一年美好的向往。

文学作品与劳动

古今中外，很多文学作品、艺术作品都有对劳动的歌颂和赞美。翻阅《诗经》，能清晰地感受到在这部从古至今被人推崇的文雅古籍中，不仅有那些风雅的诗句流传至今，更记载和歌颂了先祖们劳动时的场景。比如《大雅·绵》描述的是古公亶父率领族人由豳地（今咸阳彬州市、旬邑县一带）迁至岐山脚下，筑造宫室，开启兴旺之事。其中有，“捄之陾陾（réng），度之薨薨（hōng）。筑之登登，削屡冯冯。百堵皆兴，鼛（gāo）鼓弗胜……”这里有一系列象声词，表示投土、夯土、削土的声音，渲染了如火如荼地建造房屋的劳动场面。

任务目标

知识目标：了解新时代劳动精神的内涵和价值，概括人类的实践劳动与灿烂文化之间的关系。

能力目标：培养热爱劳动、主动适应劳动、崇尚劳动的岗位能力。

素质目标：使学生涵养勤俭节约、无私奉献、拼搏奋斗、创新探索等优秀劳动精神。

认知学习

文化是一个国家、一个民族的灵魂。中华民族尤其强调以文化人的作用。四大文明古国中，唯有中华文明存续至今，历久而弥新。文化是一个包罗万象的词汇，中外著作中对它的界定多达上百种。这里要谈的劳动丰富文化，更多的是劳动对中华民族优秀传统文化，尤其是中华民族精神谱系中的几种典型精神的传承和发扬。这里讲的劳动精神意指劳动者在劳动过程中展现的积极的思想情感与价值态度，“是个体思想、意识、思维等心理认知的凝练与升华，它指导与规范着个体外在劳动行为的表现”①。新时代提倡的劳动精神是勤俭、奉献、奋斗、创新的有机统一。

一、继承勤俭节约美德

“谁知盘中餐，粒粒皆辛苦”，这是每一个小学生都会背的古诗，可以说节约粮食已经写进了中国人的基因里面。《中华人民共和国反食品浪费法》（以下简称《反食品浪费法》）已于2021年4月29日实施。这意味着，食品节约在道德要求之外，也有了法律的强力保障。这让全社会反浪费食物更有底气，更有制度遵循。中国近年来粮食年年丰收，堪称五谷丰登，那种吃不饱肚子、面黄肌瘦的穷日子，早就被中国人甩在了记忆的角落里。但是，越是在这样的情况下，越不能忘记端牢手中饭碗的重要性，越不能忘记保卫粮食安全的重要性。

此前，在一些短视频平台上，各种“大胃王”的吃播播主一度霸屏，“吃了吐，吐了吃”，虽然吸引了眼球、博来了流量，却严重浪费了食物。不少餐饮机构也曾把“酒池肉林”当成卖点，用最大的饼、最大的馒头等博取关注。

可以说，《反食品浪费法》来得正是时候，它明确规定餐饮服务经营者可以对造成明显浪费的消费者收取处理厨余垃圾的相应费用，收费标准应当明示。这事实上赋予了餐饮企业对明显浪费的监督权。当然，《反食品浪费法》不是一部“处罚法”，而是更多地用法律的力量，引导公众节约粮食。

“珍惜粮食”的意识，根深蒂固地印在了我们的意识深处。对食物的敬畏，是道德约束，更要有法律规范。

（一）勤俭节约是中华民族的传统美德

古人有言，克忠克孝，一脉真传；惟读惟耕，两行正路。这里的“耕”，就是指耕作和劳作。勤劳作，爱劳动，一直是中华民族绵延不绝的优良美德。“农夫不勤则无食；桑妇不勤则无衣；士大夫不勤则无以保家。”人生在勤，不索何获？

古人云：“俭，德之共也；侈，恶之大也”“历览前贤国与家，成由勤俭破由奢”。勤俭节约是中华民族的优良传统。小到一个人、一个家庭，大到一个国家、整个人类，要想生存，要想发展，都离不开“勤俭节约”四个字。可以说修身、齐家、治国都离不开勤俭

---

① 纪德奎，陈璐瑶．劳动素养的内涵、结构体系及培养路径［J］．天津师范大学学报（基础教育版），2021，22（2）：16－20.

节约，诸葛亮把“静以修身，俭以养德”作为“修身”之道；朱柏庐将“一粥一饭，当思来之不易；半丝半缕，恒念物力维艰”当作“齐家”的训言；毛泽东以“厉行节约，勤俭建国”为“治国”的经验。勤俭节约是中华民族的传统美德。浪费不以量小而为之，节约不以微小而不为。节约是一种美德、一种远见、一种智慧，更是一种境界。

（二）勤俭节约在革命战争年代得到发扬

历史上，古今中外勤俭节约的故事不胜枚举。革命战争年代，对勤俭节约这个中华民族优良传统和美德的继承和发扬更加强调。新中国成立初期，有一首歌唱得好：“勤俭是咱们的传家宝，社会主义建设离不了。不管是一寸钢、一粒米、一尺布、一分钱，咱们都要用得巧。好钢用在刀刃上，千日打柴不能一日烧。”当时，国人都把勤俭节约作为做人和干事业的行为准则。然而，随着我国综合国力的增强和人民生活的改善，有些人把勤俭节约的优良传统丢了。当前社会上超越现实、盲目攀比的畸形消费，斗富摆阔、一掷千金的奢靡消费，过度包装、极度美化的蓄意浪费，“长明灯”“长流水”的随意浪费等现象比比皆是、不胜枚举。这种社会现象已经引起广泛关注，并得到党和国家的重视。党中央及时提出“建设节约型社会”的战略决策，把加快建设节约型社会提到“事关现代化建设进程和国家安全，事关人民群众福祉和根本利益，事关中华民族生存和长远发展”的高度，并在全国范围内深入持久地开展节约活动，加快建设节约型社会。

（三）勤俭节约在新时代成为社会文明新风尚

无论经济社会怎样发展，我们都要知道，勤俭仍是当代社会的内在诉求。现代文明强调珍视有限资源，提倡崇俭抑奢的价值观。勤俭节约不仅在资源短缺的时候要提倡，在物质文明高度发达、物质生产资料异常丰富的今天，仍然是需要反复倡导的劳动精神和社会文明，这与当前的发展形势分不开，与中国人居安思危的精神内核分不开。党的十八大以来，习近平总书记在不同场合多次强调艰苦奋斗、勤俭节约是中华民族的传统美德，铺张浪费则背离优良传统文化，败坏党风、政风和社会风气。新时代要认真学习贯彻习近平总书记重要指示精神，怀危机意识，兴节约之风，为顺利实施“十四五”规划、巩固脱贫攻坚成果、实现第二个百年奋斗目标奠定坚实的物质基础。

当前，我国仍处于社会主义初级阶段，人均资源占有量少，不管是粮食安全、能源安全，都与勤俭节约有一定关系。加之各种自然灾害、疫情等影响，更要居安思危，不可掉以轻心。应当对自然抱有敬畏之心，要以社会主义核心价值观为引领，争做勤俭节约的践行者。

二、传承无私奉献精神

（一）奉献是共产党人的精神底色

中国共产党从一诞生，就明确自己是工人阶级先锋队，坚持全心全意为人民服务的根本宗旨，以实现共产主义为最高理想和最终目标。《中国共产党章程》明确规定，共产党员必须“坚持党和人民的利益高于一切，个人利益服从党和人民的利益，吃苦在前，享受在后，克己奉公，多做贡献”。入党誓词明确提出：“为共产主义奋斗终身，随时准备为党和人民牺牲一切，永不叛党。”这充分说明，共产党员讲奉献不是可有可无的选择，而是必须履行的义务。中国共产党百年奋斗的光辉历程，就是一部共产党人为中国人民、为中华民族赤诚奉献的恢宏史诗。从八路军“狼牙山五壮士”到抗美援朝志愿军“新兴里战斗模范连”，从“宁肯少活20年，拼命也要拿下大油田”的“铁人”王进喜到牺牲在脱贫攻坚一线的“时代楷模”黄文秀……党的队伍中所涌现的一代代先进模范，无不体现着奉献精神。事实上，中国共产党之所以能够取得不同历史时期的伟大成就，正是因为有无数共产党员为了党的事业、为了广大人民群众的利益而牺牲小我、成就大我，不断擦亮无私奉献的鲜红底色。

（二）奉献是新时代共产党人的价值坚守

2014年5月8日，习近平在同中央办公厅各单位班子成员和干部职工代表座谈时的讲话中指出：“我们共产党人讲奉献，就要有一颗为党为人民矢志奋斗的心，有了这颗心，就会‘痛并快乐着’，再怎么艰苦也是美的，再怎么付出也是甜的，就不会患得患失。这才是符合党和人民要求的大奉献。”得失之间，尽显本色。2019年3月22日，习近平总书记在罗马会见意大利众议长菲科时说：“我将无我，不负人民。我愿意做到一个‘无我’的状态，为中国的发展奉献自己。”“无我”之境，即是大公无私、甘于奉献。共产党人把自我完全融入为中国人民谋幸福、为中华民族谋复兴之中。

（三）无私奉献是每个中国人的精神追求

无私奉献不只是共产党员的价值追求，中华民族自古以来就有大公无私的精神崇拜。这种精神是范仲淹笔下的“先天下之忧而忧，后天下之乐而乐”，是鲁迅笔下的“横眉冷对千夫指，俯首甘为孺子牛”。人无精神则不立，国无精神则不强。可以说，每一个中国人的精神中都有奉献的本色。2020年，一场突如其来的疫情席卷全球，全党动员，全国动员，上下一心，众志成城，仅3个月左右，就取得武汉保卫战、湖北保卫战的决定性成果。在抗疫斗争中，14亿中国人民显示出高度的责任意识、自律观念、奉献精神、友爱情怀，铸就起团结一心、众志成城的强大精神防线，汇聚成伟大的抗疫精神，这种精神同中华民族长期形成的特质禀赋和文化基因一脉相承，是爱国主义、集体主义、社会主义精神的传承和发展，是中国精神的生动诠释，丰富了民族精神和时代精神的内涵。

三、发扬拼搏奋斗精神

案例

从冬奥会看中国运动员的拼搏精神

2022年北京冬奥会落下帷幕，但奥运健儿在赛场上奏响的“奋斗有我、争创佳绩、为国争光”的时代强音仍然清晰回荡在耳畔。1月4日，习近平总书记在北京考察筹备2022年冬奥会工作时用“坚持拼字当头，敢于拼搏、善于拼搏，在奥运赛场展现新时代中国运动员的精神风貌和竞技水平”勉励即将踏上赛场的中国运动员。不负厚望，中国代表团最终以9金4银2铜的优异成绩，取得了我国参加冬奥会的历史最好成绩。简约、安全、精彩的北京冬奥会展现了中国的大国担当，而中国冰雪健儿在奥运赛场上的靓丽身影高度展现了新时代中国运动员的拼搏精神。如冬奥会短道速滑男子1 000米A组决赛中，中国选手任子威获得金牌，这是中国队在该项目中获得的首枚冬奥会金牌。在赛后采访中任子威说道："到终点线时，我还在争。每场比赛都很艰难，尽自己所能做到最好、拼到最后。"冬奥会自由式滑雪女子大跳台决赛的最后一跳，中国选手谷爱凌做出了一个"冒险"的决定，挑战自己从未尝试过的最高难度动作，最终成功逆袭，成为该项目我国冬奥会历史上首位冠军。谷爱凌说："我希望通过自己的行动，激励更多人接触冰雪运动，尤其是年轻人。中国现在有3亿多人参与冰雪运动，这个数字太让我惊喜了。"

站在"两个一百年"奋斗目标历史交汇点上，我们既面临难得的历史机遇，又面临前所未有的风险挑战，广大青年要从新时代中国运动员"拼字当头、敢于拼搏、善于拼搏"的拼搏精神中汲取力量，坚毅笃行，奋勇向前，让青春在奋斗中绽放绚丽之花。

资料来源：钟婉丹．从冬奥会看中国运动员的拼搏精神［EB/OL］．深圳新闻网，2020-02-23.

（一）拼搏奋斗精神的历史溯源

"天行健，君子以自强不息"，在中华文化精神里，人应当自强不息、积极进取、刚健有为。这是因为在古人看来，宇宙是一个不断生成变化、生生不息、一往无前、永不停歇的的过程，天地之间、宇宙万物无时无刻不在发生交替更新，生生不息，是宇宙的根本法则，是天道，人作为宇宙中的一个存在，必须服从、效法天道，遵循宇宙的根本法则，所以人就应当顺应时变、与时俱进，不断创新、不断发展，"苟日新，日日新，又日新"，不息不止。

这种积极进取、刚健有为的奋斗精神，就是成就人、成就事物的根本。它体现在每一个人发展完善、提升自身的立身处世、德性修养中。"士不可以不弘毅，任重而道远。仁以为己任，不亦重乎？死而后已，不亦远乎？"它体现在仁人君子"人能弘道""守死善道""朝闻道，夕死可矣"的担当与觉悟之中。它也体现在国家治理"善政"的"正德、利用、厚生惟和"中，体现在"大同社会"的理想之中。最终，这种奋斗希望达到的是宇宙万物各得其所、各得其宜、各尽其性的共生和谐状态。因为"上天有好生之德"，宇宙创生万物，就是要让每一个事物都能得到充实、发展和完善。①

（二）拼搏奋斗精神的新时代自觉

一个时代有一个时代的主题，一代人有一代人的使命。要做时代的弄潮儿，要适应时代潮流，就必须深刻把握、自觉回应时代的要求。只有依据时代的主题，自觉担负时代所赋予的历史使命来拼搏奋斗，才有可能书写出符合时代要求的壮丽篇章。今天，中国人民的伟大奋斗精神需要放到两个历史坐标中去定位、定向、定准：一个是要在中华民族历史发展的坐标、历史发展脉络中去奋勇前进，为了中华民族的伟大复兴不懈奋斗；另一个是在人类文明历史发展进程中去开拓创造，积极应对当前人类文明面临的共同问题和挑战，探索超越现有的现代文明模式，为人类文明探索开拓出新的发展可能、新的文明境界。

新时代是全党全国各族人民勠力同心、砥砺奋进的时代。奋斗、圆梦，是新时代重要

① 刘飞．弘扬伟大奋斗精神［N］．学习时报，2018-08-22.

的主题词；奋斗者、追梦人，是新时代中国人民的荣耀身份。历史只会眷顾坚定者、奋进者、搏击者，而不会等待犹豫者、懈怠者、畏难者。奋斗是艰辛、长期、曲折的，具有传承性和时代性。特别是在世界多极化、经济全球化、社会信息化、文化多样化深入发展的当今时代，面对波谲云诡的国际形势、复杂敏感的周边环境、艰巨繁重的改革发展稳定任务，我们更要有长期奋斗的思想准备，下好先手棋、打好主动仗。必须看到，中华民族伟大复兴绝不是轻轻松松、敲锣打鼓就能实现的，离不开持之以恒、充满韧性的伟大奋斗。

（三）弘扬奋斗精神的实践意蕴

弘扬奋斗精神首先需要有远见，立大志，坚定崇高的理想和信念，坚持正确的方向和道路。奋斗精神需要笃实力行、求真务实、敢于担当。笃实力行就是不好高骛远、眼高手低，而是把奋斗精神融于岗位、融于日常，脚踏实地，做实做细，从自己做起，从点滴做起，从身边手头之事做起。笃实力行也需要坚持不懈、永久奋斗。天下事贵在有恒，所谓“世上无难事，只要肯登攀”，古人讲人间世事本无所谓难易，“为之则难者亦易矣，不为则易者亦难矣”。力行需要苦干，也需要实干，实干就是要实事求是，顺应时变。在这个属于奋斗者的新时代，要以功成不必在我的精神境界和功成必定有我的历史担当，在百舸争流中劈波斩浪，在千帆竞发中勇立潮头，以新担当、新作为开创中国特色社会主义更加美好的明天。

四、勇于创新探索精神

案例

数字敦煌

世界文化遗产莫高窟虽暂停开放，但“云”端一直在线。人们通过网络可游览“数字敦煌”，探索敦煌文化创意内容，漫游精品展览等。打开全新上线的“莫高窟的四季”，可感受莫高窟的春夏秋冬，随时饱览莫高窟美景，春芽夏绿，秋叶冬雪，尽在“掌握”。“数字敦煌”为游客提供了近观敦煌艺术的平台，在数字世界中再现敦煌石窟的精美绝伦，满足了观众打破时间、空间限制的游览欣赏需求。

“数字敦煌”项目，从原窟内采集数据，再进行三维重建，目前观众可以在线全景漫游 30 个洞窟。这是专属于观众的敦煌之旅。敦煌石窟数字化的成果，还能为观众提供个性化的文创产品。2018 年底，敦煌研究院上线“敦煌诗巾”小程序，设计师对多种莫高窟藻井图案与壁画纹样进行了数字化重构，置入小程序中，观众可从这些素材中随意选择，设计出一条专属于自己的丝巾。

（一）创新精神的内涵

创新是人类社会历史发展亘古不变的动力源泉之一，劳动创新精神更是时代发展的产物和赓续前行的重要动力。创新作为劳动精神的重要组成部分，是新时代劳动精神的灵魂，是新时代劳动者在具体劳动实践、创造美好生活的过程中应具备的精神特质。劳动创新精神指新时代劳动者在劳动过程中，基于对劳动的正确认识，对客观规律的正确遵循，敢于变革、改造不符合时代发展的劳动观念、劳动思维、劳动形态等，善于在劳动过程中以新视角、新思维解决问题，创造新的劳动样态的精神面貌和价值取向。[①]

（二）创新需要不断探索

2014 年 8 月 18 日，习近平在中央财经领导小组第七次会议上的讲话中强调，“创新始终是推动一个国家、一个民族向前发展的重要力量”。神舟[②]飞天、蛟龙[③]入海、嫦娥[④]奔月、墨子[⑤]传信、北斗[⑥]组网、天眼[⑦]巡空、天问[⑧]探火，一系列大国重器的投入使用，一连串强国工程的试水启动，是一代又一代科研工作者不断探索创新的证明。创新需要勇气，需要不断打破常规，需要不断实验、不断试错、不拘一格。创新是一种思想观念、一种工作方法、工作水平。只有不断创新，才能与时俱进，才能提出新思路、推出新举措、开拓新局面。

（三）在劳动实践中涵养创新探索精神

劳动是人的基本实践活动，是创新的基础。教育应注重培养创新型人才。创新不仅仅是一种爱好，从根本上来说是一种劳动创造，是在劳动实践中产生的以及在提高生产效率和改变生活状况的强烈渴望支配下的一种创新性质的劳动。可以看出，劳动实践是科技创新的基础，当劳动实践缺失或不足时，这种渴望就无法产生，创新也就不可能出现。[⑨] 因此，要培养创新探索精神，应当积极参与劳动实践。

问题卡片

1. 新时代新征程应该怎样继承和弘扬中华优秀传统文化？

2. 怎么理解新时代劳动精神是由勤俭节约、无私奉献、拼搏奋斗、创新探索四个内容构成的？

知识链接

崇尚劳动 共赴未来

中华民族是勤于劳动、敢于创新的民族。中华上下五千年，在这片广袤而又古老的东方大地

---

① 王肖东，张秋辉．新时代大学生劳动创新精神的时代逻辑、核心要义和践行路径［J］．河南科技学院学报，2022（08）：75-82.

② 中国载人航天工程飞船名。

③ 蛟龙号载人潜水器是一艘由中国自行设计、自主集成研制的载人潜水器。

④ 中国探月工程。

⑤ 墨子号量子科学实验卫星。

⑥ 中国北斗卫星导航系统（BeiDou Navigation Satellite System，BDS）是中国自行研制的全球卫星导航系统，也是继 GPS、GLONASS 之后的全球第三个成熟的卫星导航系统。

⑦ 位于中国贵州，是一台 500 米口径的球面射电望远镜。

⑧ 天问系列是中国行星探测任务名称。2020 年 4 月 24 日是第五个中国航天日，国家航天局宣布，将我国行星探测任务正式命名为“天问”，将我国首次火星探测任务命名为“天问一号”。

⑨ 韩先煌，马骏．加强劳动实践，提升创新能力［J］．安徽教育科研，2022（18）：60-61.

上，中华民族祖祖辈辈的劳动者创造了崇尚劳动、热爱劳动、辛勤劳动、诚实劳动的劳动精神，成就了辉煌灿烂的中华文化，锻造出奋发进取的民族品格，诠释了勤劳勇敢的民族精神。

劳动创造历史。中华民族自古就是崇尚劳动的民族。翻开古老历史的书卷，“断竹，续竹，飞土，逐宍”，仅仅八个字就描绘出远古时期劳动人民狩猎的场面，到先秦时期“日出而作，日落而息；凿井而饮，耕田而食”的古代劳动人民早出晚归的场景，再到“新筑场泥镜面平，家家打稻趁霜晴。笑歌声里轻雷动，一夜连枷响到明”农民打谷的繁忙景象……对劳动的赞颂绵绵不绝。

因为崇尚劳动，我国古代劳动人民既创造了万里长城、京杭大运河、布达拉宫等世界建筑奇迹，又创造了“四大发明”、瓷器等，为世界人民留下了丰富的物质遗产和精神文化遗产。到了近代，中华民族牢记“天下兴亡，匹夫有责”的谆谆教诲，虽历经风雨、饱受磨难，却不易其志、不改其心，再次立足于世界民族之林。新中国成立以后，更是涌现出像“铁人”王进喜、“一抓准、一口清”的张秉贵、“高炉卫士”孟泰等一大批典型劳动模范，书写出一首首属于平凡劳动人民的赞歌，改变了新中国一穷二白的落后面貌。

劳动成就未来。因为崇尚劳动，进入新时代以来，劳动、奋斗的底色依然鲜亮。2020年疫情暴发以来，全国各族人民积极投身疫情防控的挑战中，逆行出征、救死扶伤，坚守岗位、复工复产。中国航天员及背后的航天工作者“可上九天揽月”探索浩瀚宇宙，这是我们不懈追求的航天梦，正是因为他们的辛勤劳动，才能让我们以梦为马，奔赴星辰大海。

“伟大出自平凡，英雄来自人民。”我们正处在一个伟大的新时代，一个“人人都是劳动者”的伟大新时代。新时代的劳动者，无论是炎炎夏日里在田间耕作的农民，是骑着电瓶车穿梭在大街小巷风雨无阻的外卖小哥，是在万里铁路线上保证“国家大动脉”日日夜夜畅通无阻的铁路工人，还是在实验室中反反复复实验、一次次的失败都不曾让其退却的科研人员……千千万万劳动者，日复一日，年复一年，耕耘着劳动的果实，创造着人生的价值。凭借勤劳的双手，中华民族创造出五千年灿烂的中华文明。凭借勤劳的双手，中国人民在中国共产党的带领下取得了革命、建设、改革的伟大成就，全面建成了小康社会，打赢了脱贫攻坚战，迈向新的生活。

资料来源：刘鉴增．崇尚劳动 共赴未来［EB/OL］．搜狐网，2022-05-04.

实践举案

实践内容：劳模人物访谈。

实践目标：通过访谈，了解劳模的事迹和劳动精神，帮助自己提升职业素养。

时间：60分钟。

流程：

1. 将学生按照10～12人一组划分小组，并进行岗位分工；
2. 拟定4个行业劳模作为模拟访谈对象，并撰写访谈提纲；
3. 按照岗位职责分工和提纲进行访谈；
4. 各小组整理访谈内容并总结如何提升自身职业素养，每小组由组长分享访谈感受；
5. 教师进行点评、归纳分析、总结，让学生真正理解劳动凸显劳动者自身的价值和意义，引导学生发扬勤俭节约、无私奉献、拼搏奋斗、创新探索等优秀劳动精神。

任务三 劳动创造美好

案例导学

陈云珍：一针一线焕活非遗羌绣技艺

羊角花、石榴、白山羊……两米长的绣布上，各种图案栩栩如生，这是四川羌绣传统刺绣工艺省级代表性传承人陈云珍和当地其他绣娘们共同创作的作品。中国共产党第二十次全国代表大会于10月16日开幕，作为党代表的陈云珍到北京参会。她将这幅作品也带到了北京，因为这幅名为“初心”的作品有着特别的寓意。“羊角花是羌族特色图案，石榴则代表团结和谐——56个民族像石榴籽一样紧紧围在一起”，她告诉《北京周报》记者。

今年51岁的陈云珍是绵阳北川羌族自治县云珍羌绣专业合作社负责人。2012年，她被评为省级羌绣传承人。羌族刺绣是流行于四川等地的羌民族聚居区的一种传统刺绣艺术，主要用于装饰羌族传统服饰的襟边、袖口、领边等。羌绣针法包括架花、织字、纳花等，所绣图案大多是现实生活中的自然景物，色彩明快、寓意吉祥。2008年，羌族刺绣被列入第二批国家级非物质文化遗产名录。

多年来，陈云珍致力于羌绣的焕活传承和产业发展，带领当地妇女一针一线绣出了缤纷图案，也绣出了人民的美好生活。

今年5月，四川省召开第十二次党代会，选举产生出席中国共产党第二十次全国代表大会代表，2000年就已加入中国共产党的陈云珍成为四川羌族地区唯一一位入选的党代表。“没有共产党就没有新中国，就没有北川人今天的幸福生活，更没有我传承羌绣的梦想”，陈云珍说。

资料来源：李潇阳．陈云珍：一针一线焕活非遗羌绣技艺［N］．北京周报，2022-10-17．

任务目标

知识目标： 通过对劳动自身的再认识，归纳概述劳动创造美好生活、劳动创造有价值人生的道理。

能力目标： 能联系身边的人和事，或者通过自身实践感受劳动创造美好生活的内涵和意义。

素质目标： 引导学生树立正确的劳动价值观，辛勤劳动、诚实劳动，在劳动过程中培养劳动热情和创造情怀，并在创造自身美好生活的同时担负起民族复兴大任。

认知学习

一、劳动是奠定美好生活“获得感”的基础

生命因劳动彰显力量，人生因劳动凸显价值。劳动是世界上一切美好事物的源泉，奋进新时代，迈步新征程，奋斗的青春最美好，劳动的人生最幸福。

（一）劳动维持生存

为了生存和发展，人首先要解决吃、穿、住、行、用的问题。物质资料的生产是社会生活的基础。而物质资料的生产，就是人通过作用于自然物，使自然物变成适合人吃、穿、住、行、用的东西，满足生产和生活的需要，这个过程就是劳动。物质资料的生产或劳动，是人类赖以生存和发展的基础，而物质资料不是动动嘴皮子就可以凭空变出来的，它需要人类凭借自己的双手和力量，用勤劳和奋斗创造出来。

案例

自己动手，丰衣足食

1938年10月，抗日战争进入相持阶段，敌后战场的斗争形势日益严峻，陕甘宁边区出现了粮食以及生活必需品供应紧张的现象。为克服严重的物质生活困难，中国共产党发出了“自己动手，丰衣足食”的号召，大生产运动蓬勃展开。边区军民开荒种地、畜牧养殖、兴修水利……在田地、山头、工厂，到处都是劳动人民“手举锄头、脚踩纺织机”的热闹景象。通过大生产运动，勤于劳动、善于劳动的边区军民用自己的双手打破了困难局面，为抗日战争及新民主主义革命的胜利奠定了坚实的物质基础。

（二）劳动赢得尊严

自然经济时期的劳动，其性质是维持人的物质生存需要的必要劳动，生产能力和成果能否满足生存需要是生活的主要矛盾，生活的主要目的和意义是维持生存，生产与生活、生产意义和生活意义具有简单的、直接的同一性。

商品时代，人们的生活已越过谋生阶段，进入“财富是生产的目的”时期。人们主要的生活矛盾已由劳动能否满足生存需要，转向能否在劳动中体现尊严和价值，进一步突出了人在生存之外、之上的更广阔、更高层面的生活意义问题。对大多数人来说，生存是没有问题的，核心问题是如何做到有尊严、有价值地生存。

正如马克思所说：“如果我们的生活条件容许我们选择任何一种职业，那么我们就可以选择一种使我们获得最高尊严的职业，一种建立在我们深信其正确的思想上的职业，一种能给我们提供广阔的场所来为人类工作，并使我们自己不断接近共同目标即臻于完美境界的职业，而对于这个共同目标来说，任何职业都只不过是一种手段。”①

---

① 马克思，恩格斯．马克思恩格斯全集：第1卷［M］．2版．北京：人民出版社，1995：458.

（三）劳动促进发展

劳动是最能刺激个体社会能力发展的途径之一，这是由劳动的本质特征决定的。劳动是一种以具体成果为追求目标的活动，是一种过程极不确定的活动，而且劳动往往需要以集体的形式进行，需要参与劳动过程的人合理分工、紧密合作。通过劳动过程中的合作和劳动成果的共享，人们最容易建立起紧密的人际关系。劳动对人的社会能力发展的刺激作用是其他类型的活动所不能媲美的。

二、劳动是提供美好生活“安全感”的保障

（一）劳动塑造健康体魄

从古至今，劳动作为人类生存和发展的最重要手段之一，是人身体和心智健康的源泉。对于劳动能够养生益寿，古人早有精辟的论述，三国时期的医学家华佗认为：“动则谷气易消，血脉流利，病不能生。”宋代苏轼说：“善养生者，使之能逸而能劳。”

劳动是一种强身健体的有效方法，因为劳动包含更多的目的性、任务性、多样性和功利性，所以它不仅能比正常的健身获得更长的时间、更大的强度，让机体得到更多的锻炼，强身健体，而且能够让自己的生活环境更美、生活水平更高，一举多得。

劳动能锻炼筋骨，使五脏气血旺盛，肌肉坚实，百脉通畅，关节灵活，故使人反应迅速，动作敏捷，即所谓“用则不退，动则不衰”。劳动可以强健体魄、增强意志、调适心理。在劳动活动中，通过与人沟通协作，可以培养乐观开朗的性格，继而改善人际关系，提高社会适应能力，有助于消除心理障碍。劳动成果产生的成就感和幸福感可以驱散压抑和悲伤等消极情绪。

（二）劳动美化生活环境

“一屋不扫，何以扫天下”，这句话涉及两个典故。东汉名臣陈蕃少时独居一室而院内杂乱，父亲的朋友薛勤批评他：“孺子何不洒扫以待宾客?”陈蕃答道：“大丈夫处世，当扫除天下，安事一屋乎?”薛勤因此发现他有大志向。而后世的清朝文学家刘蓉，在散文《习惯说》中又提出了“一室之不治，何以天下家国为?”的观点，仿佛开展了一段跨越时空的辩论。

很多年轻人觉得“一屋不扫”是缺乏意愿，而不是缺乏能力，在个人学业分配上往往更加注重“扫天下”的知识和眼界的提升，而忽略了在“治一室”的过程中也可以培育基本的习惯和才干。不打扫宿舍往往是因为缺乏日常保持环境整洁的习惯和方法。人们通过劳动可以从被动适应生存环境转变为主动优化生存环境，同时从劳动过程中获得对生命的自主权。当代青年学生应该主动学习，掌握构建美好生活环境的能力，在生活中保持卫生整洁，不断增强生活中的审美能力。

（三）劳动推动社会进步

近代以来，创造性劳动的质和量出现大的增长，引发科技革命，促使社会分工迅速发展，又引起了社会经济生活的一系列变化，构成了社会生产力进步的核心内容，并驱使经

济和社会关系不断演变。

新中国成立后，饱受战争创伤的中华大地百废待兴、百业待举。一时间，劳动的号角再次吹响，“生命不息，革新不止”“宁愿一人脏，换来万家净”……人们的劳动热情汇聚成无穷的力量，给新中国带来了生机与活力，许多中国过去没有的新工业，如汽车制造厂、飞机制造厂、大型发电设备生产厂接连开工，中华大地每天都在发生新变化。

我们吃的饭，走的路，坐的高铁、飞机，用的手机、电脑，住的房子……哪一样，能够离开人的劳动？伟大的现代文明，并不是打个响指，就能像变魔术一样变出来，并不是有钱、有资源就能够堆出来……

港珠澳大桥、葛洲坝水利工程，以及高速公路、立交桥，一座座高楼、一座座灯塔，都是劳动人民勤劳的汗水与智慧的结晶。劳动者们用双手编织着五彩斑斓的世界，因为他们，我国才能成为全世界唯一拥有联合国产业分类中全部工业门类的国家，建立了独立完整的现代工业体系；高铁才能成为中国名片，成为中国速度的代表；北斗导航卫星才能发射成功；三代核电、5G……这些丰功伟绩都是由全体劳动者共同谱写的。

三、劳动是创造美好生活“幸福感”的动力

早在2012年，习近平总书记就提出“人世间的一切幸福都需要靠辛勤的劳动来创造”。此后，他又多次在劳模代表座谈会等场合提到“劳动创造了中华民族”“劳动是财富的源泉，也是幸福的源泉”“幸福不会从天而降，梦想不会自动成真”“幸福都是奋斗出来的”。这是习近平总书记在新时代为开启新征程、实现新目标而向全体劳动者发出的奋斗召唤。

（一）劳动体现价值

恩格斯指出：“劳动是整个人类生活的第一个基本条件，而且达到这样的程度，以致我们在某种意义上不得不说：劳动创造了人本身。”① 人在劳动中陶冶了德行，教化了自己，在劳动中收获了个人能力的提升、阅历经验的增加，满足了精神层次的需求，成为区别并且超越其他一切的存在。人只有在劳动中才能成为真正的人和现实的人。

现在年轻一代成长在物质生活已较丰足的年代，但由于不少人缺少追求的过程，缺少对于劳动的艰辛和收获的喜悦的体验，因而即使物质生活丰富，仍有生活空虚、迷惘之感。不劳而获的人，虽然占有了别人创造的劳动成果，可以享受丰富的物质生活，仍会感到生活空虚、无意义，原因就在于缺少劳动的过程和体验。人生最大的快乐，是自己的劳动收获了成果。人通过劳动所获得的产品能够很好地满足生活需要，在此过程中还能看到作为自由创造的人自身的力量、智慧与创造能力，通过劳动满足自己的生存意义和价值的需要，使人的生活更充实、更有意义。

---

① 马克思，恩格斯. 马克思恩格斯全集：第26卷［M］. 2版. 北京：人民出版社，2014：759.

（二）劳动放飞梦想

人世间的美好梦想，只有通过诚实劳动才能实现。实现每个人的梦想需要奋斗，从梦想到现实的转变必然是一个艰苦卓绝的过程，需要艰苦奋斗，需要拼搏奉献。我们生活中的许多惊人奇迹，当初也不过是人的一些梦想罢了。美好梦想成为现实需要付出巨大的创造性劳动。对于个人和社会而言，美好的生活不可能自动生成，幸福离不开锲而不舍、驰而不息的艰苦奋斗。

在人的一生中，青春时期是敢于有梦、勇于追梦、勤于圆梦的最好阶段。“不积跬步，无以至千里；不积小流，无以成江海。”不管我们处在什么岗位，做的是什么工作，只要我们勇于担当，脚踏实地，日积月累，砥砺前行，梦想就一定可以实现。

在当今中国，实现中华民族的伟大复兴，已经成为14亿中国人最伟大的梦想，这个梦想的实质就是国家富强、民族振兴、人民幸福。实现中华民族的伟大复兴，需要每个人把劳动当作最光荣的事业，需要每个人把智慧的源泉变成创新的动力。用最美的双手，用最美的劳动，用最美的付出，在实现自我价值的同时，托举起这个时代最美的梦想。

（三）劳动开创未来

劳动的人是有未来的人，劳动使我们通过自己的双手得到自己想要的东西，或者通过辛勤的劳动达到一定的目标，由此让自己和身边的家人或者朋友生活过得更好、更加幸福快乐，所以劳动是美好的、幸福的、快乐的，是能带给我们美好未来的。

综观波澜壮阔的中国历史画卷，中华民族始终遵循“劳动最光荣”的理念和信条，努力学习，顽强拼搏，艰苦奋斗，筑起了世界第二大经济体；成为世界上拥有高速公路最多的国家；筑起了中国的5G时代……从复兴号到大飞机，从移动支付到共享单车，从“中国制造”到物联网、大数据、云计算等新技术，从中国航天到芯片、人工智能等，中华民族历史上每一点进步和每一次成功都是由劳动者的智慧与汗水凝结而成的。

学生时代是最值得去奋斗、去拼搏的阶段，因为这一阶段的你是全新的你，不受任何约束，犹如一张白纸，你需要在纸上涂满绚丽的颜色，画出自己的炫彩人生。青春需要劳动，需要拼搏奋进、不断前进，想要青春无悔，就请努力劳动，奋进拼搏，时不待我，只争朝夕，走向未来。

问题卡片

1. 你认为劳动的意义是什么？你可以参与哪些形式的劳动？你认为能从劳动中获得什么？

2. 你参与过哪些劳动，你从劳动中得到了什么启示？劳动对个人以及社会的影响体现在哪些方面？

3. 你如何理解“幸福都是奋斗出来的”这句话？你如何在实现个人幸福和服务社会之间取得平衡？

任务四　劳动成就人生

案例导学

全国五一劳动奖章获得者陈小兰：一心心向艺

“我国工人阶级和广大劳动群众要大力弘扬劳模精神、劳动精神、工匠精神。”2022 年 4 月 27 日，习近平总书记向首届大国工匠创新交流大会发去贺信，向大会举办表示热烈的祝贺，并在贺信中强调“技术工人队伍是支撑中国制造、中国创造的重要力量”。

47 岁的陈小兰，是江西省抚州市建昌帮药业有限公司南城分公司的生产操作员。因传统中药炮制技艺精湛，她在行业竞赛中屡获大奖，多次被评为生产标兵，2021 年荣获江西省五一劳动奖章，今年荣获全国五一劳动奖章。

一寸白芍切 300 片，每片厚度 0.1mm 左右，轻轻一吹，“薄如蝉翼”的白芍便如片片雪花满天飞舞，这就是陈小兰展示的建昌帮传统中药炮制非遗技艺。作为技术工人的代表，5 年前的陈小兰还只是一个地地道道的农民，在家务农 20 多年。2013 年，怀揣美好梦想，陈小兰举家进了城，她先是去了一家服装厂，因为技术含量不高，收入上不去，2017 年，她“跳槽”来到建昌帮药业有限公司南城分公司。

为尽快熟练掌握建昌帮传统中药炮制技艺精髓，她悉心向老药工请教，有时跟在老技术人员后面，眼睛一眨不眨地盯着他们操作，哪里看不明白了就上前请教，实在听不懂了就记下来带回家进行思考，消化琢磨。休息时间，别人休闲娱乐，她勤勤恳恳“钻”到车间反复练手，熟悉流程要领。不到半年时间，陈小兰跻身公司的主要技术骨干，渐渐地掌握了建昌帮传统中药炮制的一些要领，每个环节都坚持工匠精神，努力做到一丝不苟。

干一行爱一行，陈小兰在学习和实践中不断体会到传统中医药文化的魅力，更加认识到要传承非遗技艺的责任。“‘建昌帮’是中医药的瑰宝、中华老字号，如果我们不去更好传承，真的让其博大精深的炮制技艺在我们这代人身上失传，那就是一种罪过。”从学徒到师傅，2021 年，陈小兰主动请缨承担起对 6 名青年员工的“传帮带”教学，“传经送宝”“倾囊相授”，带动企业内形成了争创“学习型、知识型、创新型”职工的浓厚氛围。

如今，获得全国五一劳动奖章的陈小兰依然踏踏实实、勤勤恳恳、淡泊名利，在传统中药炮制这条艰难的路上勇毅前行，演绎着从“泥腿子”到“金蓝领”、从“门外汉”到“行家里手”的人生精彩。

资料来源：魏天舒．全国五一劳动奖章获得者陈小兰：一心心向艺 [EB/OL]. 求是网，2022 - 05 - 09.

任务目标

知识目标：认识“劳动是磨砺坚强意志的良好方式、是锻炼社会能力的发展基础、是培育职业精神的实现路径、是实现理想追求的有力托举”。

能力目标：通过岗位实践，具备与自身专业相符合的职业精神。

素质目标：引导学生树立正确的劳动价值观，在平凡岗位上活出精彩的人生。

认知学习

一、劳动是磨砺坚强意志的良好方式

劳动是人生的必修课，唯有劳动，方能磨砺意志。劳动是磨砺意志的砺石，能磨去懒惰与懈怠，打造坚韧与毅力。

（一）自力更生

我国自古就有“一分耕耘，一分收获”的谚语，劳动付出与劳动回报从来都是对等的。我们每天的衣食住行都离不开劳动，生命的价值需要在劳动实践中方能激活。人们在改造自然、改造自身的活动中，才能意识到自己是有用之才、有用之身。

梦在前方，路在脚下。自胜者强，自强者胜。“只有认真活一次，奉献精彩的人生演出，才对得住这一生。”曾因博士毕业论文致谢部分在网上引发热议的中国科学院大学工学博士黄国平，在与母校学弟学妹分享人生感悟时如此说道。这是真挚感人的内心独白，也是发人深省的人生信念。当代青年更要坚持和发扬自力更生精神，从点滴做起，甘于并善于一步一个脚印地做好工作，用勤劳的双手、一流的业绩成就属于自己的人生精彩。

（二）艰苦奋斗

奋斗的道路不会一帆风顺，往往荆棘丛生、充满坎坷。强者，总是从挫折中不断奋起、永不气馁。苏炳添曾一度被腰伤和骨裂困扰，但最终以顽强意志走出低谷，成为第一个站上奥运会男子百米决赛跑道的中国运动员；江梦南半岁时因药物导致失聪，却怀揣“知命不惧，日日自新”的信念，凭借顽强毅力和不懈努力，顺利完成本科和硕士研究生学业，并如愿被清华大学录取；安徽砀山县的李娟常年卧病在床，可她没有向命运低头，用嘴咬着触控笔做电商，带动乡亲们脱贫致富……

顺境不骄、逆境不馁，那些在劈波斩浪中开拓前进的青春担当，那些在披荆斩棘中开辟天地的青春奋斗，那些在攻坚克难中创造业绩的青春奉献，终将成为人生的宝贵财富，汇成时代的无限精彩。坚定百折不挠的进取意志，保持乐观向上的精神状态，变挫折为动力，用从挫折中吸取的教训启迪人生，才能使人生实现升华和超越。

（三）持之以恒

《道德经》第六十四章说：“民之从事，常于几成而败之。慎终如始，则无败事。”意思是说人们做事情，往往快要成功了，却因为最后没有坚持下去，最终遭受失败。从头到尾，始终如一，万事方可成。

我们集中精力去做某一件事情，去学习某项技能，能坚持三个月、半年都不是难事。但是用一生的时光浸润在这个行业里，全副身心、心无旁骛、不计名利、不计代价地投入，绝不可能是一件容易的事。这种持之以恒的精神，是最难能可贵的，而且是一定能出成绩的，在提高技能的同时磨炼人格。这样一个过程，能够让技能变得更加精专、娴熟，达到卓越的程度。

二、劳动是锻炼社会能力的发展基础

（一）提升适应能力

在人的一生中，占据时间跨度最长的莫过于“工作者”这个角色了，而“职业人”无疑又是其中最主要的一种角色形态。职业选择—职业准备—职业适应—职业发展—职业满足，这是一个职业人的社会角色演绎。

具备职业人的社会身份后，作为一个完全独立的职业人，要为自己的一言一行负责，要符合社会对于职业人的角色规范要求，要调整生活习惯，适应工作节奏；调整思维方式，适应人际关系；调整知识结构，适应职业要求。

作为一个职业人，首先要做到经济独立，然后是社会行为、情感心理等全方位的独立。从事职业、开始工作是我们真正成人的标志。所谓“成人”，就是成为一个独立的社会人。这意味着从此必须依靠自身力量，为自己的工作和生活全面负责。

（二）升级认知能力

认知是人们通过知觉、记忆、思维等智力过程对信息进行加工，最终形成控制情绪和指导言行的观念的过程，不断学习和思考是改进观念和升华认知最重要的途径。

劳动是一种以劳动成果为追求目标的特殊活动，比学习和思考活动的过程更复杂、目标更确定，这种活动更有助于刺激我们思维能力的发育。让·皮亚杰的研究说明，不进行一定量的劳动，人的思维发展会受到影响。比如，当我们长期缺乏劳动时，思维会变得越来越迟钝。在繁忙的工作、学习之余安排一点时间从事劳动，会使得自己的身心更加放松，思维更加活跃，注意力更容易集中，就是这个道理。

广大青年要在日常实践和工作过程中强化认知，通过“干中学”逐步走向人格高尚、德行完满的境界，加深对自然世界、人类社会的认识，完成总结、思考和升华的过程，感悟到劳动改造了自然世界，劳动创造了人类社会，劳动构建了美好生活。人类只有通过劳动才能深刻理解客观世界、洞悉心灵空间，从而创造外在和内在的幸福感受。

（三）增强协作能力

实践证明：一个人的职业活动，总是与一定的职业群体相联系，离不开同行业的支持与协作。特别是在生产力高速发展的今天，职业分工越来越细，劳动过程更趋专业化、社会化，需要加强联合。产业间相互依托、相互制约、相互促进的发展趋势，也要求一个单位内部部门之间、员工之间必须团结协作。

“单丝不成线，独木不成林”，单打独斗的英雄主义时代早已过时，孤军奋斗难免以失败告终。在这个快节奏的时代，个人的能力再强，也有力所不及的时候，一项工作的完成往往是很多人协作的结果。

团队合作是取得成功的重要因素，团队中的成员是帮助顺利完成劳动的力量，合作是促进双方共赢的手段，在合作中只有懂得取长补短，懂得与他人沟通，懂得先人后己，才能分享他人的信息和反馈。合作是实现双赢的钥匙，学会合作能使自己更加高效地完成劳动任务。

三、劳动是培育职业精神的实现路径

（一）敬业

敬业是中华民族的传统美德。孔子主张“敬事而信”“执事敬”。孔子的弟子们在《礼记》中也有“敬业乐群”之说。朱熹则讲：“主一无适便是敬”，就是说做一件事，将全部精力集中到这件事上，心无旁骛，便是敬。

中华文明历经沧桑而生生不息，一个重要原因就是中华儿女根植于基因中的敬业品质。从新民主主义革命时期的“边区工人一面旗帜”赵占魁、“兵工事业开拓者”吴运铎，到社会主义革命和建设时期的“铁人”王进喜、“知识分子的杰出代表”蒋筑英、“宁肯一人脏、换来万人净”的时传祥，再到改革开放和社会主义现代化建设新时期的“蓝领专家”孔祥瑞、“金牌工人”窦铁成、“新时期铁人”王启民……一个个平凡却闪光的名字，一个个埋头苦干、忘我奉献的劳动者，一砖一瓦建设起社会主义雄伟大厦。

在行业竞争日益加剧的今天，敬业显得格外重要。对个人来说，只有珍视每一个工作机会，力求精益求精，才能不辜负光阴，获得物质和精神上的成功和收获，创造属于自己和家庭的美好未来。对企业来说，只有人人热爱本职工作、兢兢业业，各个工作部门才能协调运转，形成一个有机联系的整体，产生整体效用。对国家来说，只有每个个体在各自社会坐标上扮演好角色、发挥好作用，才能汇聚起恢宏的力量，积蓄起国家进步的强大动力。

（二）精业

敬业不易，精业更难。作家格拉德威尔在《异类》一书中提出“1 万小时定律”。在他看来，天才之所以卓越非凡，并非天资超人一等，而是背后付出了持续不断的努力。要精通某个领域，需要 1 万小时，按比例计算，如果每天工作 8 小时，一周工作 5 天，至少需要刻苦而专注地工作 5 年。

案例

把“敬业”上升为“精业”

在被誉为“新中国第一店”的北京市百货大楼前，一座半身铜像静静伫立。铜像塑造的是一位普通售货员——张秉贵。1955 年，36 岁的张秉贵来到这里。为了更好服务顾客，他苦练售货技术和心算，练就了令人称奇的“一抓准”和“一口清”技艺，不管顾客要几斤几两商品，他一把就能抓准分量，在商品称好、包好的同时，价钱也就心算出来了，分毫不差。30 多年里，他接待顾客近 400 万人次，没跟人红过一次脸、吵过一次嘴，被称赞为“燕京第九景”。

在新时代的火热实践中，“桥吊状元”竺士杰、“金牌焊工”高凤林、“禁区勇士”胡洪炜、“当代愚公”黄大发、“深海钳工第一人”管延安、“大眼睛天使”陈贞、“九天揽星人”孙泽洲等，各行各业涌现出来的标兵、模范，都是爱岗敬业的杰出代表，也是勤业、精业的先进模范。他们身上既有老黄牛式的敬业实干，也有孺子牛式的勤业奉献，更有拓荒牛式的创新进取、精进卓越。“心心在一艺，其艺必工；心心在一职，其职必举。”干一行，还要钻一行、精一行。把“敬业”上升为“精业”，努力练就过硬本领，努力成为行家里手，就能更好适应事业发展需要。

（三）乐业

劳动没有高低之分，没有贵贱之别，每一项工作都值得我们用心去做，每个岗位都是成就人生的舞台。只要勤勤恳恳、尽职尽责、精益求精，每个个体都能书写不凡的青春华章。

案例

振超效率

1984 年，许振超成为青岛港集装箱公司第一批桥吊司机。靠着对岗位的热爱和刻苦钻研，他练就了“一钩准”“一钩净”“无声响操作”等绝活儿，带领团队先后多次刷新集装箱装卸世界纪录，创造了享誉全球的“振超效率”。

铁路工人巨晓林只有高中学历，却凭借数十年如一日的专注和努力，记下近 300 万字施工笔记，研发和革新工艺工法百余项，从一名连图纸都看不懂的农民工成长为中国顶尖高铁施工建设专家，他编撰的《接触网施工经验和方法》成为铁路施工一线“宝典”。

伟大出自平凡，英雄来自人民。习近平总书记强调：“只要有坚定的理想信念、不懈的奋斗精神，脚踏实地把每件平凡的事做好，一切平凡的人都可以获得不平凡的人生，一切平凡的工作都可以创造不平凡的成就。”全面建设社会主义现代化国家新的伟大征程，为广大劳动群众提供了宝贵机遇和广阔舞台。一切劳动者，只要有志气有闯劲，肯学肯干肯钻研，就能立足岗位成长成才，在劳动中体现价值、展现风采、感受快乐。

四、劳动是实现理想追求的有力托举

（一）树立崇高理想

理想是前进的方向，是心中的目标。托尔斯泰曾说过：“理想是指路的明灯，没有理想就没有坚定的方向，就没有生活。”有了明确的、切合实际的职业理想，再经过努力奋斗，人生发展目标必然会实现。

职业理想在现实生活中具有参照系的作用，它指导并调整着我们的职业活动。当一个人在工作中偏离了理想目标时，职业理想就会发挥纠偏作用。尤其是在实践中遇到困难和阻力时，如果没有职业理想的支撑，人就会心灰意冷、丧失斗志。职业理想源于现实又高于现实，它比现实更美好。为使美好的未来和宏伟的憧憬变成现实，人们会以坚忍不拔的毅力、顽强拼搏的精神和开拓创新的行动去为之努力奋斗。

周恩来 12 岁时就发出“为中华之崛起而读书”的誓言，表达了他从小立志振兴中华的伟大志向。当代青年也应该树立一个崇高的人生目标，然后为实现这个目标坚持不懈、奋斗不止，在求真务实的担当实干中成就人生精彩，在艰苦奋斗的创新创造中书写青春华章，用拼搏奉献的实际行动践行“请党放心、强国有我”的青春誓言。

（二）做好职业规划

我国现阶段实行的是“双向选择”的就业方式，即个人和用人单位的相互选择。想就业就要在择业时了解自己、了解职业、了解社会，提前做好职业规划。

青年学生要从自身出发，从自己的所受教育、自己的能力倾向、自己的个性特征、自己的身体健康状况出发，准确定位，瞄准适合自己的岗位，不懈努力。

每种职业都有与之相适应的职业能力要求。比如会计、出纳、统计、建筑师、工业药剂师等职业的从业人员就必须具备很强的计算能力。因此，了解社会职业岗位需求情况，获得全面、准确、有效的信息，结合自己的实际情况加以处理，加强对社会职业需求的分析和预测，对照筛选出的信息找到自己的不足，对于找到适合自己的工作是极其重要的。

（三）做到知行合一

青春孕育无限希望，青年创造美好明天。新时代的中国青年，生逢其时、重任在肩，施展才干的舞台无比广阔，实现梦想的前景无比光明。

大学期间，要满怀信心地练就过硬本领，为日后步入社会、实现人生目标和创造自我价值奠定坚实基础。特别是要培养和训练科学思维方法和思维能力，把学习同思考、观察同思考、实践同思考紧密结合起来，保持对新事物的敏锐，学会用正确的立场、观点、方法分析问题，善于把握历史和时代的发展方向，善于把握社会生活的主流和支流、现象和本质。

进入职场要使自己尽快进入角色，适应职业岗位。例如：服从安排，主动工作，尽职尽责；严于律己，宽以待人，尊重他人，团结互助。只有这样，才能使自己在较短的时间里适应工作岗位的需要。广大青年要牢记习近平总书记的殷殷嘱托，积极响应党的号召，坚持理论联系实际，用脚步丈量祖国大地，用眼睛发现中国精神，用耳朵倾听人民呼声，用内心感应时代脉搏，在实践锻造中不断增强做中国人的志气、骨气、底气，让革命薪火代代相传！

问题卡片

1. 作为新时代的大学生，当代青年在择业时应该树立怎样的职业理想？如何将自己的梦想和实现中华民族伟大复兴的“中国梦”统一起来？

2. 你怎么理解劳动对人的意志发展的重要意义？你能通过自己的劳动自力更生吗？

3. 你是否知道劳动对于人的社会能力发展的重要意义？你认为自己的职业能力能适应当今社会的需要吗？

4. 对于干一行爱一行、爱一行钻一行，你有什么认识？

案例

邓稼先：用一生诠释“中国脊梁”

他将祖国的需要作为第一选择，28 年间深藏身与名；他无怨无悔，为国家奉献自己的一切，用一生诠释了什么是“中国脊梁”。他就是中国核武器研制工作的开拓者和奠基者之一、“两弹一星”元勋邓稼先。

求学报国

——“学科学对国家有用”

邓稼先 1924 年 6 月 25 日生于安徽省怀宁县。5 岁起，他就跟着父亲邓以蛰在北平读小学，后考入北平崇德中学。卢沟桥事变后，正在读高中的邓稼先怒不可遏，将日本国旗扯碎，踩到脚下。父亲担心邓稼先遭到迫害，安排他前往昆明，邓稼先牢记父亲“学科学对国家有用”的嘱托，立志科学报国。1941 年，邓稼先考入西南联合大学物理系。

——“将来祖国建设需要人才，我学成一定回来”

1948 年 10 月，为实现科技强国的夙愿，邓稼先赴美国普渡大学物理系深造。他表示：“将来祖国建设需要人才，我学成一定回来。”

不到两年，邓稼先就修满学分并通过论文答辩。他在获得博士学位 9 天后，即登上归国的轮船，回到祖国的怀抱。

以身许国

——“做好了这件事，我这一生就过得很有意义”

1956 年，邓稼先加入中国共产党。

1958 年 8 月，邓稼先接受了钱三强提的“国家要放一个‘大炮仗’”的光荣任务，出任第二机械工业部第九研究院理论部主任，成为中国第一颗原子弹的理论设计负责人。他对妻子许鹿希说：“做好了这件事，我这一生就过得很有意义，就是为了它死了也值得!”

——“你们谁也不要去，这是我做的，我知道”

在我国进行的前 32 次核试验中，邓稼先指挥了 15 次。

1979 年的一次氢弹试验中，降落伞没有打开，氢弹从高空直接摔到了地上。邓稼先不顾阻拦，“你们谁也不要去，这是我做的，我知道。你们去了也是白受污染”。他冲进试验场，希望第一时间找到原因。他明白弹头里装的钚 239 的辐射有多厉害，但他也知道这一颗弹头造价有多高。他心里没有自身安危，只有国家利益，把国家的事业看得比自己的生命更重要。

铸剑护国

——“一不为名，二不为利，但工作目标要奔世界先进水平”

邓稼先确立了“一不为名，二不为利，但工作目标要奔世界先进水平”的信念和目标。他选定了三个主攻方向，与其他年轻科研人员一起运用手摇和电动计算机、算盘和钢笔等最原始的工具进行夜以继日的繁重数学计算。

1962 年 9 月，邓稼先领导完成的原子弹理论设计方案，解决了中国原子弹试验成功的关键性难题。

——“都是中国人自己研制的”

1964 年 10 月 16 日，中国第一颗原子弹爆炸成功。1967 年 6 月 17 日，按照他和于敏提出的方案，中国第一颗氢弹爆炸成功。

中国能在如此短的时间和条件如此差的情况下研制成“两弹一星”，很多人感到不可思议，质疑是不是在外国科学家的帮助下研制的。1971 年 8 月，当杨振宁从邓稼先的来信得知“无论是原子弹，还是氢弹，都是中国人自己研制的，没有任何外国人参加”时，他既震撼又感动，激动的心情难以抑制，顿时热泪盈眶。

丹心耀国

——“我只不过做了一小部分应该做的工作”

1985 年 7 月，邓稼先被检查出患了直肠癌，住进了医院。

1986 年 7 月 4 日，当时的核工业部向国务院递交了《关于建议授予邓稼先同志“全国劳动模范”称号的请示》，这时的邓稼先已隐姓埋名 28 年。7 月 17 日，邓稼先在医院接过了全国劳模证书和奖章，他说：“核武器事业是成千上万人的努力才取得成功的，我只不过做了一小部分应该做的工作……”

——“假如生命终结之后可以再生，那么，我仍选择中国，选择核事业”

许鹿希与邓稼先结婚33年，朝夕相处的日子只有6年，而能过快乐而平凡家庭生活的就只有结婚的前5年。其余时间，许鹿希除了思念就是每日惴惴不安的担心。即使在邓稼先生命的最后一年，他也不能完全属于她。

有一天，邓稼先拉着许鹿希的手，说话的声音虽然微弱，却是那么坚定：“我不爱武器，我爱和平，但为了和平，我们需要武器。假如生命终结后可以再生，那么，我仍选择中国，选择核事业。”

——“不要让人家把我们落得太远……”

邓稼先住院363天，动了3次手术，一直疼痛不止。即使这样，占据邓稼先脑海的仍然是中国的核事业。他忍着病痛和核物理学家于敏共同书写了《中国核武器发展规划建议书》，赶在全面禁止核试验之前，使中国的核武器发展达到了实验室模拟水平。

1986年7月29日，积劳成疾的邓稼先被癌症夺去生命。他临终前留下的话仍是如何在尖端武器方面努力：“不要让人家把我们落得太远……”

资料来源：王先进，秦华．邓稼先：用一生诠释“中国脊梁”[EB/OL]．人民网-中国共产党新闻网，2022-06-25.

出力流汗

活动主题：周末（或节假日），在家准备一桌佳肴，和家人一同享用，感受“自食其力”的获得感。

活动时间：一天。

活动流程：

1. 完成准备一餐的活动计划并实施；
2. 撰写与家人一起享用的获得感，制作PPT并上传至课程（在线）讨论平台分享；
3. 线下课堂教师随机选取2～3名学生讲述；
4. 教师进行归纳分析，引导学生理解劳动创造美好生活、劳动创造有价值人生的道理，树立正确的劳动价值观。

项目小结

本项目围绕“劳动铸就文明”“劳动丰富文化”“劳动创造美好”“劳动成就人生”四个方面，深入介绍了劳动创造世界、创造人类和人类历史、创造文明的过程和由来，阐述了劳动对涵养勤俭节约、无私奉献、拼搏奋斗、创新探索的精神具有十分重要的意义，对创造美好生活的“获得感”“幸福感”“安全感”的重要作用，并进一步阐明了劳动实践的意义，鼓励同学们通过劳动磨砺坚强意志、锻炼社会能力、培育职业精神，最终实现人生的理想和追求。

课后思考与练习

一、判断题

1. 现在很多学生缺乏基本的劳动意识与能力，这种现象很正常。（　）
2. 学业负担重不能成为不劳动的理由。（　）
3. 职业院校学生有了实习课，就不需要再参加日常劳动了。（　）
4. 社会财富的最终来源是劳动。（　）
5. 贸易和金融是人类财富的源泉，依赖金融业，国家就可以长久地繁荣昌盛。（　）
6. 一个人有了轻松挣钱的途径（如靠出租房屋收取租金），就可以不劳动了。（　）
7. 通过劳动获得物质资料是人应有的责任。（　）
8. 为社会创造财富是体现我们价值的最重要途径。（　）
9. 劳动有贵贱之分，从事脑力劳动高人一等，从事体力劳动低人一等。（　）
10. 职业院校学生将来多从事产业链低端的工作，发展空间很有限。（　）

二、简答题

1. 结合你的专业，谈一谈如何实现劳动的价值和意义。
2. 为什么说劳动教育是高职院校“立德树人”的重要组成部分?
3. 为什么培育“工匠”精神需要劳动教育?
4. 有人说：“劳动是最重要的养生方法之一。”你如何看待这种说法?

三、论述题

1. 谈一谈劳动实践和劳动精神培养之间的关系。
2. 生产劳动与知识创新的关系是什么?
3. 劳动和幸福之间有何关联?

项目三 体验劳动

名人名言

1. 一个健康向上的民族，就应该鼓励劳动、鼓励就业、鼓励靠自己的努力养活家庭，服务社会，贡献国家。

——习近平

2. 一室之不治，何以天下家国为？

——刘蓉

3. 人只有在劳动中，也只能在劳动中才能变得伟大，他越热爱劳动，就变得越高大，他的工作也就越出色，效率也就越高。

——高尔基

项目目标

1. 认识劳动创造人、创造价值、创造财富、创造美好生活的道理。

2. 掌握基本的劳动知识和技能，正确使用常见劳动工具，增强体力、智力和创造力，具备完成一定劳动任务所需要的设计、操作能力及团队合作能力。

3. 养成良好的劳动习惯和品质。

任务一　家务劳动

案例导学

理想靠劳动创造

克洛克的家境并不富裕，为了勤工俭学，他在下课的时候到一家快餐店打工。起初老板安排他专门擦桌子，他毫无干劲儿，当天就溜回了家。克洛克向父亲诉苦："我的理想是做老板，不是擦桌子。"父亲没有反驳他，而是叫他先把自家的餐桌擦干净。克洛克拿来毛巾，在桌子上随意擦了一遍，然后看着父亲，等他验收。父亲拿来一块崭新的白毛巾，在桌面上轻轻擦拭了一下，洁白的毛巾立即脏了，分外刺眼。父亲指着桌子说："孩子，擦桌子是很简单的活儿。但是你连桌子都擦不干净，还能做好什么，凭什么做老板。"克洛克羞愧难当。此后，克洛克回到了快餐店，他谨记父亲的教诲，每次擦桌子都要准备5条毛巾，依次擦拭多遍，而且每次都顺着同一个方向擦，为的是不让毛巾重复污染桌面。最终，克洛克由于勤劳肯干，得到老板赏识留了下来，并接管了那家快餐店，当了老板。10年后，他创立了自己的品牌——麦当劳。

任务目标

知识目标：明白家务劳动的概念及意义。

能力目标：掌握做家务劳动时遵循的原则，为高品质地完成家务劳动奠定基础。

素质目标：体会劳动创造美好生活的真谛，涵养热爱劳动、勤俭节约、团结协作的优良品质。

认知学习

一、家务劳动的概念

家务劳动，是指家庭成员在日常的家庭生活中必须从事的无报酬劳动。对青年学生来说，最基本的家务劳动包括烹饪、整理清洁房间、收纳衣物等。家务劳动看似平常，却是一项非常有意义的家庭活动。

二、家务劳动的意义

（一）有益身心健康

家务劳动的过程是肢体和头脑协同活动的过程。清洁、收纳、烹饪等日常家务劳动既需要体力又需要技巧，可以活动四肢筋络，活跃大脑思维，提高动手能力和解决实际问题能力，可以磨炼出顽强意志和吃苦耐劳的精神，使人更加自信快乐地面对当下，有益于身心健康。通过家务劳动锻炼出的勤劳之手，可以让人终身受益。

（二）增强责任意识

“一室之不治，何以天下家国为?”细节看似琐碎，其实折射品质，家务虽然细小，却能培养责任感。2002 年，明尼苏达大学的马蒂·罗斯曼教授的研究表明：家长鼓励孩子参与家务劳动，能对孩子的未来产生极为重要的积极影响——培养孩子的责任感，让他们学会设身处地为他人着想，并增强关爱他人的同理心。

（三）提升就业竞争力

高职大学生通过参与家务劳动，培养了动手能力、独立自主能力、规划能力、解决问题的能力、判断与决策力、执行力、逻辑思维能力，能够更快地接受新鲜事物，从而有助于提升就业竞争力。日本的近藤麻理惠由于整理家庭内务的能力杰出，成为职业整理师，2015 年被美国《时代》杂志评选为“影响世界的 100 人”之一。

（四）培养独立生活能力

在家务劳动中，会接触基本的生存技能，掌握的生存技能越多，孩子的独立能力也就越强，从而增强自信心和适应能力，能够更好地解决生活中遇到的问题。

（五）增强劳动意识

由于家庭包办生活劳动和学校劳动教育缺失，当代大学生对劳动缺乏认知，缺少劳动情感和劳动体验，导致劳动意识淡薄。而家务劳动是学生最容易进行的一项劳动，也是最直接的劳动体验，在坚持做好不同类型的家务劳动的过程中，不断增强劳动情感，懂得感恩，尊重劳动者，从而增强劳动意识。

（六）培养团队协作意识

在家务劳动中，学生与家长面对共同的劳动任务和目标，经过沟通、分工、合作，最后在各自的努力中实现共同的目标。在这个过程中锻炼了分析能力和沟通技巧，培养了合作意识和团结精神。

（七）调节家庭氛围，构建和谐氛围

学生在分担家务劳动后，亲身体验到家务的繁重与琐碎，切身体会到父母的不易，从而会更加珍惜现在所拥有的一切，会懂得关心父母、体贴父母、孝敬父母。在日常的共同劳动中，会增加对父母的信赖与感情，进而给家庭带来一种融洽、和谐、欢乐的氛围。

三、做家务劳动时遵循的原则

家务活儿并不是简简单单的小事，做家务时，方法要科学，可以遵循以下几个原则：

（一）及时原则

保持干净的秘诀，就是在用过之后马上清洁。油汤滴到灶台上，顺手就用清洁布擦干净；使用完的锅和铲子，马上就清洗出来；拖完地的拖把，及时清理。家务活儿刚产生时及时做完，既省时间又省力气。

（二）分散原则

对很多人来说，做家务是件繁重的工作，是不得不用大块时间集中做的麻烦事。其实，将家务分散来做，每次做一点，就会比较快地做完，可以降低集中做家务的工作量。

（三）由简到难原则

做家务时，如果开始的劳动难度较大，易让人产生烦躁心理。从较为简单的工作入手，比较容易获得劳动成就感。

（四）节约时间原则

做家务时，要注意统筹规划以节省时间。例如，可以先将一些待洗衣物放进洗衣机清洗，利用洗衣机洗衣服的时间再做其他的工作。在清扫时，尽量养成将物品顺手放回原位的习惯。

四、养成愿意做家务的良好习惯

“兴趣是最好的老师”，要想在做家务的过程中养成良好的劳动品质，首先要感受到做家务的乐趣，养成愿意做家务的良好习惯。

（一）转变劳动观念，树立正确的劳动观

劳动习惯应从小培养。现代家庭，父母往往包办一切，孩子长期只享受权利而不尽义务。高职大学生应主动帮助家长改变观念，主动投入家务劳动中，激发自身劳动热情和兴趣，切身体验劳动的好处和重要性。

（二）主动参与劳动教育活动，成为劳动榜样

充分利用学校、社会或家庭提供的劳动平台，在劳动教育实践中，习得劳动技能。通过关于劳动教育的主题班会等主题活动，主动展示劳动技能，积极参加劳动兴趣小组。在开展家务评比各项活动中，创先争优，增强自信，提高兴趣。

问题卡片

1. 家务劳动的原则给你什么启示？
2. 如何养成愿意做家务的良好习惯？

知识链接

爱做家务有利于创业

创业和做家务有关联吗？这个问题也许很多人都没想过。不过，全球创业周中国站举办的大学生创业论坛发布的《上海大学生创业现状调研报告》显示，爱做家务的大学生更有创业热情。

本次调研显示，上海大学生的创业热衷程度和参与家务的主动性有显著关联。创业热衷者的家

务参与程度总体较高（峰值 8 分，平均 7.39 分，满分 10 分），而创业排斥者的家务参与程度总体偏低（峰值 4 分，平均 3.09 分，满分 10 分）。造成这种关联的主要因素是主动参与家务的大学生往往更有责任感，而且动手能力更强，而这两种能力是创业者必须具备的关键能力。主动参与家务的大学生往往受到父母在家庭责任感上的言传身教。孩子喜欢以成人作为自己的榜样，当父母自豪而快乐地承担起自己的家庭责任时，孩子也会更愿意承担责任。同时，在家务劳动的过程中，孩子获得了解决问题的思考模式和实践方法，这种思考模式和实践方法将使孩子受用一生。

调研表明，“90 后”创业者显示出独立的个性。近一半“90 后”上海大学生每个月生活费里都有自己挣的“血汗钱”；有接近一半的大学生认为创业的目的是不想为别人打工。特别值得注意的是，“90 后”创业者非常中意一人独立创业的模式，在创业形式方面，虽然有 51%的有创业意愿的学生希望以合伙的方式创业，但独立创业的人数也高达 42%。

任务二　学校生活劳动

案例导学

断舍离

“断舍离”是由日本杂物管理咨询师山下英子提出的整理观念。“断”即断绝不需要的东西，“舍”即舍弃多余的物品，“离”即脱离对物品的执着。请结合实际，谈一谈你是否愿意将“断舍离”的理念运用到你的学校宿舍整理中。你是愿意留着旧物以备废物利用，还是更愿意一扔了之呢？

任务目标

知识目标： 明白学校生活劳动的概念及意义。

能力目标： 通过学校生活劳动，为培养劳动精神奠定基础。

素质目标： 通过学校生活劳动实践培养热爱劳动、勤俭节约、团结协作的优良品质。

认知学习

一、学校生活劳动的概念

学校生活劳动是指学生在校园内开展的日常性劳动，主要包括打扫宿舍卫生、校园保洁、教学区卫生、勤工俭学。宿舍、教室和校园是我们生活和学习的地方，宿舍卫生和校园卫生需要我们每个人注意清洁和维护。

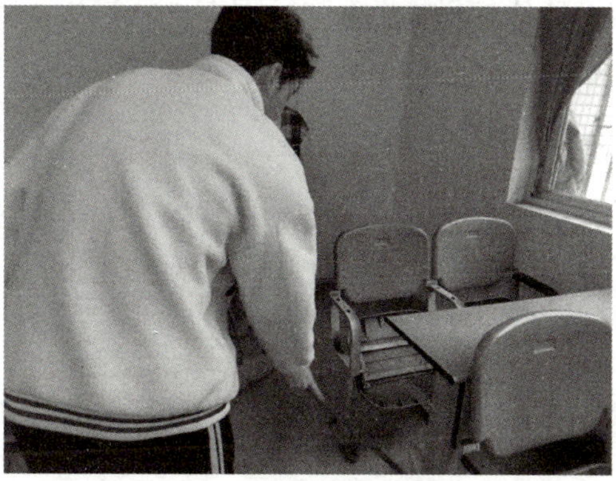

某职业技术学院将春季开学的 3 月份定为“劳动主题教育月”，组织全校学生从教室、宿舍及全校绿化美化各个方面进行深入的学校生活劳动。“劳动主题教育月”后，学生需

要上交学校生活劳动心得体会。同学们普遍认为：真正参加到劳动中，才发现扫地、拖地、擦玻璃、除杂草等劳动虽然看起来不起眼，但想做好并不容易。这些劳动都很琐碎繁杂，需要有思路，并以一丝不苟、认真负责的精神去对待才能做好。通过各项劳动活动，学生们对劳动有了更加深刻的认识，也对人生有了更加深入的思考。

二、学校生活劳动的意义

学校生活劳动对于当代大学生来说不可或缺，有着非常重要的意义。

（一）有助于培养正确的劳动观

发展经验和实践证明：劳动教育是培养造就全面发展人才的必要条件，也是基本途径和有效途径。学校生活劳动使学生形成正确的劳动观念和劳动态度，有助于培养学生的劳动技能，使其养成热爱劳动的习惯。

（二）有助于养成良好的劳动习惯

在职业教育发展进入内涵提升、谋求跨越式发展的新时期，通过学校生活劳动，学生可以掌握必备的生活技能和劳动技能，提高动手能力，积累实践经验，进一步养成劳动习惯。

（三）有助于增加认知

学生参加学校生活劳动，可以从劳动实践中感悟劳动教育的意义，增加对劳动的认知。

（四）有助于培养团队精神

团队精神是团队成员在群体行为中体现出来的意愿、品格和作风，学校生活劳动是孕育团队精神的土壤，学生在校园生活劳动中各司其职，互相配合完成任务，有助于培养其团队精神。

（五）有助于提高社会适应能力

通过劳动，学生可以更好地了解社会，学会关怀社会和尊重差异，为走进社会和适应社会，成为合格的社会人做好准备。

三、学校生活劳动应注意的问题

学校生活劳动有其特殊性，既要有集体主义观念，服从分配，又要注意安全，规避危险。在学校生活劳动中应注意以下两个问题：

（一）学校生活劳动应服从分配

在参加校园劳动时，要遵守劳动纪律，从集体利益出发，服从分配，认真完成劳动任务，不要拈轻怕重，挑三拣四，敷衍了事。

（二）学校生活劳动应注意安全

在劳动中，要树立安全意识，根据所处的劳动环境时刻保护自身安全，避免滑倒、摔伤、扎伤、触电、坠落等，规避潜在的危险。

四、高职院校通过学校生活劳动提高学生劳动素养的方式

新时代的劳动教育不仅要培养学生吃苦耐劳、埋头实干的劳动精神，还要在劳动实践中引导学生发现问题、展开研究、整合知识、解决问题，变单一的体力劳动为具有思维含量的创造性劳动，提升创新精神。高等教育作为培养高素质劳动后备军的最后阶段，更需要在提高学生劳动素养上用力，补齐高校劳育这块短板。因此，在学校生活劳动教育上，高职院校应该从以下几个方面着手：

（一）丰富学校生活劳动的内容

高职院校应丰富劳动教育内容，从根本上改变教育模式，从应试教育转向素质教育。引导学生不仅关注理论知识学习，也要重视各种劳动实践。将各类劳动实践课程纳入必修课，让懂得劳动、热爱劳动成为新时期学生的基本技能与素养。确保劳动教育在教育体系中占据更加重要的地位，让劳动有价值、劳动者光荣等成为重要的价值取向。

学校生活劳动可以有多种方式。

1. 自理型日常劳动

高职院校在倡导学生参与各种力所能及的体力劳动的同时，还要开展学生自理型日常劳动。这些劳动除了要求学生注重自身衣着清洁，勤于打扫宿舍环境外，还包括教室、食堂、图书馆、卫生间等公共区域的清扫。此外，还可以经常开展“劳动之星”“文明宿舍”“最美大学生”“劳动模范班”等评比活动，树立先进典型。

2. 服务型岗位劳动

高职院校可以有计划地提供部分具有服务性质的劳动体验岗位，让学生参与到校园生活劳动中。这些劳动岗位可以是学校的保安、食堂及宿舍的管理人员等。

3. 审美型体验劳动

例如举办“e拍校园劳动者”摄影和小视频大赛，举办“劳动让青春更美丽”等主题征文评选、心得撰写和分享活动，营造高职大学生热爱劳动、欣赏劳动、赞美劳动的校园氛围。

4. 探索型特色劳动

如果条件允许，高职院校可指导学生进行农作物的种植、家畜及家禽的养殖以及烹饪等活动。这种探索型劳动能让学生在体验劳动快乐的同时，切身感受到一黍一饭的不易，由此培养学生勤俭朴实的生活作风，形成崇尚劳动、尊重劳动的品质。

（二）创新学校生活劳动的方式

高职院校应创新劳动教育方式，促使学生在体力劳动中运用专业知识，促进体力和脑力相结合，这是专业知识学习的有效延伸。学校可根据不同年级学生的兴趣爱好和专业技能，开设人尽其才、专业对口的劳动课程。统筹实验、实训、实习等实践教学环节，将劳动实践教育融入专业知识教育的过程之中。开展产学研结合的劳动实践，让学生深度参与

研究中心、产学研平台、大学科技园、众创空间的劳动项目实践，探索“智慧劳动”“创造性劳动”，促进知识学习和劳动实践深度融合。推进基层劳动实践，鼓励更多优秀学生主动服务社会，加深对基层工作的认识。

（三）制定科学的考核体系

科学、合理特别是契合新时代劳动教育发展要求的考核评价体系，是促进劳动教育深入推进的动力和保障。制定平时考核、学期与学年考核相结合的评价体系，平时考核注重劳动效果，学期与学年考核注重总结性等级评定；建立优秀评选、学分认定、德育综合评价和特殊岗位节假日有酬劳动的考核奖励机制。

问题卡片

1. 如何创新学校生活劳动？
2. 在学校生活劳动中你有哪些收获？
3. 谈一谈学校生活劳动实践和劳动精神培养之间的关系。

知识链接

大学生与垃圾分类

一、垃圾分类的意义

垃圾分类一般是指按一定规定或标准将垃圾分类储存、分类投放和分类搬运，从而转变成公共资源的一系列活动的总称。分类的目的是提高垃圾的资源价值和经济价值，力争物尽其用。如何通过垃圾分类管理，最大限度地实现垃圾资源利用，减少垃圾处置的数量，改善生存环境状态，是当前世界各国共同关注的迫切问题。

垃圾分类处理的优点如下：

1. 减少土地侵蚀

生活垃圾中有些物质不易降解，使土地受到严重侵蚀。垃圾分类可以去掉可回收的、不易降解的物质，减少垃圾数量达60%以上。

2. 减少环境污染

中国的垃圾处理多采用卫生填埋甚至简易填埋的方式，占用大量土地，并且虫蝇乱飞，污水四溢，臭气熏天，严重污染环境。土壤中的废塑料会导致农作物减产；丢弃的废塑料被动物误食，导致动物死亡。因此，垃圾回收利用可减少危害。

3. 实现变废为宝

中国每年使用塑料快餐盒达40亿个，方便面碗5亿～7亿个，一次性筷子数十亿双，这些占生活垃圾的8%～15%。1吨废塑料可回炼600千克的柴油。回收1 500吨废纸，可免于砍伐用于生产1 200吨纸的林木。1吨易拉罐熔化后能结成1吨很好的铝块，可少采20吨电铝矿。生活垃圾中有30%～40%可以回收利用，应珍惜这个小本大利的资源。可见，消费环节产生的垃圾如果及时进行分类回收再利用，是解决垃圾问题的很好途径。

总而言之，垃圾分类后被送到工厂而不是填埋场，既节省了土地，又避免了填埋或焚烧产生的污染，还可以变废为宝。在这场人与垃圾的战役中，人们把垃圾从敌人变成了朋友。垃圾分类收集还可以减少垃圾处理量和处理设备，降低处理成本，减少土地资源的消耗，具有社会、经济、生态三方面的效益。

二、我国垃圾分类主要遵循的原则

1. 分而用之，物尽其用

分类的目的就是将废弃物分流处理，利用现有生产制造能力，回收利用回收品。

2. 因地制宜，广泛参与

各地区地理位置、经济发展水平，及企业回收利用废弃物的能力、居民来源、生活习惯、承担能力等各不相同。不同地区、行业应因地制宜，广泛参与，积极践行垃圾分类。

3. 自觉自治，大力宣传

对社区和居民，包括企事业单位，应加大宣传力度，逐步养成“减量、循环、自觉、自治”的行为规范，创新垃圾分类处理模式。让社区居民、企事业单位职工、在校学生等成为垃圾减量、分类、回收和利用的主力军。

4. 减排补贴，超排惩罚

制定单位和居民垃圾排放量标准，低于这一排放量标准的给予补贴，超过这一排放量标准的则予以惩罚。以此提高单位和居民实行源头减量和排放控制的积极性。

5. 捆绑服务，注重绩效

在居民还没有自愿和自觉行动而村（居）委和政府的资源又不足时，推动分类排放需要物业管理公司和其他企业介入。将推动分类排放服务与垃圾收运、干湿垃圾处理业务捆绑，可促进垃圾分类资本化，保障企业合理盈利。

按国家要求，要到2030年全面实行生活垃圾分类收集、处置目标。

三、大学生模范执行垃圾分类

大学生做好垃圾分类，既事关每个人的卫生健康和生存发展，又是一项事关国计民生的重要工程。习近平总书记强调，实行垃圾分类，关系广大人民群众生活环境，关系节约使用资源，也是社会文明水平的一个重要体现。作为新时代的大学生，承载着国家的未来和民族的希望，是社会文明的示范者和引领者，必须做好垃圾分类。

1. 大学生要树立垃圾分类意识

虽然我国在不断完善垃圾分类制度与法规，但是垃圾分类的最终落实却需要人民建立接受和认同垃圾分类的观念，并对垃圾分类方法等有正确的认识。大学生作为高素质人群，国家未来建设的骨干力量，应首先树立良好的垃圾分类意识。

2. 大学生应熟悉垃圾分类标准

多数高校学生并非不愿意进行垃圾分类，而是不知道如何将垃圾实施分类投放，并且对垃圾分类的标识辨别不清，缺乏垃圾分类的具体知识。因此大学生要好好学习垃圾分类方法、分类标准以及分类标识，这样才能提高垃圾分类的参与度。

3. 大学生日常生活中应严格执行垃圾分类

“勿以恶小而为之，勿以善小而不为。”垃圾分类在大学生日常生活中是一件看似微小却意义重大的事。通过教育宣传，让学生认识到垃圾分类具有重大经济、环境、生态和社会效益。大学生在举手投足间的垃圾分类投放，是利国利民的大事，在自己的日常生活中应积极践行。

大学生在日常生活中更要严格自律，认真执行垃圾分类投放。久而久之，就能形成良好的垃圾分类习惯，提高自己的个人素质和文明水平，为国家经济水平提升和社会文明素质提升做出我们应有的贡献。

可回收物

■可回收物（即可再生资源）是指生活垃圾中未经污染、适宜回收循环利用的废物。包括：废纸、废塑料、废金属、废包装物、废旧纺织物、废弃电器电子产品、废玻璃、废纸塑铝复合包装等。

主要包括：

1．平面纸张：报纸、复印纸、宣传单、包装纸、信封、硬纸板等。

2．纸盒（箱）：纸板箱、包装盒（如点心盒、纸巾盒）、牛奶（饮料）利乐包装、蛋盒等。

厨余垃圾

■厨余垃圾是指有机易腐垃圾，基本等同于平时所称的“湿垃圾”。

主要包括：相关单位食堂、宾馆、饭店等产生的餐饮垃圾及居民家庭产生的废弃蔬菜瓜果、废弃肉类鱼虾、剩菜剩饭等。

有害垃圾

■ 有害垃圾是指生活垃圾中对人体健康或自然环境造成直接或潜在危害的物质。

主要包括：废电池（镉镍电池、氧化汞电池、铅蓄电池等），废荧光灯管（日光灯管、节能灯等），废温度计，废血压计，废药品及其包装物，废油漆、溶剂及其包装物，废杀虫剂、消毒剂及其包装物，废胶片及废相纸等。

其他垃圾

■其他垃圾是指除可回收物、有害垃圾、厨余垃圾以外的其他生活垃圾，是现今环卫体系主要收集和处理的垃圾。

主要包括：

1．被污染的纸张：卫生纸、餐巾纸、纸尿裤、浸入油渍的食品包装盒（纸）等。

2．成分复杂的纸张：照片、明信片、复写纸、收据单、便签纸、锡箔纸（如口香糖包装纸）、玻璃纸（如糖果纸、部分包装纸）等。

3．经防水处理的纸张：如纸杯、饮料杯（如奶茶杯、咖啡杯）、方便面杯等。

任务三　学校义务劳动

案例导学

“学雷锋·树新风”锄草活动

某大学始终坚持把劳动教育纳入学生成长成才的教育体系中，每年在校园里开展“学雷锋·树新风”锄草活动。在学校及老师的组织下，同学们都积极投入锄草活动中去。有人负责拔草，有人负责清运，整个劳动场面热火朝天。每次活动结束后，同学们都纷纷表示：“重温雷锋精神，从自己做起，从心做起，从小事做起，多参加这样的义务劳动，形成‘人人参与，个个奉献’的良好氛围，用自己的一份真情，用自己的一份劳动，共同建设美丽和谐的校园。”

任务目标

知识目标：认识学校义务劳动，掌握学校义务劳动的特点、价值以及意义。

能力目标：能够积极参与学校义务劳动。

素质目标：进一步明确参加学校义务劳动的价值与意义，提升学生积极性。

认知学习

一、义务劳动简介

义务劳动是指在不计定额、没有回报和酬劳的前提下自愿为社会创造价值的劳动。义务劳动的特点：一是由单位组织，属于集体活动的一部分；二是义务劳动的“义务”二字表明义务劳动具有一定的强制性。学校义务劳动，可以理解为由学校、学院、班级、宿舍、社团等牵头组织，或者师生自发组织，无偿地从事一些力所能及、有利于校园文化建设、有利于校园（乡村或社区）环境美化的劳动。

二、参加学校义务劳动的意义与价值

人类的生存与发展离不开劳动。一个时期以来，劳动为一些大学生所淡忘，他们以为上了大学，读好自己的书和做好自己所喜爱的事就行了，劳动观念不强，对劳动人民的感情淡薄，忘记了“谁知盘中餐，粒粒皆辛苦”的古训；不再珍惜劳动人民滴滴汗水换来的粮食，不再吝惜父母辛苦劳动得来的钱财，养成随意浪费饭菜等不良行为，把钱花在谈恋爱、玩游戏、享受物质生活等浪费钱更浪费大好时光的事情上。

参加学校义务劳动，有利于学生树立正确的劳动观念、劳动态度，培养对劳动人民的感情、集体主义精神，使得吃苦耐劳、讲求奉献等中华民族的优良传统更好地在新时代新青年中发扬光大；同时对学生的健康成长、班风学风校风建设、美化学校环境、促进校园文化建设均有积极作用。当我们出力流汗、服务师生、服务学校、服务社会时，可以切实感受到义务劳动所带来的意义以及所创造的丰富价值。

三、学校义务劳动的时间、地点和内容

义务劳动的时间，既可以是上学期间，也可以是寒暑假。劳动的地点可以在校内，也可以在校外。劳动的内容既可以是体力劳动，也可以是智力劳动；既可以是生活劳动，也可以是生产劳动。比如打扫教室卫生、校园锄草、参加“三下乡”活动、疫情防控、社区报到、文化宣传等都是有价值的义务劳动。参加义务劳动，有助于学生学会尊重他人的劳动成果，改掉自身不良习惯。

四、做好学校义务劳动的途径

在具体义务劳动前，做好宣传教育、方案等准备工作，激发学生参加劳动的积极性；在劳动过程中，充分发挥学生党员、入党积极分子和学生干部的先锋模范作用，发挥主观能动性，解决劳动中遇到的困难，带队老师也力所能及地与同学们一起劳动，以便起到言传身教的作用，并督促检查完成情况；劳动结束后，及时总结劳动情况，首先要肯定同学们的劳动成果，其次要表扬先进，指出本次义务劳动做得好的地方在哪里，还有哪些做得不够的地方，并批评不良现象。

参与劳动，修德明辨。青年学生要和国家同命运、共呼吸，积极参加学校组织的义务劳动，树立正确的劳动观念，不断提高自身的综合素质。

问题卡片

1. 你参与过哪些学校义务劳动？

2. “弘扬劳动精神，教育引导学生崇尚劳动、尊重劳动，树立依靠辛勤劳动创造美好生活的观念”是中国教育现代化的要求之一。作为新时代大学生，你觉得应该如何培养自己的劳动技能，弘扬劳动精神？

出力流汗

一、活动主题："美丽校园"行动。

二、活动时间：1天。

三、活动流程：

1. 全班分为若干小组，分别对学校不同区域进行清洁卫生、清除小广告等美化校园义务劳动；

2. 劳动结束后拍照打卡并上传至课程讨论平台分享；

3. 线下课堂教师随机选取2～3名学生讲述学校义务劳动过程并分享感悟；

4. 教师进行归纳分析，引导学生在以后的学习生活中热爱校园、积极维护校园环境，为建设"美丽校园"主动奉献自己的力量。

任务四 社会志愿劳动

案例导学

松三社区“四点半课堂”

“我从小父母就在外面打工，是留守家庭的孩子，我知道留守儿童的不容易，能够借这个机会给这些孩子带来一些帮助，让他们有一个更加丰富多彩的童年，我感到很开心。”说这句话的是某职业技术学院一名大二的学生、松三社区爱心“四点半课堂”的志愿者。这名志愿者在这里已经为小朋友志愿服务半年了，从一个孩子气十足的大学生到现在俨然已是一个成熟的小老师模样。

2013 年，某职业技术学院青年志愿者协会在内江市高桥镇松三社区创办了“四点半课堂”支教点，自创办之日起至今已经有 10 年的支教历程，帮扶的留守儿童达 800 余人。“四点半课堂”采取“常规课堂+七彩课堂”的模式，服务对象大多是来自社区及周边的留守儿童。“四点半课堂”这类托管式的辅导一定程度上解决了老人辅导孩子学习难、外出打工父母无法关心孩子等一系列问题，丰富了留守儿童的课余生活，充实了留守儿童的心灵，被内江市电视台、内江日报、内江高新、志愿四川等媒体相继采访报道。

任务目标

知识目标：了解有关社会志愿劳动的基本知识。

能力目标：掌握参与社会志愿服务的基本技能。

素质目标：通过学习，让学生感受到成为志愿者的价值和意义，培养学生奉献、友爱、互助、进步的志愿者精神。

认知学习

一、志愿者及志愿服务

（一）志愿者

“志愿者”的英文“volunteer”来源于拉丁文“valo”和“vell”，意思是“希望、决心或渴望”。在西方，“志愿者”是指不受个人利益的驱使和法律强制，基于某种道义、信念、良知、同情心和责任感，为促进社会进步而提供服务，贡献个人的时间、才能及精神，而从事社会公益事业的人或人群。我国 2006 年颁发的《中国注册志愿者管理办法》给“志愿者”下了明确的定义：志愿者（也称志愿人员、义工、志工）是指不以物质报酬为目的，利用自己的时间、技能等资源，自愿为社会和他人提供服务和帮助的人。在不同的地方，志愿者有不同的称谓，如在我国香港称为“义工”，在我国台湾称为“志工”。

（二）志愿服务

志愿服务泛指志愿者利用自己的时间、技能、资源和善心为邻居、社区、社会提供非营利、无偿、非职业化援助的行为。美国社会工作协会认为，追求公共利益、本着自我意愿与选择而结合的一群人称为志愿服务团体，而这种团体工作则称为志愿服务。一般而言，志愿服务具有自愿行为、不图物质报酬、服务社会公益、奉献自己的力所能及、非本职工作范围等基本特征。

二、从事社会志愿劳动的动机

社会志愿劳动是以奉献、牺牲为主的工作，其中充满了困难与艰辛，但为什么还有很多人愿意参与到志愿服务工作中来，成为志愿者呢？许多人对此进行了研究。有人认为：人天生是群居动物，互帮互助是人的本能。有人认为：行善助人，乐人乐己，参加志愿服务活动会有善果。还有人认为：志愿者是出于满足好奇心、结交朋友、锻炼自我等原因参与志愿服务活动的。无论是志愿服务精神的感召，还是利益驱动，都涉及志愿者的参与动机问题。志愿动机是志愿服务的内在动力，是维系志愿者在机构中参与志愿活动的思想支柱，因此，志愿者自己必须对其有充分的认识。

（一）精神追求

爱因斯坦说：“一个人的价值，应该看他贡献什么，而不应当看他索取什么。”志愿者在付出的过程中，收获的是被他人需要、被社会认可，这种回报既不是金钱，也不是物质奖励，而是一种内在的精神价值。它使生命充满了意义，使社会充满了温馨，激励志愿者投入志愿活动中。

（二）社会使命

志愿服务活动具有极大的社会价值，它源于心系社会、服务社会的慈善捐助，以扶贫济困、扶弱助残为主体，在城乡发展、社区建设、抢险救灾以及大型社会活动等公益事业中推动经济发展和社会进步。正如爱因斯坦所说：“只有献身于社会，才能找出那短暂而有风险的生命的意义。”通过共同参与志愿活动，不同社会群体与阶层之间加强了相互了解和沟通，缓解了社会矛盾，增进了社会信任，对社会问题的消解发挥了积极作用。

（三）知识学习

志愿者在从事志愿服务工作时，不仅是帮助他人，还可以在这一过程中学习新的知识和技能，积极促进个人的成长和人格的完善。志愿服务是团队工作，志愿者在这一团队中学会建立良好的人际关系，增强团队精神，加强团队合作。尤其是青年志愿者，他们在提供志愿服务的同时，也提高了自己的专业技能。同时，志愿服务也帮助他们了解社会，深化对理论知识的理解，并获得启迪与教育。今天的志愿服务越来越向专业化、正规化发展，志愿者在正式参加志愿活动之前都要接受专门培训，这对全面提高志愿者的素质有重要作用。

（四）价值实现

美国著名心理学家马斯洛认为，人生的最高境界是自我实现，其中就包括关心他人、超越自我。尽管人们在日常生活中追求物质利益，但从未放弃对美好生活的向往。心灵的充实、精神的升华、潜能的发挥以及自我价值的实现一直都是志愿者的不懈追求。志愿服务具有崇高的精神价值，这是超越物质追求的。对志愿者个人来说，通过志愿服务活动，奉献精神得到彰显，社会责任感进一步增强。同时，志愿服务对整个社会的精神追求也起到了积极的作用，无论是古老的东方文明，还是悠久的西方文明，都含有对至善至美的社会精神的追求。

（五）人生体验

我们在生活中体验，也在体验中生活，为的是使我们的人生更加丰富多彩。志愿服务在人生众多的体验当中，也许只是短暂的瞬间，却是辉煌灿烂的。在志愿服务活动中，有些体验是日常生活的酸甜苦辣，有些体验却是刻骨铭心的。参加首都支援农村教育工作的老师们说："我们被农村感动，我们感动着农村。"作为志愿者，他们体验到了这种心灵共鸣。为了丰富生活体验、塑造完美人生，越来越多的人加入志愿服务队伍。

（六）心理完善

志愿服务能够促进青少年的健康成长，是青少年参与社会生活的一种非常重要的方式，是青少年在实践中锻炼成长的现实途径之一。志愿者在关心和帮助他人的志愿活动中，缓解了个人的心理压力，完善了品格，丰富了生活体验，培养了公民意识，提高了组织和协调能力，增强了自信心和荣誉感。在一篇介绍志愿服务的文章中，作者讲述了志愿者凯瑟琳·佩纳的故事：志愿者凯瑟琳·佩纳为术后乳腺癌患者做了 22 年的咨询指导工作。她说："我保证所有志愿者都会在情感上、生理上、心理上感觉更好，不管你是谁，不管你做什么（志愿工作）。我所认识的志愿者都笑容满面。"通过志愿服务，志愿者能够树立自尊、自强、自立、自爱的人格气质，以及健康乐观的心理素质。

三、社会志愿劳动的分类

我国于 2006 年颁布了《中国注册志愿者管理办法》，其中第四章第九条明确规定："志愿服务是指志愿者组织、志愿者服务社会公众生产生活和促进社会发展进步的行为""志愿服务范围主要包括：扶贫开发、社区建设、环境保护、大型赛会、应急救助、海外服务等"。这里重点介绍两个与大学生密切相关的志愿服务活动。

（一）大学生志愿服务西部计划

2003 年，团中央、教育部、财政部、人力资源和社会保障部根据国务院常务会议和全国高校毕业生就业工作会议精神，联合实施大学生志愿服务西部计划，招募一定数量的普通高等学校应届毕业生或在读研究生，到西部基层开展为期 1～3 年的志愿服务工作，鼓励志愿者服务期满后扎根当地就业创业。大学生志愿服务西部计划实施以来，综合成效明显：作为实践育人工程，引导具有理想主义情怀的青年人，通过火热的西部基层实践，进一步坚定理想信念，锤炼意志品格，升华志愿情怀；作为就业促进工程，引导和帮助高校毕业生树立正确的就业观，并为他们搭建到西部去、到基层去、到祖国和人民最需要的地方去干事创业的通道和平台；作为人才流动工程，鼓励和引导东、中部大学生到西部基层工作生活，促进优秀人才的区域流动。

（二）全国大中专学生志愿者暑期“三下乡”活动

该项活动由中宣部、教育部、团中央联合实施，自 1997 年以来，每年组织动员近百万名大中专学生志愿者深入农村基层地区，发挥自身的知识智力优势，开展内容丰富、形式多样的扫盲和文化、科技、卫生服务，推广农村实用技术，倡导健康文明的生活方式，促进农村的经济社会发展。文化、科技、卫生“三下乡”活动，是落实党中央关于解决“三农”问题重大决策的具体措施。

四、成为志愿者的途径

作为社会中的一员，我们每个人都有义务把生活的家园建设得更加美好，在进行个人奋斗实现自我价值的同时，还要尽量帮助他人实现自己的社会价值。我们要做与人为善、乐于助人的人，要做对社会有用的人，这其中，参加志愿服务活动，尤其是帮助孤寡弱小，更能体现个人行为的意义。那么，作为大学生，如果想参加志愿服务活动又有哪些途径呢？

（一）参加社团

大学生可以加入一些学校组织开展志愿活动的社团，或者临时参与这类社团的活动。尤其是像青年志愿者协会此类很明显的志愿帮扶团体，会有组织、规模性地开展志愿活动。

（二）网站注册

公民个人可以实名注册中国志愿网，作为其中的志愿者申请加入网站中一些团体发出的志愿活动。各省份会有中国志愿网的分网，如“志愿四川”官方网站。

（三）联系政府

可以跟当地有关部门，如团委、妇联等群团组织和政府部门联系，及时关注官方动向，参与其开展的志愿活动。

（四）寻找民间组织

关注当地志愿者团体，如红十字会、义工站、志愿协会以及一些由个人组织的规模较大的志愿服务团队等，可以直接向其表达服务意愿，并登记成为志愿者。

（五）咨询社会机构

如果所在地区有孤儿院、养老院等机构，可向其管理方咨询志愿服务事宜。这些机构往往需要社会力量的支持和帮助。

（六）自发进行公益行动

个人时间精力有限但也很乐意帮助他人的，可以通过一些小事来完成愿望，如旧衣物、用品、玩具，自己家里不再需要但仍能使用的，可以整理后捐献给当地的志愿服务站点或团体；或者参与社会临时捐款救助等，在确认真实的情况下，贡献自己的力量。

问题卡片

1. 你参加过哪些志愿服务活动？
2. 谈谈自己在当志愿者的过程中遇到的困难和解决方式，以及有什么感悟。

知识链接

志愿服务精神

伟大的事业往往能够孕育出伟大的精神。正如联合国前秘书长科菲·安南所说："志愿精神的核心，是服务和团结的理想，是共同使这个世界变得更加美好的信念。从这个意义上说，志愿精神是联合国精神的最终体现。"我国志愿精神是"奉献、友爱、互助、进步"。志愿精神体现了人类对美好生活的共同向往和追求，已经成为促进社会和谐的重要力量，是贯彻科学发展观的生动体现，是推进社会良性运行和协调发展的重要方面。

一、奉献精神

"奉献"原指恭敬地交付、呈献，即不求回报地付出。奉献精神是高尚的，是志愿服务精神的精髓。志愿者在不计报酬、不求名利、不要特权的情况下参与推动人类发展、促进社会进步的活动，这些都体现着高尚的奉献精神。1938 年，白求恩放弃优越的物质条件，不远万里从加拿大来到中国，为八路军提供医疗救治服务，帮助创办了军区卫生学校，亲自编写各种教材并讲课。1939 年秋，他在抢救伤员时因不幸感染病毒而牺牲。白求恩将自己的生命奉献给了中国，这种国际主义精神也是奉献精神的重要体现。

二、友爱精神

志愿精神提倡志愿者欣赏他人、与人为善、有爱无碍、平等尊重，这便是友爱精神。志愿者之爱跨越了国界、职业和贫富差距，是没有文化差异、没有民族之分、没有收入高低的平等之爱，它让社会充满阳光般的温暖。如无国界医生，他们不分种族、政治及宗教信仰，为受天灾、人祸及战火影响的受害者提供人道援助，他们奉献的是超国界之爱。1999 年 10 月 15 日，无国界医生组织因"一直坚持使灾难受害者享有获得迅速而有效的专业援助的权利"而获得当年的诺贝尔和平奖。

三、互助精神

志愿服务包含着深刻的互助精神，它提倡"互相帮助、助人自助"。志愿者凭借自己的双手、头脑、知识、爱心开展各种志愿服务，帮助那些处于困难和危机中的人们。志愿者在服务他人、服务社会的同时，自身得到提高、完善和发展，精神和心灵得到满足。因此，参与志愿服务既是"助人"，也是"自助"；既是"乐人"，也是"乐己"；既是在帮助他人、服务社会，也是在传递爱心与传播文明，在为他人送去玫瑰的同时自己也收获了芬芳。

四、进步精神

进步精神是志愿精神的重要组成部分。志愿服务作为一种超越现实利益之外的行为，扩展着志愿者对人和社会的理解，推动人们以一种乐观向上的态度追求进步和完美。最终，人们这种默默无闻的自我实现汇集成历史发展的洪流，从根本上促进整个社会进步与发展。

话题探讨

一、话题主题：参与志愿服务应该注意哪些问题？

二、话题目标：通过讲述自己参与过的志愿服务并从中总结出实用的经验和注意事项，帮助大家以后更好地参与志愿服务，提升个人素养。

三、话题时间：40 分钟。

四、话题流程：

1. 根据班级人数将学生分为若干小组；

2. 互相分享自己参与志愿服务中遇到的问题和自己的应对办法；

3. 由小组内专人记录和总结问题；

4. 每个小组选出一人作为代表发言分享；

5. 教师进行点评、归纳分析、总结，让学生学到更多的志愿服务实用知识，引导学生充分发扬奉献、友爱、互助、进步的志愿者精神。

任务五 职业劳动

案例导学

高职毕业生到清华任教

最近，从高职院校毕业后到清华大学任教的“90后”女教师邢小颖火了。邢小颖是如何从一名职业院校毕业生，成为清华大学的一名教师的？她的成长之路，能给职业院校学生以及高考后即将面临院校专业选择的学子带来哪些启示？在校三年，她待的最多的地方就是实训基地。每次实训课，邢小颖都是第一个到，提前做准备。课上，实训材料一箱接一箱，她拆了练，练了拆。“通过反复实操，一项项技能就这样被我熟练掌握，为我以后的工作奠定了坚实基础。”毕业后，专业综合排名第一的邢小颖被推荐到清华大学基础工业训练中心任教。除此之外，她还发表论文、申请专利，获得工程师职称。你认为应该怎么做，才能掌握如此过硬的职业技能呢？

任务目标

知识目标：正确理解职业技能的培养方式，掌握职业劳动的意义、内容、场地。

能力目标：能从生产性劳动、服务性劳动中形成基本职业劳动能力和服务社会的能力。

素质目标：通过生产性劳动，感受劳动创造价值，增强产品质量意识，体会平凡劳动中的伟大；通过在服务性岗位上见习实习，树立服务意识。

认知学习

职业劳动是利用专门的知识和技能生产使用价值（包括物质产品和精神产品、有形产品和无形产品）或提供服务并实现其价值的劳动。职业技能是在已掌握的某种职业科学文化与专业知识的基础上，通过实际运用和操作而形成的一定的动作方式或智力活动方式，是行为和认知活动的结合，是掌握并能运用专门技术的能力。高等职业教育以培养高级专门人才为首要任务，是培养多样化人才、传承技术技能、促进就业创业的重要途径。掌握职业技能是高职院校学生成为高素质劳动者和技术技能人才的立身之本。技能素质越高，就业质量越高，创业成功率越高，越能适应新时代、新劳动岗位。

职业技能的等级一般分为初级工、中级工、高级工、技师和高级技师，由各职业技能鉴定中心按照国家技能标准鉴定。

职业技能要在职业劳动中获取，并在劳动中得到强化和拓展。高职院校学生掌握职业技能的途径主要有两个：生产性劳动和服务性劳动。

一、生产性劳动

马克思认为，生产使用价值（包括物质产品和精神产品、有形产品和无形产品）或者生产商品并实现其价值的劳动，就是生产性劳动。

教育与生产劳动相结合是马克思主义教育学说的基本原理之一。列宁指出："无论是脱离生产劳动的教学和教育，或是没有同时进行教学和教育的生产劳动，都不能达到现代技术水平和科学知识现状所要求的高度。"[①] 新时期中国领导集体坚持从中国具体的国情出发，在实践中运用和发展教育与生产劳动相结合的教育原理，提出教育实践与社会实践、与劳动就业相结合的思想。新时代全面贯彻党的教育方针，要同生产劳动和社会实践相结合。高等职业教育更是与生产劳动密不可分。

（一）高职大学生积极参加生产性劳动的意义

高职大学生要积极参加生产性劳动，主要有以下三个方面的意义。

1. 提高职业技能，适应工作岗位

2015 年 4 月 28 日，习近平在庆祝"五一"国际劳动节暨表彰全国劳动模范和先进工作者大会上的讲话中指出："一切劳动者，只要肯学肯干肯钻研，练就一身真本领，掌握一手好技术，就能立足岗位成长成才，就都能在劳动中发现广阔的天地，在劳动中体现价值、展现风采、感受快乐。"这当中所指的劳动，主要是生产性劳动。高职院校践行"知行合一、工学结合"的教学理念，学生在生产性劳动中把所学习的专业理论应用于生产实践，不断应用、理解专业知识，不断练习、掌握专业技能，获取基本职业生存能力，有利于顺利就业并快速适应就业岗位。

① 列宁．列宁全集：第 2 卷［M］．2 版（增订版）．北京：人民出版社，2013：463-464.

2. 尊重崇尚劳动，塑造科学劳动价值观

“谁知盘中餐，粒粒皆辛苦。”任何产品都凝结着劳动者的心血；职业岗位没有高低贵贱之分，只是社会分工不同，再平凡的岗位，都有崇高的职责。青年学子通过职业劳动，了解本专业特点，从认识专业到简单职业劳动、向复杂职业劳动、到创造新职业劳动的一个过程，体验劳动创造财富的意义，体会生产产品的不易，体会平凡劳动的伟大，从而懂得热爱劳动、干一行爱一行的道理，树立劳动没有尊卑之分，尊重劳动、尊重普通劳动者的观念，牢固树立劳动最光荣、劳动最崇高、劳动最伟大、劳动最美丽的思想观念。

3. 培养创新意识，强化社会责任感

当今世界正经历百年未有之大变局，党的十九届五中全会明确提出，坚持把发展经济着力点放在实体经济上，坚定不移建设制造强国。而要实现从“制造大国”向“制造强国”、从“中国制造”向“中国创造”的转变，需要一支高素质劳动者大军。“制造强国”战略部署为青年成长提供了广阔舞台和奋斗前线。建设制造强国需要青年一代贯彻新理念、树立新思维、掌握新技能、迎接新挑战，正视职业岗位新挑战，把握工作新要求，为此必须学习践行工匠精神，充分发挥自身积极性、主动性和创造性本能，在锲而不舍、精益求精中不断勇攀高峰。要保持责任永在心，心系国家，努力工作，实干苦干，把国家强大与民族复兴当成舍我其谁的责任，当成见证青春奋斗的铮铮誓言，勇挑重担，勠力前行。

习近平总书记反复强调，创新是民族进步的灵魂，是一个国家兴旺发达的不竭源泉，也是中华民族最深沉的民族禀赋。党的十九届五中全会进一步鲜明提出，坚持创新在我国现代化建设全局中的核心地位。青年是社会上最富活力、最具创造性的群体，理所当然应该是创新创造“排头兵”、锐意进取“急先锋”。“制造强国”战略承载着丰富的发展内涵，蕴藏着深刻的新发展理念，为青年一代实现梦想提供了巨大的创新空间与历史机遇。坚持“四个创新”：一是思想理念创新；二是产品和服务创新；三是标准创新；四是模式创新。创新是青年的强项，是青年的担当，要“敢想前人不敢想的事，敢做前人不敢做的事”，将所学知识和职业技能融会贯通、转化突破，才能为制造强国贡献自己的真才实学，为努力实现制造强国添砖加瓦。

（二）高职大学生从事的生产性劳动

高职大学生从事的生产性劳动是高职大学生到专业对口的企业单位或实训车间，在各自的岗位上直接参与生产，将所学专业知识和生产实践相结合，完成一定生产任务，一般是一种体验式、学习式的生产性劳动。其目的是理论联系实际，运用所学专业知识生产出质量合格的产品，培养职业技能，顺利实现从学校到企业的联通，实现大学生的职业技能和企业岗位技能的良好对接。高职大学生生产性劳动主要是校内实习实训、校外实习实训。

实习实训场地：校内实习实训基地、校外实习实训基地。

实习实训内容：学习并遵守劳动规则，加强对劳动流程、劳动标准、劳动检查等相关制度的学习；掌握专业技能，熟悉多种劳动岗位职责，关注新技术的发展和运用，培养创新意识，拓展职业技能，能适应跨专业的、不断变化的职业劳动任务，为将来步入社会后

做一名复合型人才做好准备；通过参与生产过程，体会劳动的辛苦，树立会劳动、懂劳动、热爱劳动的劳动理念；践行并弘扬劳动精神、劳模精神、工匠精神，提升职业核心素养，提高自身的市场竞争力。

二、服务性劳动

服务性劳动是指在从事服务生产和经营活动过程中，运用知识、技能、工具、设备等，直接满足社会或他人对服务产品的需要，以促进企事业发展、促进国家和公共领域事业发展、提升个人福祉为目的的活动。服务性劳动虽然耗费了物质资料和脑力、体力劳动，但大多不直接生产有形物质产品，没有物化的结果。例如，旅店业的劳动者为接待旅客住宿，付出一定的物质消耗和活劳动的消耗，使旅客的需求得到了满足，但没有留下任何实物，就是典型的服务性劳动。一部分服务性劳动，在提供服务后，物质消耗和脑力、体力劳动消耗也物化在一定的实物上，但不表现为实物产品的售卖，而表现为一种劳动交换活动。例如，成衣店为顾客加工衣服，木工为顾客制作家具，等等。

高职院校的服务性劳动可以是有偿服务，高职大学生可以凭借自己拥有的知识、技能、设备等服务社会和满足他人的需求，并获得相应的回报，具有明显的利他性和利己性。服务性劳动也可以是以服务他人和奉献社会为目的的劳动，具有明显的公益性。

2012—2021 年，我国服务业规模持续扩大，结构不断优化，新兴动能亮点纷呈，幸福产业普惠民生，从高速度发展向高质量发展稳步迈进。党的十八大以来，服务业呈现稳步扩张的良好态势，逐步撑起国民经济的“半壁江山”，成为支撑和拉动经济发展的主动力：推动增长“主动力”格局巩固，2013—2021 年年均增长 7.4%；吸纳就业“主渠道”作用凸显，2013—2021 年服务业就业人员累计增加 8 375 万人，2021 年服务业就业人员达 35 868 万人，占全国就业人员总数的 48.0%，比 2012 年提高 11.9 个百分点；扩大投资“主平台”地位增强，2012—2021 年服务业固定资产投资（不含农户，下同）从 167 781亿元增长至 362 877 亿元，2013—2021 年年均增长 8.9%。服务业高速发展，对服务性劳动需求越来越多。高职大学生是未来社会的劳动者，不仅要掌握生产性劳动技能，参加生产性劳动，也要掌握服务性劳动技能，参加服务性劳动。

高职大学生应该积极参加各种服务性劳动，通过服务性劳动为社会和他人服务，增强集体意识、责任意识、服务意识，强化社会责任感，增强社会公德意识，同时增强个人的生存技能。

（一）高职大学生积极参加服务性劳动的意义

高职大学生参加服务性劳动的意义体现在以下三方面：

1. 做到知行合一，提高服务技能

高职院校的服务性劳动是以社会为课堂，为高职大学生创设真实情境下的服务性劳动，真正地走出课堂、走进社会，直面真实的社会性服务任务场景，有利于引导学生处理好独立与融入的关系，这是高职大学生实现社会性发展的关键环节。高职大学生亲历服务性劳动过程，可以增强与社会的联系，启发思考、审视、重构自身与社会的关系，客观全面地体认社会，消解自身对社会认知的模糊性与不确定性，并在此过程中掌握社会参与所需的技能与本领。

2. 培养奉献精神，展现时代担当

高职院校的服务性劳动将劳动知识与社会体验有机融合，让高职大学生在充满温度与感染力的服务性劳动体验中感悟劳动奉献的本真旨归，在“赠人玫瑰，手留余香”的服务性劳动实践中得到心灵上的道德充盈与升华，有利于培塑服务奉献的劳动价值观；同时在参与服务性劳动实践中赢得他人的信任与认可，获得自我效能感与愉悦感，树立因服务性劳动而让生命更有价值的美好追求，并将这种劳动奉献的行为与价值视为自身的责任担当，激发自身参与服务性劳动的积极性与主动性。

3. 增强服务意识，践行核心价值观

服务性劳动的利他性及其所倡导的勤奋、诚实、奉献、友善、博爱等传统美德，引导高职大学生在劳动与奉献、个体与社会之间找寻心灵上道德充盈与升华的契合点，真正将“小我”融汇成“大我”，以宽待人、以德服人、行善立德、服务大众。服务性劳动教育所倡导的热爱劳动与服务奉献的理念与精神是对社会主义核心价值观精髓要义的有力彰显，有利于高职大学生形成正确的世界观、人生观、价值观。

（二）高职大学生参加的服务性劳动

高职大学生应利用专业特长、社会服务才干积极参加力所能及的服务性劳动，为企业提供技术支持和劳动服务，为师生、为社会提供义务劳动。例如：利用专业技能为企业特别是小微企业提供技术研发和产品升级服务；担任义务讲解员和公益活动志愿者；看望孤寡老人、关爱伤残儿童；假期里面进行“三下乡”“四进社区”社会实践活动等服务性劳动。这些服务性劳动能够帮助高职大学生提高个人的劳动技能，在劳动中实现自我价值，感受服务他人的快乐，为走向社会奠定坚实的基础。

1. 服务性劳动场地

高职大学生服务性劳动场地包括学校内场地、学校外（企业、社区、乡村、福利院等）场地。

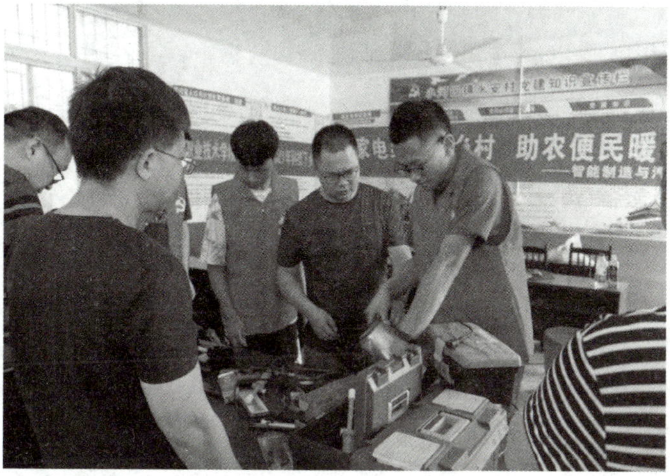

2. 服务性劳动学习内容

运用专业所长服务他人，并在服务性劳动中积累职业技能，提升个人生存本领；学习并培养到艰苦地区和行业工作的奋斗精神，愿意到人民最需要的地方和行业择业；理解空谈误国、实干兴邦的道理，培养踏实肯干的劳动态度；培育公共服务意识，培养面对危机时主动行动的奉献精神。

3. 服务性劳动注意事项

除注意遵守服务性劳动纪律、尊重服务对象、保护自身安全外，尤其要注意保证服务质量和完成服务任务。

知识链接

7S 现场管理

一、任务引入

以上左图中的管道系统有许多阀门，但没有任何标识，每个阀门的作用、开关顺序全部靠人工记忆，谁能保证高效率 100% 正确操作呢？

以上右图中的管道系统阀门名称都做了标示，其用途一目了然，降低了操作失误的概率，提高了工作效率。由此可以看出，简单、明了的管理方法，便于工人掌握和操作，有助于又快又准地完成工作。对于制造型企业来说，7S 管理便是一种最基本、最简单、最有效的现场管理方法。

二、相关知识

7S管理是将生产现场中的人员、机器、材料、方法等生产要素进行有效的管理，确保公司优雅的生产和办公环境、良好的工作秩序和严明的工作纪律，提高工作效率，生产高质量、精密化产品，减少浪费，节约物料成本和时间成本。

1.7S的作用

改善和提高企业形象；提高生产效率；改善零件在库周转率；减少故障，保障品质；保证企业安全生产；降低生产成本；改善员工精神面貌，使组织具有活力；缩短作业周期，确保交货期。

2.7S的内容及实施要领

(1) 整理：将工作现场各类物品进行清理，把要与不要的物品区分清楚，妥善处理无用的物品，从而腾出空间，空间活用；防止误用、误送；塑造清爽的工作场所。“整理”是改善工作现场的第一步。

(2) 整顿：将整理后留在现场的必要物品分门别类放置，排列整齐，让工作场所一目了然；缩短找寻物品的时间；消除过多的积压物品。“整顿”是对人和物放置方法的标准化。

(3) 清扫：将工作场所清扫干净，岗位和设施保持在无垃圾、无灰尘、干净整洁的状态，以消除脏污，保持干净、明亮；稳定品质。

(4) 清洁：通过整理、整顿、清扫，保持现场整齐、明亮、干净，并通过制度化维持其成果，使整理、整顿和清扫工作成为一种惯例和制度。

(5) 素养：自觉培养文明作风，按规定行事，培养积极主动的精神，养成良好的工作习惯，提升员工的品质，使员工对任何工作都讲究、认真。

(6) 安全：树立自保互保安全意识，时刻牢记“安全第一”的观念，排查并确认不安全因素，防患于未然，按规章作业，遵守工作纪律，确保人的安全和设备正常运行，杜绝安全事故，规范操作，确保产品质量，保障员工的人身安全，保证生产连续、安全、正常地进行，同时减少因安全事故而带来的经济损失。

(7) 节约：对时间、空间、能源等方面合理利用，以发挥它们的最大效能，从而创造一个高效率的、物尽其用的工作场所，以自己就是主人的心态对待企业的资源，物尽其用，切勿随意丢弃，丢弃前要思考其剩余的使用价值。

3.7S管理实施原则

(1) 效率化原则。便于操作者操作。推行7S管理工作必须以提高工作效率为先决条件。

(2) 持久性原则。持久性原则就是在7S管理的整顿环节，思考如何拿取更加人性化，更加便于遵守和维持。

(3) 人性化原则。人性化原则就是指通过7S的实施推行，进一步提高人的素养。人是7S现场管理中诸要素的核心，在推行过程中，所制定的标准流程都是由人来完善的，而所有步骤的进行都要充分考虑人的因素。

三、任务实施

针对自己所在的班组，结合今天所学内容，对自己所在的现场进行7S管理。

(1) 教学场地：班级教室。

(2) 活动时间：一周。

(3) 活动要求：设立7S小组，活动完成之后由教师和7S小组进行检查。

项目小结

体验劳动是职业院校劳动教育的重要内容，对高职大学生而言，体验劳动的重要目标在于增强职业荣誉感和责任感，提高职业劳动技能水平，培育积极向上的劳动精神和认真负责的劳动态度。大学生劳动素养的基本内涵在于：持续开展日常生活劳动，自我管理生活，提高劳动自立自强的意识和能力；定期开展校内外公益服务性劳动，做好校园环境秩序维护，运用专业技能为社会、为他人提供相关公益服务，培育社会公德，厚植爱国爱民的情怀；依托实习实训，参与真实的生产劳动和服务性劳动，增强职业认同感和劳动自豪感，提升创意物化能力，培育不断探索、精益求精、追求卓越的工匠精神和爱岗敬业的劳动态度，坚信“三百六十行，行行出状元”，体认劳动不分贵贱，任何职业都很光荣，都能出彩。

课后思考与练习

1. 家务劳动的意义有哪些？
2. 学校生活劳动的意义有哪些？
3. 高职大学生如何提高自己的垃圾分类能力？
4. 高职大学生为什么要参加志愿服务？
5. 志愿服务精神有哪些？
6. 高职大学生参加生产性劳动的形式有哪些？

项目四 劳动素质

名人名言

1. 我们世界上最美好的东西，都是由劳动、由人的聪明的手创造出来的。

——高尔基

2. 劳动是一切知识的源泉。

——陶铸

3. 当今世界，综合国力的竞争归根到底是人才的竞争、劳动者素质的竞争，要努力建设高素质劳动大军，造就一支有理想守信念、懂技术会创新、敢担当讲奉献的宏大产业工人队伍。

——习近平

项目目标

1. 引导高职大学生形成正确的劳动观念，培养尊重劳动者、珍惜劳动成果的基本思想。

2. 了解高职大学生应具备的基本劳动素养和劳动技能。

3. 培养高职大学生的劳动精神，体验劳动价值，形成基本的劳动能力和习惯。

4. 培养高职大学生树立正确的劳动态度并为之付出努力，进行有效劳动的能力。

任务一 劳动理论修养

案例导学

“铁人”王进喜——大庆精神（铁人精神）

1959年9月26日，随着一股工业油流从松辽盆地北部的“松基3井”喷涌而出，大庆油田正式诞生，这粉碎了国际敌对势力以石油为武器，对新中国进行政治孤立、经济封锁、军事威胁的企图。从此，中国甩掉了“贫油”的帽子。

1960年，王进喜率队奔赴大庆油田参加石油大会战。会战之初，几万人马一下子涌到萨尔图草原，困难重重。钻机到了，吊车不够用，几十吨的设备怎么从车上卸下来？“有条件要上，没有条件创造条件也要上！”王进喜喊出了这句后来广为人知的口号，带队“人拉肩扛运钻机”，用滚杠加撬杠，靠双手和肩膀，奋战三天三夜，38米高、22吨重的井架迎着寒风矗立于荒原。要开钻，可水管还没接通，王进喜带领工人拿着脸盆、水桶到附近水泡子里破冰取水，一盆盆、一桶桶地往井场端了50吨水。5天零4小时的艰苦奋战，王进喜率领1205钻井队打出了大庆第一口油井，并创造了年进尺10万米的世界钻井纪录。1960年4月29日，1205钻井队准备往第二口井搬家时，右腿被砸伤的王进喜在井场仍坚持工作。由于地层压力太大，第二口井打到700米时发生井喷，没有压井用的重晶粉，王进喜当即决定用水泥代替。成袋的水泥倒入泥浆池却搅拌不开，危急关头，王进喜不顾腿伤，扔掉拐杖，奋不顾身跳进齐腰深的泥浆池，用身体搅拌水泥浆，最终制服井喷。可王进喜却累得站不起来。房东大娘心疼地说：“王队长，你可真是铁人啊！”“铁人”二字就此传开。

王进喜那句“有条件要上，没有条件创造条件也要上！”的口号，极大地振奋了全国人民建设社会主义的信心和勇气。截至2019年，大庆油田已为我国开采了23.9亿吨原油、1 320亿立方米天然气，成为名副其实的世界级大油田。

大庆油田的开发建设，铸就了以“爱国、创业、求实、奉献”为主要内涵的大庆精神和铁人精神，造就了一支敢打硬仗、勇创一流的优秀职工队伍，涌现了“铁人”王进喜、“新时期铁人”王启民等不少在全国很有影响的先进典型，形成了团结凝聚百万石油人的强大精神动力，集中展现了我国工人阶级的崇高品质和精神风貌。大庆精神（铁人精神）已经成为中华民族伟大精神的重要组成部分，永远是激励中国人民不畏艰难、勇往直前的宝贵精神财富。

资料来源：“铁人”王进喜——大庆精神（铁人精神）[EB/OL]. 央视科教《非凡百年》，2022-01-10.

任务目标

知识目标：掌握高职大学生应具备的劳动理论修养的内容，了解劳动态度、劳动精神、劳动习惯和劳动品质的内涵。

能力目标：引导高职大学生形成正确的劳动观念，培养尊重劳动者、珍惜劳动成果的基本思想。

素质目标：培养高职大学生的劳动精神，体验劳动价值，形成基本的劳动能力和习惯。

认知学习

一、高职大学生劳动素养的内涵与意义

劳动素养是指由于生活、教育活动所形成的有关劳动方面的人的素养，包括劳动的价值观、知识和能力等维度。高职大学生劳动素养的基本内涵在于正确劳动价值观的形成、积极劳动态度的培养、良好劳动品德的养成以及必备劳动知识技能的掌握。

（一）高职大学生劳动素养的内涵

1. 正确的劳动价值观

正确劳动价值观的形成，就是要让人们认识到劳动是光荣的，而非有些人所认为的“万般皆下品，唯有读书高”，将劳动说成是卖体力，让人们敬而远之。高职大学生作为国家建设的新生力量之一，形成正确的劳动价值观不仅仅影响着个人发展，同时也影响着国家的未来。

2. 积极的劳动态度

积极劳动态度的培养，就是要让高职大学生多劳动，培养吃苦耐劳精神。随着社会的发展进步，人民的物质生活和精神生活水平不断提高，这一点在当今高职大学生的身上体现得尤为明显。大部分高职大学生明白“天下没有免费的午餐”这一道理，但却忽视了付出与回报不一定成正比的现实，从而可能产生不公之感，进而产生劳动无用的错误想法。

3. 良好的劳动品德

劳动是光荣的，劳动可以创造财富，还可以实现梦想。但有的人在劳动过程中不老实，要小聪明，妄图瞒天过海，损人利己。这些人也许能够获得一时的利益，但终将遭人唾弃。当代高职大学生应当凭自己的体力与脑力劳动去实现自己的梦想，养成良好的劳动品德，而不是想着走歪路。

4. 必备的劳动知识技能

高职大学生在学习中，不仅仅要学习理论知识，更重要的是学会如何将理论应用于实践，掌握一定的劳动技能，这样才有利于向劳动者的转变，才有利于国家的建设。

综上所述，新时代高职大学生劳动素养的内涵可以概述为：在遵循高职大学生成长规律的基础上，高职院校在日常教学科研、社会实践等活动中使高职大学生在思想和行动上对劳动价值观、劳动态度、劳动品德、劳动知识技能形成正确认知并掌握一定劳动技能，从而实现个人自我价值的劳动习惯养成。

（二）培养高职大学生劳动素养的意义

劳动素养培育是高等教育的重要组成部分，与德智体美教育相辅相成，密不可分。劳动可以树德，可以增智，可以健体，可以育美。因此，高等教育要把劳动素养培育融入学生的德智体美教育之中，从而全面提高学生的综合素质。

首先，培养劳动素养可以立德。劳动素养培育可以培养高职大学生吃苦耐劳的精神品

质、攻坚克难的奋斗精神，形成尊重劳动的优秀品格。

其次，培养劳动素养可以增智。劳动素养培育可以促进高职大学生掌握基本的专业技能，在劳动中探索自然，找寻规律，获取知识，增长智慧。

再次，培养劳动素养可以健体。劳动素养培育可以促进高职大学生强健体魄，健康身心，形成健全人格，锤炼意志品质。

最后，培养劳动素养可以育美。劳动素养培育可以促进高职大学生在改造自然的过程中体悟到“天人合一”的大美世界，培育天人和谐的审美态度。

二、劳动素养体系

（一）劳动素养体系之重心：劳动观念

劳动观念是指人们在劳动活动中所形成的综合性认知，是人们的劳动意识、劳动思想和劳动态度的表达。意识来源于人对大脑内外所收获信息的觉察，劳动意识是个体关于劳动信息的主观性想法表达，比如小学生自己的事情自己做的想法、尊重他人劳动成果、安全劳动等意识。劳动意识是正确认识劳动创造价值的核心，并进一步影响人们的劳动态度与劳动行为。劳动思想是指学生要正确认识马克思主义劳动思想以及习近平总书记关于劳动观的论述，促进自身形成劳动最光荣、劳动最伟大等思想认识。劳动态度是指学生对劳动活动系列内容的心理和行为倾向，常常外化为个体行为表现。劳动态度呈两极化，反映人们是愿意劳动还是拒绝劳动，是尊重劳动还是鄙视劳动，是喜欢劳动还是厌恶劳动，是热爱劳动还是逃避劳动。如打扫教室和寝室卫生、在家洗衣做饭等主动承担劳动的行为，是积极劳动态度的表现。《中华人民共和国宪法》（以下简称《宪法》）规定，劳动是全体公民的权利和义务，因此，是否愿意劳动，是对《宪法》有关规定的基本态度，反映了人们依法参加劳动的法律意识。同时，《宪法》还规定在我国是劳动人民当家做主，因此，是否尊重劳动，不仅体现了对《宪法》有关规定的基本态度，而且反映了人们对我国社会主义制度的政治意识。至于是否喜欢劳动、是否热爱劳动，这是在前两种态度基础上对劳动的认识和感情的升华。人们可以参加劳动并尊重它，但有可能仅仅将之作为一种义务，这是社会行为规范强制的结果。由此可见，劳动态度具有层次性。对公民的劳动态度的要求，首先应强调依法参加劳动的法律意识，强调尊重劳动的基本态度，其次才是尽可能地要求尽量多的人将劳动视为一种乐事。就以上论述而言，劳动态度更多地属于公民的广义品德的范畴。

劳动观念是学生劳动素养体系的重心，是消除因家庭淡化劳动教育所形成的“宅男”“宅女”“啃老族”“佛系青年”等现象的良药。劳动观念的培养能够使学生在动手实践、体力付出中形成劳动平等与劳动最光荣等思想观念；在规范自我劳动行为、学习劳模精神和体认劳动过程中，端正劳动态度；在社会公共劳动活动中形成公共服务、劳动自立、自我实现等意识。劳动观念的培养是高职大学生自我价值实现的隐形奠基石，折射出个体内涵式发展的光芒，为其全面发展提供保障。

（二）劳动素养体系之核心：劳动精神

劳动精神是指学生面对劳动所秉持的精神风貌和人格气质，是学生劳动素养的核心内容。一般意义上，“劳动精神，指劳动者在劳动中展现的精神状态、精神面貌、精神品质”。劳动精神是个体思想、意识、思维等心理认知的凝练与升华，它指导与规范着个体外在劳动行为的表现。青少年是未来的社会主义接班人和中华优秀传统文化的传承人，劳动精神的培育必须立足中华优秀传统文化，并结合时代发展需要和青少年身心特征来核定其主要内容，为塑造合格的时代新人提供保障。新时代劳动教育要培养勤俭、奋斗、奉献等劳动精神，勤俭、奋斗、奉献是学生在日常生活、生产以及服务性等劳动活动中所必备的精神内容，也是培育学生坚持不懈、持之以恒、勤俭节约等良好德行修养的重要因素。因而，学生劳动精神素养主要包括劳动勤俭、劳动奋斗、劳动奉献等基本劳动精神风貌。劳动精神素养是新时代社会发展对未来人才品德的要求，也是当今青少年学生所要学习和达到的个人品德标准。同时，劳动精神也是指引学生劳动品质与劳动思想形成的核心力量，是促使学生在社会公益劳动、日常生活劳动以及生产劳动等活动中学会自立自强、勤奋坚强、勇于克服困难、乐于奉献的动力源泉，对未来提升社会公益活动质量、形成社会劳动风尚以及推动学生突破自我劳动认知限度具有促进作用。

（三）劳动素养体系之关键：劳动习惯和品质

劳动习惯和劳动品质是随着学生成长而养成的人格品质，体现为日常的自觉化劳动行为与思考方式，是从个体内在思维、思想到外在行为表现的素养展现，也是学生劳动素养体系的关键内容。个体的行为习惯有积极与消极两方面，积极的劳动行为习惯激励着学生的劳动热情，督促着学生规范劳动行为，劳动习惯是劳动自主的体现。2020 年教育部印发的《大中小学劳动教育指导纲要（试行）》指出：学生要“能够自觉自愿、认真负责、安全规范、坚持不懈地参与劳动，形成诚实守信、吃苦耐劳的品质”。因此，劳动习惯和品质主要包括劳动自主、劳动诚信、劳动责任。具体而言，劳动自主在于学生能够自觉主动、积极自愿地投入家务劳动、班级服务劳动等劳动活动之中，形成自觉能动的能力和主动劳动的习惯；劳动诚信是指学生养成尊重劳动事实、遵守劳动规范的行为品格；劳动责任是指学生要在各阶段发展过程中形成各类劳动实施责任感，具体表现为个人、学校、家庭以及社会劳动责任等，以此来强化学生对家庭、社会、国家发展的责任感。选择、坚持良好的劳动习惯不仅是学生养成劳动品质、形成劳动精神和劳动能力的关键，也是学生自身实践能力发展的重要举措。正如教育家乌申斯基所言：“如果你能成功地选择劳动，并把自己的全部精神灌注到它里面去，那么幸福本身就会找到你。”学生良好劳动习惯和品质的生成，不仅是满足课程专业发展的需求，更是自身幸福感的来源，也是获得感得以实现的重要渠道。

问题卡片

结合实际，谈谈高职大学生应该具备哪些劳动理论修养，以及如何成为一名有良好劳动理论修养的新时代劳动者。

知识链接

光荣属于劳动者，幸福属于劳动者

2020 年 11 月 24 日，全国劳动模范和先进工作者表彰大会在北京人民大会堂隆重举行。中共中央总书记、国家主席、中央军委主席习近平出席大会并发表重要讲话，代表党中央、国务院，向受到表彰的全国劳动模范和先进工作者表示热烈的祝贺，向为改革开放和社会主义现代化建设做出突出贡献的我国工人阶级和广大劳动群众致以诚挚的问候。

习近平强调，要大力弘扬劳模精神、劳动精神、工匠精神。劳模精神、劳动精神、工匠精神是以爱国主义为核心的民族精神和以改革创新为核心的时代精神的生动体现，是鼓舞全党全国各族人民风雨无阻、勇敢前进的强大精神动力。劳动是一切幸福的源泉。新形势下，我国工人阶级和广大劳动群众要继续学先进赶先进，自觉践行社会主义核心价值观，用劳动模范和先进工作者的崇高精神和高尚品格鞭策自己，将辛勤劳动、诚实劳动、创造性劳动作为自觉行为。各级党委和政府要尊重劳模、关爱劳模，完善劳模政策，推动更多劳动模范和先进工作者竞相涌现。全社会要崇尚劳动、见贤思齐，弘扬劳动最光荣、劳动最崇高、劳动最伟大、劳动最美丽的社会风尚。要开展以劳动创造幸福为主题的宣传教育，把劳动教育纳入人才培养全过程，培养一代又一代热爱劳动、勤于劳动、善于劳动的高素质劳动者。

习近平强调，社会主义是干出来的，新时代是奋斗出来的。要努力建设高素质劳动大军。劳动者素质对一个国家、一个民族发展至关重要。我国工人阶级和广大劳动群众要树立终身学习的理念，养成善于学习、勤于思考的习惯，实现学以养德、学以增智、学以致用。要适应新一轮科技革命和产业变革的需要，勤学苦练、深入钻研，不断提高技术技能水平。要完善和落实技术工人培养、使用、评价、考核机制，培养更多高技能人才和大国工匠。要增强创新意识、培养创新思维，展示锐意创新的勇气、敢为人先的锐气、蓬勃向上的朝气。要推进产业工人队伍建设改革，造就一支有理想守信念、懂技术会创新、敢担当讲奉献的宏大产业工人队伍。

任务二 劳动基本素养

案例导学

中国机长刘传健

2018 年 5 月 14 日，四川航空 3U8633 航班在 9 800 米的高空飞行时，驾驶舱右侧的风挡玻璃突然爆裂脱落，紧接着飞行仪表失灵，飞机开始剧烈抖动、失压，一场空难眼看就要发生。机长刘传健在这生死关头，面对每小时 800 公里的强气流和零下 40℃的极端低温环境，迅速恢复理智，凭借长期磨炼出的专业技术和超强的心理素质，在十几秒的时间内准确无误地完成了 36 个完整动作，在半个多小时内，强忍低温、缺氧、强风的条件，全手动操纵飞机飞越高原高山地形，最后平安着陆，拯救了飞机上所有旅客和机组人员的生命，创造了航空史上的奇迹。

2018 年 9 月 30 日，中共中央总书记、国家主席、中央军委主席习近平，专门邀请四川航空“中国民航英雄机组”全体成员参加庆祝中华人民共和国成立 69 周年招待会，并说：“生死关头，你们临危不乱、果断应对、正确处置，确保了机上 119 名旅客生命安全。危难时方显英雄本色。你们化险为夷的英雄壮举感动了无数人。得知你们的英雄事迹，我很感动，为你们感到骄傲。授予你们‘英雄机组’‘英雄机长’的光荣称号，是当之无愧的。”“你们不愧为民航职工队伍的优秀代表。我们要在全社会提倡学习英雄机组的英雄事迹，更要提倡学习英雄机组忠诚担当、忠于职守的政治品格和职业操守。”

发生事故时，刘传健面对巨大的身体压力和心理压力，一个微小的疏忽，就会导致空难事件发生，100 多条鲜活的生命就将永远消失。但是，正是由于过硬的心理素质和专业素质，刘传健才能保证事故发生后他的每一步操作都准确无误，最终避免了一场灾难，挽救了机组人员和全体乘客的生命。

任务目标

知识目标：了解高职大学生应具备的基本劳动素养和劳动技能的内容。

能力目标：培养高职大学生具备基本的生活自理能力、服务于人的工作能力和积极健康的劳动心态。

素质目标：培养高职大学生形成积极健康的劳动心态和全面的劳动基本素养。

认知学习

一、劳动能力

劳动能力是指人们从事一定的劳动工作和完成一定的劳动任务的体能和心理特征，它包括劳动技能，但不等同于劳动技能。从事任何一项劳动工作，都必须有一定的体能；不同的劳动工作，对劳动者的体能有不同的要求。人们的体能由于先天因素和后天因素而形成区别，在一定意义和一定程度上决定了人们劳动能力的差异。就此而言，因为人们的体能不完全由后天因素所制约，所以人们的劳动能力也不完全由后天训练所决定。因而，我们必须要求所有的劳动者都具备一定的体能和劳动能力，但不能也无法要求所有的劳动者都具有相同的体能和劳动能力。

劳动能力表现为人们的心理特征，就是劳动者所具有的为从事一定的劳动所必需的知识、技能和智力。社会的现代化表现在劳动上，是体力劳动和脑力劳动的有机结合。这就要求现代劳动者不仅必须具备一定的体能，还必须掌握一定的知识、技能，必须具备一定的智力。劳动的分工不同，对劳动者的知识、技能和智力的需求不同；劳动的复杂程度不同，对劳动者的知识、技能的掌握程度，对他们的智力发展程度的要求不同。

劳动能力表现为上述的劳动者的体能和智能，就此而言，它们分属于个体的身体素质和认知发展的范畴。

劳动能力与生活能力有关，但不等同于生活能力。如果说劳动能力主要表现为人们为他人、为社会同时也为自己提供产品、提供服务的能力，那么，生活能力则更多地表现为人类个体解决自身饮食起居、如何利用和消费属于自己的产品等方面活动的能力。对于人类个体来说，这两种能力有可能共生，也有可能互斥。一个人有可能具有很强的劳动能力而生活能力较弱，也可能出现相反的情况，或者二者皆强或皆弱。当个体具有很强的劳动能力而生活能力较弱时，他们有可能借助于个体生活活动的社会化来弥补；当个体生活能力很强而劳动能力较弱时，他们的生活水平有可能是较低层次的。当个体生活活动的社会化程度趋高时，个体的生活内容便会发生转移，因而个体生活能力的构成也随之而发生变化。因此，尽管从人是自然生物体的角度看，人类个体在发育、生长过程中，是较早发展生活能力的，但社会发展的历史和趋势是首先强调人的劳动能力，并在此基础上尽可能培养个体的生活能力。

劳动能力与生存能力有关，但也不等同于生存能力。应当说，生存能力的范畴更大，它包括人类个体的劳动能力和生活能力。

二、高职大学生应具备的劳动素养

（一）基本的生活自理能力

高职大学生作为成年人，应该具备基本的生活自理能力。实际上，这类能力早在幼儿时期就应该慢慢培养起来，如帮助父母打扫房间以及洗衣做饭等。具备基本的生活自理能力是高职大学生发展其他劳动素养的前提。

（二）服务于人的工作能力

不管未来从事什么工作，高职大学生都要具备能够给他人提供服务的工作能力。工作能力是高职大学生达到自我供给的基础条件。离开父母的照顾，高职大学生需要用自己的手去创造经济财富，养活自己是活着的基本要求。

（三）健康积极的劳动心态

劳动素养中包含一项重要内容，即劳动心态。在日常工作中，健康积极的劳动心态必不可少。对待工作认真负责，对待客户热情真诚，这是劳动心态的基本要求。高职大学生走上工作岗位以后，必须培养健康积极的劳动心态，切忌偷奸耍滑，逃避工作。

综上所述，劳动者的劳动不是简单的机械重复或制造，而是具有生命力的劳动者按照计划而开展的创造性工作。因此，具备基本的劳动素养非常重要。

三、高职大学生培养劳动技能的途径

首先，应积极承担家务。利用放学、休息时间，主动帮助父母做点力所能及的家务，既减轻了父母的家务负担，又为以后组成家庭打好了基础。上了大学，不仅要学习有关知识，还要学习做人的道理，更应该体谅父母的不易，主动为父母承担家务，为踏入社会做好准备。

其次，应积极参加社会实践，例如：

（1）留校勤工俭学、做家教、打零工等更侧重经济利益，是一些家庭困难学生的首要选择。

（2）具有一定经济基础的学生选择做义工或支教、支农，既锻炼了能力，又奉献了爱心。

（3）选择去与专业相关的单位实习（包括有偿和无偿），加深对本专业的认识，进一步提升自己，为向职场过渡做准备。

（4）参加实践基地或军训基地的活动。

问题卡片

1. 联系实际，谈谈高职大学生应具备哪些劳动技能。
2. 联系实际，谈谈高职大学生应该怎样培养自己的劳动技能。

任务三　劳动态度

案例导学

没有人能独自成功

一个好汉三个帮，每个人的成功都离不开他人的帮助。

15 世纪，在纽伦堡附近的一个小村子里住着一户人家，家里有 18 个孩子。为了糊口，一家之主、当金匠的父亲丢勒几乎每天都要工作 18 个小时——或者在他的作坊，或者替他的邻居打零工。

尽管家境如此困苦，但丢勒家年长的两兄弟都梦想成为艺术家。不过他们很清楚，父亲在经济上无能力把他们中的任何一人送到纽伦堡的艺术学院去学习。经过夜晚床头无数次的私议之后，他们最后议定掷硬币——输者要到附近的矿井工作 4 年，用他的收入供给到纽伦堡上学的兄弟；而胜者则在纽伦堡学习 4 年，然后用他卖出的作品收入支持他的兄弟上学，如果必要的话，也得下矿井挣钱。

在一个星期天，他们掷了硬币。阿尔布雷特·丢勒赢了，于是他离家到纽伦堡上学，而艾伯特·丢勒则下到危险的矿井，以便在今后 4 年资助他的兄弟。阿尔布雷特在学院很快引起了人们的关注，他的铜版画、木刻、油画的水平很快超过他的教授。到毕业的时候，他的收入已经相当可观。

当年轻的画家回到他的村子时，全家人在草坪上祝贺他衣锦还乡。音乐和笑声伴随着这顿长长的值得纪念的会餐。吃完饭，阿尔布雷特从桌首荣誉席上起身向他亲爱的兄弟敬酒，因为他多年来的牺牲使自己得以实现梦想。“现在，艾伯特，我受到祝福的兄弟，应该倒过来了。你可以去纽伦堡实现你的梦，而我应该照顾你了。”阿尔布雷特以这句话结束他的祝酒词。

大家都把期盼的目光转向餐桌的另一端，艾伯特坐在那里，泪水从他苍白的脸颊流下，他连连摇着低下去的头，呜咽着再三重复说：“不……不……不。”

最后，艾伯特起身擦干脸上的泪水，低头瞥了瞥长桌前那些他挚爱的面孔，把手举到额前，柔声地说：“不，兄弟。我不能去纽伦堡了。这对我来说已经太迟了。看……看一看 4 年的矿井生活使我的手发生了多大的亦化！每根指骨都至少遭到一次骨折。而且近来我的右手被关节炎折磨得甚至不能握住酒杯来回敬你的祝词，更不要说用笔、用画刷在羊皮纸或者画布上画出精致的线条。不，兄弟……对我来讲这太迟了。”

为了报答艾伯特所做的牺牲，阿尔布雷特苦心画下了他兄弟那双饱经磨难的手，细细的手指伸向天空。他把这幅动人心弦的画简单地命名为《手》，但是整个世界几乎立即被他的杰作折服，把他那幅爱的作品重新命名为《祈求之手》。

如果你有机会看见这幅动人的作品，请多花点时间仔细看一看。记住这幅画，记住关于它的故事，它会提醒你，没有人——永远也不会有人能独自取得成功。

任务目标

知识目标：了解优秀的劳动者应具备的正确劳动态度的内容以及正确的劳动态度与有效劳动之间的关系。

能力目标：培养高职大学生树立正确劳动态度并为进行有效劳动的能力。

素质目标：通过学习，让高职大学生努力成长为具有主动劳动、诚信劳动、合作劳动态度的优秀劳动者。

认知学习

一、主动劳动

在泛娱乐化思潮和“网红”风的影响下，赚快钱、走捷径、靠“流量”快速变现的浮躁气息影响了部分高职大学生的劳动观。部分高职大学生劳动认知不足、劳动情感不强、劳动行为被动，导致劳动的个体能动性发挥不足。部分高职大学生对体力劳动和脑力劳动存在认知偏差，认为劳动有贵贱之分，对体力劳动、机械劳动存在歧视心理。部分高职大学生劳动情感不强，缺乏崇高的劳动情感，认为劳动只是获取金钱报酬的一种手段，缺乏对劳动的尊敬、热爱和崇尚，导致不愿意开展有意义、有价值的体力劳动。劳动行为被动、缺乏自发的劳动意愿也使得部分高职大学生劳动素养尚有提升空间。

（一）以个体养成为导向的积极劳动习惯

积极的劳动习惯培养是劳动教育最显性的目标，即通过对个体劳动行为的指导、训练、矫正、内化，使其身体力行，具备自主劳动、积极劳动的意志。这种劳动习惯就是把劳动当作一种常态，变成一种固定的生活方式，它通常具有稳定性、自动化等特征。积极劳动是劳动者个体自由自愿、自觉主动地参加劳动实践，只有实现了个体的自觉才能激活个人身上的劳动创造。人通过劳动满足物质和精神文化需求，体悟到快乐感和幸福感，继而会产生新的需求，再通过激发积极的劳动行为满足并实现深一层次的幸福感，每一阶段的主观感受成为积极劳动的动因，此时就产生了一个越积极劳动越幸福快乐的良性循环，劳动主体的积极劳动习惯也因此而固化成型。

在各种观念的影响下，一些高职大学生认为只要学习成绩好，就可以高枕无忧、前程似锦。这种过分重视脑力劳动而忽视体力劳动的行为导致一些高职大学生长期脱离劳动实践活动，久而久之变得不想劳动、不爱劳动，甚至不会劳动。与此同时，互联网、物联网的迅速发展，给人们的生活带来了便捷，但也从某种程度上助长了部分高职大学生的惰性。由于长时期缺乏体力劳动的锻炼，一些高职大学生的独立性较差，不具备基本的生活自理能力。这些都从侧面反映出一些家长过度包办使得部分高职大学生在独自生活时变得“寸步难行”，殊不知这从根本上违背了教育的意义。

（二）劳动习惯教育

劳动习惯是指个体在马克思主义劳动观指导下，在参与经常性的实际劳动过程中秉持正确的劳动态度，从而逐渐养成的一种自觉需要劳动的自动化、稳定化行为模式。培育良好的劳动习惯是做好新时代高职大学生劳动教育的重要任务之一，对弘扬劳模精神和工匠精神、提升高职大学生劳动技能都大有裨益。

高职大学生在追求知识的同时也应该养成劳动习惯，这既是我国教育方针的一贯要求，也是高职大学生维持自身生存和更好学习的内在要求。但是，随着生活条件的改善，部分高职大学生在步入高校以前由于忙于学业，其生活起居多由父母照顾，缺乏劳动意识和劳动机会。进入大学以后，在更加自主性的大学生活中，更有部分高职大学生盲目攀比，生活奢靡，轻视劳动，尚未养成良好的劳动习惯。这显然与新时代社会主义现代化建设的伟大实践对高职大学生应具备的劳动习惯的内在要求尚有一定差距。

为了有效改变这一现状，亟须加强新时代高职大学生的劳动习惯教育。首先，高职院校要守土有责、守土尽责，充分发挥在高职大学生劳动习惯教育中的主导作用。高职大学生的大部分时间都在学校度过，高职院校要切实承担劳动习惯教育的主体责任，将劳动素养有机融入高职大学生综合素质测评体系，结合高职大学生学科和专业开展日常生活劳动、生产性劳动、服务性劳动等相关主题劳动，引导高职大学生在参加劳动过程中丰富劳动知识、增强劳动意识，从而确保高职大学生养成良好的劳动习惯。其次，家庭要正面引导、支持学校教育，充分发挥在高职大学生劳动习惯教育中的基础作用。家庭要树立崇尚劳动、自立自强的良好家风，要利用高职大学生假期在家期间，教育引导他们自觉参与生产劳动，放手鼓励他们参与各类社会劳动，从而在培育高职大学生基本劳动技能过程中使其自觉养成热爱劳动的良好习惯。再次，社会要积极参与，充分发挥对劳动习惯教育的支持作用。全社会要营造劳动光荣、劳动伟大，崇尚劳模、崇尚劳动精神的良好风气；各类企业要加强企校合作，主动为高职大学生提供劳动实践场所。最后，各级政府、群团组织要协调、调动各类资源为高职大学生参与生产劳动和非生产劳动提供必要保障，健全劳动、劳模奖励机制，从而为加强劳动习惯教育搭建形式多样的活动平台。

二、诚信劳动

诚信是基本的社会道德规范。中共中央印发的《公民道德建设实施纲要》中提出了“爱国守法、明礼诚信、团结友善、勤俭自强、敬业奉献”20个字的公民基本道德规范。其中，明礼诚信就是要求公民无论在任何场合、无论从事什么活动，都要讲文明、讲礼貌、讲诚实、讲守信。这里的诚信，体现在生活劳动中，即诚信地从事日常生活劳动，遵守劳动规则，实事求是，言行一致。党的二十大报告明确提出，要弘扬诚信文化，健全诚信建设长效机制。在新时代新征程的劳动实践中，诚实劳动是正确劳动态度的重要内容。

（一）诚信劳动的内涵与表现

孔子云：“人而无信，不知其可也。”意思是说，一个不讲信用的人，无法与他人正常交往，也不能在社会中立足。2013年4月28日，习近平在同全国劳动模范代表座谈时的讲话中指出：“劳动是财富的源泉，也是幸福的源泉。人世间的美好梦想，只有通过诚实劳动才能实现；发展中的各种难题，只有通过诚实劳动才能破解；生命里的一切辉煌，只有通过诚实劳动才能铸就。”

诚信是为人做事的基本准则，是职业道德的基本要求，是社会赖以生存和发展的基石。“诚”即诚实无欺、诚实做人、诚实做事、实事求是，是指个体真诚的内在道德品质；“信”即有信用、讲信誉、守信义、不虚假，是内在诚实的外化。诚实、守信是联系在一起的，诚实是守信的基础，守信是诚实的具体表现。

诚信劳动中的劳动主要包括日常的生活劳动和生产劳动两个方面。在日常的生活劳动中，讲诚信就是要做到自己的事情自己做，且要保质保量地完成任务。在生产劳动中，诚信劳动体现为严守规范、认真踏实、一丝不苟、精益求精的工匠精神。

劳动中的诚信主要体现在三个层面：（1）对劳动过程中所涉及的他人、团体和组织讲诚信。如在服务劳动中，要对自己的客户实话实说，言而有信。（2）在劳动过程中讲诚信，包括在劳动材料的选用、操作工序的遵守和操作技技能的掌握等方面，杜绝偷工减料、欺诈等失信行为。（3）对劳动成果讲诚信，注重质量，反对假冒伪劣、窃取他人劳动成果等不诚信行为。

（二）诚信劳动中应遵守的基本准则

1. 实事求是地承诺

诚信也就是实事求是，诚实无欺。在劳动中，人们根据自身的能力和水平，谨慎守约，量力而行，不逞能，不说假话、大话和空话，有多大能力办多大事。老子曾说过："夫轻诺必寡信，多易必多难。"就是告诫人们不要轻易许诺，一旦许诺了，就要努力兑现诺言。所谓"言必信"，就是指我们在劳动中绝不能把诺言当成戏言，必须经过慎重考虑，做出实事求是的承诺。否则，不仅自己的名誉和信用受损，还会引起他人的不满，破坏劳动规则。要做到实事求是地许诺，首先要正确地认识自己，客观评价自己的能力和外在的条件，切忌未经思考就轻易许诺。其次要适度许诺，承诺的内容要具有可行性和可操作性。最后要讲究许诺的策略，眼光长远，说话要给自己留有余地。

2. 不折不扣地执行劳动规范

诚信劳动不仅是一种态度，更是一种实实在在的行动，并贯穿于整个劳动过程的始末，体现在实践中就是不折不扣地执行劳动规范。在劳动中首先要谨慎许诺，一旦承诺便要践诺履约，无论遇到任何困难都要坚守并贯彻到底。承诺无大小，再小的事也要认真对待，再艰难的承诺也要不折不扣地履行，所谓一言九鼎、一诺千金、一言为重百金轻，也就是这个意思。履行诺言首先要做到主动自律，时刻提醒自己实践诺言；其次要符合法律规范和道德要求，合理合法的事情要义无反顾坚持到底，不合理不合法的事情坚决不做。生产劳动中履行承诺就是指严格遵守企业规范和标准，不折不扣地执行岗位职责。任何的马虎或疏忽都会引发木桶效应（短板效应），成为自己工作中的短板，影响整体的劳动进程、产品质量、个人的声誉和职业发展。

3. 执着追求高质量的劳动成果

诚信劳动并不是嘴上说说而已，关键是看实效，体现在劳动中，即追求高质量的劳动成果。我们常说"言必信，行必果"，精益求精，追求卓越，说的就是这个道理。高质量地完成劳动既能彰显个人能力，又能体现出个体的劳动态度和素质。首先要对自己高标准、高要求，坚决杜绝随意糊弄、弄虚作假、指鹿为马的现象发生；其次要有执着的精神，坚持不懈，在追求高质量劳动成果的过程中会出现各种难题和阻力，这时不能轻言放弃，否则会前功尽弃，违背诚信的原则。

4. 勇于承担劳动责任

对人守信，对事负责，是诚信劳动的基本要求。诚信意味着责任，责任是诚信的保障和最终归宿，是通往劳动成功的一扇大门。恪守诚信落实到具体的劳动中，就是踏踏实实做好自己的事，并敢于对劳动负责，不推卸责任。首先，要树立负责任的观念，以认真负责的态度去劳动；其次，要做好分内事，承担应该承担的任务，完成自己的使命；最后，要诚恳地面对失误和问题，敢于承担责任，知错能改，并寻找补救的方法，这也是一种诚信，是劳动者必备的素质。

三、合作劳动

> 人心齐，泰山移。独脚难行，孤掌难鸣。水涨船高，柴多火旺。三个臭皮匠，赛过诸葛亮。一块砖头砌不成墙，一根木头盖不成房。一个篱笆三个桩，一个好汉三个帮。一根竹竿容易弯，三根麻绳难扯断。一花独放不是春，万紫千红春满园。
>
> ——《古今贤文·合作篇》

（一）合作劳动的必要性

在生产生活中有许多一个人无法独自进行的劳动，有些是因为个体的力量不够或能力不足，有些是因为劳动的内容较为复杂或技术含量高，有些则是因为群体合作能够提高效率或增加效益。正所谓“单丝不成线，独木不成林”，人们需要通过合作来汇集成员的力量、技能和智慧，以实现群体的共同目标。同时，合作劳动能够带来超越个体的劳动力量，能够产生“1+1>2”的劳动效果，加快速度又能提高质量，由此增加劳动效益，创造更大的劳动价值，带来多方共赢的局面。

马斯洛的需求层次理论中的第三层次是社交需求，就是情感和归属的需求。人是群居性的，渴望获得美好的感情。在合作劳动中，人与人之间发生社交联系，进而获得不同体验的个人情感。例如：与家人合作劳动，能够增加家庭成员之间的亲密感，促进家庭关系和谐；与朋友合作劳动，能够建立美好的友情，获得深厚的友谊；与他人共同劳动解决困难问题，能够获得需要感和归属感。

在知识上，合作劳动能够创造成员相互学习、取长补短的机会，个体能从他人身上习得知识；在能力上，合作劳动需要周密计划、合理组织、充分沟通以避免分工不明、摩擦争吵等问题影响劳动进程，从而可以锻炼个体的沟通交流能力、组织计划能力、团队领导能力等；在价值上，合作劳动能充分发挥个体的体力和智力，在创造财富和价值的同时满足自身需求、他人需求和社会需求，由此实现个人价值。

（二）合作劳动需要有序、稳定、和谐地开展

建立合作劳动关系是开展合作劳动的前提。进行比较繁重、无法独自完成的生产劳动时，可以寻求合作伙伴，并表明合作意向。在建立合作关系时应持各方平等的态度，将合作关系保持在稳定而又相对平衡的位置。合作劳动的关键目的在于实现共赢，在合作前指明合作目标及双方利益，可提升双方进行合作劳动的热情。

制定合作劳动规则和计划能够规范合作团队的行动，推动合作劳动有序开展。首先，在制定合作规则和计划时，各方持有平等的话语权，应顾全大局，把握好各方利益平衡点；其次，制定的规则和计划应具备一定的长远性，不局限于当前，还可以根据后续的情况进行动态调整，以制定具有更大合作效益的规则和计划。

劳动规则和计划可以保证整个团队的生产劳动有序进行。每个人都应自觉遵守劳动规则、执行劳动计划、完成分内的劳动任务，在合作过程中认真负责，积极遵守团队的契约，遇到问题时利用集体智慧解决。因此，个体在执行计划的过程中不仅要做好分内的任务，学会团队配合，同时也要主动挑大梁，与其他成员进行良好的沟通。

综上，积极主动建立合作关系是开展合作劳动的第一步，而制定规则和计划是保障有序、稳定展开劳动的关键，只有大家都能遵守团队的制度，做好分内工作，团队才能真正持续稳定运行。

（三）合作意识和合作精神是高效合作的基础

合作意识与合作精神是合作劳动的基础，也是团队高效完成劳动任务的助推器。合作意识与合作精神源于团队成员自觉的内心动力和已达成共识的价值观。团队成员只有拥有强烈的合作意识和合作精神，和其他成员互帮互助、共享信息与成果，才会真正快乐地投入劳动，实现最大的双赢。

首先，认识到合作的重要性是培养合作意识和合作精神的前提，只有正确认识了合作的重要性，才会主动踏出合作的第一步。在合作过程中，懂得取长补短，懂得与他人沟通，懂得先人后己，才能分享他人的信息和反馈。合作是实现双赢的钥匙，学会合作能使自己更加高效地完成劳动任务。

其次，学会感受、尊重和欣赏他人。第一，在合作之中，每个人都是独特的，每个人的利益诉求、思考方式、行为习惯都各不相合。因此，我们需要换位思考，站在他人的角度感受合作，这样才能明白自己看到的事物并不一定是正确的，才能真正理解他人的所作所为。第二，团队成员的任务量各不相同是十分常见的，计较任务量的多少没有任何意义，我们需要肯定他人付出的努力和汗水，尊重他人的劳动成果，因为尊重他人就是尊重自己。第三，人总是有一种渴望被人欣赏的愿望。真诚地欣赏他人能使其获得存在感，产生愉悦感，充满自信。因此，在合作劳动中，我们不妨试着欣赏他人，那么他人就会倾注更多精力，表现更加出色，从而使合作更为和谐、默契。

最后，学会分享。萧伯纳曾说：“你有一个苹果，我有一个苹果，彼此交换一下，我们仍然各有一个苹果；但你有一种思想，我有一种思想，彼此交换，我们就都有了两种思想，甚至更多。”分享是人们与社会产生联系的一种方式，本质上是一种互利行为，在互利中选择、巩固和发展彼此的社会关系。因此，在合作劳动中，同伴之间互相分享能够促进彼此之间的沟通与交流，也能推动彼此共同进步。

那么，合作劳动需要掌握哪些技巧与方法？

首先，试着审视自己，认识他人。我们需要明确自己具备什么样的劳动能力，适合完成哪些劳动任务，不要一味地否定自己，也不能高看自己，要尽量做出客观、合理的评价。与此同时，我们也要努力发现他人的长处，不贬低他人的能力，或许他人比自己更加适合这项劳动任务。

其次，合理匹配成员与任务。关于劳动分工，一方面要考虑团队成员的特点，另一方面要考虑劳动任务的特点，然后进行两相比较，挑选出最为合适的成员承担该项劳动任务。值得注意的是，有时候我们没法完全匹配，总有成员需要负责一些并非最适合自己的任务。此时，我们关注的是团队整体利益，从合作劳动大局出发做出尽可能合理的安排。

最后，扮演好合作中的角色。在合作劳动中会出现特点鲜明的角色，这些角色促进了成员间的协作，推动了劳动进程，使得劳动结果尽善尽美。

知识链接

在劳动中把“小我”融入“大我”

动手实践、出力流汗的劳动教育，对一个人的成长意味着什么？“德智体美”之外，为什么还要强调“劳”？2020 年 2 月，华中农业大学发出倡议，号召全校返乡师生就地帮助春耕生产，把书本知识用在生产实践中，把课堂搬到田间地头。

可是现实中，我们常常会看到，不少青年不珍惜劳动成果、不想劳动、不会劳动。部分青年对劳动的理解出现偏差，渴望不劳而获、盲目消费。为了“对症施治”，劳动教育应引导他们树立正确的劳动价值观，把个人成长与人民的需要、民族的振兴、时代的使命紧密联系在一起，志存高远、向阳成长，在劳动中真正把“小我”融入“大我”。

劳动教育具有树德、增智、强体、育美的综合育人价值。通过劳动教育，学生能够理解和形成马克思主义劳动观；能够体会劳动创造美好生活，体认劳动不分贵贱，从而热爱劳动，尊重普通劳动者，培养勤俭、奋斗、创新、奉献的劳动精神；能够历练满足生存发展需要的基本劳动能力，形成良好劳动习惯。

开展好劳动教育，教师、家长要首先认同劳动的价值，抱有对劳动的热爱，言行一致地崇尚劳动、尊重劳动。要引导大中小学生崇尚劳动价值、追求劳动创造、尊重劳动主体，以辛勤劳动为荣、以好逸恶劳为耻，成长为有理想信念、有过硬本领、有责任担当的建设者和接班人，从而以劳树德、以劳增智、以劳强体、以劳育美、以劳创新，促进学生德智体美劳全面发展。

中共中央、国务院《关于全面加强新时代大中小学劳动教育的意见》强调，劳动教育要“适应科技发展和产业变革，针对劳动新形态，注重新兴技术支撑和社会服务新变化”。数字时代，如何构建青年一代的核心劳动素养，涉及劳动精神、劳动技能、劳动习惯、劳动思维等多方面内容。在教学活动和社会实践中，要吸纳人工智能、数字技术、劳动规范等相关内容，为培养青年学生的创造性劳动能力做足准备。

我们为年轻人埋下什么样的种子，就为国家“种”下了什么样的未来。广大青年是社会主义的建设者和接班人，只要肯学肯干肯钻研，练就一身真本领，掌握一手好技术，就能立足岗位成长成才，在劳动中发现广阔天地，在劳动中体现价值、展现风采、感受快乐。

任务四 劳动常识

案例导学

每天多做一点点

无论做什么事，都要勤奋地做，脚踏实地地做，默默地在自己脚下多垫些“砖头”，这样，你才会更加接近成功。有一分耕耘才会有一分收获。生活是公平的，付出越多得到越多。每天多做一点点，积少成多，时间长了，你就会实现自己的理想，收获自己想要的成功。

神原裕司郎是一位诚实淳朴的日本青年。他没有什么学历，家庭也不富裕，但他从不自卑，因为他认为，在这个充满机会的社会，只要勤劳肯干，迟早有出头之日。从少年时代起，神原便外出打工，到18岁时，他已拥有一辆自动卸货车，每天驾驶这部车子四处去工地找活儿干。

一到工程现场，他就找负责人问：“你们有没有工作给我做？我有一辆倒土车，工钱我是不计较的。”他有时会遭人白眼，有时没人理他，但他毫不气馁，往来于横滨、名古屋、滋贺县的工程现场找零工做。后来，他回到故乡仓敷市。

当时，仓敷水岛地区正在移山填海、大兴土木，准备开发一个庞大的新工业区。这充满活力的情景使这个19岁的年轻人很振奋，因为他知道自己的发展机会来了。他想，使用倒土车工作效率太低，发展实在有限，应该买一辆最新式的推土机，才不会长期在蝇头小利中打滚。但一辆轻型的推土机要100万日元，至少也得先付50万日元。于是，他把唯一的倒土车卖掉，得款25万日元，再向银行借了25万日元，买了一辆推土机。

推土机买来之后，他又抱着很大的期望，像以前一样在水岛地区到处找零活儿做。

由于这台机器工作效率佳，神原又不斤斤计较工钱，所以，没多久，他就不用辛辛苦苦四处找工作了，反而工作来找他。对找上门来的工作，神原几乎是来者不拒，每天甩开膀子大干，忙得连睡觉的时间也没有。他的收入也很可观，每天能赚6万日元。

这样超负荷地苦干一年后，神原又买了一辆挖土机和一辆大功率推土机。此后他的发展像旋风一般，3年后，他已拥有推土机等土木工程机械10辆，成为一名土木工程工头，并成立了神原重机兴业公司。到28岁时，神原已拥有土木工程机械30辆，一年可做2.6亿日元的生意。

神原曾说：“没有什么潜能和专长的人，只有靠努力苦干才能有光明的前途，要想出人头地，必须付出超人一倍甚至更多的努力。我常这么想，就能激发更多的精力，废寝忘食地工作。”这是神原成功的秘诀，也是所有成功人士共同遵循的原则。

任务目标

知识目标：了解劳动常识包括自我劳动常识、家务劳动常识、公益劳动常识和生产劳动常识。

能力目标：联系实际，在劳动过程中正确认识劳动常识。

素质目标：通过学习，掌握自我劳动常识、家务劳动常识、公益劳动常识和生产劳动常识，并成长为有良好劳动素质和劳动常识的优秀劳动者。

认知学习

一、自我劳动常识

劳动能让每个人在强健自身体魄的同时，强大自己的精神世界。劳动本质上是培养一个人在艰苦的环境中磨炼意志、吃苦耐劳、艰苦奋斗，但在实际的劳动实践过程中培养了一个人的精神品质，让人懂得自身劳动不仅光荣，还能在点滴的平凡劳动中成就不平凡的伟大。在当今学校教育中，都以“德、智、体、美、劳”全面发展为培养目标，将“五育”中的“劳”与其他“四育”放在同等重要的位置上，可见一直以来劳动在教育中所占的重要地位。劳动不仅是流传下来的传统美德，更是伟大的精神财富。劳动是一个人通往成功的必经之路，也是培养造就栋梁之材的必需方式。劳动可以锻炼和提升一个人的整体气质，可以让其充分领会到参与劳动的珍贵意义，思想上牢固树立劳动最光荣、劳动最美丽、劳动最伟大的新观念，时时点赞劳动、崇尚劳动、热爱劳动，从而激发自身劳动热情，通过劳动创造属于自己的美好生活。新时代各行各业的奋斗都离不开劳动，只是体力劳动与脑力劳动的分工不同而已。

自我劳动是学生料理自己生活的各种劳动，如为自己整理床铺、打扫房间、洗涤缝补衣袜、洗碗筷、擦桌椅等。宋代朱熹主张蒙学阶段训练儿童洒扫、清洁等生活习惯。现代教育普遍重视培养儿童生活自理能力。

我国实施的劳动教育，着重培养学生自我服务能力，鼓励学生在学校和家庭中自己的事尽量自己干，不依赖他人代劳，养成勤劳、俭朴、整洁、卫生的习惯。一般通过劳动课、各种课外活动和日常生活进行。

二、家务劳动常识

家务劳动是劳动的一种，马克思主义劳动学说是马克思主义关于劳动在人类的生产、人和人类社会的形成和发展中地位和作用的学说。其主要内容是：劳动和自然界一起构成一切财富的源泉。自然界为劳动提供材料，劳动把材料变为财富。马克思在分析劳动与自然界的关系时指出：“劳动首先是人和自然之间的过程，是人以自身的活动来引起、调整和控制人和自然之间的物质变换的过程。”[①] 这就是人有目的地作用于自然界，利用劳动改变自然物的形态与性质，使各种原料成为人类生活需要的财富，借以满足人们的需要。劳动对人和人类社会的形成和发展具有根本性的决定意义。

专家指出，在未来的社会中，身体素质的好坏和劳动意识的强弱，将是一个人能否取得成功的关键所在。如果不让孩子做家务，使孩子养成过分依赖父母、独立性差、生活自理能力差、劳动观念淡薄等不良习惯，那么会给他们的成长带来不利影响。家务劳动也是培养一个人劳动素质的绝好课堂，它同学校开设的劳动课一样，完全能够达到培养孩子多种素质的目的。

家务劳动意义重大，主要表现在以下几个方面：

---

① 马克思，恩格斯. 马克思恩格斯选集：第 2 卷［M］. 3 版. 北京：人民出版社，2012：169.

(1) 能使个体保持对生活的积极态度，更热爱生活，并促进身心健康发展。做家务的人能学到生活的基本技能，能提高生活自理自立的能力。同时也培养了个人对生活的积极态度，使自己更加热爱生活。家务劳动能促进手脑并用，可以培养个人吃苦耐劳的精神、坚强的意志和坚忍不拔的毅力，促进身心健康发展。在生活中，当面对许多困难和挫折时，有了吃苦耐劳的精神、坚强的意志和坚忍不拔的毅力，一切都会迎刃而解。

(2) 能使家庭更加和谐、温馨。子女做家务减轻了父母的体力负担，体现了对长辈的孝敬；父母做家务给孩子率先垂范，使孩子也会爱上家务；夫妻做家务体现了彼此尊重，能使夫妻感情更加融洽和睦。家务劳动也能够消除孩子的依赖性，增强孩子的家庭责任感、义务感，从而促进家庭的和谐。当家务劳动在潜移默化中融为孩子生命的一部分时，孩子会为自己能够为父母分担家务而感到自豪，同时认可自己的责任和义务。

(3) 可以培养认真严谨的态度和习惯。家务劳动可以增强个人办事的条理性，锻炼个人的逻辑思维，同时培养出认真严谨的态度和习惯。长期做家务的人很注重细节，办事认真、从不马虎，在工作上具有缜密的作风和勤奋敬业的精神。

(4) 可以成就未来。多干家务有助于培养孩子的责任感和热爱劳动的好品质，以及独立生活的能力；能够锻炼孩子的意志和毅力，以及养成勤劳的作风。家务劳动能促进良好个性品质的形成，使个体学会关心、体谅别人，融洽社会关系，善于合作。在社会上，会关心、体谅的人就会从别人的角度着想，尊重别人，珍惜别人的劳动成果，建立良好的社会关系，和别人精诚合作，更有利于获得成功。

(5) 可以锻炼身体。生命在于运动。运动，一靠体育锻炼，二靠从事各项劳动。做些家务，既可以锻炼身体，又可以增强体质。对于工作繁忙没有时间锻炼的人，做家务可以满足锻炼身体的基本需求。如洗衣、拖地、擦门窗和下厨做饭，都需要全身肌肉协调，重复去做同一个动作，对发力肌肉和关联的骨骼都能起到较好的锻炼。

劳动是财富的源泉，也是幸福的源泉。“夙兴夜寐，洒扫庭内”，热爱劳动是中华民族的优秀传统，绵延至今，所以我们更应该重视家务劳动。家务劳动内容复杂，主要包括以下几个方面：

(1) 洗衣服，刷鞋，叠衣服，整理衣柜，打扫马桶，擦窗户，扫地，拖地，倒垃圾，洗杯子，泡茶。

(2) 买菜，洗菜，准备早点，煮饭，洗碗，洗筷子，收拾饭桌，洗锅，整理家具的摆放，保持家的整洁。

(3) 装饰家，铺床，洗床单被套，整理杂物（卖废报纸、书籍），照顾小孩，接送小孩上学，送家人出门。

(4) 买衣服，陪老人散步，聆听家人的烦恼，了解家人的习惯，买他们爱吃的，了解他们的身体情况。

(5) 买药，买水果，买柴米油盐，买日用品，给家人搭配衣服，给婴儿换尿布，晚上给孩子盖被子。

没有经历过劳动磨炼的孩子，往往不能懂得劳动果实来之不易，许多不良的行为和心理大都可以直接或间接地从缺少劳动教育找到根源。因此，加强家务劳动教育不仅仅是一个人的事，更关乎社会这个大集体的和谐发展。

三、公益劳动常识

公益劳动是指服务于公益事业、不取报酬的劳动。学校劳动技术教育和学生社会实践，目的在于培养学生为人民服务、为公众谋利益的良好思想品德；推动学生接触社会，深入生活，参加各种社会实践，形成良好社会风尚。内容包括工农业生产劳动和各种服务性劳动，如参加秋收，植树造林，打扫卫生，帮助军烈属和残疾人等。公益劳动以不影响教学为前提，从实际情况出发，为学生力所能及，并向学生讲清意义，积极引导，以学校、班级、小组或团队为单位进行，亦可个人单独进行。

大学生公益活动是大学生作为志愿者参与的各类社会服务活动的总和。它们是整个社会公益活动的重要组成部分，是大学生思想政治教育的重要实践途径。公益活动提高了他们的素质，锻炼了他们的社交能力，培养了他们的道德情操。公益活动也有助于社会主义道德和社会主义精神文明建设，有助于构建社会主义和谐社会，有助于促进社会文明和促进社会进步。21 世纪，大学生参与公益劳动是实现社会主义人才培养目标的一个环节，是思想政治教育育人的有效途径。参加一定时间的公益劳动，抓住良好的锻炼机会，学生可以认识到劳动的意义，增强社会责任感。

在公共场合组织公益活动是需要有关部门批准的。常见的公益活动形式有：

（1）以绿化环境为代表的美化小区活动。

（2）打扫卫生、乐于助人的实践活动。

（3）以保护环境为代表的废物利用活动、废旧电池回收活动。

（4）真爱生命、远离毒品等主题宣传活动、展览活动。

（5）看望并帮助老人、儿童或残疾人士等。

实践证明，公益劳动对于培养学生全心全意为人民服务、为社会主义事业服务的思想，自觉自愿地为公共利益而不计报酬的共产主义劳动态度，关心集体，关心他人，以及团结互助，遵守纪律，爱护公共财物等思想品德，都有重要的作用。学校组织公益劳动应遵守不影响教学的原则，从本校和本地区的实际情况出发，安排学生参加力所能及的劳动。

组织与安排公益劳动，应有目的、有计划地对学生进行思想教育，讲明公益劳动的意义，引导学生自觉自愿地参加为社会服务的无偿的劳动。要照顾学生的年龄特点、性别特点和个别差异，妥善安排劳动项目和时间，避免负担过重。

要充分发挥学校中中国共产主义青年团、中国少年先锋队和学生会的作用，使公益劳动有广泛的群众基础。教师在组织公益劳动时要以身作则、深入实际，在同学生的共同劳动中进行指导和教育。

四、生产劳动常识

劳动价值论以生产劳动的科学概念为奠基。马克思以之为依托，系统探讨了劳动过程、劳动力、劳动的实现形态、劳动的协同方式这些成组的概念体系，对劳动概念的生成、发展及流变加以了详察，其目的是凸显出劳动规定的内在意涵。这一理论发掘了劳动价值论与唯物史观的相互嵌入的规定，深化了对实践过程的理解。可以毫不夸张地说，生产劳动概念使马克思方法论提升为从劳动出发的整体主义分析方法，建立了政治经济学的科学研究纲领。

生产劳动是“非生产劳动”的对称。

（1）按劳动的自然形态区分，生产劳动是指创造物质财富的劳动，如工业、农业、交通运输业、建筑业等中的劳动；而不创造物质财富的劳动，如教师、医生、演员等的劳动，是非生产劳动。

（2）按劳动的社会形态区分，生产劳动是指体现特定社会生产关系本质的劳动，在资本主义社会中，即能为资本家创造剩余价值的劳动；而只创造使用价值的劳动，是非生产劳动。

生产劳动是唯物史观的基本范畴，是劳动价值论的分析基础。劳动价值论对于价值创造、价值决定的说明是科学解析商品生产劳动的内在逻辑，而价值运行的经济分析则旨在为具体经济理论体系间的逻辑一致寻求支持。

归根结底，各种获得不同发展的存在形式，绝不是从一种一般的、抽象的范畴体系中推导出来的，也不能被理解为这种范畴体系在“特殊领域”的应用，相反，它们是依照自身规律演变的存在过程。在特定的发展阶段，这种存在过程能够使更复杂的存在形式的产生成为可能。

高职大学生可以参加的生产劳动的内容多种多样，主要包括以下几个方面：

（1）实习：参加企业或机构的实习可以让大学生接触真实的工作环境，学习实际工作技能，并将课堂学习与实践相结合。

（2）兼职工作：高职大学生可以选择在校外找到兼职工作，如服务员、导游、销售员等，通过工作获得一定的收入同时也锻炼自己的沟通能力和工作技能。

（3）创业：有一些高职大学生具备一定的创业意识和能力，可以尝试自己创办小型企业或开展个人项目，通过实际运作来学习管理、营销等技能。

（4）社会实践：参与社会实践活动，如志愿者服务、社区建设等，可以让大学生更好地了解社会问题，培养社会责任感和团队合作能力。

（5）科研项目：参与科研项目可以提升学术研究能力，培养创新思维和解决问题的能力。

（6）学生社团或组织：加入学生社团或组织，参与组织的各类活动，可以培养领导能力、组织能力和团队合作精神。

新时代高职大学生是社会主义现代化强国的参与者、建设者和见证者，需要传承并弘扬劳动精神。当今社会，贫富差距、劳动纠纷时常出现在大家视线之中，人民的劳动环境、劳动安全有明显差距，这会让高职大学生对劳动产生误解，以利益、工资等衡量劳动价值，轻视部分劳动职业，甚至轻视一线普通工作者。这些问题的存在很容易让高职大学生产生困惑。这就需要发挥榜样模范作用，找寻身边典型人物给予引导，传承劳动精神，弘扬劳模作风。习近平总书记多次强调，社会主义是干出来的，新时代也是干出来的。高职大学生作为社会主义的重要建设者，务必要传承弘扬勤俭、奋斗、创新、奉献的劳动精神，尊重劳动、诚实劳动，在日常学习上拼搏进取，在今后工作上积极作为，在择业就业问题上消除贪图享乐、好高骛远的思想，尊重劳动模范，弘扬劳动精神，从劳模榜样中汲取劳动品质，用孺子牛的干劲、老黄牛的韧劲和拓荒牛的闯劲，勇做新时代的开拓者、奋进者。

问题卡片

1. 作为高职大学生，我们有哪些自我服务的劳动？

2. 联系自身实际，谈谈你参与了哪些家务劳动。通过这些家务劳动，你发生了哪些变化？

3. 谈谈高职大学生应该如何更好地、有效地参与公益劳动。

4. 结合实际，谈谈高职大学生应该如何成为合格的社会主义劳动者。

任务五 身心素质

案例导学

劳动赋予我们幸福生活的能力

嚓嚓嚓嚓……刀起刀落间，一根根细细的土豆丝整整齐齐地排列在案板上，刀功娴熟的“大厨”们是宁波某校的学生们。5 月 30 日，这些学生正在上劳动拓展实践课。

据悉，该校在拓展实践课程中利用现有资源，带领学生们动手实践学习烘焙、手工、厨艺等相关劳动知识，同学们都收获很大。某同学说：“我从小就喜欢做菜，每次看到爸爸妈妈在厨房忙碌的身影，我都想参与一下。做菜不仅仅是为了好吃，我觉得比起美食的诱惑，做菜过程带给你心情的舒畅和愉悦是别人体会不到的。”学校一直非常重视劳动教育，让课程内容在学校可操作，在家中可施行，让孩子们学会自我服务并服务他人，也是一种育人方式。

该校一直都有一块劳动教育实践基地，以班级为单位认领“责任田”，积极组织学生在各自的劳动教育实践基地上开展除草、种植、施肥、浇水、修剪等活动。它已成为同学们一直期待并守护的一片“绿色沃土”。劳动教育不光在学校，同学们在家也同样一以贯之。煮饭切菜，刷锅洗碗，扫地拖地，组装家具，室内家务样样都有。同学们在平时就已慢慢养成劳动习惯，帮助父母分担家务。

同时，社区志愿服务也是该校师生的优良传统，更是劳动教育的强有力抓手。学生们会利用寒暑假时间积极慰问敬老院，志愿帮助社区清扫卫生等。教师们也积极参与到社区服务中来，深入其中开展劳动服务，给老人送去“爱心餐”和“节日问候”，给予社会温情与回报。

该校校长表示：“生活即教育，行为即课程。”劳动不是一种仪式和口号，其本身就是一种教育，一种更贴近生活本质的，赋予孩子幸福生活能力的教育。

任务目标

知识目标：掌握身心素质的概念。

能力目标：理解劳动增强体质，劳动促进心理健康，提升心理素质。
素质目标：培养热爱劳动的优良品质。

认知学习

一、身心素质的概念

身心素质是身体素质与心理素质的统称。劳动者的身体素质是指劳动者在劳动中所表现出来的力量、速度、耐力、灵敏、柔韧等机能，是劳动者体质强弱的外在表现。劳动者的心理素质是指劳动者心理特征的总体状况，包括劳动者的人格素质、心理功能素质，它是人力资源质量的心理基础。劳动者良好的心理素质是指劳动者应具备稳定向上的情感力量、坚强恒久的意志力量、鲜明独特的人格力量。

高职大学生要在劳动中培养健康的体魄和健康的心理，提升身心素质。

二、劳动提升身心素质

（一）劳动增强体质

劳动在提升健康体魄方面起着特殊的作用，是有助于青少年身体健康发展的好方法。劳动能锻炼身体，增强体质。医学研究证明，劳动是各生理器官活动协调的过程，有利于改善呼吸功能和血液循环，促进骨骼健康发育。苏霍姆林斯基认为，体力劳动在培养完美的体魄上所起的作用与运动一样重要，许多劳动与运动相比甚至还有它的优越之处，里面有更多的细微差异可以显示体力与技巧和技能的多种多样的结合。适当的劳动，能促进青少年身体正常发育，能提升器官间协调性和功能；适当的劳动，能促使青少年身高增长、消耗脂肪、强健体魄、增强体能。

劳动教育能够引导青少年树立健康生活的意识。有些青少年长时间学习效率降低，有些青少年贪恋玩手机、打游戏等，参加适当的劳动锻炼，能够让大脑、眼睛得到适当的调节、放松。在这些劳动实践过程中，能够培养卫生、干净的良好生活、学习习惯，自省自觉，形成健康的行为生活方式，减少甚至改正影响健康的不良因素，既预防了疾病，又促进了健康，还提高了生活、学习质量。

（二）劳动促进心理健康，提升心理素质

苏霍姆林斯基说："我们是紧密联系德育、智育、美育来看待劳动教育的。""劳动教育……是德育、智育和美育的重要因素。"马克思在《1844年经济学哲学手稿》中说："美就是在劳动、实践的基础上，人本质的对象化的产物和结果。"在劳动中发现美、欣赏美、创造美，有利于高职大学生提高审美情趣，净化心灵，促进心理健康，提升心理素质。

其一，劳动体现心灵美。热爱劳动本身是一种心灵美，是人的基本美德；相反，好逸恶劳、游手好闲是美的大敌。

其二，劳动促进关系美。劳动促进人们相互关系的美，而这种相互关系的美激励着集

体中每个人的心灵美。

其三，劳动蕴含动作美。劳动中优美协调的动作是一种美的表现。

其四，劳动成果创造美。劳动产品就其外形和使用价值来说都是美的高度体现。

在劳动中，吃了“苦”，享了“甜”，还领略了“采菊东篱下，悠然见南山”之美，不仅丰富了审美经历，还提升了心理素养。

问题卡片

1. 简述身心素质的概念。
2. 结合实际，谈谈如何通过劳动提升身心素质。

任务六　劳动表达

案例导学

宋彪：技能成就梦想

今年才21岁的小伙子宋彪，是江苏省常州技师学院机械工程系模具设计与制造专业的一名学生。2017年10月，代表中国出征在阿联酋阿布扎比举行的第44届世界技能大赛，宋彪不畏强手，勇摘工业机械装调项目金牌，并在1 260名参赛选手中以最高分捧回被称为“金牌中的金牌”的阿尔特·维达尔奖，成为获此殊荣的中国第一人，向世界展现了新时代中国青年工匠的风采，为国家赢得了荣誉。

发挥出色，登上世界技能之巅

2017年10月14—19日，第44届世界技能大赛在阿联酋阿布扎比举行。赛场上，宋彪赛出了中国青年的时代风采。根据赛程安排，前三天的比赛任务是焊接、机械加工、电气预防性维护和脚踏式水净化器的制作，这三天宋彪发挥正常。比赛进行到第四天，一切按照既定赛程进行着。就在宋彪全身心参赛时，首席专家忽然对宋彪说，前一天计时出了点问题，中国选手第三天的比赛少计了半小时。就这样，宋彪的计划被打乱了，在其他选手都开始比赛时，他只能待在选手休息室里。宋彪知道着急不是办法，便暗暗告诉自己，要平静下来，要重新制订计划。最终，宋彪顺利地完成了比赛。闭幕式上在等待成绩的时候，宋彪的心里还是有些忐忑，然而让他万万没有想到的是，辛苦的付出终于获得丰硕的成果，他不仅获得了一枚金牌，而且一举夺得全场唯一的阿尔伯特·维达尔奖。

追逐梦想，一步一个脚印前行

1998年11月，宋彪出生在安徽省蚌埠市怀远县的一个小村庄。上小学时，他就喜欢拆拆装装。在学校里，宋彪的学习成绩并不算突出，2014年中考，他的分数仅比普通高中录取分数线高出几分。面对未来，宋彪与父亲长谈了一次，决定上职业学校。

2014年9月，宋彪来到江苏省常州技师学院，成为机械工程系五年制模具设计与制造专业的一名学生。入学第二学期，学校举办第一届技能节活动，专业课老师建议宋彪去试一试，当时距离比赛只有半个月时间，虽然压力很大，但宋彪没有放弃，每天比别人多练习两个小时，星期天也不休息。

2016年6月，宋彪被学校选中，获得了参加第44届世界技能大赛江苏省选拔赛的资格。对于这个难得的机会，宋彪异常珍惜，最终以第一名的成绩，取得了代表江苏省参加全国选拔赛的机会。

2017年6月，在国家集训队经过“6进3”“3进2”“2进1”三轮淘汰选拔赛后，宋彪脱颖而出，成为代表国家出战第44届世界技能大赛工业机械装调项目的唯一正式选手。

再接再厉，展现青年工匠精神

2018年1月，江苏省政府为宋彪记个人一等功、授予“江苏大工匠”称号；江苏省人社厅认定宋彪副高级专业技术职称，晋升高级技师职业资格，成为江苏最年轻的副高级专业技术职称获得者。

2019年，宋彪荣获“中国青年五四奖章”。《宋彪的故事》也被人社部遴选为全国技工院校开学第一课读物。

面对诸多荣誉，宋彪感慨良多，“经历这么多，我能感受到党和国家对于技能人才培养的重视和关怀。技能改变人生，技能成就梦想，从我的个人经历看，这条路选对了”。宋彪表示，接下来，他将珍惜荣誉，再接再厉，用自己的努力阐释新时代中国青年的工匠精神。

资料来源：[最美奋斗者] 宋彪：技能成就梦想 [EB/OL]. 现代快报全媒体，2019-08-05.

任务目标

知识目标：理解劳动精神、工匠精神、劳模精神的基本内涵。

能力目标：掌握劳动表达劳动精神、工匠精神、劳模精神。

素质目标：养成崇尚劳动、尊重劳动，践行劳动精神、工匠精神、劳模精神的良好素质。

认知学习

党的十九大报告指出，“建设知识型、技能型、创新型劳动者郁郁大军，弘扬劳模精神和工匠精神，营造劳动光荣的社会风尚和精益求精的敬业风气”。党的二十大报告指出，“在全社会弘扬劳动精神、奋斗精神”。新时代呼唤劳动精神、工匠精神、劳模精神。

一、劳动表达劳动精神

劳动精神是每一位劳动者为创造美好生活而在劳动过程中表达的劳动态度、劳动理念及展现出的劳动精神风貌。无论时代条件如何变化，始终都要崇尚劳动、尊重劳动者。劳动创造了中华民族，造就了中华民族的辉煌历史，也必将创造出中华民族的光明未来。随着中国特色社会主义进入新时代，劳动精神也有了新要求、新内涵、新期待。

二、劳动表达工匠精神

新时代的工匠精神的基本内涵主要包括爱岗敬业的职业精神、精益求精的品质精神、协作共进的团队精神、追求卓越的创新精神四个方面的内容。其中，爱岗敬业的职业精神是根本，精益求精的品质精神是核心，协作共进的团队精神是要义，追求卓越的创新精神是灵魂。

（一）爱岗敬业的职业精神

爱岗敬业，是爱岗和敬业的合称，二者互为表里，相辅相成。爱岗是敬业的基础，敬业是爱岗的升华。具体来说，所谓“爱岗”，就是劳动中表达的是干一行、爱一行，是热爱本职工作，不是见异思迁。所谓“敬业”，就是劳动中表达的是钻一行、精一行，对待自己的工作，要勤勤恳恳、兢兢业业、一丝不苟、认真负责。获得“工匠”和“劳模”荣誉称号的劳动者，往往都是爱岗敬业的典范，他们中的很多人在本职岗位上工作了二三十年之久，干出了一番事业。所以，“工匠精神”最根本的内涵，就是爱岗敬业的职业精神。

（二）精益求精的品质精神

精益求精，是指一件产品或一种工作，本来做得很好了，但还不满足，还要做得更好，达到极致。精益求精的品质精神是“工匠精神”的核心，一个人之所以能够成为“工匠”，就在于他在劳动中表达出的精神品质：对自己产品品质的追求，只有进行时，没有完成时，永远在路上；不惜花费大量的时间和精力，反复改进产品，努力把产品的品质从99％提升到99.9％，再提升到99.99％。对于“工匠”来说，产品的品质只有更好，没有最好。追求极致、精益求精，是获得各类“工匠”荣誉称号的劳动者的共同特点，也是他们能身怀绝技，在国际、全国或省级各种技能大赛中夺金戴银的重要原因。

（三）协作共进的团队精神

如果说爱岗敬业的职业精神、精益求精的品质精神是传统的“工匠精神”中具有的内涵，那么，协作共进的团队精神则主要体现在新时代的“工匠精神”之中。因为和传统工匠不同，新时代工匠尤其是产业工人所身处的生产环境已不再是手工作坊，而是大机器生产，他所承担的工作只是众多工序中的一个。比如复兴号列车，一列车厢就有37 000多道工序，这37 000多道工序，一个人是不可能完成的，必须由车间或班组亦即团队协作来完成。团队需要的是协作共进，而不是各自为战。因此，协作共进的团队精神是现代“工匠精神”的要义。所谓“协作”，就是劳动中表达出的团队成员的分工合作；所谓“共进”，就是劳动中表达出的团队成员的共同努力、共同进步。

（四）追求卓越的创新精神

和协作共进的团队精神一样，追求卓越的创新精神也是新时代“工匠精神”的内涵之一，甚至是新时代“工匠精神”的灵魂。传统的“工匠精神”强调的是继承，祖传父、父传子、子传孙，是传统工匠传承的一种主要方式。而新时代的“工匠精神”强调的则是在劳动中表达出的继承基础上的创新。因为只有在继承基础上的创新，才能跟上时代前进的步伐，推动产品的升级换代，以满足社会发展和人们日益增长的对美好生活的需要。能否表达出追求卓越的创新精神，是判断一个劳动者能否被称为新时代“工匠”的一个重要标准。

随着时代的发展，工匠的工作或许会逐渐被机器所取代，但是“工匠精神”却不可能被代替。作为拥有“四大发明”的文明古国，我国具有历史悠久而技艺高超的手工业，薪火相传的能工匠们留下了数不胜数的传世佳作。我们今天弘扬“工匠精神”，不仅是对传统工匠技艺的留念，而且是对一切职业的道德呼唤。“工匠精神”不仅是制造业的需要，也不仅是企业家的需要，它代表一个时代的气质，是我们每一个人的事业追求与人生态度。

三、劳动表达劳模精神

劳动模范是优秀劳动者的典型代表，劳模精神激励了千千万万普通劳动者，他们在劳动中表达了坚守信念、立足岗位、发挥才干、开拓创新、建功立业的劳模精神。深入讨论学习劳模精神的丰富内涵，清晰阐释劳模精神的内在表达，准确分析劳模表达的精神，对于解读劳模本质、探究劳模品格、宣传劳模价值和弘扬践行劳模精神，在高职大学生中具有特别重要的理论价值、现实价值和重大的实践意义。

（1）劳模精神是工人阶级先进性的集中体现。在中国革命、建设、改革的各个历史时期，我国工人阶级都具有走在前列、勇挑重担的光荣传统，我国工人运动都同党的中心任务紧密联系在一起。劳动模范作为工人阶级的优秀代表，是时代的引领者，在工作生活中发挥了先锋和排头兵作用。劳模精神作为劳动模范的思想内核、行动指南和精神灯塔，成为推动时代前进的强大精神动力，充分体现了工人阶级先进性的主体地位，彰显了工人阶级的伟大品格，推动了工人阶级的成长进步。

（2）劳模精神是工人阶级主人翁意识的集中凸显。主人翁意识是劳模精神的内在本质，是正确认识和理解劳模精神的关键词。正是因为自觉的、强烈的主人翁意识，劳模才以车间为家、以厂为家、以企业为家、以国为家，才具有积极主动的岗位意识、职业意识、进取精神和创新精神。

（3）劳模精神是社会主义核心价值观的生动诠释。劳模精神的重要元素和构成因子，如岗位意识、职业精神、进取精神、拼搏精神、创新精神、家国情怀和奉献精神等，是对社会主义核心价值观的生动诠释和现实呈现。劳模精神是社会主义核心价值观的具象化、人格化和现实化。一方面，劳模是遵循社会主义核心价值观的典范样本；另一方面，劳模之所以能够生成劳模精神，能够成为全社会学习的典范，一个重要原因就在于其主动自觉地遵循并践行了社会主义核心价值观。

（4）劳模精神是时代精神的生动体现。劳模精神是引领时代新风的精神高地，生动体现了时代精神的精神实质、主要特征和重要内容。一方面，劳模精神具有鲜明的时代特征，是时代精神的生动体现。作为一种文化精神，劳模精神不是一成不变的，而是实践的、创新的、鲜活的、生动的存在，随着国家意识形态、经济社会形势和时代变迁而不断演变发展。另一方面，劳模精神推动了时代精神的发展，丰富了时代精神的内涵。在劳模的创造性实践和不断探索中，激发出蕴含着自主性、首创性、先进性元素的劳模精神，呈现着社会进步的发展方向。劳模精神不断为时代精神注入新能量，凸显并丰富时代精神的内涵。

（5）劳模精神是民族精神的重要组成部分。一方面，劳模精神是民族精神核心要素的集中体现。劳模精神既体现了以爱国主义为核心的团结统一、爱好和平、勤劳勇敢、崇德尚礼、公而忘私的民族情怀，又体现了知行合一、自立自强的人生追求。另一方面，劳模精神是民族精神创新发展的重要推动力量。劳模精神始终与时俱进，创新丰富了民族精神。一代又一代劳模，用自己的辛勤劳动、诚实劳动和创造性劳动，为民族精神注入新能量，不断丰富着民族精神的博大内涵。

（6）劳模精神是劳动精神的积极呈现。劳模精神继承并发展了中华民族优秀的劳动观念，树立并彰显了一种辛勤劳动、诚实劳动、创造性劳动的新理念，营造并弘扬了一种劳动光荣、技能宝贵、创造伟大的时代风尚。

（7）劳模精神是实现伟大复兴中国梦的宝贵精神财富。只有在全社会弘扬和践行劳模精神，营造尊重劳动、尊重知识、尊重人才、尊重创造的社会氛围，涵养以辛勤劳动为荣、以好逸恶劳为耻的社会风气，培育积极健康、开放包容的社会心态，才能够让“劳动光荣、创造伟大”成为时代强音。

问题卡片

1. 怎么理解劳动提升身心素质？
2. 工匠精神、劳模精神的基本内涵是什么？
3. 高职大学生如何践行工匠精神、劳模精神？

项目小结

劳动教育是新时代国家全面发展教育体系的重要内容，它贯穿大中小学各学段以及家庭社会各层面。劳动教育的核心是提升劳动素养。对高职大学生而言，劳动教育的重要目标在于培养和提升学生的精神面貌、价值观念、技能与品格等劳动素养。高职大学生劳动素养的基本内涵在于正确劳动价值观的形成、积极劳动态度的培养、良好劳动品德的养成以及必备劳动知识技能的掌握。其中，劳动态度、劳动精神、劳动品德属于劳动理论修养，必备劳动知识技能等劳动能力属于劳动基本素养。劳动态度主要包括主动劳动、诚信劳动、合作劳动。必备劳动知识技能，也就是劳动常识，主要包括自我劳动常识、家务劳动常识、公益劳动常识、生产劳动常识四个方面。身心素质和劳动表达也是劳动素质的组成部分。

课后思考与练习

一、判断题

1. 在日常的家务劳动中，大学生不需要开拓思维、勇于革新，探索提升劳动效率的新途径，进而在劳动过程中培养自己的创造性劳动意识。（　）

2. 大学生要积极参与学校组织的各项劳动，在劳动的过程中认真思考如何将自己的理论知识运用于劳动实践进而实现创造性劳动。（　）

3. 新时代劳动精神的培育要通过切实发挥社会主义核心价值观的引领作用，继承和发扬热爱劳动、辛勤劳动的优良传统。（　）

4. 大学生可以通过读好“无字之书”，间接学习别人有益经验来磨炼意志、增长见识以培育劳动精神。（　）

5. 大学生可以身体力行，通过参加各种社会实践锻炼，譬如“爱心支教”“挂职锻炼”来培养吃苦耐劳的精神。（　）

二、简答题

1. 高职大学生应具备的基本劳动素养有哪些？
2. 作为高职大学生，我们有哪些自我服务的劳动？
3. 联系自身实际，谈谈你参与了哪些家务劳动。通过这些家务劳动，你发生了何种变化？
4. 谈谈高职大学生今后如何更好地、有效地参与到公益劳动中去。
5. 结合实际，谈谈我们如何做合格的社会主义劳动者。
6. 结合自身实际，谈谈高职大学生应该如何提升自己的身心素质。
7. 联系实际，谈谈新时代高职大学生应该如何弘扬工匠精神和劳模精神。

三、论述题

1. 结合实际，谈谈高职大学生应该具备哪些劳动理论修养，以及如何成为具有良好劳动理论修养的新时代劳动者。

2. 联系实际，谈谈高职大学生应具备哪些劳动技能，以及应该怎样培养自己的劳动技能。

项目五 劳动技能

名人名言

1. 我毕生都热爱脑力劳动和体力劳动，也许甚至说，我更热爱体力劳动。当在体力劳动内加入任何优异的悟性，即手脑结合在一起的时候，我就更特别感觉满意了。

——巴甫洛夫

2. 未来将属于两种人：思想的人和劳动的人。实际上，这两种人是一种人，因为思想也是劳动。

——雨果

3. 在劳力上劳心，是一切发明之母。事事在劳力上劳心，便可得事物之真理。

——陶行知

项目目标

1. 认识劳动技能的主要分类，即体力劳动技能和脑力劳动技能，并了解每一种劳动技能的基本内涵。

2. 引导学生既要注重体力劳动技能的培养，也要加强对脑力劳动技能的培养。

3. 掌握个人生产生活的劳动技能，树立正确的劳动技能观，从生活的点滴出发，维护个人卫生，了解基本的劳动常识。

4. 能够有效地将体力劳动和脑力劳动有效结合，提高学生在劳动中的创造力。

任务一 体力劳动技能

案例导学

杨元松："剑川木雕"的亮丽风景线

"丽江粑粑鹤庆酒，剑川木匠天下走"。剑川木雕久负盛名，已有一千多年的历史，具有浓郁的地方民族特色。在"中国木雕艺术之乡"剑川县，木雕师傅数不胜数，他们技艺娴熟，走南闯北，以技立身。杨元松就是千千万万木雕师傅中的一名，怀揣一颗拼搏创新、感恩奋进的心，勤勤恳恳、孜孜不倦，开创了剑川彩绘木雕之先河，带动当地群众，尤其是特殊困难群体传承木雕技艺，使大家都过上幸福美好新生活。

任务目标

知识目标：掌握体力劳动技能的常见分类，如生活劳动技能、生产劳动技能、服务性劳动技能和个人劳动技能，了解一些劳动常识。

能力目标：能够运用基本的体力劳动技能，在家庭和学校生活中，做好个人卫生，学会照顾他人等。

素质目标：通过对体力劳动技能的了解，提高学生自我劳动的意识，使学生具备一些生活常识，提升对中华传统劳动文化的自豪感，做好中华优秀传统劳动文化和技能的学习者和传播者。

认知学习

劳动技能是指在生产过程中对劳动者素质方面的要求。劳动技能本质上是人的劳动能力，这种劳动能力包括人的体力能力、智力能力和心理能力。体力能力是其他能力要素形成与发挥的基础，智力能力是劳动技能的核心，心理能力即人的心理特征，对其他技能的形成与发挥起到推动或阻碍的作用。

按照传统的劳动分类理论，劳动可分为脑力劳动和体力劳动两大类。而依据马克思主义劳动观，《中共中央国务院关于全面加强新时代大中小学劳动教育的意见》中将劳动分为生产劳动和非生产劳动，相应地将劳动教育分为生产劳动教育和非生产劳动教育。考虑到劳动教育内容的针对性和可行性，《中共中央国务院关于全面加强新时代大中小学劳动教育的意见》又将非生产劳动教育分为日常生活劳动教育和服务性劳动教育，前者注重在个人生活自理中强化劳动自立意识，体验持家之道，这也是学生健康发展、适应社会生活的重要基础；后者具有较强的时代特点，注重利用知识、技能、工具、设备等为他人和社会提供服务，特别是在公益劳动、志愿服务中强化社会责任，培养良好的社会公德。

基于上述参考，本书将劳动技能分为体力劳动技能和脑力劳动技能，其中体力劳动技能包括简单的生活劳动技能、生产劳动技能、服务性劳动技能、个人劳动技能四大类。

一、生活劳动技能

生活劳动是指可以直接满足生活需求的劳动，是在具备生活条件的基础上对生活条件再改造，并直接服务于人的劳动。生活劳动技能是人人必须具备的技能，主要包括衣食起居、洒扫庭除。这类劳动项目重在养成学生自己动手的良好习惯，从而认识到劳动光荣，为从事其他各类劳动打下基础。

实践举案

一屋不扫，何以扫天下

陈蕃字仲举，是汝南平舆人。他祖上是河东太守。陈蕃十五岁的时候，曾经独自一人住在一处，庭院以及屋舍十分杂乱无章。他父亲同城的朋友薛勤来拜访他，对他说："小伙子你为什么不整理打扫房间来迎接客人？"陈蕃说："大丈夫处理事情，应当以扫除天下的祸患这件大事为己任。为什么要在意一间房子呢？"薛勤认为他有让世道澄清的志向，很有自己的见解，与众不同。

想一想：

1. 你赞同陈蕃的做法吗？为什么？
2. 你喜欢做家务吗？为什么？

"千里之行，始于足下"。"不会""我有更重要的事情做"不是我们拒绝家务劳动的理由，而应该是我们学习、参与家务劳动的主观动力。

（一）衣

我们应该从洗衣、收纳等方面学起，在日常生活中养成良好的劳动习惯。

1. 分类洗衣

洗衣服时，不仅要按颜色分类，还要看衣服的材质、种类。衣物按颜色可分为四类：纯白色、深色（黑、蓝、褐等）、浅色（包括带白色条纹的衣物）、艳色（红、黄、橙等）。材质方面，一定要将毛绒多的衣物（毛巾、毛衣、灯芯绒衣物等）和容易起球的衣物分开洗，避免把衣物洗坏；贴身衣物，如内衣、秋衣秋裤等要单独洗涤。

2. 水温适宜

一般情况下，内衣、床单等要用60℃以上的热水洗，丝质、羊毛织物等物品应用冷水洗。先放洗衣液，后放衣物洗衣服时，应先放水和洗衣液并进行搅动，待洗衣液充分溶解后再放入衣物。洗衣液的用量应适度，应按照洗衣液的使用说明确定洗衣液与水的比例。

洗衣机不能塞太满，衣物体积最多只占洗衣机体积的 2/3。

知识链接

洗衣小常识

衣物有一定的温度承受范围，一些衣服材质不耐高温，不宜使用高温水清洗，如羊毛衫在高于30℃水中清洗时会缩水；夏天的衣物带有汗渍，汗渍除含有水、无机盐、尿素以外，还含有乳酸、脂肪酸以及多种氨基酸等，热水会令汗渍更顽固，难以从衣服上去除。我们常用各类含酶洗衣粉，其中的酶制剂主要有碱性蛋白酶和碱性脂肪酶。碱性蛋白酶用于分化蛋白质类污物，如汗渍、血渍等；碱性脂肪酶则首要作用于脂肪酸及其酯类污物，也便是我们通常所指的油污类。两种酶的活性大小与温度有关，大约 40℃最合适。温度过高或过低都会影响酶的活性。而且，蛋白质有变性作用。高温会引起蛋白质变性凝固，衣物上的蛋白类污物同样会是这样。所以，洗衣时水温过高，会使它们变性凝集于织物纤维之上，从而更难以洗净。

3. 衣物收纳

首先，应将衣物按照样式进行分类。其次，将分类好的衣服一一折叠。最后，将折叠好的衣服按季节进行分类。属于当季的衣服，可放于衣柜中易于拿取的位置；属于其他季节的衣服，可放于衣柜顶层或收纳盒、收纳袋中。另外，内衣裤、袜子等小衣物可单独放于抽屉中收纳。

（二）食

做饭这样的“事”，对于即将迈入社会的大学生来说，也是考验独立生活能力的必修课。从“家常菜”到“美味佳肴”，做饭既是一项生活技能，也是一种生活乐趣。

1. 饮食健康

家庭烹饪不仅应关注美味，更应该做到营养均衡。均衡的膳食、合理的营养搭配不仅可以保证人体正常生理功能的需要，还可以提高机体的抵抗力和免疫力，有利于预防和控制疾病的发生与发展。根据中国营养学会编制的《中国居民膳食指南（2022)》，一般人群的膳食可遵循以下八个原则：(1) 食物多样，合理搭配；(2) 吃动平衡，健康体重；(3) 多吃蔬果、奶类、全谷、大豆；(4) 适量吃鱼、禽、蛋、瘦肉；(5) 少盐少油，控糖限酒；(6) 规律进餐，足量饮水；(7) 会烹会选，会看标签；(8) 公筷分餐，杜绝浪费。

2. 烹饪基础

(1) 烹饪食材的分类与营养。烹饪食材包括蔬菜、水产品、畜禽、粮食作物和果品五类。蔬菜是人体维生素、矿物质和膳食纤维的主要来源。水产品富含蛋白质、脂肪、矿物质和维生素。畜禽是人体优质蛋白、脂类、脂溶性维生素和 B 族维生素的主要来源。粮食作物是对谷类作物、薯类作物和豆类作物的总称。果品主要为人体提供维生素、矿物质和人体所需的微量元素。

(2) 烹饪火候的掌控。烹饪时的火候一般根据两种方式确定：一是根据原料的质地确定。原料质地较软、嫩、脆的，多用旺火速成；原料质地较硬、老、韧的，多用小火长时间烹调。二是根据烹调的技法确定。炒、爆、烹、炸等技法多用旺火速成；烧、炖、煮、焖等技法多用小火长时间烹调。

（3）烹饪安全。在利用燃气灶等明火烹饪食物时，应注意以下四点：①烹饪过程中不要远离厨房，以防汤水溢出浇灭燃气灶火苗造成燃气泄漏事故。②厨房内禁止存放酒精、汽油等易燃危险物品，以免引起意外失火。③保持厨房内空气流通。④若闻到煤气味，怀疑燃气泄漏的话，应立即关闭燃气阀门和附近的火源，同时打开门窗进行通风，注意不要开关任何电器。若煤气味强烈，则应立即外出打电话报警，并通知邻居疏散。

（4）其他注意事项：烧制饭菜时，锅内的水应当适宜，以免溢出引发意外。拿取刚蒸好或烤好的食物时，应戴隔热手套。没有隔热手套的，可用干毛巾代替。为减少烹饪过程中高温油飞溅，应提前滤干食材水分。

（三）起

作息规律，作息规律研究表明，科学、合理、规律的作息能提高人体的免疫力，降低疾病发生的概率。

时间	作息安排
6:30—7:30	起床伸展腰肢，喝杯温水，洗漱晨读。
7:30—8:30	吃早餐。注意早餐营养搭配，此时不适合剧烈运动，可以慢跑或散步。
8:30—10:30	安排最困难的工作。大脑一天最佳思考时间，也是精神最饱满的时间段，适合解决学习和工作上的高难度问题。
10:30—11:00	吃点水果。吃一个橙子或一些红色水果，这样做能同时补充体内的铁含量和维生素 C 含量。
11:00—12:00	适当休息，眺望远方，欣赏风景，做一些能让心情愉快的事情。
12:00—13:00	吃午餐。注意营养平衡，保证充足的优质蛋白质和维生素摄入，以保证身体能量所需。
13:00—14:00	午休。每天至少保证 30 分钟的午休会使人精力充沛，还能起到保护心脏的作用。
14:00—16:30	学习和工作的第二个黄金时间。此时身体和大脑处于活跃状态，适合做一些创意性工作。
16:30—17:00	吃点小零食、喝杯酸奶，这样做可以使血糖水平稳定。在每天三餐之间喝些酸奶，有利于心脏健康。
17:00—18:30	运动。可以选择游泳、慢跑、打羽毛球等相对温和的方式，持续 40 分钟即可，不过要长期坚持。规律性的运动效果最佳。
18:30—19:30	吃晚餐。晚餐应该多吃蔬菜，少吃富含卡路里和蛋白质的食物。晚餐应少吃，要细嚼慢咽，吃太多会增加肠胃负担。
19:30—20:30	看会儿电视或其他娱乐，这个时间看会儿电视放松一下，有助于睡眠，但要注意，尽量不要躺在床上看电视，这会影响睡眠质量。
20:30—21:30	阅读，养成晚读习惯。
21:30—22:00	洗漱，洗个热水澡或是泡脚，体温的适当降低有助于放松和睡眠。
22:00—22:30	上床睡觉。每天应尽量保证 8 个小时的充足睡眠。

（四）居

在日常生活中养成做家务的习惯，保持屋舍中的物品井然有序，过一种“有序”的生活能让我们容光焕发、心情舒畅，对我们的学习和生活有很大的促进作用。

1. 设施整洁

扫地拖地：(1) 清扫室内地面时，扫帚尽量不离地面。(2) 地上头发多时，可将废弃的旧丝袜套在扫把上扫地。(3) 清扫楼梯时，可以站在下一阶，将垃圾从左右两端扫至中央再往下扫。(4) 清扫室外区域时应顺着风向扫，以免扫好的区域被再次刮脏。(5) 拖地小技巧：巧用食盐、洗洁精、醋、小苏打、柠檬汁等。

门窗除垢：首先清洁门窗边框。清洁时，应先用废旧牙刷或专用的小刷子清理缝隙里的污渍，再整体擦拭门窗边框，然后清洁玻璃。清洁玻璃时，第一遍用湿布擦拭，第二遍用干报纸擦拭。对于有纱窗的窗户，可不定时用湿布擦拭纱窗，避免纱窗上堆积灰尘。玻璃清洁技巧：(1) 有些玻璃用久了会有发黑的现象，对于这种玻璃，可用细布蘸取适量的牙膏擦拭。(2) 沾染了油漆的玻璃可用绒布蘸取适量食醋擦拭。(3) 玻璃上的陈迹可用湿布蘸取适量白酒擦去。(4) 鲜蛋壳用水洗刷后得到的蛋白与水的混合溶液，可有效增加玻璃的光泽。(5) 沾染了石灰水的玻璃，可用湿布蘸取适量细沙擦拭。

物品收纳：(1) 按照使用频率分类收纳物品，常用的物品放在显眼处，不常用的物品收纳在柜子里。(2) 借助收纳盒。(3) 垂直收纳，利用隔板架或室内空着的墙面收纳物品。

其他起居常识：(1) 冰箱清洁。在使用冰箱的过程中，应定期对冰箱进行清洁。先切断电源，然后再用软布蘸上清水或洗洁精沿着冰箱内壁轻轻擦拭。对于冰箱内可拆卸的部件，应拆下后用清水或洗洁精清洗。(2) 床上用品清洗时，最好挑一个晴朗的天气，以便清洗完的床上用品能够接受紫外线的照射，从而有效清除细菌和螨虫。床上用品的清洗间隔应根据季节来判断。夏季建议一周清洗一次，冬季建议两周清洗一次。

2. 家庭保健

家庭常用消毒方法。在家庭生活中，我们可利用以下三种方法消毒杀菌，减少疾病的发生。(1) 天然消毒法。阳光下曝晒 4～6 小时即可起到很好的杀菌效果。(2) 物理消毒法。开水可以有效杀死细菌。(3) 化学消毒法。利用消毒液、消毒剂杀灭病原微生物。

家庭常备药品：(1) 常见的内服药有感冒药、解热镇痛药、抗过敏药、助消化药等。(2) 外用药主要有外用消毒药，如 75%乙醇（酒精）、碘伏等。(3) 特殊人群用药：根据家庭成员实际需求准备。

二、生产劳动技能

简单的生产劳动，主要包括对农耕文化、民风民俗与农业生产中新生产技术的认识了解，部分生产工具的认识和使用，以及传统工艺制作方面内容、相关的现代工业生产劳动技术。

俗话说：“三百六十行，行行出状元。”不管是从事农业生产的农民，还是从事工业生产的工人，都是靠双手创造幸福生活的奋斗者，是靠智慧创造社会财富的劳动者，都值得所有人尊敬。新时代大学生应以他们为榜样，提高职业技能水平，培养爱岗敬业的劳动态度和精益求精的工匠精神，为以后的就业打好基础。

实践举案

女大学生返乡“务农”，打造一方世外桃源

老家在四川省南充市西充县西山庙村的“90 后”姑娘张丽萍，2015 年，21 岁的她不顾家人反对，毅然回乡，从农创业。作为非农专业毕业的农业创业者，张丽萍通过到处走访学习，想方设法把自己从“门外汉”变成“桃专家”。她不仅解决了技术、资金、市场的困难，还逐步建立起以次品果喂猪、猪粪进沼气池、沼液灌桃树、树下养家禽的有机种养殖模式，将传统粗放、品种单一的桃园升级为“畜—沼—桃”种养结合、生态循环的现代农业产业园。2017 年，她的龙凤桃园获得“有机转换认证”证书。2018 年，她的桃在中国乡村振兴产业博览会上获得“优质特色农产品”荣誉。她还发展成立百门寺桃源种养殖专业合作社，合作社目前吸纳了 50 余名村民就近务工，每年发放工资和租金 50 余万元。为多种渠道增收，张丽萍还在桃树下套种榨菜等蔬菜，建起 900 亩粮油基地、可存栏 500 头的猪场、20 亩鱼塘，年产值达到 500 万元。从 30 亩到 300 亩，再到 1 200 亩，张丽萍用勤劳和智慧将荒山变为“世外桃源”，用青春在土地里种下致富理想。

想一想：

1. 你如何看待张丽萍从农创业？为什么？
2. 你了解农业吗？农民有哪些值得我们学习的地方？

（一）农业生产劳动

中国是历史悠久的农业大国，农耕文化源远流长。刀耕火种的时代虽已远去，但农耕文化依然深深影响着我们，中国农耕文化是中国传统文化产生和发展的社会基础，也是中国几千年农业生产形成和发展的源泉。感悟农耕文化中的劳动之美、了解民风民俗是劳动体验的第一步。

1. 中国农耕文化

（1）应时。与农业生产联系最紧密的是时间与节气。在中国古代，人们基本上生活在按照自然节律和农业生产周期安排的时间框架之中。古人把一年分为二十四节气，依节气安排农事活动。

知识链接

二十四节气歌

立春梅花分外艳，雨水红杏花开鲜；
惊蛰芦林闻雷报，春分蝴蝶舞花间。

清明风筝放断线，谷雨嫩茶翡翠连，
立夏桑果像樱桃，小满养蚕又种田。
芒种育秧放庭前，夏至稻花如白练；
小暑风催早豆熟，大暑池畔赏红莲。
立秋知了催人眠，处暑葵花笑开颜；
白露燕归又来雁，秋分丹桂香满园。
寒露菜苗田间绿，霜降芦花飘满天；
立冬报喜献三瑞，小雪鹅毛片片飞。
大雪寒梅迎风狂，冬至瑞雪兆丰年；
小寒游子思乡归，大寒岁底庆团圆。

（2）取宜。古人根据不同土壤、地貌、季节、作物等，因地制宜、因时制宜地采取不同的种植方式及农业生产模式。

（3）守则。即遵循秩序、规律，它是人与自然长期互动形成的实践原则，也是农业生态文明价值观念的体现。农耕文化作为中国传统文化的根基，蕴含着“民为本、和为贵、德为重”等优秀的文化品格。

2. 农村民俗

一方水土孕育一方民俗。传统民俗是世代相传的民间生活风俗，民俗文化底蕴深厚，内容丰富多彩，也是一股深藏于人民行为、语言和心理之中的强大精神力量。主要的传统民俗包括贴窗花、闹元宵、社火、扫墓、端午节吃粽、点艾、贴春联、贴年画等。下面简单介绍几种传统民俗。

（1）闹元宵。闹元宵是中国节日民俗活动，起源于汉代。农历正月十五是中国的传统节日——元宵节。正月是农历的元月，古人称夜为“宵”，所以称正月十五为元宵节。正月十五是一年中第一个月圆之夜，也是一元复始、大地回春的夜晚，人们对此加以庆祝，也是庆贺新春的延续。元宵节又被称为“上元节”。按中国民间的传统，在这皓月高悬的夜晚，人们要点起彩灯万盏，以示庆贺。

（2）端午节吃粽、点艾。端午节吃粽、点艾是中国人的传统习俗。粽子，又叫“筒粽”，由来已久，花样繁多。艾是一种普通的植物，也是一味中药，但是在中国文化的元素中却蕴含着丰富的知识和内涵。据说艾有驱毒辟邪的作用，古代常用它来占卜，特别是在端午节，家家户户都会在门口悬挂或插上用红纸扎好的艾草，以保佑家人吉祥平安。端午时值仲夏，据说端午日是一年中草木药性最强的一天，这天采的草药治皮肤病、去邪气最为有效。人们不仅用艾祈求生活的美满和平安，也用艾为自己解除病痛。

（3）贴春联、贴年画。春联，又叫“对联”，是过年时所贴的红色喜庆元素“年红”中的一个种类。它以对仗工整、简洁精巧的文字描绘美好形象，抒发美好愿望，是中国特有的文学形式，是过年的重要习俗之一。年画，是中国绘画的一种，始于古代的“门神画”，是中国民间艺术之一。年画是中国特有的一种绘画体裁，也是老百姓喜闻乐见的艺术形式。春联和年画都是新年时张贴，用来装饰环境，含有祝福新年吉祥喜庆之意。

知识链接

春联贴法

春联的创作和其他文体的创作一样。同样要讲逻辑、语境、布局、顺序。平仄就好比领带，对春联有装饰作用。春联，如果按尾字区分上下联则有：第一，上下同仄收尾，如春联“一顺百顺事事顺，千好万好年年好”，把握语境才能区分上下联。第二，上下同平收尾，如春联“气象万千，斗转星移，冬去春来，岁月流转又一年”，弄明白语序才能区分上下联。第三，上平下仄收尾春联“红梅热情迎春来，青松绵延保岁月”，弄明白联语逻辑关系才能区分上下联。第四，上仄下平收尾春联“祖国山河壮，神州景物新”，这是上仄下平收尾对联，但这种对联区分上下联不能单靠平仄。贴春联要找准春联和横批的关系。

3. 现代农业技术

“无农不稳”，农业生产对于任何形态的社会发展都至关重要。然而农业生产有其特殊性，随着时代发展正面临着巨大的挑战，如生产成本上升、劳动力短缺、可持续发展被日益关注等。全球在过去 20 年大量投入研发来应对这些挑战。农业生产中新技术的应用出现了巨大变化，该领域的技术创新主要集中在室内垂直种植、农业自动化、现代畜牧养殖、人工智能等领域。

(1) 室内垂直种植。室内垂直种植是一种在一个封闭的环境中，根据植物对土壤的依赖度选择土培、水培、气培等，再通过相关设备与仪器控制光照、湿度和水分等变量，上下叠放分层种植的方式。在种植过程中，利用机器人进行栽培、收获和物流处理等环节，可以精准管理与保障全年的生产情况，减少劳动力投入。与传统的种植方法相比，室内垂直种植可以显著节约种植所需的土地空间，通过减少供应链中的移动距离来降低农业生产对环境的影响，从而实现城市农业的可持续发展。

(2) 农业自动化。通常指在作物种植或牲畜养殖各生产环节应用机器人、无人机、计算机视觉软件等自动化技术，如收获自动化、自主式拖拉机、播种和除草自动化、无人机施肥等，使农业生产更高效、更智能。与传统农业相比，农业自动化在应对消费者偏好、劳动力短缺和农业生产的环境影响等问题中发挥了巨大作用。

(3) 现代畜牧养殖。在畜牧养殖生产经营过程中介入营养技术、遗传学技术和数字技术，使畜牧养殖实现可追溯监管与数据化。如动物基因组学可以观察活体动物的整体基因景观，以及它们如何相互作用以影响动物生长和发育；帮助生产管理者了解其畜群的遗传风险，优化畜群的个体选择和育种。利用传感器和数据技术监测动物健康状况，对病弱动物及时检测诊断，智能化的数据收集与识别能更好地服务于畜牧养殖科学决策，从而提高畜群生产力。

(4) 人工智能。通过远程传感器、卫星和无人机实时收集与监测植物的生理、土壤、温度、湿度等方面信息，利用计算程序对收集的数据进行自适应和积累学习，并将一个领域环境的具体情况表述和解释为一系列的统计数据，然后根据这些数据精准地控制影响作物生长的每一个因素变量，如湿度、病虫害、土壤条件和微气候等，以最大限度地提高作物产量。

知识链接

有机蔬菜种植技术

有机蔬菜是指在蔬菜生产过程中不使用化学物质，包括农药、化肥、生长调节剂等而生产的纯天然蔬菜。种植技术如下：

选种。有机蔬菜的种子和种苗必须符合 3 个基本要求：一是非转基因，二是无禁用的物质处理，三是具有较强的抗病虫害性。

产地。有机生产基地应是完整的地块。有机蔬菜生产基地与常规地块交界处必须有明显标记。由常规生产转向有机生产通常需经过 2 年的转换时间。

栽培。采取配套栽培技术，实行轮作换茬和清洁田园。通过培育壮苗、嫁接换根、起垄栽培、地膜覆盖、合理密植、植株调整等技术，充分利用光、热、气等条件，采用作物轮作，在前茬蔬菜收获后，彻底清洁基地。

施肥。有机蔬菜生产所用肥料主要是有机肥料。包括动物的粪便、植物沤制肥、绿肥、草木灰、饼肥、沼肥等，另外还包括有机认证机构认证的有机专用肥和部分微生物肥料。

病虫草害防治。有机蔬菜的病虫草害要坚持“预防为主、防治结合”的原则。虫害防治方面，提倡释放寄生器、捕食性天敌，或用物理性捕虫设施防治虫害，允许有限制地使用微生物及其制剂等防治虫害。

杂草控制。通过采用限制杂草生长发育的栽培技术，如轮作、种绿肥、休耕等控制杂草，或使用秸秆覆盖除草。禁止使用所有化学合成的农药和由基因工程技术生产的产品。

（二）传统工艺制作

传统工艺制作是指世代相传，具有悠久历史及完整工艺流程，采用天然材料制作，具有鲜明民族风格和地方特色的工艺品种和技艺。主要以手工劳动制作，可以借助工具或使用机械工具制作产品，但工艺师直接手工作业仍然为成品的主要来源，有别于以大工业机械化方式批量生产、规格化的工艺美术品。主要的传统工艺制作包括陶瓷、雕漆、刺绣、木雕、竹编等。

知识链接

木雕工艺制作流程

1. 木质及选材：木质有硬、软之别，松软的木头易雕，粗硬的木头难雕。木材的质地、软硬、纹理和色泽对于木雕作品的成型影响很大，在雕琢作品前，选择适合于所表现作品的材料十分重要。

2. 木材的处理：对木材的干燥处理通常包括人工干燥、自然干燥和简易人工干燥 3 种方式，都是通过一定工序去掉木材中多余的水分，以用于后期的防腐和存放。

3. 刀具的应用：在木雕的工艺制作过程中，雕刻刀及其辅助工具起到十分重要的作用。雕刻刀的种类有很多。平刀：刃口呈平直，主要用于铲平木料表面的凹凸，使其平滑无痕。圆刀：刃口呈圆弧形，多用于圆形和圆凹痕处。斜刀：刃口呈 45 度左右的斜角，主要用于作品的关节角落和镂空狭缝处作剔角光。中钢刀：刃口呈三角形，因其锋面在左右两侧，中钢刀主要用于刻毛发和装饰线纹。

4. 雕刻技法：技法就是在木雕工艺品创作中，作者对于形象和空间的处理手法。这种手法主要体现在削减意义上的雕与刻，确切地说，就是由外向内，一步步通过减去废料，循序渐进地将形体挖掘显现出来。

5. 木雕步骤：(1) 刷栏：将画好的创意稿用墨线勾画放大到木材上。(2) 粗坯：它以简练的几何形体概括全部构思的造型，初步形成作品的外轮廓与内轮廓。(3) 修光：运用精雕细刻及薄刀法修去细坯中的刀痕凿垢，使作品表面细致完美。(4) 打磨：将木雕用粗细不同的木工砂纸搓磨。先用粗砂纸，后用细砂纸。顺着木的纤维方向打磨，直至理想效果。(5) 着色：用一支硬毛刷、一支小硬毛笔，着色的颜料一般是指水溶性的，如水粉、水彩或皮鞋油。它们的特点是覆盖性小，有较强的渗透性。

（三）工业生产文明

中国工业文明是社会主义建设下的工业文明。我国工业生产发展迅速，建立了门类齐全的工业体系。中华人民共和国70多年的实践证明，看似平凡的劳动者，在全世界挺起了中国的脊梁，在中国史乃至世界史上书写了辉煌篇章。鞍钢“三大工程”、南京长江大桥、三峡大坝、南水北调、青藏铁路、港珠澳大桥等，一项项伟大工程改变了中国，惊艳了世界。

在“工业4.0”“中国制造2025”等政策的影响下，新兴的多元化经济市场不断发展，技术创新极大地推动了工业自动化的进程。现代制造业中关键的技术包括工业物联网、机器人技术、人工智能、建模、仿真、可视化和交互浸入等。在这些技术的支持下，制造工厂具有高生产率、准确性、安全、高质量、高智能等优势。

1. 工业物联网

工业物联网是将具有感知、监控能力的各类采集、控制传感器或控制器，以及移动通信、智能分析等技术不断融入工业生产过程各个环节，从而大幅提高制造效率，改善产品质量，降低产品成本和资源消耗，最终实现将传统工业提升到智能化的新阶段。工业物联网可利用相关信息通过平板电脑、智能手机和其他设备完成基本任务。如企业可通过数据分析将其业务更改为更简化和更适应的方式，以实现长期或短期目标。

2. 机器人技术

机器人是自动执行工作的机器装置。它既可以接受人类指挥，又可以运行预先编排的程序，也可以根据以人工智能技术制定的原则纲领行动。它的任务是协助或取代人类的工作，如生产业、建筑业，或是危险的工作。

3. 人工智能

人工智能是研究、开发用于模拟、延伸和扩展人的智能的理论、方法、技术及应用系统的一门新的技术科学。人工智能将对制造业和自动化产生巨大的影响，如AI算法可用于优化制造供应链，从而帮助公司企业预测市场变化；可通过位置查找、天气模式将消费行为、政治地位、社会经济和宏观经济因素等联系在一起，对市场需求进行估算。

4. 建模、仿真、可视化和交互浸入

操纵、分析和利用数据对任何制造企业的发展都非常重要。企业可以通过新形式的建

模、仿真、可视化和交互浸入来更有效地展现和预测场景。建模、仿真、可视化、交互浸入等创新技术可用于许多依赖于大数据的企业，其中包括科学、制造业、医疗、能源和金融等。

三、服务性劳动技能

服务性劳动可分为自我服务性劳动和社会服务性劳动，如为个人修补图书就属于自我服务性劳动，无偿为学校图书馆修补图书就属于社会服务性劳动。社会服务性劳动是直接服务于社会公益事业的无偿劳动，是对青年进行共产主义教育的有力手段。公益劳动与社会服务性劳动有交叉重合，都具有既为生产服务，又为生活服务的社会性和公益性。学生的社会服务性劳动包括宿舍卫生维护与整理、社区服务技能培养、生活突发应急事件处置急救常识等。

（一）宿舍卫生维护与整理

1. 宿舍内卫生清洁标准

宿舍内的卫生不仅要依靠同学们通过大扫除、争先进、创文明等活动保持，还要通过日常清理来维护。(1) 学生宿舍要安排好值日表，轮流值日，保持室内清洁卫生。(2) 宿舍内地面无垃圾、无积水、无杂物。(3) 床铺被褥要叠放整齐，床上不准堆放各类杂物。(4) 室内外干净，不准乱贴、乱挂衣物及其他物品。(5) 床下干净，鞋子、洗刷用品统一摆放整齐。(6) 每日及时清理宿舍垃圾，做到人走垃圾无。(7) 门窗玻璃、日光灯等要保持干净。(8) 室内物品摆放整齐，每日保持室内通风干燥。

宿舍楼是大学生重要的生活和学习场所，保持卫生尤为重要。大学生要积极参与宿舍卫生大扫除及日常卫生清洁活动。宿舍楼卫生包括宿舍内卫生和公共区域卫生，如洗手间、楼道和洗漱间、洗澡间等的卫生。

2. 公共区域卫生标准

宿舍楼公共区域人流量较大，使用较为频繁，而且经常用水，需要更加注意卫生。(1) 每日对走廊、公共卫生间、楼梯间等区域进行卫生清理。(2) 定期对宿舍走廊及卫生间进行消毒，确保无病菌。(3) 严禁张贴及投放各类宿舍小广告。(4) 禁止向洗漱间、水池、便池等投放各类生活垃圾、剩饭等。(5) 及时清理垃圾桶内的垃圾。

3. 垃圾分类与校园绿化维护

垃圾分类是指按一定规定或标准将垃圾分类储存、投放和搬运的一系列活动的总称。培养垃圾分类好习惯，开启校园生活“新风尚”。

(1) 培养习惯，营造垃圾分类氛围。垃圾分类，贵在坚持，重在习惯！利用团课时间向学生介绍常见的生活垃圾分类方法与技巧。设计垃圾分类体验游戏，寓教于乐。同时在班级主题班会开设“分类课堂”学习生活垃圾分类知识。邀请环保专家为全校师生、食堂后勤工作人员开展垃圾分类讲座。每个班级选出 2 名垃圾分类“引导员”开展分类引导，不断提高全校师生生活垃圾分类意识。

(2) 勤于动手，开展垃圾分类实践。通过第二课堂开展系列垃圾分类主题活动，以潜移默化的日常生活教育，使垃圾分类理念和知识入心入脑。积极参与生活垃圾分类主题的社区公益环保活动，通过实践让学生养成给生活垃圾分类的好习惯。

(3) 共同响应，参与垃圾分类宣传。积极组织老师和志愿者协会同学搭建宣传站，向来往市民宣传生活垃圾分类知识。以实际行动带动家庭成员、社区居民参与到垃圾分类中来，成为生活垃圾分类的宣传员、指导员、监督员。

大学校园绿化维护和整理工作一般由专门人员和部门负责，学校要积极鼓励和引导大学生参与校园绿化维护和整理工作。

4. 校园公共环境卫生清洁

校园公共环境卫生清洁是大学生劳动教育的重要方面。各级各类学校可通过劳动活动月、劳动活动周、宿舍卫生竞赛、争创文明教室等活动，组织学生进行卫生大扫除，通过清扫劳动，使其养成爱护校园环境的良好习惯。

校园公共环境包括教室、实验室、操场、图书馆、会议室、食堂等。各级各类学校对于本校的卫生保洁都有一定的标准和规范。

大学生在积极参加学校组织的各项卫生清扫活动之外，在日常生活和学习中要时刻保持卫生意识，做到：以爱护教室环境为己任，自觉维护校园的清洁卫生，做好值日工作；不乱扔垃圾，并提醒乱扔垃圾的同学；看到地面上有纸屑等，主动捡起来；教室垃圾桶满了，主动倒掉；杜绝“课桌文化”，爱护公共财物；上课前，确认讲台、黑板是干净整洁的，给老师一个整洁的上课环境；向“墙壁涂鸦”说“不”。

校园公共环境维护包括：校园内道路、场地保持干净整洁，地面无明显杂物，校园内无卫生死角；废物箱、垃圾桶内垃圾杂物少，外表干净；草坪、花坛及绿化带内干净整洁，无垃圾和丢弃物；喷泉、景观等水域中无废弃物。

（二）社区服务技能培养

社区是比家和学校大一个层次的社会单位，是我们运用知识、施展才华、实践成才的“好课堂”，也是我们“服务他人、奉献社会”的一个起点。

1. 社区养老护理

(1) 多与老人沟通。在与老人沟通时，可选择老人感兴趣的话题，如老人年轻时的事、戏曲等，避免谈容易让老人情绪波动较大的话题。(2) 不要嫌老人唠叨。老人一般都比较唠叨，在倾听时我们可以对老人加以引导，有时也可以适当发表自己的意见，让老人感觉到你很在意他。(3) 真诚地赞赏老人。每个人都渴望被肯定，老人也一样，他们也喜欢被表扬、被夸奖的感觉。我们在与老人沟通的过程中，要经常真诚地赞美他们。(4) 多陪伴老人。我们在闲暇时应多陪伴家中的老人，让其感受到温暖。可以陪老人逛商场、买菜，或在公园里散步，让老人在轻松的环境下享受美好时光。

2. 社区心理健康辅助

心理护理对于患慢性病或因病在家休养的人非常重要，我们除了在生活上对他们提供一些帮助，还要为他们提供恰当的心理护理，积极影响他们的心理状态，帮助他们形成良好的身心状态。

（1）帮助患病居民保持健康乐观的情绪。我们要多关注患病居民的情绪，防止其对疾病过分关注，及时发现他们的异常情绪，引导他们以积极乐观的情绪面对疾病。

（2）帮助老人体现自己的价值。老人怕在人生余下的岁月里成为家人的负担，怕今后生活得毫无价值，更怕过一眼望到头的晚年生活。老人退休后或生病休养期间，我们要走进他们的内心，体谅他们矛盾的心理，在他们能力所及的范围内，让他们按着自己的意愿从事一些自己喜欢的事情，让他们体会到“被需要”的感觉。

（3）督促患病居民按时用药和治疗。如果发现居民出现不愿意按时按量服药的情况，应及时排查其不按时按量服药的原因，有的放矢地做好劝慰工作，给予他们治愈的信心。

（4）创造适合治疗和休养的家庭环境。居民患病期间，提醒整个家庭要合力为其营造一个适合治疗和休养的家庭环境。例如：减少家庭娱乐活动，为患病居民提供安静的休息环境；加强与患病居民的感情交流，为其提供安全的心理环境。

（5）注意保持和恢复患病居民的社会适应力。疾病的痊愈和康复，既要求消除疾病本身的症状，又包括保持和恢复病人的社会功能。现代医学和护理学十分注重让患者重返社会。对于患病居民，我们要注重保持和恢复他们的社会适应力。

（三）生活突发应急事件处置急救常识

1. 烫伤急救

一旦家人被烫伤，应立即将被烫部位放在流动的冷水下冲或用毛巾冷敷，以冷却局部并减轻疼痛。在穿着衣服被热水、热汤烫伤时，切勿脱下衣服，应先用冷水浇在衣服上降温，充分泡湿后再小心除去衣物。如果衣服和皮肤粘在一起，切勿撕拉，正确的做法应该是将未粘连部分剪去，把粘连部分留在皮肤上，然后用清洁纱布覆盖伤面，以防污染，并尽快送医。发生烫伤时，以下行为要绝对禁止：（1）不能采用冰敷的方式治疗烫伤，冰会损伤已经破损的皮肤，导致伤口恶化。（2）不要弄破水泡，也不要随意将抗生素药膏或油脂涂抹在伤口处，这些物质很容易沾染脏东西，不利于被烫伤皮肤的恢复。

2. 中暑急救

中暑后应第一时间将中暑者转移到阴凉通风处，让其平卧，同时喂其服用一些含盐分的清凉饮料（不可大量补充水分，否则会引起呕吐、腹痛、恶心等症状）。然后用扇子或电扇吹风，加速散热。若中暑情况较严重，必须立即送往医院诊治。

3. 触电急救

迅速断开电源或用干木棍、干竹竿等挑开电线，注意不能直接用手拉开触电者。然后，立即检查触电者的心跳和呼吸情况，若触电者已停止呼吸，则应立即对其进行胸外按压和人工呼吸，同时拨打急救电话，寻求专业急救人员的救治。

4. 意外受伤急救

遇到因受伤大出血时，应保持冷静，并迅速评估伤口的大小和出血情况，然后找一个能完全覆盖伤口的干净敷料（如毛巾、纱布等）按住伤口进行止血。需要注意的是，按压伤口时一定要对伤口施加足够的压力，不能轻轻覆盖，否则无法达到止血的目的。

5. 气道阻塞急救

海姆立克急救法是为气道阻塞（如食物嵌顿或窒息）者进行现场急救的有效方法。主要姿势是急救者先以前腿弓、后腿跨的姿势站稳，然后让患者坐在施救者弓起的大腿上，身体略前倾。急救者将双臂分别从患者两腋下前伸环抱，左手握拳，右手从前方握住左手手腕，左拳虎口贴在患者胸部下方、肚脐上方的上腹部中央，形成“合围”之势，然后突然用力收紧双臂，用左拳虎口向患者上腹部内上方猛烈施压，迫使其上腹部下陷。儿童因误吸导致窒息时，大多采用这一方法。

四、个人劳动技能

（一）个人劳动技能的概念

个人劳动技能是指个人通过对过往经历的经验及知识积累，完成具备开创性的活动，在此过程中所使用的劳动技能。具体来讲，个人劳动技能属于实践性技能，包含动作及控制两个部分，个人在开展劳动的过程中，通常会通过实践掌握该技能，包含日常生活中的实践、工作服务中的实践以及农业活动中的实践。在不同的实践过程中，个人劳动技能也分为两个种类，即专业技能与一般技能。专业技能是指开展专业活动过程中所使用的劳动技能，如个人在工作中所需要使用的技能。一般技能是指在生活实践过程中所使用的劳动技能，如个人在家庭生活中所需要使用的劳动技能，包含更换灯具、门锁、移动家具等。

（二）个人具备劳动技能的价值意蕴

第一，从个人的维度来讲，具备劳动技能，能够促进其全面发展，提升劳动素养。劳动素养包括劳动观念、劳动习惯、劳动技能、劳动能力等，其中劳动观念和劳动习惯是劳动素养的核心。劳动观念和劳动习惯能够帮助个人开展积极的劳动行为，养成热爱劳动的习惯，使个人能够更加珍惜劳动成果，尊重劳动人民。

个人具备劳动技能，一方面能够树立起正确的价值观念，以正确的观念开展社会实践活动，改变自身的心态，热爱劳动、努力劳动，创造更高的经济价值；另一方面能够从劳动的过程中获得感悟，感知到劳动成果来之不易，从而有意识地履行个人对于他人及社会的责任。

个人具备劳动技能，能够在一定程度上起到增质的效果。个人能够通过劳动提升自身的认知、判断能力及创造能力。并且个人在应用劳动技能、参与劳动的过程中，能够发挥出手脑融合的优势，提升个人的智力水平，推动个人的事业发展。与此同时，个人在应用劳动技能的过程中，还能够提升自身的思维能力。这主要是因为劳动是一个较为复杂的工程，个人在劳动的过程中，需要依据自身的思维创造价值。

个人具备劳动技能，能够起到强身健体的效果。个人能够通过应用劳动技能增强自身的体质，维持自身的健康。具体来讲，在个人身体方面，应用劳动技能能够让个人通过技能训练强身健体，获得良好的身体素质。在个人心理方面，个人在应用劳动技能的过程中，能够磨炼自身的心智，使自身的心理获得陶冶，保持心理健康。

个人具备劳动技能，能够推动精神财富的积累。习近平总书记在 2019 年全国教育大会中提到，要在中学生中弘扬劳动精神，教育引导学生崇尚劳动、尊重劳动，懂得劳动最光荣、劳动最崇高、劳动最伟大、劳动最美丽的道理，长大后能够辛勤劳动、诚实劳动、创造性劳动。虽然这一观点意指学生，但从宏观角度来讲，这个观点适用于社会中的每一个人。只有个人掌握劳动健康技能，运用该技能开展劳动活动，才能够养成吃苦耐劳的精神，创造出更光辉的成就。

第二，从社会的维度来讲，具备个人劳动技能，能够推动社会发展。这主要是源于个人通过自身的劳动技能，开展社会劳动，既能够维持自身的生活，也能够在维持自身生活的过程中创造出更多的生产力，推动社会财富的提升。因此可以说，个人劳动技能的掌握与生产力发展之间有着相互影响、相互作用的关系。个人劳动技能在受到生产力水平制约的同时也推动社会经济发展，为人类社会创造丰富的物质财富。

任务二 脑力劳动技能

案例导学

孔祥瑞："蓝领专家"退而不休 工匠精神永续传承

"工人有知识有技能，才有力量。"这句话是孔祥瑞在一线奋斗 40 多年的经验总结。正因为执着追求，孔祥瑞从一名只有初中文凭的码头工人，成长为远近闻名的"蓝领专家"和全国劳模，先后组织实施了 220 多项技术创新项目，获得 16 项国家专利，为企业创造经济效益超亿元。

作为老一辈港口人，孔祥瑞亲历并见证了天津港翻天覆地的变化。

1972 年，17 岁的孔祥瑞初中毕业，被分配到天津港当门吊司机。当时的天津港从匈牙利进口了 3 台门吊机，结束了肩挑背扛的货物装卸时代。面对新设备和复杂的操作参数，孔祥瑞在师父的鼓励下啃起了设备使用说明书，一页页看、一条条记，直到吃透弄懂。

"那段时间，工友们休息我看书，拼的就是耐力，靠的就是勤学好问，这也让我第一次感受到了知识的力量。"经过三个月的艰苦学习，孔祥瑞精通了吊机的设计参数、工作原理，这让他成了队里的技术专家、吊装高手。

2001 年，在天津港冲击亿吨大港的过程中，孔祥瑞所在的装卸队承担了 2 500 万吨货物的装卸任务。设备还是这些设备，人还是这些人，可任务量却增加了近 30%。孔祥瑞组织技术骨干集体攻关，通过"抓斗起升、闭合控制合二为一"的创新方法，使每台门机一次节省 15.8 秒，每台门机平均每天多装卸 480 吨货物，从而使全年装卸量达到了 2 717 万吨，超过了预定目标。这项操作法后来被命名为"孔祥瑞操作法"。

任务目标

知识目标：了解脑力劳动的基本类型，即写作技能、管理技能、决策技能、思维技能，增强对脑力劳动的认识。

能力目标：能够将写作技能、管理技能、决策技能、思维技能运用到日常生活中，提升大脑思维能力。

素质目标：通过对脑力劳动的认识，让学生在体力劳动的过程中，提升经验总结和思辨能力，提升创造力，做新时代的大国工匠。

认知学习

脑力劳动与体力劳动相对，是指以脑力消耗为主的劳动。其特征在于劳动者在生产中运用的是智力、科学文化知识和生产技能，故亦称"智力劳动"。脑力劳动是质量较高的复杂劳动，在劳动中，体力受脑力的支配，脑力以体力为基础。

体力和智力是劳动力素质的两个方面。脑力劳动主要体现于劳动者的科学文化知识、生产技能和经验。智力具有无限的广延性和创造性，容量极大，具有明显的历史继承性和积累性。脑力劳动技能主要包括写作技能、管理技能、决策技能和思维技能。

一、写作技能

（一）写作技能的概念

写作技能是言语技能的一种形式，指控制和调节写作活动进行的心智活动方式，包括构思技能、表达技能和修改技能。写作技能与写作知识密切相关，但又有区别。写作知识是一种有关写作程序的操作性知识，对写作活动只起定向作用。

（二）写作技能的价值意蕴

写作技能是对外、对内沟通的工具之一，我们可以通过写作来表达想法、记录生活，在写作时也可与自己的灵魂交谈、自我反思，这些都是对内沟通。写作可以发展我们的语言能力，可以促使我们去阅读，同时对我们的人生成长也非常有意义，可以锤炼我们的思想。

（三）写作能力的实践性

写作能力是通过实践才能习得的。第一，现在就拿起笔，每天坚持写，量不需要大，几百字都可以。写作是书面语言的练习，和口语化表达不同。比如，一件挺简单的事情，几句话就能说明白，如果用书面语言来表达，就会突然发现自己心中的意思不容易表达清楚。所以坚持每天写很重要，写的内容可以是读书笔记、生活感悟、工作心得等。第二，除了每天写，还要大量阅读优秀的文章，在阅读的过程中学习表达模式，甚至在自己写作的过程中，可以尝试着去模仿别人的表达模式。第三，书面语言要完成从表达清楚到表达准确，再到表达优美这样一个过程需要大量的时间来练习。高职大学生要自觉提高写作能力，努力成长为德智体美劳全面发展的社会主义事业建设者和接班人。

（四）公文写作能力的提升

公文写作要求“信达雅”，要想写出高水平的公文，需要在以下几个方面下功夫：

（1）必须有政治高度。公文的站位要高，视野要开阔，要切实了解国家的大政方针，熟读、熟记相关政策条文，将“学原著、读原文、悟原理”真正运用到公文写作中，经典永不过时，有政治高度的公文，才会更有说服力和权威性。

（2）必须要注重日常积累。“巧妇难为无米之炊”，一篇空洞无物、干瘪瘦削、毫无生气的公文是失败的，鲜活的素材、真实的数据才是一篇高质量公文所需要的。这些都来自日常的积累和思考。一位前辈曾经传授经验，说几十年来他都有记笔记的习惯，这些日常的感悟思考在关键时刻都会成为他写作的富矿，而且可以直接运用，还特别鲜活生动，这都得益于平时的积累。

（3）必须要加强文学修养。公文同样是语言的艺术，在实用性之外，其艺术性同样不可忽视。“汝果欲学诗，功夫在诗外”，在党和国家领导人的讲话、报告中，我们经常会听到古诗词、名人名言、名篇名句的引用，这样的语句增强了语言的厚度，也给我们的公文写作树立了榜样。

（4）必须要有饱满的热情。公文写作是幕后工作，虽然特别艰辛，但也是一项光荣而伟大的工作。我们要以饱满的热情对待它，特别是年轻干部，更要勇于担当，敢于作为，坚信“梅花香自苦寒来”，相信梦想之花一定会在辛勤耕耘后绽放得更加鲜艳。

“纸上得来终觉浅，绝知此事要躬行。”公文写作是法无定法的，其中的规律性和奥秘需要我们在写作时慢慢去“体味”，以便更好地胜任文书工作，写出高水平、高质量的公文。

知识链接

公文写作的四种常见问题分析

一、表述混乱

案例：一篇关于保居民就业的方案在前文中提出：“2020 年 1 月 1 日至 12 月 31 日，对各类生产经营主体新增吸纳本县区劳动力且稳定就业半年以上、1 年以上的，分别按照 1 000 元/人、2 000 元/人标准给予生产经营主体一次性奖补。”后文中又提出：“2020 年 1 月 1 日至 12 月 31 日，对带动贫困劳动力和易致贫边缘人口就业 50 人以上且稳定就业半年以上、1 年以上的扶贫车间，分别给予 20 万元和 40 万元一次性奖补。”又如，一篇关于本地区全面工作情况报告的“工作成效”部分写道：“地方生态保护法规体系、责任体系、监管体系等制度措施和长效机制进一步健全。”而“存在问题”部分又写道：“生态环境保护治理成果还不够稳固，特别是生态保护法规体系、责任体系、监管体系等长效机制还不健全。”

剖析：上面两个例子，都存在前后重复和矛盾的问题。第一个例子中，前后规定有交叉重复，各类生产经营主体中包括扶贫车间，新增吸纳的劳动力中也很可能有贫困劳动力和易致贫边缘人口。在享受就业奖补政策时，有可能出现重复享受的情况，容易引发新的问题，应当对扶贫车间不重复享受政策进行明确，增强可操作性。第二个例子中，工作成效与存在问题前后矛盾，如果在向上级机关的报告中犯此错误，将会造成很不好的影响。出现这类问题的原因，一方面是不同人员分块起草文稿时提前沟通不够，而统稿人员又疏忽大意造成；另一方面也与公文起草人员的敬业精神、工作态度有关。因此，文稿起草人员要杜绝东拼西凑、生搬硬套等做法，增强敬业精神，保持敬畏之心，以慎之又慎、细之又细的态度履职尽责。

二、叠床架屋

案例：一篇关于促进就业工作的意见共有五级标题，分别为：“一、促进经济发展拉动就业；（一）扶持创新创业带动就业；1. 优化营商环境；（1）持续推进简政放权；一是实施证照分离。”

剖析：这篇意见结构设置不合理，框架繁复，层次庞杂，使人读起来一头雾水。类似问题还有各级标题大小不分、大标题统领不了小标题的内容等。究其原因主要是起草前期准备工作不足，没有精心谋篇布局。避免这类问题，就要把“搭架子”“拉提纲”作为公文写作的基础性工作，落笔前认真研究，拿出切合实际的“设计方案”和“施工图纸”。

三、以偏概全

案例：一篇关于脱贫攻坚工作的报告中有一段话："与2015年相比，本地乡村医生中执业（助理）医师比例提高了5个百分点，大专以上学历提高了3个百分点，60岁以上年龄比例下降了5个百分点，乡村医疗服务能力得到全面提升。"

剖析：这段表述中，虽然乡村医生中执业（助理）医师、大专以上学历的比例有所增加，60岁以上年龄比例有所下降，但增减幅度都不大，且仅凭这三个指标，并不能说明乡村医疗服务能力得到全面提升。因此，可将最后一句表述修改为"乡村医生的服务能力得到一定提升"。公文写作需要具备全局的视野、实事求是的精神，以科学严密的逻辑来总结成绩、反映问题、谋划工作。管中窥豹，并非全豹。

四、判断不准

案例：一篇关于某县一名小学生被伤事件的报告中有一段话："经认真反思、全面剖析，根本原因是全市教育监管不到位、学校管理不规范、各级教师履职尽责不认真、各类学校安全工作不精细、儿童关爱教育体系不健全。"

剖析：这段表述中，对产生问题根源的分析判断不准确。小学生被伤事件确实需要各级举一反三、引以为戒，但以此全面否定全市教育工作，既不符合实际，也对教育工作不公。类似情况还常见于对工作成效的判断，比如，把点上的当成面上的，把局部的当成全局的，把个性的当成共性的，等等，而对存在问题的评判恰好相反。公文写作中，无论是总结成绩、提出建议，还是反映问题、指出不足，都应客观准确、严谨务实。对问题不文过饰非，对成绩不夸大其词。特别对存在的问题，是"个别""有的"，还是"部分""一些"，表述要准确，做到有理有据。

二、管理技能

管理技能是指使用某一专业领域内有关的工作程序、技能和知识完成管理任务的能力。

（一）管理技能的种类

1. 认知技能

认知技能是指纵观全局、把握关键、认真思考、扎实谋事的能力，也就是洞察组织与环境及其之间相互影响以及复杂性的能力，包括理解事物的相互关联性，从而找出关键性影响因素的能力；确定和协调各方面关系的能力；权衡不同方案优劣和内在风险的能力等。

必须强调，创新是认知技能的集中体现。在社会化大生产不断发展、知识经济已见端倪的今天，管理者是否创造新的管理模式、方式、体制、机制，是衡量其认知技能高低的重要标志。创新是现代管理者素质的核心，包括管理者的创新意识、创新精神、创新思维与创新能力。管理者要有创新理念，真正认识到创新对组织生存与发展的决定性意义，善于通过科学的创新思维来完成创新构思，并在管理实践中坚持创新；要有创新精神，在工作中干预创新，用于突破常规，求新求是；要有创新能力，在管理实践中把创新理念和创新精神变成现实。创新能力是由相关的知识、经验、技能与创造性思维共同组成的，是管理者最重要的素质。

2. 人际技能

人际技能是指把握与处理人际关系的技能，及理解、动员、激励他人并与他人共事的能力。要成为一个好的管理者，离不开良好的人际关系，包括与上级、下属、同行、他人的关系等。在管理活动中，调解人际关系主要是协调同上级的关系、协调同同级的关系和协调与下属的关系，还包括其他方面的公共关系。

沟通方式及渠道，在人际交往中起着桥梁与纽带作用。沟通技能是指收集和发送信息的能力，既能通过书面、口头和肢体语言的媒介，明确、有效地向他人表达自己的想法、感受与态度，也能正确、迅速地解读他人的信息，从而了解他人的想法、感受与态度。良好的沟通技能是管理者培养人际技能的前提条件。

3. 技术技能

技术技能是指从事自身管理范围内的工作所需的基本技术和具体方法。例如：高校教师必须熟练掌握本专业的教学内容与教学方法；企业的部门主任要熟悉各种设备的性能、使用方法、操作程序，各种材料的用途、加工工序，各种成品或半成品的指标要求等。技术技能对基层管理者来说尤为重要，因为他们的大部分时间都是指导、训练、帮助下属或回答下属的有关问题，因而必须熟悉下属所做的各种工作。具备技术技能，能更好地指导下属工作，更好地培养下属，成为受下属尊重的有效管理者。人们常说的“懂行”“一技之长”“隔行如隔山”“不熟不做”都是这个意思。

（二）管理技能的特征

管理技能是指管理者行使有效的管理职能所需要的知识、技能、能力。管理技能的特征主要体现在以下几方面。

（1）管理技能主要体现在管理者行为方面。它不是管理者的人格特质或风格倾向。管理者通过一些活动可以产生某种结果。有效的管理技能表现是可以被观察到的。

（2）管理技能是可控的。这些技能的表现处在管理者的控制之下，可以被管理者有意识地实践、改善或抑制。

（3）管理技能是可发展的。表现为管理技能可以改进。与人的智力、特定人格或气质这些相对稳定的方面不同，通过实践和反馈，各级管理者可以改善他们的技能表现，可以从拥有较少的技能进步到拥有较多的技能。

（4）管理技能是相互联系、相互重合的。把某项管理技能从其他技能中完全分离出来是不可能的。技能不是简单的、重复性的行为，它们存在于一个复杂的系统中。有效的管理者必须依靠多种技能的有机结合来达到特定结果。

（三）管理技能与管理层次的要求

不同层次的管理者对各种技能的要求程度会有所不同。一般来说，处于高层的管理人员，需要制定全局决策，所做的决策影响范围广、影响期限长。因此，他们需要更多地掌握认知技能，进而把全局意识、系统思想和创造精神渗透到决策过程中。由于他们并不经常性从事具体的作业活动，因此不需要全面掌握完成各种作业活动应具备的技术技能。但是他们也需要对技术技能有基本的了解，否则就无法与他们所主管的专业技术人员进行有效的沟通，从而也就无法对他所管辖的业务范围内的各项管理工作进行具体的指导。在现实生活中，对技术技能一窍不通的人不能成为高层管理者，但那些在某一专业领域是专家而对其他相关领域专业知识一无所知的人也绝对不会成为一名合格的高级管理人员。

作为基层管理人员，他们每天大量的工作是与从事具体作业活动的工作人员打交道。他们有责任检查工作人员的工作，及时解答并同工作人员一起解决实际工作中出现的各种问题。因此，他们必须全面而系统地掌握与本单位工作内容相关的各种技术技能。当然，基层管理人员也可能面临一些例外的、复杂的问题，也要协调好所管辖工作人员的工作，制订本部门的整体计划。为了做这些工作，他们也需要掌握一定的认知技能。

人际技能是组织各层管理者都应具备的技能。因为不管哪一层次的管理者，都必须在进行有效沟通的基础上相互合作，共同完成组织目标。

（四）高职大学生提高管理技能的方法

高职大学生比较少有机会接触到高层次管理，但是可以从日常自我管理中提升基本管理能力，其中最常见也最有效的就是做好时间管理。19 世纪意大利经济学家帕累托提出了二八法则，其核心内容是生活中 80%的结果几乎源于 20%的活动。比如，20%的客户会给你带来 80%的业绩，可能创造 80%的利润；世界上 80%的财富是被 20%的人掌握着等。因此，把注意力放在 20%的关键事情上，就能解决生活中 80%的困扰。

基于这一法则，我们先将大学生活中一天的时间分为学习时间（专业学习）、工作时间（参与社会工作，如班干部、学生会或社团里的工作等）、休闲时间（休息、睡眠及体育活动）、家庭时间（与家人进行沟通交流）、个人时间（做自己感兴趣的事）、思考时间（独自思考某些问题）。在时间管理的过程中，要学会妥善地安排上述的六种时间，分清轻重缓急。接下来我们将事件分类排序，分类标准为：一是紧急或不紧急的事情；二是重要或不重要的事情。根据这个标准，我们会得到如下的表格：

	紧急	不紧急
重要	A 类事件： 危机事件 突发紧急状况 马上到截止日期的事件	B 类事件： 学习新技能 建立人际关系 保持身体健康
不重要	C 类事件： 朋友约饭 不速之客 不重要的来电	D 类事件： 无聊的谈话 刷剧、刷短视频 打游戏

通常，A 类事件亟待解决，需要快速高效地完成；C 类事件需要及时完成，但当 A 类事件过多时，可以适当地忽略或托别人来帮忙完成；B 类事件虽然不紧急但很重要，所以

它们应该列入你的长远规划；D类事件能在空闲时再考虑实施或解决。同时还要注意，不要等事情变成最重要、最紧急的时候才去做，而是应该合理安排。比如有的同学把平时的复习、预习这类B类事件忽略掉，一空闲下来就把很多时间花在D类事件上，比如去刷短视频或者打游戏，这样的结果就是将B类事件变成了A类事件，考前发现还有很多知识没有学，很多书没有看。

同学们可以将自己目前正在处理的事件按照上述原则进行分类，列出时间分配清单，然后思考：你每天有多少时间用来学习，又有多少时间用来休闲？一天中学习与休闲时间的比例如何搭配才感觉快乐而充实？

三、决策技能

确定这件事做还是不做，这就是决，即决断。确定用什么办法来做这件事，这就是策，即策略。决策就是人们为了达到一定的目标，根据自己掌握的信息和对具体情况的分析，用科学的方法拟定并评估各种方案，并从中选出合理方案的过程。所以决策必须要有目标，要有两个以上的行动方案，决策是一个优选的过程，是我们未来行动的基础。

实践举案

小文该如何决策?

小文家里经济条件不好，高中时，由于成绩并不算优秀，父母劝她高中毕业后直接去工厂打工，每个月还有固定的收入。但小文想继续读书，学一技之长，将来选择的机会更多。高考后，小文打听到计算机行业工资很高，未来发展趋势很好，便通过助学贷款，进入了一所高职院校学习计算机专业。半学期过后，小文发现学习计算机专业的人很多，找工作时，对学历要求较高，工资也没有自己想象的那么好。在公共课上，她喜欢看一同上课的畜牧兽医专业同学的书，更希望将来自己能做一名宠物医生。于是她开始考虑转专业的事情，但又觉得自己这样遇到点困难就退缩，是不是意志力太薄弱了？

决策具有以下特点：

第一，决策觉有广泛的普遍性。决策无处不在，无处不有。午饭吃什么？是去参加活动，还是在寝室刷剧？选什么专业？找什么样的工作？……我们每个人每天都在进行着或大或小的决策。

第二，决策具有明显的时效性。决策要受时间的制约。一旦超出了时间的限制，情况发生变化，再好的决策也不可能达到预期的目标。也就是人们常说的机不可失，失不再来。比如，案例中的小文考虑是否要转专业，而很多学校对于转专业是有时间要求的，如果小文大一还没有考虑好这个问题，大二转专业的机会就很渺茫了。

第三，决策应当具有经济合理性，要受成本费用的约束。决策意味着一旦决策者选择执行某一行动方案，就得放弃其他可行方案。这就包含了机会成本，即因放弃了其他方案而可能遭受的损失。比如，案例中的小文选择了继续读书，那就放弃了学习这几年中，每个月的工资收入。

第四，决策具有或强或弱的相互关联性。一方面，任何决策都不可能脱离具体的环境而独立存在，因此决策必然会受到环境的影响；另一方面，任何决策者进行决策的过程都不是孤立进行的。在他们进行决策时，组织内部或外部的其他人员也在进行着各式各样的决策。决策者必须要知道，自己的决策是否会产生预期的效果，不仅在于自己的决策是什么，还要考虑其他人的决策是否会对自己的决策产生影响。比如，小文发现计算机专业工资高，其他同学可能也意识到了这一点，因此造成了计算机专业学习人数多，找工作竞争大的局面。

第五，决策具有显著的动态性。决策方案的制定，以过去的经验和决策者当前的资源状况为基础，决策的实施过程中，任何可能对决策产生影响的因素发生了变化，都要求在一定程度上修订决策，甚至重新决策，以适应决策环境的不断变化。另外，决策的关联性，也要求决策者根据其他人的决策决定，灵活地调整自己的决策方案。比如，小文一开始觉得计算机专业是她最理想的选择，但随着她对周围环境、资源的深入了解，以及自我意识的不断成长，她认为畜牧兽医可能会是自己更好的选择。

实践举案

"田忌赛马"，一个好的决策案例

齐使者如梁，孙膑以刑徒阴见，说齐使。齐使以为奇，窃载与之齐。齐将田忌善而客待之。忌数与齐诸公子驰逐重射。孙子见其马足不甚相远，马有上、中、下辈。于是孙子谓田忌曰："君弟重射，臣能令君胜。"田忌信然之，与王及诸公子逐射千金。及临质，孙子曰："今以君之下驷与彼上驷，取君上驷与彼中驷，取君中驷与彼下驷。"既驰三辈毕，而田忌一不胜而再胜，卒得王千金。

——西汉·司马迁《史记·孙子吴起列传》

译文：齐国使者到魏国都城大梁来，孙膑以一个受过刑的罪犯的身份暗中会见了齐使，用言辞打动齐国使者，齐国使者觉得孙膑的才能奇异，就偷偷地用车把他载到齐国。齐国的将军田忌欣赏孙膑而以客礼待之。田忌多次与齐国的诸公子赛马，下很大的赌注。孙膑注意到他们的马奔跑能力不相上下，并且分上、中、下三等。因此孙膑对田忌说："您只管下大注，臣必能使您获胜。"田忌相信并答应了他，与齐王和诸公子用千金来赌胜，到了比赛时，孙膑说："请用您的下等马对付他们的上等马，请用您的上等马对付他们的中等马，请用您的中等马对付他们的下等马。"比赛完毕，田忌一场输而两场胜，终于得到王的千金之赏。所以田忌把孙膑推荐给齐威王。齐威王向他请教兵法，并任他为军师。

孙膑纵观全局，巧妙地排兵布阵，适时调整策略，从而赢得了比赛的胜利和齐威王的赏识。

培养决策能力应注意以下几点：

(1) 克服从众心理。从众心理是指个体对社会的认识和态度常常受到群体对社会的认识和态度的左右。从众行为者的意识深处考虑的是自己的行为能否为大众所接受，追寻的是一种安全感。从众行为者认为群体的规范、他人的行为是正确的时候，就会表现出遵从；当他认为群体的规范、他人的行为并不合适，而自己又没有勇气反抗时，就会被动地表现为依从。从众心理重的人容易接受暗示，他们依赖性强、无主见，人云亦云，容易迷信权威和名人，常说违心的话，办违心的事。决策能力强的人，能摆脱从众心理的束缚，做到思想解放、冲破世俗，不拘常规、大胆探索，因此他们能独具慧眼，发现一般人不能发现的问题，捕捉到更多的成才机遇。

（2）增强自信心。拥有自信心是具有决策能力者明显的心理特征。没有自信就没有决策。增强自信心首先要有迎难而上的胆量。温斯顿·丘吉尔（Winston Churchill）就说过："一个人绝对不可在遇到危险的威胁时，背过身去试图逃避。若是这样做，只会使危险加倍。但是如果立刻面对它毫不退缩，危险便会减半。绝不要逃避任何事物，绝不！"其次要变被动思维为积极思维。"凡事预则立，不预则废"，平时善于动脑筋，关键时自然敢做决定。再次要培养自己的责任感和义务感，只有跳出个人的小天地，你的自信才能坚实可靠。另外，平时与人交往时要注意选择那些有自信心、敢作敢为的人，时间长了，看得多了，你必然会受到积极的影响。

（3）决策勿求十全十美，注意把握大局。做事追求十全十美，不想有任何挫折或失误，那只能作茧自缚。只有识大体，把握大局，权衡出利弊得失，当机立断，才能尽快达到自己的理想目标。持之以恒，你的决策能力和水平就会很快提高。

决策能力是决策者所具有的参与决策活动、进行方案选择的技能和本领。决策能力是在人的生理素质的基础上，经过后天教育和培养，在实践活动中逐步形成和增强的，是人的智慧、经验和知识的综合体现。决策能力的培养可以从以下几个方面入手：

（1）拓宽知识面，既要掌握自然科学、社会科学和管理科学的一般知识，又要掌握一定的交叉性、综合性学科的最新知识。足智多谋来源于广博的知识，知识面狭窄就不可能有较高的才智。

（2）提高政治素养，既要较全面地了解党和国家的大政方针及政治、经济、社会发展等一般情况，又必须掌握马克思主义的基本原理，懂得社会发展的客观规律，有战略眼光。只有这样，才能在决策上不犯方向性和脱离实际的错误。

（3）培养创新精神，必须开阔思路，勇于变革，在变革中善于发现新问题、新趋势，并能随机应变，进行非程序化决策、特殊决策尤其需要创新精神。

（4）养成严谨的科学态度，尊重科学和事实，敢于坚持真理，敢于提出与上级意图不一致的科学方案。

（5）养成虚心求教的精神，戒骄戒躁，虚怀若谷，不耻下问，从善如流。

知识链接

如何提升决策能力？

我们先来看四个问题：

（1）185cm 和 170cm，哪一个更高？

(2) 花5元可以买100G手机流量，买吗？

(3) 同学们在考大学英语四级，你考吗？

(4) 两份工作摆在面前，选择喜欢的还是高薪的？

有没有发现，上面这几个问题你的思考时间一个比一个长：第一个问题只要1秒，第二个问题10秒内可以给出答案，后面两个问题如果是你当下正在面临的选择，你一时半会儿给不出确切的答案。为什么同样是选择题，有的选起来容易，有的选起来困难呢？接下来，我们就来讨论一下关于决策的问题。

我们会对什么样的问题纠结？常见的纠结问题有：今天穿什么衣服？中午吃什么？留长发还是剪短发？在宿舍还是去图书馆？睡前玩手机还是复习？……我们不容易纠结的问题有：同学A和同学B谁比较高？谁的成绩好？什么时候考试？什么时候放假？……为什么第一类问题容易纠结，而第二类问题不会纠结呢？因为前者没有具体的评判标准。而后者要么有评判标准，要么不由自己控制。高矮胖瘦、成绩好坏我们都有一个可以参照的准则，而我们日常纠结的事情，通常没有一个客观准则，也很难判断决策的好坏。但是，很多时候，决策质量直接关系到事情走向，重大决策更是可能影响我们的人生格局。因此，要想在社会中、人生道路上少走弯路，必定需要不断提高决策能力。

没有评判标准的时候，我们应该如何进行决策呢？

一、认清自己（能力、背景、优缺点等）

人一旦认不清自己，是非常脆弱的，就会产生定位偏差，只能依靠外界的反馈来维持认知。这种情况下，情绪、人格都非常不稳定，受到外界的影响极大，大部分人会表现出自卑、自负，这对于正确的思考和决策都极为不利。

那么，如何认清自己？

第一，交一两个知心的朋友，听取他们中肯的评价。

第二，你要验证某一项能力，那你就需要对照这方面已经很出色的前辈，观其言，察其行，看自己能否做到，最好能跟这样的人交流，能够更加准确地了解自己的潜力。

第三，验证自己的能力优缺点，最有效的办法就是实践。是否擅长，试一下就知道。

通过认清自己，知道自己能力的绝对值在哪里，无论高低，都会有踏实的感觉，那种感觉会让你产生发自内心的自信和方向感。

二、了解环境，培养信息收集能力

清楚自身定位，还需要了解所处的环境。环境中的信息错综复杂，存量巨大，要获得有价值的信息，不仅需要耗费时间精力，还需要提高信息搜集的能力。比如，你想知道是否要考大学英语四级，就需要知道你的专业将来是否对英语能力有要求；选择高薪还是喜欢的工作，就需要对两份工作的其他条件进行对比。这都需要我们在掌握足够的信息资源的基础上进行抉择。

三、果断不拖延，坚决执行决策

这就需要区别纠结与决策。真正的决策能力指的是：一个人在面对重大问题或方案选择时，是否具备做出最优选择的能力。早餐吃什么？今天穿什么？出行选公交还是地铁？这些本质其实不算是“决策”，就是纯粹的“纠结”，跟你的决策能力没有太大关系。因为无论你怎么选择，结果都是吃了、穿了、到了，并不会有太大的后续影响。因此，在这种事情上，我们可以尽量少花时间，不拖延地做决定。

这里还需要考虑到一点，如果你面对这种情况无法做出决策，可能跟你的决策能力无关，而是你的个人能力和经验不足以支撑你做这种重大决策。

就好比，你做英文阅读理解题，选择最符合中心思想的答案，你根本就没看懂说的是什么，那你应该提升的不是决策能力，而是补充自己的英文词汇。

四、做好承担不良后果的准备

决策总会有风险，所以对决策可能带来的不良后果也要有一个预期，提前做好应对准备。有准备，就有更好的心态，全心全意去执行决策的方案。比如，选择高薪的工作，但是就必须承担高强度的工作环境和心理压力。选择喜欢的工作，可能会心情愉悦，但是就必须承担低工资的风险。如何对未来进行谋划，承担选择的后果，才是决策能力的体现。

五、可以站在未来反推

可以用“时空穿越法”来看待你即将做的决策：1个月后，你如何看待现在的决策？1年后，你如何看待现在的决策？5年后，你如何看待现在的决策。站在更长远的角度看问题，有助于我们做出更客观、科学的判断。

四、思维技能

思维技能指人们在工作、学习、生活中每逢遇到问题总要“想一想”，这种“想”，就是思维。它是通过分析、综合、概括、抽象、比较、具体化和系统化等一系列过程，对感性材料进行加工并转化为理性认识来解决问题的。我们常说的概念、判断和推理是思维的基本形式。无论是学生的学习活动，还是人类的一切发明创造活动，都离不开思维。思维技能是学习能力的核心。

（一）思维方式的分类

知识链接

世界上最伟大的50种思维方法（节选）

一、最经典的思维

1. 司马光思维

打破，才能得生机，这就是司马光思维的精髓所在。只有打破旧思维的桎梏，思路才会见光明。

2. 孙子思维

知己知彼，是孙子思维的精髓。这个思维是换位思考的变种。

3. 拿破仑思维

拿破仑思维，就是敢想敢干，不被外界干扰，在任何情况下始终保持自己的主见，用自己的方法解决问题。

二、最有效的思维

1. 质疑思维

哲学家狄德罗曾经说：怀疑是走向哲学的第一步。要创新，就必须对前人的想法加以怀疑，从前人的定论中提出自己的疑问，才能够发现前人的不足之处，才能够产生自己的新观点。

2. 逆向思维

逆向思维又称反向思维，是指从反面（对立面）提出问题和思索问题的思维过程，是以悖逆常规的思维方法来解决问题的思维方式。

3. 横向思维

是将由外部世界观察到的刺激，牵强性地与正在考虑中的问题建立起联系，使其结合，也就是将多种多样的或不相关的要素结合在一起，以期获得对问题的不同创见。

4. 换位思维

换位思维就是设身处地地将自己摆放在对方的位置，用对方的视角看待世界，这是一种非常有益又十分实用的好思维。

5. 换轨思维

就是指思维完全摆脱原有轨道，对思维路径做出更大的跳跃。

三、最实用的思维

1. 简单思维

敢于放弃、善于选择，用最简便的方式，直奔问题的实质。

2. 增值思维

有时，在做某一件事时，不妨打开思路，设想一下如何把它做得更漂亮，更有价值。

3. 互动思维

互动思维又称头脑风暴法，是一种集体创造性思维方法，是一组人员通过开会方式就某一特定问题出谋划策、群策群力、解决问题的方法。

资料来源：龙柒．世界上最伟大的50种思维方法［M］．北京：金城出版社，2011.

（二）思维技能的培养

案例

第10届世界思维导图锦标赛总冠军赵魏分享：我与思维导图，从未分开

2018年12月17日，第10届世界思维导图暨快速阅读锦标赛全球总决赛在广州万富希尔顿酒店圆满落幕。在第10届世界思维导图锦标赛上，来自中国的选手赵巍获得了总冠军。会后赵巍发表感言：我是一名大学老师，我的学生是一群青春妙龄的艺术生。面对这些艺术生，我站在三尺讲台上一直想找到一种教学方法，能够吸引我的学生更好地投入学习、喜欢学习。2013年，我在书店看到托尼·博赞教授的《思维导图》这本书。在我的课堂上，我用思维导图表达我的教学内容，用最少的字、最美的画面、清晰的逻辑、发散的思考征服我的学生，让他们感受学习的乐趣、学习的魅力。我用思维导图让我的学生爱上课堂，当然，我自己也深深爱上了思维导图。

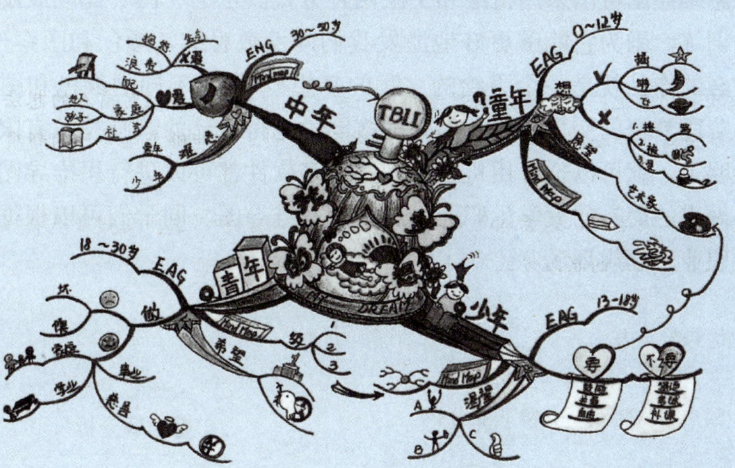

赵巍自由创作项目作品《我的梦想》

提升思维技能的有效方法之一就是善用思维导图。思维导图又名心智导图，是表达发散性思维的有效图形思维工具，它简单高效，是一种实用性的思维工具。思维导图是有效而且高效的思维模式，是应用于记忆、学习、思考等的思维“地图”，有利于人脑的扩散思维的展开。思维导图已经在全球范围得到广泛应用，新加坡教育部将思维导图列为小学必修科目，大量的 500 强企业也在学习思维导图，中国应用思维导图已有多年时间了。

思维导图是由英国著名心理学家、教育家东尼·博赞（Tony Buza）发明的。他在考察了几位创造性天才（比如达·芬奇）记笔记的方法后发现，这些天才记笔记通常是图文并茂的，这样的方法有助于更好地提高记忆力和思维能力。东尼·博赞总结出绘制思维导图的五个思维要素：

（1）中心主题。所有的思维导图都要围绕一个中心主题组成，中心主题的转变预示着思维主题的转变，多个中心主题，则构成了一个动态思维导图组，因此一个思维导图只有一个中心主题。

（2）关键词。围绕中心主题会联想到几个内容和概念，我们将这些概念和内容用词或短语来概括，就叫关键词。关键词的选择将对你后续的思维发散起到重要作用。因此我们需要对所要讨论的主题进行深入的思考和概括，关键词的选择能够反映我们对中心主题思考的准确度和清晰度。

（3）分支。通常用线条表示，我们通过线条将中心主题与关键词联系起来，放射性地向四周扩散。每一个分支代表了一个对中心主题的思考方向，分支越多，代表思考的方向越多，思考的范围越广。

（4）联系线。表示两个分支与另一个分支之间的横向联系。

（5）颜色和图像。思维导图是有颜色的、图文并茂的。可以给关键词、分支、联系线附上不同的颜色，给予不同的含义，还可以绘出不同的图案。东尼·博赞认为我们的思维是左右脑并用的，文字和图片的结合可以最优地调动左右脑的思维能力。

目前绘制思维导图可以采用机绘和手绘两种方式。东尼·博赞比较鼓励用手绘的形式进行思维导图训练，因为它能够更好地激发我们的发散思维，颜色和图案选取更加灵活。比如案例中赵巍的作品就是一个手绘的《我的梦想》，她用不同的颜色和图案表达了自己在不同的年龄阶段梦想的变化过程。但是很多同学觉得自己的绘画技术有限，又想让思维导图更加清晰明了，就可以选择用机绘。现在很多软件都可以进行思维导图设计，比如下图就是用软件做出的简易的大学生职业生涯规划思维导图。同学们可以根据以下要点，补充完成自己的职业生涯规划。

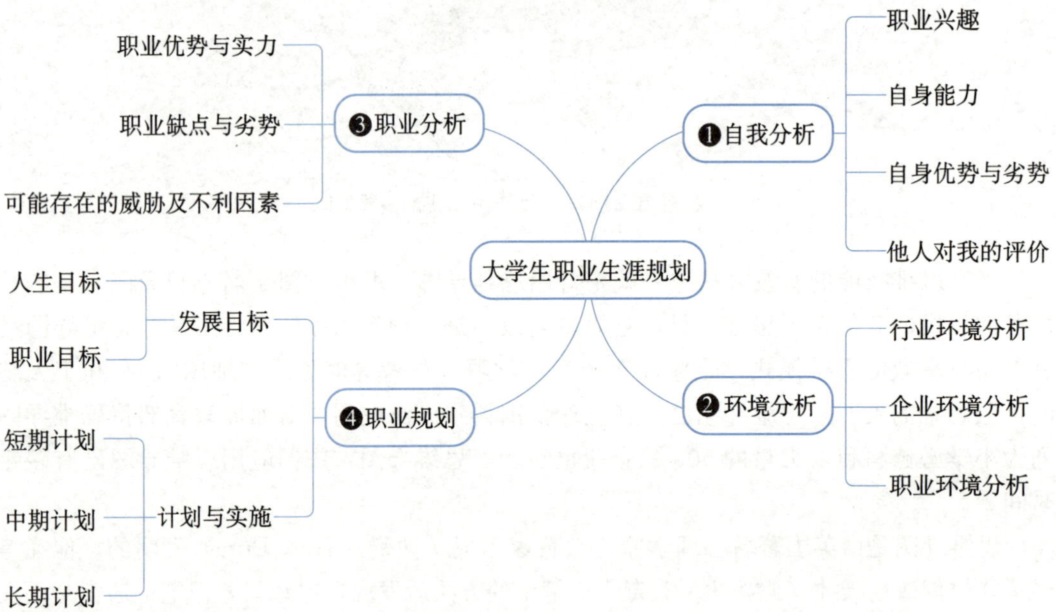

我们也可以做教材的思维导图，比如下图就是《审计》中第一章思维导图节选。

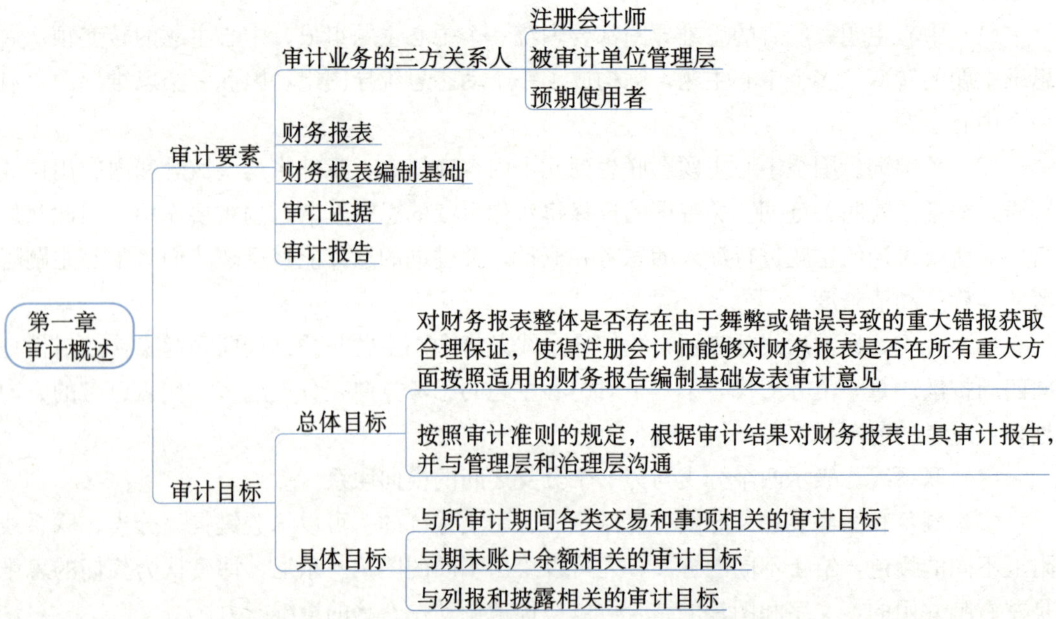

同学们课后可以根据下面这张图绘制一张属于自己的大学生活规划思维导图。

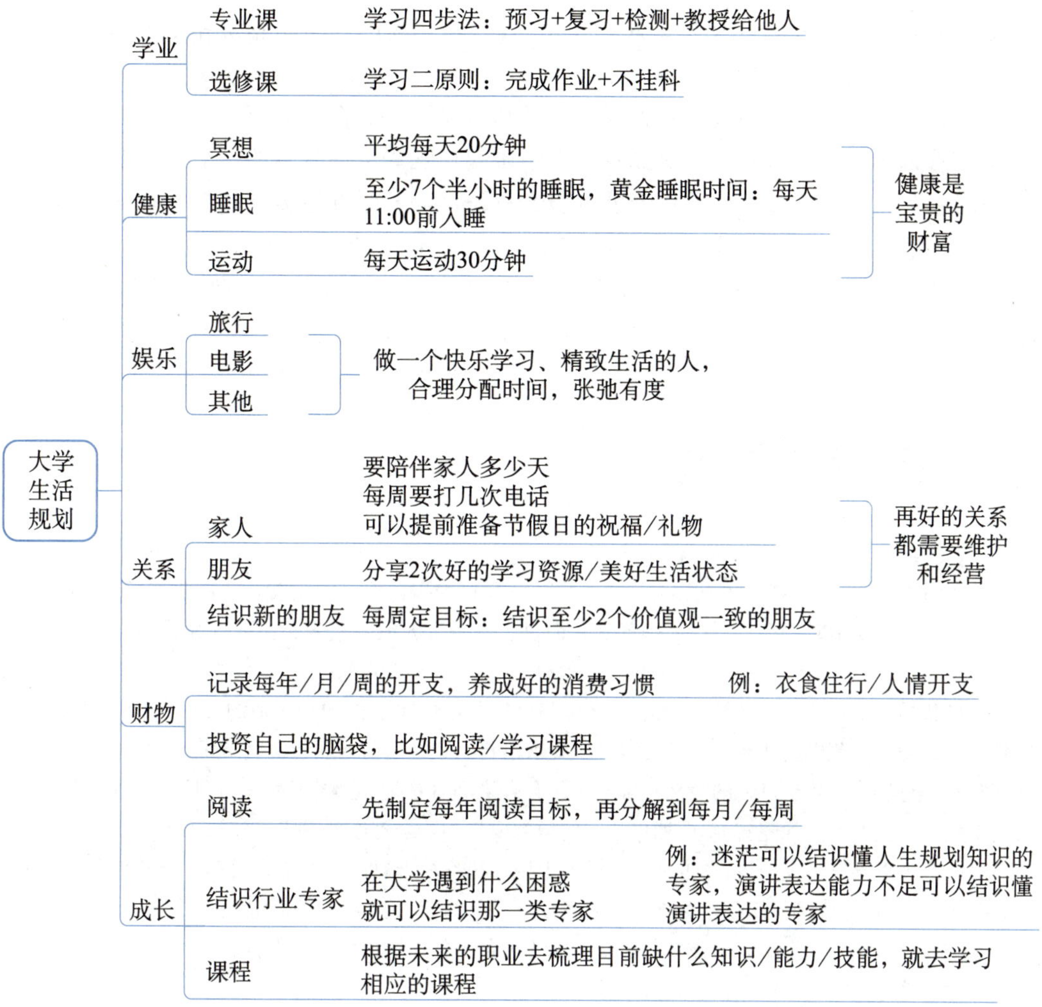

项目小结

脑力劳动和体力劳动是人类劳动发展到一定阶段出现的以支出脑力为主和以支出体力为主的固定的劳动分工形式，但在实际的劳动过程中脑力活动和体力活动是统一不可分的。作为高职大学生，我们要具有到艰苦地区和行业工作的奋斗精神，懂得空谈误国、实干兴邦的深刻道理，从生活中力所能及的事情做起，既要掌握基本的生活劳动技能、生产劳动技能、个人劳动技能，又要培养公共服务意识，提升服务性劳动技能，在面对重大疫情、灾害等危机时，能主动作为，勇于奉献。另外，还要重视新知识、新技术、新工艺、新方法的应用，提升写作技能、管理技能、决策技能、思维技能，创造性地解决实际问题。

课后思考与练习

三国时期，曹操发兵宛城时规定："大小将校，凡过麦田，但有践踏者，并皆斩首。"因此，曹操的官兵在经过麦田时，都下马用手扶着麦秆而过，没一个人敢践踏麦子。老百姓看见了，没有不称颂的。

曹操骑马正走在路上，忽然，田野里飞起一只鸟儿，惊吓了他的马。他的马一下子蹿入麦田，踏坏了一片麦子。曹操立即叫来随行的官员，要求治自己践踏麦田的罪行。官员说："怎么能给丞相治罪呢？"曹操说："我亲口说的话都不遵守，还会有谁心甘情愿地遵守呢？一个不守信用的人，怎么能统领成千上万的士兵呢？"随即抽出腰间的佩剑要自刎，众人连忙拦住。

这时，大臣郭嘉走上前说："古书《春秋》上说，法不加于尊。丞相统领大军，重任在身，怎么能自杀呢？"于是，曹操就用剑割断自己的头发说："那么，我就割掉头发代替我的头吧。"曹操又派人传令三军：丞相践踏麦田，本该斩首示众，因为肩负重任，所以割掉头发替罪。

思考：曹操割发代首对我们当代人有什么管理启发呢？

项目六 劳动权益

名人名言

1. 要健全党政主导的维权服务机制，完善政府、工会、企业共同参与的协商协调机制，健全劳动法律法规体系，为维护工人阶级和广大劳动群众合法权益提供法律和制度保障。

——习近平

2. 劳动者的组织性、纪律性、坚毅精神以及同全世界劳动者的团结一致，是取得最后胜利的保证。

——列宁

项目目标

1. 了解劳动纪律的概念，认识劳动纪律的内容与要求，树立遵守劳动纪律的自觉意识。

2. 在全面依法治国的背景下，引导学生认识劳动法规，了解《中华人民共和国劳动法》《中华人民共和国劳动合同法》等法律的重要条款规定，树立正确的劳动法治观。

3. 了解劳动保护的含义及内容，引导学生在工作中树立劳动权益保护意识。

任务一 劳动纪律

案例导学

多次旷工被解除劳动合同是否合适？

案件详情

孙某系保险公司职工，职务为保险销售，2019 年 2 月 13 日签订书面劳动合同，合同期限为 2019 年 2 月 13 日至 2022 年 2 月 12 日。自 2021 年 9 月 25 日开始，孙某的签到记录有多次空缺，至 2021 年 12 月 20 日期间仅出勤 2 天。2021 年 12 月 20 日，保险公司出具《解除劳动合同通知书》，以孙某“多次旷工，严重违反劳动纪律”为由，解除与孙某之间的劳动合同。该《解除劳动合同通知书》于 2021 年 12 月 27 日向孙某送达。2022 年 3 月 13 日孙某向仲裁委员会申请仲裁，仲裁委员会裁决：保险公司与孙某解除劳动合同行为违法，保险公司支付孙某违法解除劳动合同赔偿金 19 030 元。

保险公司不服仲裁结果，向法院提起诉讼。

法官观点

劳动者应当遵守劳动纪律。孙某与保险公司之间建立了劳动关系，其未履行请假手续，长期不出勤，违反基本的劳动纪律，保险公司在履行了相应的审批手续后解除与孙某的劳动关系，符合法律规定，孙某要求保险公司支付违法解除劳动合同经济赔偿金，依据不足，依法不予支持。

劳动纪律是劳动者在劳动过程中应遵守的基本行为准则和规范。我国《宪法》明确规定，中华人民共和国公民必须遵守宪法和法律，保守国家秘密，爱护公共财产，遵守劳动纪律，遵守公共秩序，尊重社会公德。

任务目标

知识目标：理解劳动纪律的概念，了解劳动纪律的形成及历史发展。

能力目标：掌握劳动纪律的内容与要求，为将来的职业发展打下基础。

素质目标：通过学习，让学生明白劳动纪律的重要性及意义，进而牢固树立遵守劳动纪律的自觉意识。

认知学习

一、劳动纪律的概念

纪律是指政党、机关、部队、团体、企业等为了维护集体利益并保证工作的正常进行而制定的要求每个成员都遵守的规章、条文。劳动纪律是指人们在共同劳动过程中，为取得行动一致，保证生产过程实现所必须遵守的行为准则。劳动纪律是人们从事社会劳动的必要条件。不论在任何生产方式下，只要进行共同劳动，就必须有劳动纪律。否则，集体生产便无法进行。在不同的社会制度下，劳动纪律的社会性质是不相同的。农奴制的劳动纪律是靠棍棒维持的；资本主义的劳动纪律是靠饥饿威胁维持的；社会主义的劳动纪律是劳动者共同利益和意志的体现，主要靠广大劳动者的高度自觉性，辅以强制性加以维持。

在社会主义制度下，由于建立了生产资料的公有制，消灭了人剥削人的现象，因此从根本上改变了劳动者在生产过程中的地位。在这里，劳动者是生产过程的主人，他们不再为剥削者当牛做马，而是为自己、为自己的阶级、为自己的国家进行劳动。与此相适应，劳动纪律的性质也发生了根本的变化。社会主义的劳动纪律体现着工人和农民的共同利益，它再也不是来自外部的一种强制力量，而是劳动者为了把集体生产搞好而自觉建立的。正因为是劳动者自己建立的，所以这种劳动纪律便自然地为劳动者所乐于遵守和认真执行。社会主义的劳动纪律是人类历史上最新型的劳动纪律。

社会主义的劳动纪律仍然带有一定的强制性，对于违反劳动纪律的行为，必须进行教育，甚至给予相应处罚。如果不遵守劳动纪律，任意违反，就等于没有纪律，必然会从根本上损害劳动者的利益。为了社会主义革命和社会主义建设事业的顺利发展，必须不断地巩固和加强社会主义的劳动纪律。

二、劳动纪律的内容与要求

（一）劳动纪律的内容

劳动纪律是用人单位制定的规范和约束劳动者劳动及相关行为的规则。劳动纪律是用人单位为形成和维持生产经营秩序，保证劳动合同得以履行，要求全体员工在集体劳动、工作、生活过程中，以及与劳动、工作紧密相关的其他过程中必须共同遵守的规则。劳动纪律的目的是保证生产、工作的正常运行；劳动纪律的本质是全体员工共同遵守的规则；劳动纪律的作用是实施于集体生产、工作、生活的过程之中。

（二）劳动纪律的要求

劳动纪律主要涉及劳动合同管理、考勤与休假、生产与工作、奖励与惩罚等方面。劳动纪律的要求包括以下内容：

（1）严格履行劳动合同及违约应承担的责任。

（2）按规定的时间、地点到达工作岗位，按要求请休事假、病假、年休假、探亲假等。

（3）根据生产、工作岗位职责及规则，保质、保量完成工作任务。

（4）严格遵守技术操作规程和安全卫生规程。

（5）节约原材料、爱护用人单位的财产和物品。

（6）保守用人单位的商业秘密和技术秘密。

（7）遵纪奖励与违纪惩罚规则。

（8）与劳动、工作紧密相关的规章制度及其他规则。

三、劳动者应该严格遵守劳动纪律

当今生产的社会化程度越来越高，对遵守劳动纪律的要求也就越来越严格。劳动纪律是保证生产工作正常进行、提高劳动生产率和工作效率的必要条件，也是保护劳动者安全健康状况的必要条件。一个纪律涣散的集体，不可能有严格的安全操作规程，不可能有严密的安全监督机制，这会直接威胁劳动者的生命安全与健康。遵守劳动纪律既是为集体利益和国家利益着想，也是对自己的利益负责。劳动者应当遵守劳动纪律。

员工遵守劳动纪律具有必要性。首先，所谓“没有规矩，不成方圆”，因为有纪律，我们才有秩序，各项工作才能得以开展。也就是说劳动纪律是工作作风的重要内容。加强劳动纪律，目的是扭转我们的工作作风。说到底就是平时我们在工作、生活中表现出来的综合素质、精神面貌和人格品质。其次，这是法律给予用人单位的权利，可以通过制定规章制度约束员工，否则用人单位就难以有良好的秩序运转。这也是员工的义务，只有这样才能保障自己的权益，且不侵犯他人的权益。当然，如果用人单位的规章制度违反法律法规，严重侵害了员工利益，也是无效的。最后，遵守用人单位规章制度是保证用人单位有序发展的重要前提。在工作中，要熟读员工手册及规章制度，并且要自觉遵守用人单位的各项规章制度，只有这样才能避免因违规而给公司造成损失，最终影响自己的职业发展。

任务二　劳动法规

案例导学

下班途中被车撞倒受伤，未签劳动合同该如何认定赔偿责任？

案件详情

2021年11月，林某与某鞋厂签订入职表，进入该厂从事裁剪工作，但双方并未签订书面劳动合同，该工厂也没有为林某缴纳社会保险。双方约定，按件计算工资，林某需每日打卡上下班。

2021年12月，林某下班后骑电动车回家，回家途中被杨某驾驶的小型轿车撞倒致伤。事故发生后，林某为获取工伤赔偿，向劳动人事争议仲裁委员会申请劳动仲裁，请求确认其与该鞋厂间的劳动关系。被劳动人事争议仲裁委员会裁决驳回后，林某诉至××县人民法院。

法院经审理认为，虽然林某与该鞋厂之间没有签订书面劳动合同，但林某从事的却是该鞋厂安排的有报酬的劳动，其工作时间亦与该鞋厂其他员工一致。林某受用人单位工作时间、工作制度的约束；林某从事的裁剪工作，系该鞋厂业务的组成部分。尽管该鞋厂抗辩林某系在鞋厂学习，但未提供证据证明林某不受该鞋厂制度的约束，因此，法院判决林某与该鞋厂之间的关系符合劳动法律关系的构成要件，双方成立劳动合同关系。

法官观点

在未签订书面劳动合同的情况下，认定劳动关系的存在是维护劳动者合法权益的前提条件。在用人单位和劳动者符合法律法规规定的主体资格的前提下，认定劳动关系通常有双方主体具有隶属性、用人单位提供基本的劳动条件两个基本标准，以及劳动者提供的劳动是用人单位业务的有机组成部分、用人单位向劳动者支付劳动报酬两个辅助标准。

案件中，由于林某与该鞋厂并未签订书面劳动合同，故可以从该鞋厂的用工主体资格、林某所从事的工作内容等方面认定双方是否存在劳动关系。该鞋厂作为合法注册的企业，具有用工的主体资格，其经营的范围为运动鞋及休闲鞋的设计、生产和制造。从林某的工作内容看，林某接受该鞋厂的劳动管理、听从该鞋厂的工作安排，以该鞋厂的名义提供劳动、上下班打卡签到，其工作行为遵照该鞋厂的管理规定执行，从事该鞋厂安排的有报酬的劳动。从林某的工作特点看，林某提供的裁剪劳动是被告鞋厂业务的重要组成部分，双方具备劳动关系的构成要件，存在劳动关系。

劳动关系的认定是获取工伤赔偿的前提条件，劳动合同是证明建立规范劳动关系的书面载体。签订正式的劳动合同，不仅可以维护企业的合法权益，也能够避免劳动者陷入维权困境。用人单位及劳动者都应该增强法律意识，及时规范签订书面劳动合同，并在日常工作中注意留存工资支付凭证、缴纳各项社会保险费记录等证据，一旦发生劳动争议，可以有效维权。

任务目标

知识目标： 了解生活中常见的劳动法规，理解《中华人民共和国劳动法》《中华人民共和国劳动合同法》《中华人民共和国劳动争议调解仲裁法》《中华人民共和国社会保险法》《工伤保险条例》等劳动法规的重要条款规定。

能力目标：能运用掌握的劳动法规的内容分析处理劳动纠纷，预防和化解矛盾，促进自我职业发展。

素质目标：通过学习劳动法规，让学生认识到掌握基本的劳动法规的重要性及意义，树立遵法、学法、守法、用法的法治观。

认知学习

党的二十大报告深刻阐述了全面依法治国的重大意义，强调在法治轨道上全面建设社会主义现代化国家。提出“健全劳动法律法规，完善劳动关系协商协调机制，完善劳动者权益保障制度，加强灵活就业和新就业形态劳动者权益保障”，这些深刻论述及其丰富内涵为我国劳动法律制度发展明确了目标和方向。

健全劳动法律法规，要求我国的劳动法律制度在中国式现代化发展中不断丰富和完善。要积极回应经济社会发展带来的劳动关系新问题，及时完善法律制度，发挥劳动法律制度在构建和谐劳动关系、保障劳动者合法权益等方面的重要作用。

一、《中华人民共和国劳动法》

《中华人民共和国劳动法》于1994年7月5日由第八届全国人民代表大会常务委员会第八次会议通过，自1995年1月1日起施行。后根据2009年8月27日第十一届全国人大常委会第十次会议《关于修改部分法律的决定》第一次修正，根据2018年12月29日第十三届全国人大常委会第七次会议《关于修改〈中华人民共和国劳动法〉等七部法律的决定》第二次修正。

劳动法共十三章一百零七条，分别对促进就业、劳动合同和集体合同、工作时间和休息休假、工资、劳动安全卫生、女职工和未成年工特殊保护、职业培训、社会保险和福利、劳动争议、用人单位的监督检查和法律责任等方面做出规定，保护劳动者的合法权益，调整劳动关系，建立和维护适应社会主义市场经济的劳动制度，促进经济发展和社会进步。《中华人民共和国劳动法》要点如下：

（一）促进就业，强调平等就业

《劳动法》明确规定，劳动者就业，不因民族、种族、性别、宗教信仰不同而受歧视。妇女享有与男子平等的就业权利，在录用职工时，除国家规定的不适合妇女的工种或者岗位外，用人单位不得以性别为由拒绝录用妇女或者提高对妇女的录用标准。这是《劳动法》对劳动者享有平等就业和选择职业权利规定的体现。此外《劳动法》明确规定，国家鼓励企业、事业组织、社会团体在法律、行政法规规定的范围内兴办产业或者拓展经营，增加就业机会，支持劳动者自愿组织起来就业和从事个体经营实现就业。

（二）工作时间和休息休假

《劳动法》明确了劳动者的工作时间，实行每日工作不超过八小时、平均每周工作时间不超过四十四小时的工时制度，同时规定，用人单位应当保证劳动者每周至少休息一日，并应当在法律规定的节日期间依法安排劳动者休假。当用人单位由于生产经营需要延长工作时间时，需经与工会和劳动者协商，一般每日不得超过一小时，因为特殊原因需要延长工作时间的，在保障劳动者身体健康的条件下延长工作时间，每日不得超过三小时，每月不得超过三十六小时，并且用人单位应当根据法律规定对于延长工作时间的劳动者支付高于劳动者正常工作时间工资的工资报酬。

（三）工资

《劳动法》规定，劳动者工资分配应当遵循按劳分配原则，实行同工同酬。国家实行最低工资保障制度，用人单位支付劳动者的工资不得低于当地最低工资标准，工资应当以货币形式按月支付，劳动法明确规定，不得克扣或无故拖欠劳动者的工资。

（四）劳动安全卫生

《劳动法》规定，用人单位必须建立、健全劳动安全卫生制度，严格执行国家劳动安全卫生规程和标准，对劳动者进行劳动安全卫生教育，防止劳动过程中的事故，减少职业危害。用人单位必须为劳动者提供符合国家规定的劳动安全卫生条件和必要的劳动防护用品，对从事有执业危害作业的劳动者应当定期进行健康检查。同时，《劳动法》赋予劳动者拒绝、批评、检举和控告的权利，劳动者对用人单位管理人员违章指挥、强令冒险作业有权拒绝执行，对危害生命安全和身体健康的行为，有权提出批评、检举和控告。

（五）女职工和未成年工特殊保护

《劳动法》明确国家对女职工和未成年工实行特殊劳动保护，并明确未成年工是指年满十六周岁未满十八周岁的劳动者，禁止用人单位招用未满十六周岁的未成年人。《劳动法》明确禁止安排女职工从事矿山井下、国家规定的第四级体力劳动强度的劳动和其他禁忌从事的劳动，并规定用人单位不得安排女职工在经期、怀孕期间、哺乳未满一周岁婴儿期间从事国家规定的第三级体力劳动强度的劳动，且女职工生育应当享受不少于九十天的产假。用人单位不得安排未成年工从事矿山井下、有毒有害、国家规定的第四级体力劳动强度的劳动，并应当对未成年工定期进行健康检查。

（六）职业培训、社会保险和福利

国家确定职业分类，对规定的职业制定职业技能标准，实行职业资格证书制度，由经备案的考核鉴定机构负责对劳动者实施职业技能考核鉴定。《劳动法》规定，用人单位应当建立职业培训制度，按照国家规定提取和使用职业培训经费，并根据本单位实际，有计划地对劳动者进行培训，从事技术工种的劳动者，上岗前必须经过培训。

（七）劳动争议

《劳动法》规定了用人单位与劳动者发生劳动争议时的处理方式，当事人可以依法申请调解、仲裁、提起诉讼，也可以协商解决。劳动争议经调解达成协议的，当事人应当履行。因为签订集体合同发生争议，当事人协商解决不成的，当地人民政府劳动行政部门可以组织有关各方协调处理。

（八）对用人单位的监督检查

《劳动法》明确规定，县级以上各级人民政府劳动行政部门依法对用人单位遵守劳动法律、法规的情况进行监督检查，对违反劳动法律、法规的行为有权制止，并责令改正，任何组织和个人对于违反劳动法律、法规的行为有权检举和控告。

（九）用人单位的法律责任

《劳动法》中明确了用人单位应当承担的赔偿责任。用人单位侵害劳动者的合法权益，克扣或者无故拖欠劳动者工资的，拒不支付劳动者延长工作时间工资报酬的、低于当地最低工资标准支付劳动者工资的，解除劳动合同后未依照法律规定给予劳动者经济补偿的，劳动行政部门应当责令其支付劳动者的工资报酬、经济补偿，并可责令支付赔偿金。用人单位违反法律规定对女职工或者未成年工造成损害的，由于用人单位原因订立的无效合同，对劳动者造成损害的，用人单位违反本法规定的条件解除劳动合同或者故意拖延不订立劳动合同，对劳动者造成损害的，应当承担赔偿责任。同时劳动者违反法律规定的条件解除劳动合同或者违反劳动合同中约定的保密事项，对用人单位造成经济损失的，应当依法承担赔偿责任。此外，对于用人单位违反法律规定，构成犯罪的，应当依法追究刑事责任。

问题卡片

1. 用人单位在试用期满后与员工签订劳动合同是否合法？
2. 用人单位是否有权随意调换员工工作岗位？

二、《中华人民共和国劳动合同法》

案例

雇主单方解除劳动合同 法院判定支付两倍经济赔偿金

2017 年 3 月，王某入职某店从事销售工作，双方未签订书面劳动合同，某店也未替王某缴纳社会保险。2019 年 3 月 27 日，王某以保胎为由，向某店请假 10 天。假满后，王某未到该店上班，该店遂以王某旷工为由解除与王某的劳动关系。

此后，王某向当地劳动仲裁委提起仲裁，要求某店支付 2019 年 4 月至 2021 年 1 月工资 96 616.74 元、生育医疗费用 9 992.5 元、不与劳动者签订无固定期限劳动合同的双倍工资 92 225.07 元、违法解除劳动关系的经济赔偿金 35 133.36 元等，并为其补办社保和医保。2021 年 1 月，劳动仲裁委做出裁决：某店支付王某工资 961.42 元及经济赔偿金 16 728.68 元，驳回王某的其他仲裁请求。王某不服仲裁，诉诸法院，提出如前之诉。

法院另查明，某店于 2019 年 4 月 19 日发放王某最后一笔工资，王某离职前 12 个月的月平均工资为 4 182.17 元。

法院审理后认为，原告王某与被告某店自 2017 年 3 月起存在事实劳动关系。因原告自 2019 年 4 月 5 日后未到被告某店处工作，且被告某店认可其在 2019 年 4 月已解除与原告王某的劳动关系，故法院认定双方已于 2019 年 4 月 5 日解除劳动关系，被告某店应当向原告支付 2019 年 4 月 1 日至 4 月 5 日工资 961.42 元。被告某店未能提供证据予以证明原告有严重违反其规章制度的行为，故被告某店单方解除与原告的劳动关系，属于违法解除劳动合同，应两倍向劳动者支付经济赔偿金。原告在被告某店工作已达 2.5 年，被告某店应支付经济赔偿金 20 910.85 元。其他诉讼请求于法不符，不予支持。法院据此依法做出上述判决。

《中华人民共和国劳动合同法》是为了完善劳动合同制度，明确劳动合同双方当事人的权利和义务，保护劳动者的合法权益，构建和发展和谐稳定的劳动关系而制定的法律。2007 年 6 月 29 日第十届全国人民代表大会常务委员会第二十八次会议通过《劳动合同法》，于 2008 年 1 月 1 日起施行。2012 年 12 月 28 日，第十一届全国人民代表大会常务委员会第三十次会议通过《全国人民代表大会常务委员会关于修改〈中华人民共和国劳动合同法〉的决定》，自 2013 年 7 月 1 日起施行。《劳动合同法》共分 8 章 98 条，包括：总则、劳动合同的订立、劳动合同的履行和变更、劳动合同的解除和终止、特别规定、监督检查、法律责任和附则。

《劳动合同法》力求推动书面劳动合同的订立，促进用人单位及时足额支付劳动报酬；对劳务派遣进行立法规制；对试用期、保密及竞业限制、未明确规定劳动报酬及劳动条件时的处理、解除劳动合同时经济补偿的支付以及非全日制用工等制度进行了补充和完善。《劳动合同法》要点解读如下：

（一）劳动合同

劳动合同是劳动者与用人单位确立劳动关系、明确双方权利和义务的协议。

（二）劳动合同法适用范围

劳动合同法的具体适用范围包括：（1）企业；（2）个体经济组织；（3）民办非企业单位等组织；（4）与劳动者建立劳动关系的国家机关、事业单位、社会团体；（5）与上述组织建立劳动关系的劳动者，包括非全日制用工和劳务派遣工。

《劳动合同法》是规范用人单位与劳动者之间订立劳动合同的法律规范，目前家庭雇工、兼职人员、返聘的离退休人员暂不适用《劳动合同法》。

（三）用人单位规章制度对劳动者有约束力

用人单位依照法定程序制定、内容不违反法律法规并向本单位职工公示使其知悉的规章制度，对本单位以及本单位的劳动者具有约束力，本单位以及本单位劳动者应当遵守。

（四）劳动关系的建立

劳动者和用人单位建立劳动关系是以劳动者为用人单位提供劳动为依据的，只要劳动者向用人单位提供了劳动，双方之间即建立了劳动关系，该劳动关系将受到法律的保护。

（五）建立劳动关系后，应订立书面劳动合同

劳动者与用人单位一经建立劳动关系，就应订立书面劳动合同，如果用人单位没有在

建立劳动关系之日与劳动者订立书面劳动合同，只要在自用工之日起1个月内订立了书面劳动合同，就不属于违法行为。

（六）劳动合同的种类

根据劳动合同期限的不同，劳动合同分为固定期限劳动合同、无固定期限劳动合同和以完成一定工作任务为期限的劳动合同。

（七）劳动合同的内容

劳动合同的必备条款应包括：（1）用人单位的名称、住所和法定代表人或者主要负责人；（2）劳动者的姓名、住址和居民身份证或者其他有效身份证件号码；（3）劳动合同期限；（4）工作内容和工作地点；（5）工作时间和休息休假；（6）劳动报酬；（7）社会保险；（8）劳动保护、劳动条件和职业危害防护；（9）法律、法规规定应当纳入劳动合同的其他事项。

（八）劳动合同除必备条款外，还可以有约定的条款

劳动合同除必备条款外，用人单位与劳动者还可以约定试用期、培训、保守秘密、补充保险和福利待遇等其他事项。除培训和保守秘密事项外，用人单位与劳动者不得约定由劳动者承担违约金的情况。

（九）劳动合同解除

劳动合同的解除分为三种，即双方协商解除劳动合同、劳动者单方解除劳动合同和用人单位单方解除劳动合同。

（十）劳动合同终止

劳动合同终止的情形：（1）劳动合同期满的；（2）劳动者开始依法享受基本养老保险待遇的；（3）劳动者死亡，或者被人民法院宣告死亡或者宣告失踪的；（4）用人单位被依法宣告破产的；（5）用人单位被吊销营业执照、责令关闭、撤销或者用人单位决定提前解散的；（6）法律、行政法规规定的其他情形。

问题卡片

1. 劳动关系从何时建立？
2. 用人单位可以扣押劳动者的身份证等证件吗？
3. 建立劳动关系应当以什么形式订立劳动合同？

三、《中华人民共和国劳动争议调解仲裁法》

我国现行劳动争议处理程序，通常概括为“一调一裁两审”。2008年5月1日实施的《劳动争议调解仲裁法》共四章五十四条，以公正及时解决劳动争议、构建和谐稳定的劳动关系为宗旨，对劳动争议调解仲裁制度做出规定。这部法律的公布实施，对于保障劳动关系当事人的合法权益，维护社会稳定，促进社会和谐发挥着重要作用。

劳动争议是指劳动关系当事人因劳动权利义务发生分歧引起的争议。在劳动关系存续期间，出现劳动争议在所难免；能够及时解决，符合当事人的根本利益，不能及时解决，必然影响劳动关系和谐，甚至引发社会问题。劳动争议调解仲裁法的任务，就是为公正及时解决劳动争议，保护当事人的合法权益，促进劳动关系的和谐稳定提供法律依据和保障。该法确立了若干重要制度，解读如下。

（一）劳动争议调解仲裁的受案范围

中华人民共和国境内的用人单位与劳动者适用劳动争议仲裁法的受案范围：（1）因确认劳动关系发生的争议；（2）因订立、履行、变更、解除和终止劳动合同发生的争议；（3）因除名、辞退和辞职、离职发生的争议；（4）因工作时间、休息休假、社会保险、福利、培训以及劳动保护发生的争议；（5）因劳动报酬、工伤医疗费、经济补偿或者赔偿金等发生的争议；（6）法律、法规规定的其他劳动争议。

上面提到的用人单位和劳动者的范围，是指境内企业、个体经济组织、民办非企业单位等组织及其劳动者，也包括国家机关、事业单位、社会团体和与其建立劳动关系的劳动者。

对劳务派遣用工、学生兼职、个人代理、岗位外包、特殊劳动关系等都可能纳入其中。劳务派遣单位或者用工单位与劳动者发生劳动争议的，劳务派遣单位和用工单位为共同当事人，对于劳务派遣情形下的劳动争议当事人予以了明确。事业单位实行聘用制的工作人员与本单位发生劳动争议的，依照《劳动争议调解仲裁法》执行；法律、行政法规或者国务院另有规定的，依照其规定。

（二）劳动争议调解仲裁的举证责任倒置

发生劳动争议，当事人对自己提出的主张，有责任提供证据。与争议事项有关的证据属于用人单位掌握管理的，用人单位应当提供；用人单位不提供的，应当承担不利后果。劳动者无法提供由用人单位掌握管理的与仲裁请求有关的证据，仲裁庭可以要求用人单位在指定期限内提供。用人单位在指定期限内不提供的，应当承担不利后果。

通常情况下，劳动者提起劳动仲裁或诉讼，首先要证明自己与用人单位存在劳动关系，即确认劳动关系的存在。但现实中，用人单位往往掌握证据又不提供，如劳动合同、职工名册等，劳动者难以证明劳动关系的存在。为合理分配举证责任，《劳动争议调解仲裁法》做出了举证倒置的规定，这些规定是专门针对用人单位有证据不提供而制定的，将有效遏制用人单位的恶意行为。同时，如用人单位掌握的证据发生灭失、毁损等情形的，用人单位也要承担不利后果。

（三）劳动争议着重调解原则

解决劳动争议，应当根据事实，遵循合法、公正、及时、着重调解的原则，依法保护当事人的合法权益。

合法原则就是依法解决劳动争议，包括依法认定事实，准确适用法律，严格执行法定调解和仲裁程序等。

公正原则就是公平正直，合法合理，是非清楚，赏罚分明，不偏袒任何人，得到社会上大多数人的承认。

及时原则就是通过制度设计和制度的贯彻执行及时解决争议，尽快恢复和谐的劳动关系。

着重调解原则就是重视采取调解方式解决争议，力争把纠纷解决在调解阶段，即使进入仲裁程序，在做出裁决前也应当先行调解。上述原则充分体现在法律确立的各项制度之中，在适用法律解决争议时，应当自觉贯彻这些原则，正确适用法律，公平合理地解决争议。

（四）劳动争议调解组织

发生劳动争议，当事人可以到下列调解组织申请调解：（1）企业劳动争议调解委员会；（2）依法设立的基层人民调解组织；（3）在乡镇、街道设立的具有劳动争议调解职能的组织。

在乡镇、街道设立的具有劳动争议调解职能的组织是指区域性、行业性劳动争议调解组织。调解渠道的拓宽，既能够有效利用社会资源，也能够弥补大量非公有制企业缺少调解组织的不足。

（五）劳动争议特殊调解协议可以申请支付令

仲裁庭对追索劳动报酬、工伤医疗费、经济补偿或者赔偿金的案件，根据当事人的申请，可以裁决先予执行，移送人民法院执行。

因支付拖欠劳动报酬、工伤医疗费、经济补偿或者赔偿金事项达成调解协议，用人单位在协议约定期限内不履行的，劳动者可以持调解协议书依法向人民法院申请支付令。依照这个规定和民事诉讼法的有关规定，人民法院发出支付令后，用人单位应当在十五日内履行支付令，或者向人民法院提出书面异议。用人单位未提出书面异议又不履行支付令的，劳动者可以向人民法院申请执行；用人单位提出书面异议的，劳动者可以起诉，也可以申请仲裁。

（六）劳动争议仲裁管辖合同履行地优先，便利当事人仲裁

劳动争议仲裁委员会负责管辖本区域内发生的劳动争议。劳动争议由劳动合同履行地或者用人单位所在地的劳动争议仲裁委员会管辖。双方当事人分别向劳动合同履行地和用人单位所在地的劳动争议仲裁委员会申请仲裁的，由劳动合同履行地的劳动争议仲裁委员会管辖。

该规定尊重了当事人的选择权，但当用人单位所在地与劳动合同履行地发生管辖冲突时，赋予了劳动合同履行地管辖优先的地位，既方便劳动者提起仲裁，也有利于查清案件事实、及时裁决。劳动合同履行地不明确的，由用人单位所在地的基层人民法院管辖。法律另有规定的，依照其规定。

（七）劳动争议仲裁时效

劳动争议申请仲裁的时效期间为一年。仲裁时效期间从当事人知道或者应当知道其权利被侵害之日起计算。如果因当事人一方向对方当事人主张权利，或者向有关部门请求权

利救济，或者对方当事人同意履行义务而中断，从中断时起，仲裁时效期间重新计算。如果因不可抗力或者有其他正当理由，当事人不能在规定的仲裁时效期间申请仲裁的，仲裁时效中止。从中止时效的原因消除之日起，仲裁时效期间继续计算。在劳动关系存续期间因拖欠劳动报酬发生争议的，劳动者申请仲裁不受规定的仲裁时效期间的限制；但是，劳动关系终止的，应当自劳动关系终止之日起一年内提出。也就是说，只要劳动者没有离开用人单位，双方劳动关系存续，无论用人单位拖欠工资多久都可以要回来。

劳动报酬争议则可以延长至劳动关系终止后一年。

（八）劳动争议仲裁审理期限

当事人向仲裁委员会提交仲裁申请之日起 5 日内，劳动争议仲裁委员会应决定是否受理；决定受理的，应当自受理仲裁申请之日起 45 日内结束；案情复杂需要延期的，经劳动争议仲裁委员会主任批准，可以延期并书面通知当事人，但是延长期限不得超过 15 日。因此，从仲裁委员会决定受理，到在法定时间内做出裁决，仲裁审理期限一般为 45 日，最长为 60 日。

（九）劳动争议仲裁一裁终局的适用

一裁终局制度规定适用一裁终局的案件，裁决书自做出之日起发生法律效力。终局体现在裁决书一经发生法律效力，无论是否提起诉讼，当事人就要执行裁决，否则可以申请强制执行。

劳动者对一裁终局案件不服的，可自收到仲裁裁决书之日起 15 日内向人民法院提起诉讼。用人单位有证据证明一裁终局案件的裁决有法定情形的，可以自收到仲裁裁决书之日起 30 日内向劳动争议仲裁委员会所在地的中级人民法院申请撤销裁决。

（十）劳动争议仲裁不收费

劳动争议仲裁委员会的经费由财政予以保障，这样可以直接减轻劳动者的维权经济负担。

问题卡片

1. 除了《劳动争议调解仲裁法》规定的以外，还有哪些属于劳动争议范围？
2. 除了《劳动争议调解仲裁法》规定的以外，还有哪些不属于劳动争议范围？

四、《中华人民共和国社会保险法》

社会保险是社会保障制度最重要的组成部分，《中华人民共和国社会保险法》是关系国计民生的重要法律，于 2010 年 7 月 1 日正式施行。该法共十二章九十八条。该法的实施，通过确定国家、用人单位和个人在社会保险制度中的权利和义务，有利于矫正初次分配的不公，体现效率和公平，使个人分享国家和社会的财富，共享改革发展的成果。该法对于规范社会保险关系，保障全体公民共享发展成果，维护社会和谐稳定，具有十分重要的意义。

国家建立基本养老保险、基本医疗保险、工伤保险、失业保险、生育保险等社会保险制度，保障公民在年老、疾病、工伤、失业、生育等情况下依法从国家和社会获得物质帮助的权利。首次确立了社会保险制度基本框架，以法律形式确立了我国覆盖城乡全体居民的社保体系。明确了国家建立以基本养老保险、基本医疗保险、失业保险、工伤保险、生育保险五大保险制度，对确立基本养老保险关系转移接续制度等做出规定。

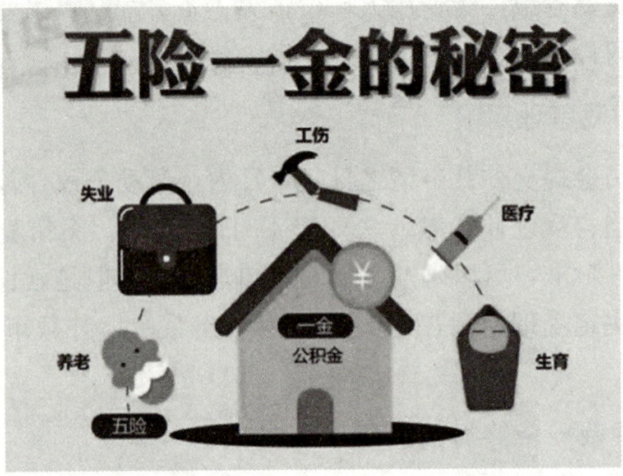

其中，基本养老保险制度和基本医疗保险制度已经覆盖城乡全体居民。即用人单位及其职工应当参加职工基本养老保险和职工基本医疗保险；无雇工的个体工商户、未在用人单位参加社会保险的非全日制从业人员以及其他灵活就业人员可以参加职工基本养老保险和职工基本医疗保险；农村居民和城镇未就业的居民可以参加城乡居民社会养老保险和城乡居民基本医疗保险。

工伤保险、失业保险和生育保险制度要求覆盖所有用人单位及其职工。

按照社会保险法的规定，被征地农民按照国务院规定纳入相应的社会保险制度；在中国境内就业的外国人，也应当参照这部法律参加我国的社会保险。

尤其值得关注的是，该法对流动人口养老、医疗、工伤等保障做出了明确规定，并对用人单位和相关政府部门职责做出规范。

（一）基本养老保险

参加基本养老保险的个人，达到法定退休年龄时累计缴费满十五年的，按月领取基本养老金。

参加基本养老保险的个人，达到法定退休年龄时累计缴费不足十五年的，可以缴费至满十五年，按月领取基本养老金；也可以转入新型农村社会养老保险或者城镇居民社会养老保险，按照国务院规定享受相应的养老保险待遇。即缴费不足十五年，可续、可转、可退。

个人账户不得提前支取，记账利率不得低于银行定期存款利率，免征利息税。个人死亡的，个人账户余额可以继承。个人跨统筹地区就业的，其基本养老保险关系随本人转移，缴费年限累计计算。个人达到法定退休年龄时，基本养老金分段计算、统一支付。这保障了个人跨地区就业的养老保险费用转移问题，使参加养老保险制度比较晚的劳动者、缴费不连续的农民工、灵活就业人员等因此实现老有所养，也提高了个人再就业的信心。

要点解读：

缴费满十五年是享受基本养老保险待遇的最低门槛。只要与用人单位建立了劳动关系，用人单位就应按规定缴费，而不是最长年度为十五年。

职工达到法定退休年龄但缴费不足十五年的，如果不愿意延长缴费，也不愿意转入新型农村社会养老保险或者城镇居民社会养老保险的，个人可以书面申请终止职工基本养老保险关系。社会保险经办机构收到申请后，会书面告知其转入新型农村社会养老保险或者城镇居民社会养老保险的权利以及终止职工基本养老保险关系的后果，经本人书面确认后，终止其职工基本养老保险关系，并将个人账户储存额一次性支付给本人。

参保人需要注意的是，养老保险个人账户资金是职工工作期间为退休后养老积蓄的资金，是基本养老保险待遇的重要组成部分，因此退休前个人不得提前支取，如果提前支取，职工退休后的养老保险待遇就无法保障。

（二）基本医疗保险

参加职工基本医疗保险的个人，达到法定退休年龄时累计缴费达到国家规定年限的，退休后不再缴纳基本医疗保险费，按照国家规定享受基本医疗保险待遇；未达到国家规定年限的，可以缴费至国家规定年限。

要点解读：

目前，国家对最低缴费年限尚无统一规定，由各统筹地区根据本地情况自行确定，一般为男职工三十年，女职工二十五年。退休时累计缴费需达到国家规定年限。

（三）失业保险

失业人员在领取失业保险金期间，参加职工基本医疗保险，享受基本医疗保险待遇。即失业人员应当缴纳的基本医疗保险费从失业保险基金中支付，个人不缴纳基本医疗保险费。

要点解读：

如果失业期间生病了，不仅可以领到失业保险金，而且同样可以享受医疗保险。失业保险基金所支付的基本医疗保险费包括个人应当缴纳的部分和用人单位应当缴纳的部分，统筹地区可以对缴费标准等做出具体规定。

（四）生育保险

用人单位已经缴纳生育保险费的，其职工享受生育保险待遇；职工未就业配偶按照国家规定享受生育医疗费用待遇。所需资金从生育保险基金中支付。

要点解读：

享受生育保险待遇的范围包括参保的职工以及参保职工的未就业配偶。这意味着即使女方没有工作，只要丈夫参保，同样可以报销生育医疗费用。

生育保险待遇包括生育医疗费用和生育津贴。其中生育医疗费用包括女职工因怀孕、生育发生的检查费、接生费、手术费、住院费、药费和计划生育手术费。生育津贴是指根据国家法律、法规规定对职业妇女因生育而离开工作岗位期间，给予的生活费用。在实行生育保险社会统筹的地区，由生育保险基金按本单位上年度职工月平均工资的标准支付，支付期限一般与产假期限一致，不少于 90 天。

注：部分改革试点地区将生育保险与医疗保险并轨，五险合为四险。

问题卡片

1. 流动人口跨地区就业，医疗保险怎么办？
2. 哪些灵活就业人员可以参加职工基本医疗保险？
3. 医疗费用什么情况下可以获得先行支付？
4. 流动人员的工伤保险待遇如何保障？
5. 养老人员异地参保如何保障？

五、《工伤保险条例》等法律法规

2003 年国务院颁布了《工伤保险条例》，对工伤保险覆盖范围、制度模式、资金来源、享受待遇的条件等做了规定。

工伤保险是社会保险制度中的重要组成部分，是指国家通过立法建立的，以社会统筹方式建立基金，对在工作过程中遭受事故伤害，或因从事有损健康的工作患职业病而丧失劳动能力的职工，以及对因工死亡的职工遗属提供物质帮助的制度。

（一）工伤保险的基本原则

一是工伤保险法定原则。中华人民共和国境内的企业、事业单位、社会团体、民办非企业单位、基金会、律师事务所、会计师事务所等组织和有雇工的个体工商户应当依照《工伤保险条例》的规定参加工伤保险，为本单位全部职工或者雇工缴纳工伤保险费。上述参保企业分三类：（1）各类企业。按照所有制形式划分，是指在我国境内注册的国有企业、集体所有制企业、私营企业、外资企业等。（2）指雇用学徒或帮工的个体工商户。（3）事业单位、社会团体和民办非企业单位。该规定明确了工伤保险的适用范围和工伤保险缴费义务人。

二是职工个人不缴费的原则。用人单位应当按时缴纳工伤保险费。职工个人不缴纳工伤保险费。在用人单位守法缴费的情况下，发生工伤事故后的补偿由工伤保险基金承担，这是工伤保险与养老、医疗、失业保险的主要区别之处。

三是实行差别费率和浮动费率的原则。工伤保险费根据以支定收、收支平衡的原则，确定费率。国家根据不同行业的工伤风险程度确定行业的差别费率，并根据使用工伤保险基金、工伤发生率等情况在每个行业内确定费率档次。缴费与所属行业风险挂钩，根据不同行业的工伤保险费使用、工伤发生率等情况确定不同类别行业的费率，并且在同一行业内设定不同的费率档次。风险程度高的行业，费率相应高，反之则低。

四是工伤补偿与工伤预防、工伤康复相结合原则。为了保障因工作遭受事故伤害或者患职业病的职工获得医疗救治和经济补偿，促进工伤预防和职业康复，分散用人单位的工伤风险，社会保险的根本任务是保障职工生活，保护职工的健康，促进社会安定和生产力发展。工伤保险的首要任务是工伤补偿，同时工伤保险还应当与工伤预防和工伤康复相结合。

五是一次性补偿和长期补偿相结合的原则。对工伤职工或工亡职工，工伤保险待遇补偿实行一次性和长期补偿相结合的办法。即对1～6级工伤职工以及工亡职工遗属，工伤保险基金一般在支付一次性补偿的同时，还按月支付长期补偿。

（二）工伤保险费率的确定原则

用人单位应当按照本单位职工工资总额，根据社会保险经办机构确定的费率缴纳工伤保险费。工资总额是指各单位在一定时期内直接支付给本单位全部职工的劳动报酬总额。其中全部职工是指用人单位招用的所有劳动者，包括各种用工形式、各种用工期限的劳动者。各地区、各部门依法制定有关工资总额组成的具体范围规定的项目，也属于工资总额范围。本人工资，是指工伤职工因工作遭受事故伤害或者患职业病前12个月平均月缴费工资。本人工资高于统筹地区职工平均工资300%的，按照统筹地区职工平均工资的300%计算；本人工资低于统筹地区职工平均工资60%的，按照统筹地区职工平均工资的60%计算。

（三）工伤认定、工伤保险待遇、劳动能力鉴定的内容

工伤是指职工由于工作直接或间接引起的事故所受到的伤害和职业病。工伤保险待遇是指职工受到事故伤害或者患职业病后，获得医疗救治和经济补偿的一种保障。经工伤认定的职工享受工伤保险待遇。其中，经劳动能力鉴定丧失劳动能力的，享受伤残待遇。

1. 工伤认定的条件

职工有下列情形之一的应当认定为工伤：（一）在工作时间和工作场所内，因工作原因受到事故伤害的；（二）工作时间前后在工作场所内，从事与工作有关的预备性或者收尾性工作受到事故伤害的；（三）在工作时间和工作场所内，因履行工作职责受到暴力等意外伤害的；（四）患职业病的；（五）因工外出期间，由于工作原因受到伤害或者发生事故下落不明的；（六）在上下班途中，受到非本人主要责任的交通事故或者城市轨道交通、客运轮渡、火车事故伤害的；（七）法律、行政法规规定应当认定为工伤的其他情形。

（1）工作原因。由于工作直接或间接引起的伤害都是工伤，可从三个方面理解什么是因工作原因：一是职工在工作过程中，直接因从事工作受到伤害；二是职工虽未工作，但由于用人单位的设施和设备不完善、劳动条件或劳动环境不良、管理不善等原因，造成职工伤害；三是职工受用人单位指派，外出期间受到伤害。

（2）事故伤害和职业病。事故伤害是指由于工作原因直接或间接造成的伤害和急性中毒事故。按照伤害程度，可划分为轻伤事故、重伤事故和死亡事故。职业病是指职工在职业活动中，因接触粉尘、放射性物质和其他有毒、有害物质等因素而引起的疾病。其特征是在有毒有害的环境下工作所患的疾病。职业病包括尘肺、职业性放射性疾病、职业中毒、物理因素所致职业病等10类。职业病诊断必须由省级以上人民政府卫生行政部门批准的医疗卫生机构承担。

2. 视同工伤的条件

《工伤保险条例》规定职工视同工伤的情形包括：（一）在工作时间和工作岗位，突发疾病死亡或者在48小时之内经抢救无效死亡的；（二）在抢险救灾等维护国家利益、公共利益活动中受到伤害的；（三）职工原在军队服役，因战、因公负伤致残，已取得革命伤残军人证，到用人单位后旧伤复发的。

有第（一）或（二）项情形的，按照规定享受工伤保险待遇；有第（三）项情形的，按照规定享受除一次性伤残补助金以外的工伤保险待遇。

3. 工伤认定程序

职工受到事故伤害后能否享受工伤保险待遇，需要首先经过工伤认定。工伤认定应当由统筹地区负责社会保险的行政部门做出。工伤认定和劳动能力鉴定应当简捷、方便。

（1）申请主体及时限。工伤认定的申请主体首先是用人单位。发生工伤事故伤害或者被诊断为职业病后，用人单位应当在30日内向统筹地区社会保险行政部门提出工伤认定申请。其次是工伤职工或者其直系亲属、工会组织。用人单位不按规定提出工伤认定申请的，工伤职工或者其直系亲属、工会组织可以在事故伤害发生或者诊断为职业病后1年内，提出工伤认定申请。

（2）无营业执照或者未经依法登记、备案的单位以及被依法吊销营业执照或者撤销登记、备案的单位职工受到事故伤害或者患职业病的，由该单位向伤残职工或者死亡职工的近亲属给予一次性赔偿，赔偿标准不得低于《工伤保险条例》规定的工伤保险待遇；用人单位不得使用童工，用人单位使用童工造成童工伤残、死亡的，由该单位向童工或者童工的近亲属给予一次性赔偿，赔偿标准不得低于《工伤保险条例》规定的工伤保险待遇。伤残职工或者死亡职工的近亲属、童工及其近亲属就赔偿数额与单位发生争议的，按照处理劳动争议的有关规定处理。

（3）申请工伤应递交的材料及审理时限。提出工伤认定申请应当提交《工伤认定申请表》、与用人单位存在劳动关系的证明材料、医疗诊断证明或者职业病诊断证明。受理工伤申请后，社会保险行政部门可以对证据进行调查核实，用人单位、职工、工会组织和医疗机构等有关部门和个人应予以配合。申请材料完整的，社会保险行政部门自受理工伤认定申请之日起60日内做出受理或者不予受理工伤认定申请的决定并书面通知申请人。职工或者其直系亲属、用人单位对工伤认定决定不服的，可以依法申请行政复议或提起行政诉讼。对依法取得职业病诊断证明书或者职业病诊断鉴定书的，社会保险行政部门不再进行调查核实。

（4）职工或者其近亲属认为是工伤，用人单位不认为是工伤的，由用人单位承担举证责任。

4. 劳动能力鉴定

（1）劳动能力鉴定的定义。劳动能力鉴定是指劳动能力鉴定委员会根据国家制定的评残标准，运用医学科学技术的方法和手段，确定职工伤残程度和丧失劳动能力程度的一种综合评定制度。

（2）劳动能力鉴定的主体。劳动能力鉴定由劳动能力鉴定委员会组织专家，依据劳动能力鉴定标准，对工伤职工劳动功能障碍程度和生活自理障碍程度进行鉴定。劳动能力鉴定委员会分为两级：设区的市一级和省、自治区、直辖市一级。

（3）劳动能力鉴定的申请。劳动能力鉴定由用人单位、工伤职工或者其直系亲属向设区的市级劳动能力鉴定委员会提出申请，并提供工伤认定决定和职工工伤医疗的有关资料。

（4）劳动能力鉴定组织。劳动能力鉴定委员会由社会保险行政部门、工会组织、经办机构代表、用人单位代表和医疗卫生专家库中随机抽取相关专家组成专家组，提出鉴定意见。然后，根据专家组的鉴定意见做出工伤职工劳动能力鉴定结论；可以委托具备资格的医疗机构协助进行有关诊断。劳动能力鉴定委员会组成人员或者参加鉴定的专家与当事人有利害关系的，应当回避。

（5）对鉴定结论的处理。劳动能力鉴定结论是工伤职工享受工伤保险待遇的依据。对劳动能力鉴定结论不服的，可以在收到该鉴定结论之日起 15 日内向省、自治区、直辖市劳动能力鉴定委员会提出再次鉴定申请。省一级劳动能力鉴定委员会做出的劳动能力鉴定结论为最终结论。

5. 劳动功能障碍等级

劳动功能障碍分为 10 个伤残等级，最重的为一级，最轻的为十级。生活自理障碍分为 3 个等级：生活完全不能自理、生活大部分不能自理和生活部分不能自理。

6. 工伤保险待遇项目

（1）工伤医疗待遇。工伤医疗待遇是指工伤职工进行治疗所享受的医疗待遇，是工伤职工的一项基本待遇。主要包括四项：一是治疗工伤所需符合标准的挂号费、医疗康复费、药费、住院费等。二是需要住院治疗工伤的住院伙食补助费。三是工伤职工需要到统筹地区以外就医治疗所需交通、食宿费用。四是工伤职工需要停止工作接受治疗的。

（2）辅助器具配置。工伤职工伤残后因日常生活或者就业需要，经劳动能力鉴定委员会确认需要配置辅助器具的，可以安装假肢、矫形器、假眼、假牙或配置轮椅等辅助器具，所需费用按照国内普及性标准从工伤保险基金中支付。

（3）生活护理费。生活不能自理的工伤职工在停工留薪期需要护理的，由所在单位负责。工伤职工已经评定伤残等级并经劳动能力鉴定委员会确认需要生活护理的，生活护理费按照生活完全不能自理、生活大部分不能自理或者生活部分不能自理三个不同等级，从工伤保险基金中分别按统筹地区上年度职工月平均工资的 50%、40%或者 30%标准按月支付。

（4）伤残待遇。经劳动能力鉴定丧失劳动能力的工伤职工，享受伤残待遇。按照伤残鉴定的等级享受不同待遇。

7. 工伤康复

工伤职工经劳动鉴定委员会批准，到签订服务协议的康复医疗机构进行康复性治疗。

康复性治疗一般包括：医疗护理；社会、心理和其他方面的咨询和协助；进行自理训练，包括行动、交往及日常生活技能，并为听觉、视觉受损者提供所需的特殊器具。

（四）工亡待遇

职工因工死亡的，其遗属可享受从工伤保险基金中支付的三项待遇：一是丧葬补助金。职工因工死亡，其直系亲属可以从工伤保险基金中领取丧葬补助金。二是供养亲属抚恤金。三是因工死亡补助金。

（五）不能享受工伤保险待遇的排除情形

排除认定工伤是指职工虽然在工作中伤亡，但不与工作具有因果关系，因而不能纳入工伤范畴。对于利用工作机会实施故意犯罪、工作中故意麻痹自己使自己不能控制行为、自残、自杀等导致的工作过程中的伤亡，都不认定为工伤。

（六）工伤保险待遇的支付

1. 工伤保险待遇由工伤保险基金和用人单位依法分别支付

工伤保险基金是指为了保障参保职工的工伤保险待遇，按照法律行政法规规定，由用人单位缴纳的工伤保险费、工伤保险基金的利息和依法应纳入工伤保险基金的其他资金构成的专项资金。从工伤保险基金中支付下列工伤的费用：（1）治疗工伤的医疗费用和康复费用；（2）住院伙食补助费；（3）到统筹地区以外就医的交通食宿费；（4）安装配置伤残辅助器具所需费用；（5）生活不能自理的，经劳动能力鉴定委员会确认的生活护理费；（6）一次性伤残补助金和一至四级伤残职工按月领取的伤残津贴；（7）终止或者解除劳动合同时，应当享受的一次性医疗补助金；（8）因工死亡的，其遗属领取的丧葬补助金、供养亲属抚恤金和因工死亡补助金；（9）劳动能力鉴定费。

其中劳动能力鉴定费是指劳动能力鉴定委员会在进行劳动能力初次鉴定、再次鉴定、复查鉴定活动中产生的费用。对工伤职工的伤残程度进行劳动能力鉴定，能够准确评定工伤职工的劳动能力障碍程度和生活自理障碍程度，有利于保障伤残职工的合法权益。劳动能力鉴定包括初次鉴定、再次鉴定、复查鉴定，在这三个环节，工伤职工都应当依照法律法规规定进行劳动能力鉴定，而不能拒绝。（1）初次鉴定。职工发生工伤，经治疗伤情相对稳定后存在残疾、影响劳动能力的，应当进行劳动能力鉴定。（2）再次鉴定。申请鉴定的单位或者个人对设区的市级劳动能力鉴定委员会做出的鉴定结论不服的，可以在收到该鉴定结论之日起 15 日内向省、自治区、直辖市劳动能力鉴定委员会提出再次鉴定申请。如果用人单位申请再次鉴定，则工伤职工应当按照省、自治区、直辖市劳动能力鉴定委员会的安排进行再次鉴定。（3）复查鉴定。自劳动能力鉴定结论做出之日起 1 年后，工伤职工或者其直系亲属、所在单位或者经办机构认为伤残情况发生变化的，可以申请劳动能力复查鉴定。如果用人单位或者社会保险经办机构申请复查鉴定，则工伤职工应当按照劳动能力鉴定委员会的安排进行复查鉴定。

对缴费参加工伤保险的用人单位，按照国家规定支付三项费用：（1）治疗工伤期间的工资福利；（2）五级、六级伤残职工按月领取的伤残津贴；（3）终止或者解除劳动合同时，应当享受的一次性伤残就业补助金。

2. 按月领取的伤残津贴条件

工伤职工被鉴定为五级、六级伤残的，用人单位应当与其保留劳动关系，同时，鉴于大部分丧失劳动能力的工伤职工仍有部分劳动能力，在其身体机能恢复的基础上，应由用人单位安排适当工作。对用人单位难以安排工作的，由用人单位向其按月支付伤残津贴。

五级伤残为本人工资的70%，六级伤残为本人工资的60%，并由用人单位按照规定为其缴纳应缴纳的各项社会保险费。伤残津贴实际金额低于当地最低工资标准的，由用人单位补足差额。

3. 享受的一次性伤残就业补助金条件及标准

伤残就业补助金是被鉴定为五级至十级伤残的工伤职工享受的一项待遇。其中属于五级、六级伤残的，经工伤职工本人提出，该职工可以与用人单位解除或者终止劳动关系；属于七级至十级伤残的，劳动合同期满可以终止，或者可由职工本人提出解除劳动合同。虽然五级至十级伤残职工仍有部分劳动能力，有能力行使择业自主权，但毕竟因为丧失了部分劳动能力，使择业的能力下降，应由用人单位支付一次性伤残就业补助金。

《工伤保险条例》规定，一次性伤残就业补助金的具体标准由省、自治区、直辖市人民政府规定。各地执行的一次性伤残就业补助金标准各不相同。

（七）工伤保险待遇与基本养老保险待遇衔接

1. 工伤保险待遇转基本养老保险

享受伤残津贴待遇的工伤职工，如果达到了领取基本养老金的条件，将不再享受伤残津贴待遇，转而享受基本养老保险待遇。

按照规定，参加基本养老保险的职工符合两个条件，即可享受基本养老保险待遇：一是达到法定退休年龄，一般是男60周岁，女干部55周岁、女工人50周岁；二是按照规定累计缴纳基本养老保险费满15年。本规定针对的对象是一级至四级伤残职工和难以安排工作的五级至六级伤残职工。

2. 不符合领取基本养老保险金条件的，继续享受伤残津贴待遇

享受伤残津贴待遇的工伤职工，可能因不符合缴纳基本养老保险费年限条件，而不能享受基本养老保险待遇。在这种情况下，则应继续享受伤残津贴待遇。

3. 基本养老保险待遇和伤残津贴待遇相比补差

工伤职工达到退休年龄并办理退休手续后，停发伤残津贴，享受基本养老保险待遇。基本养老保险待遇低于伤残津贴待遇的，由工伤保险基金补足差额。工伤保险提供的伤残津贴是对工伤职工收入损失的替代补偿，工伤职工达到退休年龄，已经不属于劳动就业人群范围，超过退休年龄不应再享受伤残津贴待遇，而应享受基本养老保险待遇。为了保障工伤职工的待遇不因此而受损失，工伤职工退休后享受的基本养老保险待遇低于伤残津贴待遇的，由工伤保险基金补足差额。

4. 未缴纳工伤保险费的工伤保险责任主体

职工所在用人单位未依法缴纳工伤保险费，发生工伤事故的，由用人单位支付工伤保

险待遇。即用人单位缴纳工伤保险费具有强制性，应当参加工伤保险而未参加的，其职工发生工伤后，由该用人单位按照国家规定的工伤保险待遇项目和标准支付费用。

5. 由工伤保险基金先行支付的情形

先行支付是指在工伤事故发生后，未缴纳工伤保险费的用人单位不向工伤职工支付工伤保险待遇时，由工伤保险基金先行支付。该规定是确保工伤职工获得及时医疗救治的有效办法，体现了社会保险制度的人性化、共济性。

6. 工伤保险基金先行支付的依法追偿

工伤保险基金先行支付的工伤保险待遇要由用人单位偿还。用人单位不偿还工伤保险基金先行支付的工伤保险待遇的，赋予社会保险经办机构追偿权，是维护工伤保险法律严肃性、保证工伤保险基金安全的重要手段。

7. 工伤事故中存在第三方责任时的处理

由于第三人的原因造成工伤，工伤医疗费用原则上应由第三人承担。第三人不支付工伤医疗费用或者无法确定第三人的，由工伤保险基金先行支付。工伤保险基金先行支付后，有权向第三人追偿。第三人是指除工伤职工本人、用人单位以外的其他人。损害是因第三人造成的，第三人应当承担侵权责任。因用人单位以外的第三人侵权造成劳动者人身损害，赔偿权利人有权请求第三人承担民事赔偿责任。因此，第三人侵权造成工伤的，侵权人应当依法承担赔偿责任。

工伤保险争议实务中，第三人侵权的情形包括：发生在上下班途中的机动车事故伤害、外出工作期间的意外伤害以及在工作场所内因第三方提供的产品质量缺陷造成工伤等情形。交通事故肇事者、意外事件致害人以及产品提供者等承担第三人侵权责任包括：(1) 受害人遭受人身损害，因就医治疗支出的各项费用以及因误工减少的收入，包括医疗费、误工费、护理费、交通费、住宿费、住院伙食补助费、必要的营养费。(2) 受害人因伤致残增加的生活上所支出的必要费用以及因丧失劳动能力导致的收入损失，包括残疾赔偿金、残疾辅助器具费、被扶养人生活费，以及因康复护理、继续治疗实际发生的必要的康复费、护理费、后续治疗费。(3) 受害人死亡的，除应当支付抢救治疗的相关费用外，还应当赔偿丧葬费、被扶养人生活费、死亡补偿费以及受害人亲属办理丧葬事宜支出的交通费、住宿费和误工损失等其他合理费用。(4) 因人身权益或者具有人身意义的特定物受到侵害，自然人或者其近亲属向人民法院提起诉讼请求精神损害赔偿的，适用《最高人民法院关于确定民事侵权精神损害赔偿责任若干问题的解释》予以确定。

第三人不支付工伤医疗费用或者无法确定第三人的，由工伤保险基金先行支付。

8. 停止享受工伤保险待遇的情形

工伤职工或享受抚恤的遗属享受工伤保险待遇的权利，与一定的条件和义务相对应。当丧失了享受的条件或不履行义务时，就失去了相应的权利。目前停止享受工伤保险待遇主要有以下情形：(1) 丧失享受待遇条件。如果工伤职工在享受工伤保险待遇期间情况发生变化，不再具备享受工伤保险待遇的条件，如劳动能力得以完全恢复而无需工伤保险制度提供保障时，就应当停发工伤保险待遇。工亡职工的亲属，在某些情形下，也将丧失享受有关待遇的条件，如享受抚恤金的工亡职工的子女达到一定的年龄或者就业后，丧失享受遗属抚恤待遇的条件；亲属死亡的，丧失享受遗属抚恤待遇的条件等。（2）拒不接受劳动能力鉴定。劳动能力鉴定是伤残的工伤职工享受不同等级工伤保险待遇的前提。工伤职工经治疗伤情相对稳定，劳动能力不同程度地丧失，使劳动者可能因此不能从事原本适合的正常职业，甚至造成不能再从事任何工作的结果，也有可能恢复劳动能力继续从事适合他的职业或者工作。必须通过劳动能力鉴定活动来确定。劳动能力鉴定包括初次鉴定、再次鉴定、复查鉴定。在这三个环节，工伤职工都应当依照法律法规规定进行劳动能力鉴定。如果工伤职工没有正当理由，拒不接受劳动能力鉴定，一方面工伤保险待遇无法确定，另一方面也表明这些工伤职工并不愿意接受工伤保险制度提供的帮助。鉴于此，就不应当再享受工伤保险待遇。（3）拒绝治疗。提供医疗救治，帮助工伤职工恢复劳动能力、重返社会，是工伤保险制度的重要目的之一，因而职工遭受工伤事故或患职业病后，有享受工伤医疗待遇的权利，也有积极配合医疗救治的义务。如果无正当理由拒绝治疗，就有悖于关于促进职业康复的宗旨。

问题卡片

1. 在招聘过程中受伤，能否被认定为工伤？
2. 在上下班途中，受到非本人主要责任的交通事故，能否被认定为工伤？

任务三 权益保护

案例导学

过错致损事后离职 拖欠工资仍应支付

案件详情

2019年6月，尹某入职某家具公司，从事设计工作。在随后的工作中，因尹某设计失误，公司产生了一定的经济损失。事情发生后，尹某主动提出与公司解除劳动关系，并于2019年9月17日离职。截至离职时，某家具公司尚拖欠尹某工资39 149.5元未予支付。

为讨要工资，尹某申请仲裁。2019年12月，河北省廊坊市香河县劳动人事争议调解仲裁委员会做出仲裁裁决，判令某家具公司支付尹某工资39 149元。某家具公司不服仲裁裁决，认为尹某给公司造成损失，不应再向其支付工资，遂向法院起诉。

香河县人民法院一审认为，用人单位应当按照劳动合同约定和国家规定，向劳动者及时足额支付劳动报酬。自被告尹某入职至2019年9月17日离职，原告某家具公司共计拖欠其工资39 149.5元未支付。因被告设计工作失误给原告造成的损失，与本案不属于同一法律关系，故本案不予解决。一审法院判决原告支付被告工资39 149元，于判决生效后五日内履行。原告某家具公司不服一审判决提起上诉，二审法院判决驳回上诉、维持原判。

法官观点

劳动者享有取得劳动报酬的权利，用人单位应当向劳动者及时足额支付劳动报酬。如果因劳动者本人原因给用人单位造成经济损失的，用人单位可按照劳动合同的约定要求其赔偿经济损失。但用人单位不能因劳动者过错而拒付工资报酬。

任务目标

知识目标：了解劳动权益的基本内容，重视劳动权益的保护，新时代劳动者应该树立依法维权意识。

能力目标：运用掌握的劳动法规的内容，理解劳动者特别保护，明确劳动者的权利义务，在劳动权利被侵害的情况下，能够依法维护劳动者自身劳动权益。

素质目标：通过学习劳动法规，树立依法维权的法治观，能站在法律的角度思考分析处理劳动纠纷。

认知学习

劳动权益，是指职工与用人单位在劳动关系建立、存续、解除或者终止过程中依法享有的权益。

一、劳动权益的内容

职工依法享有平等就业和选择职业、取得劳动报酬、休息休假、获得劳动安全卫生保护、接受职业技能培训、享受社会保险和福利的权利；享有依法提请劳动争议处理的权利以及法律、法规规定的其他劳动权利。

劳动者有权依法参加和组织工会。工会代表和维护劳动者的合法权益，依法独立自主地开展活动。

劳动者就业，不因民族、种族、性别、宗教信仰不同而受歧视。

妇女享有与男子平等的就业权利。在录用职工时，除国家规定的不适合妇女的工种或者岗位外，不得以性别为由拒绝录用妇女或者提高对妇女的录用标准。

禁止用人单位招用未满十六周岁的未成年人。文艺、体育和特种工艺单位招用未满十六周岁的未成年人，必须遵守国家有关规定，并保障其接受义务教育的权利。

二、劳动权益的保护

（一）合同订立权

1. 劳动者合同

建立劳动关系应当订立劳动合同。劳动合同是劳动者与用人单位确立劳动关系、明确双方权利和义务的协议。劳动合同依法订立即具有法律约束力，当事人必须履行劳动合同规定的义务。订立和变更劳动合同，应当遵循平等自愿、协商一致的原则，不得违反法律、行政法规的规定。

劳动合同应当以书面形式订立，并具备以下条款：（1）劳动合同期限；（2）工作内容；（3）劳动保护和劳动条件；（4）劳动报酬；（5）劳动纪律；（6）劳动合同终止的条件；（7）违反劳动合同的责任。劳动合同除上述必备条款外，当事人可以协商约定其他内容。

劳动合同的期限分为有固定期限、无固定期限和以完成一定的工作为期限。劳动者在同一用人单位连续工作满十年以上，当事人双方同意续延劳动合同的，如果劳动者提出订立无固定期限的劳动合同，应当订立无固定期限的劳动合同。

劳动合同可以约定试用期。试用期最长不得超过六个月。劳动合同当事人可以在劳动合同中约定保守用人单位商业秘密的有关事项。

2. 集体合同

企业职工一方与企业可以就劳动报酬、工作时间、休息休假、劳动安全卫生、保险福利等事项签订集体合同。集体合同草案应当提交职工代表大会或者全体职工讨论通过。

集体合同由工会代表职工与企业签订；没有建立工会的企业，由职工推举的代表与企业签订。

集体合同签订后应当报送劳动行政部门；劳动行政部门自收到集体合同文本之日起十

五日内未提出异议的，集体合同即行生效。

依法签订的集体合同对企业和企业全体职工具有约束力。职工个人与企业订立的劳动合同中劳动条件和劳动报酬等标准不得低于集体合同的规定。

（二）合同解除权

经劳动合同当事人协商一致，劳动合同可以解除。

1. 劳动者合同解除权

劳动者有下列情形之一的，用人单位可以解除劳动合同：（1）在试用期间被证明不符合录用条件的；（2）严重违反劳动纪律或者用人单位规章制度的；（3）严重失职，营私舞弊，对用人单位利益造成重大损害的；（4）被依法追究刑事责任的。

劳动者解除劳动合同，应当提前三十日以书面形式通知用人单位。

有下列情形之一的，劳动者可以随时通知用人单位解除劳动合同：（1）在试用期内的；（2）用人单位以暴力、威胁或者非法限制人身自由的手段强迫劳动的；（3）用人单位未按照劳动合同约定支付劳动报酬或者提供劳动条件的。

2. 用人单位合同解除权

有下列情形之一的，用人单位可以解除劳动合同，但是应当提前三十日以书面形式通知劳动者本人：（1）劳动者患病或者非因工负伤，医疗期满后，不能从事原工作也不能从事由用人单位另行安排的工作的；（2）劳动者不能胜任工作，经过培训或者调整工作岗位，仍不能胜任工作的；（3）劳动合同订立时所依据的客观情况发生重大变化，致使原劳动合同无法履行，经当事人协商不能就变更劳动合同达成协议的。

用人单位依法解除劳动合同的，应当依照国家有关规定给予经济补偿。

3. 禁止解除权

劳动者有下列情形之一的，用人单位不得解除劳动合同：（1）患职业病或者因工负伤并被确认丧失或者部分丧失劳动能力的；（2）患病或者负伤，在规定的医疗期内的；（3）女职工在孕期、产期、哺乳期内的；（4）法律、行政法规规定的其他情形。

用人单位解除劳动合同，工会认为不适当的，有权提出意见。如果用人单位违反法律、法规或者劳动合同，工会有权要求重新处理；劳动者申请仲裁或者提起诉讼的，工会应当依法给予支持和帮助。

劳动合同期满或者当事人约定的劳动合同终止条件出现，劳动合同即行终止。

三、劳动者特别保护

国家对女职工和未成年工实行特殊劳动保护。禁止安排女职工从事矿山井下、国家规定的第四级体力劳动强度的劳动和其他禁忌从事的劳动。

不得安排女职工在经期从事高处、低温、冷水作业和国家规定的第三级体力劳动强度的劳动。

不得安排女职工在怀孕期间从事国家规定的第三级体力劳动强度的劳动和孕期禁忌从事的劳动。对怀孕七个月以上的女职工，不得安排其延长工作时间和夜班劳动。

女职工生育享受不少于九十天的产假。

不得安排女职工在哺乳未满一周岁的婴儿期间从事国家规定的第三级体力劳动强度的劳动和哺乳期禁忌从事的其他劳动，不得安排其延长工作时间和夜班劳动。

未成年工是指年满十六周岁未满十八周岁的劳动者。不得安排未成年工从事矿山井下、有毒有害、国家规定的第四级体力劳动强度的劳动和其他禁忌从事的劳动。用人单位应当对未成年工定期进行健康检查。

四、劳动者应该树立依法维权意识

用人单位与劳动者发生劳动争议，当事人可以依法申请调解、仲裁、提起诉讼，也可以协商解决。调解原则适用于仲裁和诉讼程序。

劳动争议发生后，当事人可以向本单位劳动争议调解委员会申请调解。劳动争议经调解达成协议的，当事人应当履行。调解不成，当事人一方要求仲裁的，可以向劳动争议仲裁委员会申请仲裁。当事人一方也可以直接向劳动争议仲裁委员会申请仲裁。对仲裁裁决不服的，可以向人民法院提起诉讼。

劳动争议调解委员会主任由工会代表担任。劳动争议仲裁委员会由劳动行政部门代表、同级工会代表、用人单位方面的代表组成，劳动争议仲裁委员会主任由劳动行政部门代表担任。

提出仲裁要求的一方应当自劳动争议发生之日起 60 日内向劳动争议仲裁委员会提出书面申请。仲裁裁决一般应在收到仲裁申请的 60 日内做出。对仲裁裁决无异议的，当事人必须履行。

劳动争议当事人对仲裁裁决不服的，可以自收到仲裁裁决书之日起 15 日内向人民法院提起诉讼。一方当事人在法定期限内不起诉又不履行仲裁裁决的，另一方当事人可以申请人民法院强制执行。

因签订集体合同发生争议，当事人协商解决不成的，当地人民政府劳动行政部门可以组织有关各方协调处理。也可以向劳动争议仲裁委员会申请仲裁；对仲裁裁决不服的，可以自收到仲裁裁决书之日起 15 日内向人民法院提起诉讼。

项目小结

劳动者需要了解和维护自身劳动权益。高职大学生在职业活动中应该严格遵守劳动纪律，主动学习劳动法律法规，特别是了解《中华人民共和国劳动法》《中华人民共和国劳动合同法》《中华人民共和国劳动争议调解仲裁法》《中华人民共和国社会保险法》《工伤保险条例》等的主要内容，也应该掌握劳动权益的内容，树立依法维权意识。如果与用人单位发生劳动争议，可以应用掌握的劳动法律法规，依法维护自身劳动权益。

课后思考与练习

案例一：

小芸在一家广告设计公司实习时，当时公司与她明确了工作职责，并承诺实习期的相应报酬。几个月的实习期很快过去了，离开公司那天，小芸却只拿到当初公司承诺报酬的一半。

思考：小芸能否起诉这家公司？这种实习报酬纠纷属不属于劳动争议受理范围？

案例二：

李帅是某校汽车修理专业的应届毕业生，毕业后被一家汽修厂看中。汽修厂的试用期是一年，并且与李帅达成了口头协议，没有签订书面合同。李帅入职后，勤恳努力，但是某一天，长期被迫加班的李帅，因体力不支晕倒了，被机器碾伤了左手。当他被送到医院救治时，又被告知厂方没给他投保，同时病休期间不发工资。

思考：请同学们运用劳动法律法规相关知识，找出案例中违反《劳动合同法》的违法行为。（提示：案例中的违法行为超过三项）

项目七 劳动境界

名人名言

1. 实现我们的奋斗目标，开创我们的美好未来，必须紧紧依靠人民、始终为了人民，必须依靠辛勤劳动、诚实劳动、创造性劳动。

——习近平

2. 书痴者文必工，艺痴者技必良。

——蒲松龄

3. 用志不分，乃凝于神。

——孔子

项目目标

1. 了解劳动精神如何形成。
2. 了解大国工匠、劳动模范的事迹。
3. 了解各个时期劳动模范的特点。
4. 领悟大国工匠精神的内涵。
5. 引导学生掌握劳动精神、工匠精神、劳模精神的核心要素。
6. 理解新时代劳动精神、工匠精神、劳模精神的价值与意义。

任务一 劳动者

案例导学

钢筋加工匠人——张兴勇

下料、绑扎、焊接……在来自四川省内江市资中县的农民工张兴勇手中，钢筋不断“飞舞”，一道道工序逐渐完成。扎根建筑施工一线20余年的张兴勇，对钢筋的下料、绑扎、焊接等各道工序烂熟于心，练就了炉火纯青的钢筋加工技术，从小小“打工仔”成长为优秀技术工人，先后获得全国五一劳动奖章、全国优秀农民工、四川好人、四川省技术能手、四川工匠、内江市五一劳动奖章等荣誉。

20世纪90年代，打工潮兴起，为了“填饱肚子，给家里盖房子”，张兴勇听说捆扎钢筋工资高，便有了目标。在山西太原的一个工地上，包工头见张兴勇年轻好学、手脚勤快，便交给他不少活，还把施工图纸给他看。张兴勇很珍惜这次机会，认真学习。

识图便是张兴勇系统学习的第一步。除了这些，他还购买了许多建筑类的专业书籍，学习了建筑构造的基本知识，常用钢筋的品种、性能、规格、型号以及钢筋的验收与保管，常用钢筋加工的机具使用和保养等一系列内容。

张兴勇工作时进行实操，业余时间便一心学习理论知识。经过虚心请教和自学，他的技术越发纯熟，终于有了自己固定的工种。2005年，张兴勇开始担任钢筋班班长。为了保证工程质量，张兴勇带头将每个步骤尽可能地做到完美，捆扎的钢筋基本都是“免检产品”。对于那些新手、生手，他亲自教、亲自带，手把手教学。空闲时，他还会组织大家一起探讨钢筋加工的手法、技巧，以便更快、更好地提高大家的水平，保证钢筋班经手的每一个工程都实现“零失误”。“一人行，不算行，团队行那才叫行!”这是张兴勇常常挂在嘴边的话。

任务目标

知识目标：掌握马克思主义劳动观的基本观点，理解并掌握中国精神和中华优秀传统文化是劳动精神的思想来源，中国特色社会主义劳动者的生动实践是劳动精神得以发扬光大和代代传承的现实土壤，准确掌握劳动精神的内涵。

能力目标：能够辩证地看待劳动精神的发展。

素质目标：通过学习，让学生端正“尊重劳动、崇尚劳动、热爱劳动”的态度，锻造“辛勤劳动、诚实劳动、创造性劳动”的品德，形成“劳动最光荣、劳动最崇高、劳动最伟大、劳动最美丽”的观念，养成“即刻劳动”的习惯。

认知学习

一、劳动者的概念

关于“劳动者”，不同学科有着不同的认识和解读。法学上的劳动者是指达到法定年龄，具有劳动能力，通过从事某种社会劳动获得收入作为自己重要生活来源的人；社会学上指的是有意识从事劳作的所有群体；哲学上是指直接物质资料生产的发起者。在马克思那里，劳动者是生产力三要素中最重要、最活跃的要素，也是推动历史前进的主体："所有以这种方式或那种方式参加商品生产的人，从真正的工人到（有别于资本家的）经理、工程师，都属于生产劳动者的范围。"可见，马克思谈到的劳动者带有明显的"生产性"。虽然对"劳动者"的理解因视角、侧重点的不同存在一定差异，但公认的是，劳动者一定是通过参与劳作来获取"好处"。"随着劳动过程本身的协作性质的发展"，劳动者的概念必然扩大。在知识经济时代，劳动者既包括从事一般生活、生产、服务劳动的群体，也包括从事知识型、技能型、创新型劳动的群体。①

习近平总书记指出，全面建成小康社会的奋斗目标，为广大劳动群众指明了光明的未来；全面建成小康社会的历史任务，为广大劳动群众赋予了光荣的使命；全面建成小康社会的伟大征程，为广大劳动群众提供了宝贵的机遇。面对这样一个千帆竞发、百舸争流、有机会干事业、能干成事业的时代，广大劳动群众一定要倍加珍惜、倍加努力。任何一名劳动者，要想在百舸争流、千帆竞发的洪流中勇立潮头，在不进则退、不强则弱的竞争中赢得优势，在报效祖国、服务人民的人生中有所作为，就要孜孜不倦地学习、勤勉奋发干事。

二、劳动精神的生成

劳动是创造物质财富和精神财富的过程，是人类特有的基本社会实践活动。劳动精神有着深厚的理论根基和现实条件。其中，马克思主义劳动观是劳动精神生成的理论基石；中国精神和中华优秀传统文化是劳动精神生成的思想来源；中国特色社会主义劳动者的生动实践是劳动精神生成的现实土壤。

（一）理论基石：马克思主义劳动观

在马克思主义经典著作中，关于劳动的论述很多，从某种程度上讲，整个马克思的思想体系都是围绕着劳动问题展开的。② 马克思在《1844 年经济学哲学手稿》中指明，"全部人的活动迄今为止都是劳动"③。在马克思看来，劳动是为每个人设定的天职，是第一个历史活动和一切历史的基本条件。人类从蒙昧时代到野蛮时代再到文明时代的渐进式发展，无不得益于劳动的推动作用。"任何一个民族，如果停止劳动，不用说一年，就是几个星期，也要灭亡。"④ 恩格斯指出："手不仅是劳动的器官，它还是劳动的产物……语言是从劳动中并和劳动一起产生出来的。"⑤ "劳动创造了人本身"⑥，劳动"是人类社会别于

---

① 胡月，靳玉乐．教科书里的劳动者形象塑造：劳动教育融入学校课程的探索［J］．华东师范大学学报（教育科学版），2022（06）．

② 李丽．论劳动精神的内涵、生成逻辑及育人价值［J］．贵阳学院学报（社会科学版），2021（04）．

③ 马克思，恩格斯．马克思恩格斯文集：第 1 卷［M］．北京：人民出版社，2009：172．

④ 马克思，恩格斯．马克思恩格斯文集：第 10 卷［M］．北京：人民出版社，2009：289．

⑤ 同④289．

⑥ 同④550．

猿群的特征”[①]。

习近平总书记说：“劳动是推动人类社会进步的根本力量。”[②]“人类是劳动创造的，社会是劳动创造的。”[③] 总之，从马克思、恩格斯提出的“劳动创造了人本身”“劳动是任何一个民族存在和发展的基础”，到习近平总书记提出的“劳动是人类的本质活动”均体现出马克思主义劳动观是劳动精神生成的理论基石。

（二）思想来源：中国精神和中华优秀传统文化

中国人民是具有伟大创造精神、伟大奋斗精神、伟大团结精神和伟大梦想精神的人民。劳动精神孕育于中华民族创造历史的劳动实践之中，积淀于中华优秀传统文化、革命文化和社会主义先进文化之中，是维系中华民族生存和发展的精神纽带。[④]

中华民族历来崇尚劳动，历来以勤劳节俭、不怕艰苦著称于世。千百年来，以“勤劳”“勤俭”“勤奋”为核心的话语在中华大地上广为流传。如“业精于勤荒于嬉”“天道酬勤”“民生在勤，勤则不匮”“功崇惟志，业广惟勤”等，这些经典话语从不同角度反映了传统道德对勤劳的看重。唐尧时期的歌谣《击壤歌》中记录的“日出而作，日入而息。凿井而饮，耕田而食”反映的是劳作的场景，表达了积极健康的劳动人生观。“女娲补天”“精卫填海”“愚公移山”“大禹治水”“后羿射日”“神农尝百草”等远古传说和神话，蕴藏着朴素的劳动精神和深刻的道德意蕴；万里长城、颐和园、京杭大运河、都江堰等壮观工程，同样彰显了中华民族的劳动智慧。可以说，勤奋做事、勤勉为人、勤劳致富是中华民族的优秀传统。中华民族五千年文明史是中国劳动人民自强不息、励精图治的伟大历史。[⑤]

（三）现实土壤：中国特色社会主义劳动者的生动实践

中华人民共和国成立七十多年、改革开放四十多年来，党团结带领工人阶级和广大劳动群众为国家富强、人民幸福而奋斗的历程，是劳动精神得以发扬光大和代代传承的现实土壤。

我国是工人阶级领导的、以工农联盟为基础的人民民主专政的社会主义国家。劳动在推动历史进步中发挥作用是通过劳动的主体——亿万劳动群众实现的。可以说，没有工人阶级和广大劳动群众的无私奉献、辛勤付出、团结奋斗，就没有今天的辉煌成就。革命战争年代，赵占魁、吴运铎、甄荣等劳动模范无怨无悔、努力开拓，带动群众苦干、实干、拼命干，实现了一个又一个“不可能”。中华人民共和国成立后，广大工人阶级和劳动群众在中国共产党的领导下，以坚如磐石的信念、只争朝夕的劲头、坚韧不拔的毅力、“敢教日月换新天”的勇气，将一穷二白、满目疮痍、百废待兴的中国旧貌换新颜。党的十八大以来，我国工人阶级和广大劳动群众立足本职、胸怀全局，自觉把个人梦与中国梦紧密联系在一起，始终以国家主人翁姿态为坚持和发展中国特色社会主义做出贡献，奏响了

---

① 马克思，恩格斯．马克思恩格斯文集：第 9 卷［M］．北京：人民出版社，2009：555．

② 彭维锋．习近平总书记关于劳动精神的重要论述研究［J］．山东社会科学版，2019（04）．

③ 习近平．在知识分子、劳动模范、青年代表座谈会上的讲话［N］．人民日报，2016－4－30．

④⑤ 李丽．论劳动精神的内涵、生成逻辑及育人价值［J］．贵阳学院学报（社会科学版），2021（04）．

“咱们工人有力量”的主旋律，谱写了“中国梦·劳动美”的新篇章。在这个过程中，劳动模范和大国工匠是劳动精神的典型代表，全体人民是劳动精神的主力军，青年一代是劳动精神的生力军，共同“以劳动托举中国梦”。

三、劳动精神的内涵

党的十八大以来，习近平总书记多次针对劳动发表重要讲话，给劳动者回信，就弘扬劳动精神、劳模精神等做出重要指示。2013 年 4 月 28 日，他在同全国劳动模范座谈时指出，人世间的美好梦想，只有通过劳动才能实现，同时强调空谈误国、实干兴邦。2014 年 4 月 30 日，在乌鲁木齐接见劳动模范和先进工作者先进代表时第一次提出“劳动精神”。2015 年，他在庆祝“五一”国际劳动节大会上指出，让劳动最光荣、劳动最崇高、劳动最伟大、劳动最美丽蔚然成风，提出要以劳动托起中国梦。2016 年劳动节前夕，他在同知识分子、劳动模范、青年代表座谈时强调，全面建成小康社会，必须依靠劳动。2017 年 10 月，习近平总书记在党的十九大报告中指出，要使人人都有通过辛勤劳动实现自身发展的机会。2018 年 4 月 30 日，他在给中国劳动关系学院劳模本科班学员的回信中，强调全社会都应该尊重劳动模范，弘扬劳模精神，让诚实劳动、勤勉工作蔚然成风。2018 年 9 月 10 日，他在全国教育大会上明确提出：“要在学生中弘扬劳动精神，教育引导学生崇尚劳动、尊重劳动，懂得劳动最光荣、劳动最崇高、劳动最伟大、劳动最美丽的道理，长大后能够辛勤劳动、诚实劳动、创造性劳动。”2019 年是中华人民共和国成立 70 周年，4 月 23 日，在庆祝“五一”国际劳动节和全国工人先锋号表彰大会上，习近平总书记指出，70 年来，工人阶级在中国共产党的领导下，辛勤劳动、诚实劳动、创造性劳动，铸就了功勋卓著、彪炳史册的人间奇迹。

劳动精神的主要内涵是“崇尚劳动、热爱劳动、辛勤劳动、诚实劳动”。其中，“崇尚劳动”是树立正确的劳动价值观，充分认识到“劳动最光荣、劳动最崇高、劳动最伟大、劳动最美丽”，劳动创造物质财富和精神财富，劳动创造美好生活，劳动不分贵贱，尊重普通劳动者。“热爱劳动”是培养正确的劳动态度，促进劳动者能够自觉劳动、积极劳动、主动劳动。“辛勤劳动”是对劳动过程及其强度的充分肯定，表明要充分遵循劳动的客观规律以及要达到的劳动强度，体力劳动要付出辛劳和汗水，脑力劳动也要付出智慧和心血。“诚实劳动”是对劳动者品德的客观规定，表明劳动要踏踏实实、求真务实、真抓实干、实事求是。①

四、践行劳动精神

劳动精神就是正确的劳动观、融汇于劳动态度、劳动过程、劳动品德之中，最终养成“即刻劳动”的好习惯。通俗地讲，就是四个“干”：想干、爱干、苦干、实干。

（一）端正“尊重劳动、崇尚劳动、热爱劳动”的劳动态度

人类是劳动创造的，社会是劳动创造的。2015 年，习近平总书记在庆祝“五一”国

① 彭维锋. 新时代劳模精神、劳动精神、工匠精神的理论内涵与实践导向 [J]. 江西社会科学，2021 (05).

际劳动节暨表彰全国劳动模范和先进工作者大会上的讲话中指出："无论时代条件如何变化，我们始终都要崇尚劳动、尊重劳动者，始终重视发挥工人阶级和广大劳动群众的主力军作用。""努力让劳动者实现体面劳动、全面发展。"

尊重劳动：尊重劳动指尊重劳动者的主体地位，敬畏劳动岗位，珍惜劳动果实等。中国共产党历来强调尊重劳动，尊重劳动者。陈独秀曾在上海船务栈房工届联合会的演说中说："世界上是些什么人最有用、最贵重呢？必有一班糊涂人说皇帝最有用、最贵重，或是说做官的、读书的最有用、最贵重。我以为他们说错了，我以为只有做工的人最有用、最贵重。"这里所说的"做工的人"指的就是劳动者。李大钊曾在《现代青年活动的方向》中说："我觉得人生求乐的方法，最好莫过于尊重劳动。"近代教育家蔡元培也曾在《劳工神圣》的讲演中说："凡事用自己的劳力，作成有益他人的事业，不管他用的是体力，是脑力，都是劳工……我们要自己认识劳工的价值！劳工神圣！……我们不要羡慕那凭借遗产的纨绔儿！"党的十六大明确提出"尊重劳动、尊重知识、尊重人才、尊重创造"的重大方针。习近平总书记多次强调，全社会都要贯彻这一方针。2015 年 4 月 28 日，习近平在庆祝"五一"国际劳动节暨表彰全国劳动模范和先进工作者大会上的讲话中说："在我们社会主义国家，一切劳动，无论是体力劳动还是脑力劳动，都值得尊重和鼓励。"

崇尚劳动：崇尚劳动指要自觉克服鄙视简单劳动、体力劳动的倾向，防止将劳动本身等级化、贵贱化和类型化。我们是社会主义国家，劳动只有分工的不同，没有高低贵贱之分，不能把某些劳动形式看得比别的劳动形式更重要，所有的劳动者都应该具有平等的地位和人格。

热爱劳动：热爱劳动指劳动者主动实践劳动的意愿、持续投入劳动的热忱、热情奉献劳动的品格等。在社会主义国家，热爱劳动是社会主义道德的特征。人民当家作主，广大劳动群众以国家主人翁姿态，积极投身经济社会发展的火热实践，其劳动热情得到进一步焕发，创造潜能得到充分释放，人民通过劳动创造美好生活的渴望更加突出。早在 1957 年，周恩来就在《谈谈青年的学习和生活》中说："我们社会主义国家的人民要懂得劳动的可贵，要热爱劳动……学习是为了劳动，为了社会主义建设。"

（二）锻造"辛勤劳动、诚实劳动、创造性劳动"的劳动品德

劳动是一切成功的必经之路。习近平总书记指出，"实现我们确立的奋斗目标，归根到底要靠辛勤劳动、诚实劳动、科学劳动"；要"将辛勤劳动、诚实劳动、创造性劳动作为自觉行为"①。

辛勤劳动：辛勤劳动指脚踏实地、爱岗敬业、埋头苦干等。众所周知，中国从积贫积弱走向世界第二大经济体，现行标准下近一亿农村贫困人口全部脱贫，靠的是劳动者几十年含辛茹苦，一砖一瓦垒起来的，一点一滴干出来的。没有广大劳动者的辛勤付出，就没有港珠澳大桥、北京大兴国际机场、京张高铁所展现的"中国跨度""中国高度""中国速

① 习近平在乌鲁木齐接见劳动模范和先进工作者、先进人物代表 向全国广大劳动者致以"五一"节问候［N］. 光明日报，2014-05-01.

度”。习近平总书记指出：“人世间的一切幸福都需要靠辛勤的劳动来创造”[①]，“实现中华民族伟大复兴的中国梦，要靠各行各业人们的辛勤劳动”[②]。

诚实劳动：诚实劳动指诚实守信、恪尽职守、实事求是、遵纪守法、童叟无欺等。2016年4月26日，习近平在知识分子、劳动模范、青年代表座谈会上的讲话指出，我们“提倡通过诚实劳动来实现人生的梦想、改变自己的命运，反对一切不劳而获、投机取巧、贪图享乐的思想”。中国传统道德把“信”提升为“五常”之一，强调人无信不立，不仅信于约，而且信于义。张孤在《素履子·履信》中说：“可终身而守约，不可斯须而失信。”弘一法师在《格言别录》中说：“内不欺己，外不欺人。”刘向在《说苑·说丛》中说：“义士不欺心，廉士不妄取。”中华人民共和国成立以后，吴玉章号召广大青年“立志做一个诚实的劳动者”，并明确指出：“好逸恶劳，自己不好好劳动而坐享他人的劳动成果，那是最没出息的，可耻的。”[③]

创造性劳动：创造性劳动指锐意进取、敢闯敢试、首创精神等。当前，人类劳动的形态发生巨大变化，我们对创新型劳动者的需求比以往任何时期都更加迫切。“天问一号”“嫦娥五号”“奋斗者号”等科学探测实现重大突破无不体现着“创造性劳动”的重要价值。而深圳等经济特区建立、上海浦东开发开放，从先行先试到示范引领，从探索创新到创新引领，“创造性劳动”更是发挥了举足轻重的作用。[④]

（三）形成“劳动最光荣、劳动最崇高、劳动最伟大、劳动最美丽”的观念

劳动是财富的源泉，也是幸福的源泉。习近平总书记指出，“必须牢固树立劳动最光荣、劳动最崇高、劳动最伟大、劳动最美丽的观念”[⑤]，并让这种观念“蔚然成风”，成为“社会风尚”。

劳动最光荣：劳动最光荣是对劳动者通过自身努力，实现服务人民、奉献社会理想的赞扬和肯定。2016年4月26日，习近平在知识分子、劳动模范、青年代表座谈会上的讲话中指出：“劳动没有高低贵贱之分，任何一份职业都很光荣。”《中华人民共和国宪法》明确规定：“劳动是一切有劳动能力的公民的光荣职责。”

劳动最崇高：劳动最崇高指劳动是至高无上的，劳动者是最值得尊重的；劳动者的尊严、价值和创造力是令人赞叹的。社会主义制度下，只有分工的不同，凡是能够为社会创造物质财富和精神财富，有利于人民的劳动，都是崇高的。

劳动最伟大：劳动最伟大指劳动是推动人类社会进步的根本力量。劳动不仅创造了人，而且是开启社会发展的一把钥匙。劳动者的劳动实践是对人与自然、人与社会以及人与人之间重重矛盾的不断解决和超越。劳动者在改造自然的活动中不断觉醒、不断提升的主体性力量，解决了一个又一个难题，创造了一个又一个奇迹，是伟大的。

劳动最美丽：劳动最美丽是指劳动实践的过程，劳动者不但能够创造美、展示美，而

---

① 中共中央文献研究室．十八大以来重要文献选编：上［M］．北京：人民出版社，2014：70.

② 习近平．在知识分子、劳动模范、青年代表座谈会上的讲话［N］．光明日报，2016-04-30.

③ 吴玉章．吴玉章文集：上［M］．成都：四川教育出版社，1989：487.

④ 李丽．论劳动精神的内涵、生成逻辑及育人价值［J］．贵阳学院学报（社会科学版），2021（04）.

⑤ 习近平．在同全国劳动模范代表座谈时的讲话［N］．光明日报，2013-04-29.

且能够让劳动者享受美，感受到幸福，也被劳动之美塑造，从而呈现出美的心灵、美的品格和美的德行。可见，劳动具有塑造良好品格和崇高德行的重要作用。

（四）养成“即刻劳动”的习惯

劳动精神是在劳动过程中产生的。一个不参加劳动的人很难产生劳动精神。反之，劳动者只有在劳动过程中才能体验劳动的甘甜、锤炼劳动的性格、增强劳动的毅力、端正劳动的态度、树立劳动的信心。培养劳动精神也应该在劳动过程中完成。

问题卡片

1. 劳动精神的核心要素有哪些？
2. 新时代弘扬劳动精神的意义是什么？
3. 高职大学生应当怎样弘扬劳动精神？

知识链接

劳动成就梦想——劳动精神述评

崇尚劳动

中华民族自古就是崇尚劳动的民族。从“晨兴理荒秽，戴月荷锄归”的耕作，到“女郎剪下鸳鸯锦，将向中流匹晚霞”的纺织，再到“六月调神曲，正朝汲美泉”的酿造……古往今来，对劳动的赞歌绵延不绝。

劳动最光荣，劳动最崇高，劳动最伟大，劳动最美丽。在中国共产党的领导下，中国人民愈发崇尚劳动。因为崇尚劳动，我们有着“咱们工人有力量”的豪迈，有着“天不怕地不怕，风雪雷电任随它”的勇气，有着“紧摇桨来掌稳舵，双手赢得丰收年”的底气，有着“人们在明媚的阳光下生活，生活在人们的劳动中变样”的自信。

劳动，创造了财富，也砥砺着精神。人行天地间，只有不图安逸，不惧困苦，爬过高山，蹚过激流，拼搏过，奉献过，才能感受“千淘万漉虽辛苦，吹尽狂沙始到金”的喜悦与充盈，才能体会生而为人的自在与尊严。

热爱劳动

中国共产党历史展览馆，不少参观者在一组题为《十八颗红手印》的雕塑前停下了脚步。雕塑中的18位农民，有人蹲着思考，有人站着议论，有人挽起袖子，在土地承包责任书上郑重按下手印。

这是1978年冬天的安徽凤阳小岗村，当18位农民依次按下自己的手印，改革开放的奇迹随之展开。这些农民为何敢闯敢试、敢为人先？因为他们内心有对劳动的满腔热忱；因为他们相信，辛勤的劳动一定能换来幸福的生活。

劳动开创未来，奋斗成就梦想。劳动没有高低贵贱之分，不论身处哪个行业，只要付出足够的辛劳与智慧，干一行、爱一行、钻一行，就能够在平凡的岗位上取得不平凡的成绩。在普普通通的百货柜台，张秉贵练就了一身绝活，卖货“一抓准”，算账“一口清”；为了掌握焊接技术，高凤林拿着筷子练，端着水杯练，举着铁块练，终于练就了为火箭焊接“心脏”的绝技；北京人民艺术剧院排练厅高悬着“戏比天大”四个大字，培养了一代代演员对表演事业的敬与爱。演员们在排练厅排演了一出出经典的话剧。他们对职业的礼敬、坚守，源自对劳动的尊崇与热爱。

辛勤劳动

四五十年前，义乌人拿着拨浪鼓走街串巷，鸡毛换糖，艰苦创业。后来，条件稍好，义乌人在路边支起小摊，虽然经营场所相对固定了，但依旧简陋；再后来，义乌建成了全国最大的小商品批发市场，又进军海外市场，被誉为“世界小商品之都”。有外媒戏称，“圣诞节的真正故乡其实是义乌”。因为，这个奇特的中国城市是全球节庆饰品的主要来源地。

义乌发展的奥秘，就是辛勤劳动。中国奇迹的源头，也是辛勤劳动。

当今的中国，劳动的内涵不断丰富，劳动者的主动性、创造性愈加彰显，知识型、技能型、创新型劳动者成为时代的要求，但辛勤劳动仍然不可或缺。无论是知识分子、工人还是农民，都需要以自我革新的勇气和胸怀，不断努力学习新的知识，打破既有的思维模式、劳动习惯，运用新技术、新理念改造劳动工具、劳动方法，提升劳动效率，升华劳动价值。

诚实劳动

在遍布大街小巷的同仁堂药店门前，有一副古联：“炮制虽繁必不敢省人工，品味虽贵必不敢减物力。”这既是对消费者的承诺，也是这家老字号创立300多年屹立不倒的秘诀。

劳动是个体实践，也是社会行为。每个劳动者通过诚实劳动收获财富，社会的基本秩序才能够得以维系。偷工减料、制假售假、抄袭盗版、科研作假等失信行为，通过瞒与骗的不当手段或许换来了一时的私利，但最终全社会都要为诚信缺失“买单”，没有人是受益者——地沟油的使用者或许就是毒奶粉的受害者，毒奶粉的制造者或许有一天会买到“山寨货”，“山寨货”的生产者或许有一天也将和“老赖”过招……

在别人看得见的地方要诚实劳动，在别人看不见的地方也要诚实劳动；经商需要诚实劳动，科学研究、文艺创作也需要诚实劳动……我们崇尚劳动、尊重劳动，就要诚实地付出劳动、从事劳动。以诚为先、以诚为重、以诚为美，这才是劳动应有之义。

资料来源：杜羽，方莉．劳动成就梦想：劳动精神述评［N］．光明日报，2021-09-28.

任务二 工 匠

案例导学

孟凡东：保质量就要“一根筋”

晚上9点多，徐工集团重型机械有限公司起重机调试区域，一台起重机还在被加班调试。明亮的作业灯照射下，起重机的长臂显得愈发“修长”。

不知过了多久，从起重机长臂尾部爬出一个衣服上沾满润滑油的年轻人，他宽额方脸、皮肤黝黑，有股子“少年老成”的劲儿。“全都没问题了。”他对一旁的同事说，笑意在脸上漾开——“绝不放过任何一个细节”，他又一次做到了。

这批起重机早就定好出口车船，经过检测调试后就要坐上大货轮，运往加拿大了。从长臂尾部爬出来的青年名叫孟凡东，是徐工集团重型机械有限公司起重机调试技工，到工段3年以来，经他调试的起重机没有发生过一起故障。

眼前的孟凡东，眼神专注，举手投足不慌不忙。谁能想到，他还不到22岁。孟凡东的这份沉稳，源于徐工技师学院5年的钳工训练。上学期间，孟凡东就得了个“一根筋”的外号。他在学校“钳工精英班”训练的第2年，由于没有将数据值精确到小数点后三位，导致一个双燕尾凹凸配工件装配时出现松动。凌晨2点多，他又重新做出一套工件，达到配合间隙小于0.02mm的精度。

孟凡东的“一根筋”不仅体现在训练中，更是被他带到了工作中。

刚到徐工集团实习没多久，工段师傅许瑞全就带着孟凡东调试一款出口国外的新产品。许师傅说：“屏幕上显示信号突变。但这种情况在整个调试过程中只出现了一次，排查隐患可能十分困难。”

孟凡东二话不说，爬进11米长的起重机大臂尾部一探究竟。这是一个特别窄的空间，直径约1.2米，中心位置还有伸缩油缸，身高1.75米的孟凡东身子转不开，只能骑在油缸上，蜷缩着全身进行检测排查。

一次，两次，三次……第五天，孟凡东第八次爬进起重机大臂尾部，他终于发现隐患：缸销臂位检测开关距离准确位置偏差了两毫米。孟凡东随即调整检测位距离，把金属传感器往里面旋进两毫米，隐患排除。许师傅脸上露出欣慰的笑容：“钳工行当就需要这种‘一根筋’的工匠精神！”

2021年10月16日，成都国际博览城，第七届全国职工职业技能大赛现场灯火通明。6个小时到！孟凡东交出了精度高达0.01毫米、由7个零件组合而成的旋转组合体工件。

0.01毫米是什么概念？相当于头发直径的1/6。裁判们啧啧惊叹。4位裁判举着孟凡东的作品，在灯光下反复查看：“工艺精湛，趋于完美！”在这场高手云集的国家级大赛中，孟凡东获得钳工组冠军。

资料来源：苏雁．孟凡东：保质量就要“一根筋”[N]．光明日报，2022-07-11.

任务目标

知识目标：了解工匠精神在西方和我国的孕育，理解工匠精神在不同时期的兴起与繁荣，掌握工匠精神的内涵。

能力目标：能历史辩证地看待工匠精神的发展。

素质目标：通过学习，让学生养成专注坚守的职业精神、精益求精的品质精神、勇于创新的卓越精神、协同合作的团队精神，并形成践行工匠精神的行动自觉。

认知学习

一、工匠与工匠精神的孕育

“工匠”一词由“工”与“匠”合成，“工”本为矩，衍生为职业，“匠”是指有手艺的人，或指在某方面很有造诣的人，“工匠”是指有手艺的匠人，决定了匠人“工”的身份，在民间被尊称为“师傅”。

（一）工匠精神在西方的孕育

在西方，工匠精神最早萌芽于古希腊、古罗马时期，此时的工匠精神被看作一种“非利唯艺”的纯粹精神。柏拉图认为，工匠从事产品制造的目的并不是单纯地获取报酬，而是追求作品本身的完美与极致。① 工匠所具有的技艺明显有别于挣钱之术，“医术产生健康，而挣钱之术产生了报酬，其他各行各业莫不如此——每一种技艺尽其本职，使受照管的对象得到利益”②。也就是说，工匠精神的终极目的在于发挥出技艺的最大能量，从而让服务对象获得完美的“用户体验”。对于“善”的追求也是工匠精神的重要价值理念。在亚里士多德看来，对于一个吹笛手、一个木匠或任何一个匠师，总而言之，对任何一个某种活动或实践的人来说，他们的善或出色就在于那种活动的完善。对工匠精神而言，这种善体现在对产品的精雕细琢以及对技艺的精益求精之上。到了中世纪，宗教改革的推进以及手工业行会制度的建立，进一步促进了工匠精神的发展。与此同时，随着手工业行业标准、工艺流程等内容的确定，工匠群体逐渐养成了以质取胜、至善尽美的制造精神。③

（二）工匠精神在我国的孕育

在东方，工匠精神最早孕育于我国。对于工匠精神的诠释可以追溯到春秋战国时期，《周礼·考工记》记载：“百工之事，皆圣人之作也。烁金以为刃，凝土以为器，作车以行陆，作舟行水，此皆圣人之所作也。”由此可见，多才多艺的能工巧匠被当作“济世圣人”来对待。在中国文化视域下，工匠精神主要有以下三种内涵。其一，工匠精神意味着“尚巧达善”的工作追求。所谓“尚巧”，就是在制造过程中追求技艺之巧，这是对工匠最基

---

①③ 庄西真．多维视角下的工匠精神：内涵剖析与解读［J］．中国高教研究，2017（05）.

② 柏拉图．理想国［M］．郭斌和，张竹明，译．北京：商务印书馆，1986：26.

本的职业要求，也是工匠区别于其他职业群体的鲜明特征。所谓“达善”，即指工匠竭尽全力提升自身的技艺水平，从而达到一种炉火纯青的至善境界。实际上，中国传统文化中的“与人为善”“止于至善”“众善奉行”等关乎善的规范准则早就被融入工匠精神中。其二，工匠精神意味着“知行合一”的实践理念。所谓“知行合一”即指将所学的知识应用到行动中去，在不断的实践过程中，发现与解决问题，进而获得自身的成长。其三，工匠精神意味着“德艺兼修”的职业信仰。所谓“德艺兼修”，即在力求技艺水平提高的同时，提升自身的道德修养水平。从本质上讲，中国古代工匠的实践活动可以称得上是一种道德实践，“正德”处于首要地位，规约着工匠的技艺行为。在此指导下，技艺的长进被赋予更多道德的意味。①

（三）工匠精神的兴起与繁荣

1. 手工业时期的兴起

工匠精神的形成离不开手工业的兴起与繁荣。在手工业时期，每个工匠都有自己的专业方向与工艺特长，对自己所制造的产品负有独立责任。这种传统的手工业劳动实际上是一种全过程生产劳动，产品的设计、制造、质检、销售等各个环节往往都由工匠独自完成。如果制造的产品存在质量问题，难以满足消费者的要求，工匠就很难通过手艺谋得生存。因此，对产品的精益求精以及对创新的执着追求是这一时期工匠精神的核心特征。而且，一名工匠终其一生可能就只从事一项事业，所以手艺就是其为自己打造的品牌，“强力而行”的敬业奉献精神也是工匠精神的重要内容。这一时期技艺传授的主要方式是学徒制。师傅在传授技艺经验的同时，往往也会把行业的规矩、从业的原则等传授给徒弟，工匠精神由此得以代代相传。可见，传统工匠精神的形成与手工业的发展密不可分。这一时期的工匠精神可谓“原汁原味”，它承载着匠人对技艺守护的虔诚信仰，肩负着匠人对技艺传承的沉重使命，更彰显着匠人对技艺经营的职业尊严。②

2. 工业革命时期的失落

在工业革命爆发以后，人类逐渐步入现代社会，传统的手工业生产受到机械化大生产的挑战，工匠精神也一度陷入失落期。尤其是在福特主义③流行之后，传统的工匠群体不断减少，不少工匠为了谋生不得不去工厂工作，成为流水线上的一员。在现代化的生产组织方式下，工人只负责流水线上的某一个环节，对于质量的把关会有专门的质检员负责，所以工人不再参与全生产过程，也就没有义务对产品独立负责。此时，对于产品的制造而言，经验不再如手工业时期那样重要，对于科学与技术的信奉达到高潮。如果说传统的手工艺劳动是一种综合式劳动，那么现代化生产则是一种分析式劳动。综合式劳动中存在大

---

①② 庄西真．多维视角下的工匠精神：内涵剖析与解读［J］．中国高教研究，2017（05）．

③ 福特主义：福特主义被用来描述一种基于大规模批量生产、借助流水线实行劳动分工、以市场为导向的生产模式。这种模式极大地提高了劳动生产率。福特主义有三个原则：标准化批量生产；工人和流水线共同生产；提供可消费的工资。福特主义的意义和影响超越了对于个体生产者经济制度改革本身，它不仅提供了满足人们消费的商品，更改变了人们的生活方式，进而在整个社会引发了一系列深刻的事件，如社会工薪阶层结构变化，对商品和消费观念的改变。这些事件不只影响了经济，还改变了大众的消费习惯和价值取向。

量的创新、创造的要求，而分析式劳动则把创新过程与生产过程进行了分割，劳动者一旦站在生产线边，所有的创新必须冻结回去。在这一阶段，技艺的传承方式不再是传统的学徒制，学校教育制度逐渐兴起，受到现代化洗礼的技术工人逐渐取代传统的工匠群体。在现代化浪潮的冲击之下，工匠精神显得有点不堪一击。受此影响，工匠精神不可避免地陷入一场失落之中。①

3. 第三次工业革命时期的复兴

20 世纪四五十年代以来，随着第三次工业革命的到来，工匠精神得以实现复兴。电子计算机技术应用与发展的重大突破，使得生产的自动化程度不断提高，传统的流水线生产与泰勒工作制已无法满足多样化的市场需求。工业制造的特点也发生重大改变，向着多品种、小批量以及短生产周期方向演进。与此同时，刚性制造模式逐渐为柔性制造模式所取代，从大规模生产向大规模定制的演变成为一股新的潮流，消费者的个性化需求也日益受到重视。另外，生产管理方式逐渐由金字塔式的科层制管理向矩阵式的扁平化管理过渡。如部分日本企业采用的“独立制造岛”模式就是典型代表，它要求工人熟悉与掌握整个生产流程，而且具备较高的创新素养与过硬的专业素质。从本质上讲，生产方式的变革对工人越来越高的素质要求与工匠精神所倡导的精雕细琢、精益求精等价值理念是一致的。正是在时代的诉求之下，工匠精神才得以走上复兴之路。②

二、工匠精神的内涵

追溯到古代，工匠技艺的产生和发展是工匠精神得以形成的技术前提。③ 随着时代的不断更迭，在注重品质的今天，工匠精神的价值再度被高度重视。工匠精神的意涵并不是一成不变的，而是在传统的基础上吸收时代印记，是一个动态发展、不断生成的概念。在新的社会背景下，工匠精神被赋予了新的使命，包括专注坚守的职业精神、精益求精的品质精神、勇于创新的卓越精神、协同合作的团队精神，兼具历史性与时代性。④

（一）专注坚守的职业精神

“守”是基础。所谓“守”，主要有两层含义：一是专心注意，二是持之以恒。它是工匠精神的根基。据研究，长寿企业存在的秘诀无不在于其特有的以专注本业为基础的工匠精神。而在当今社会，有些企业存在心态浮躁的弊病，到了一定规模就急着上市，四处出击、多方投资，遇到困难时又想着转向其他溢价更高的行业，这种非理性行为最终造成企业经营不善、寿命短暂的局面。坚持初心、专注坚守的工匠精神在当今是非常难得且必要的，“守”是事物存在和发展的基本之道。

（二）精益求精的品质精神

“求”是目标。所谓“求”，主要包含两个成分：一是苛求，即追求极致；二是渴求，

---

①② 庄西真．多维视角下的工匠精神：内涵剖析与解读［J］．中国高教研究，2017（05）．

③ 李宏伟，别应龙．工匠精神的历史传承与当代培育［J］．自然辩证法研究，2015（08）．

④ 匡瑛，井文．工匠精神的现代性阐释及其培育路径［J］．中国职业技术教育，2019（17）．

即向往美好。这是工匠精神的核心，旨在将手头的每件事都做得完美。人们以往对规模的追求已经悄然蜕变为今日对品质的向往，有些企业生产出来的产品质量显然未能满足这种期待和向往。我们要重塑以“求”为核心的工匠精神，使中国从制造大国成为名副其实的制造强国。

（三）勇于创新的卓越精神

“创”是途径。所谓“创”，是指以现有的思维模式提出有别于常规或常人思路的见解为导向，利用现有知识和物质，在特定的环境中，本着理想化需要而改进或创造新事物。一直以来，创新在科学研究、技术进步、社会发展、国家振兴等方面发挥着独特的作用，是社会普遍重视的议题。在当今社会，创新的价值意义依旧凸显，并成为工匠精神的时代内涵。据商务部数据调查显示，在当前认定的1 128家中华老字号企业中，蓬勃发展的只有10%，大部分企业都面临着不同的经营危机。总体来看，这些企业面临困境的主要原因在于产品创新能力不足，而部分蓬勃发展的“老字号”皆通过创新发展走上新平台。如有着300多年历史的老字号“王致和”，在面临市场变化的冲击时，一改以往主打腐乳的做法，推出了料酒、调料、香油、豆沙等近百种产品，进一步打开了市场，深受消费者的喜爱。而且，王致和还通过玩转新营销的方式大搞品牌宣传，运用媒体、网络、联谊、公关等多种形式提升公众关注度。此外，在智能化时代来临的今天，社会经济转型引起了对从业人员需求的转变，从以往对确定性、娴熟化技能和专业能力的重视转向对反思、通用能力、创新能力的关注，人性价值被重新审视。①

（四）协同合作的团队精神

“合”是方式。所谓“合”，主要表达两方面的含义，一方面表达的是有序协同，另一方面表达的是精诚合作。在新工业革命背景下，大机器生产成为主流方式，企业创造新价值的过程发生改变，产业链分工得到重组，传统的行业界限消失，取而代之的是全新的活动领域与合作方式，这种工作组织形式的转变使“合”成为工匠精神时代意涵的新兴增长点。国际上，芯片流通以美、日、欧企业产品为主，我国在半导体芯片进口方面的花费已接近原油的两倍，当前，越来越多的人开始关注我国自主研发的芯片进展。据芯片制造领域专家介绍，一颗芯片的制造工艺非常复杂，一条生产线大约涉及50多个行业、2 000～5 000道工序，提纯、切割晶元、加工晶元、光刻、薄膜、刻蚀、清洗、注入、互联、打线、密封②……这近5 000道的工序，绝不是单打独斗的个人完成的，而是整条芯片制造链上的人员协同合作完成的。因此，新工业革命时代呼唤追求“合”的工匠精神，有序协同、精诚合作的新型工匠群体成为中国制造的主力。

三、我国的发展需要工匠精神

（一）工匠精神在国外

从古至今，工匠所从事的主要都是生产制造活动，即制造业领域是工匠的主要活动范

---

① 匡瑛，井文. 工匠精神的现代性阐释及其培育路径［J］. 中国职业技术教育，2019（17）.

② 北京青年报. 一颗“芯”是如何炼成的：需要5 000道工序［EB/OL］. 新华网，2018-04-23.

围。从世界范围来看，日本制造、德国制造一直是享誉全球制造业市场的品牌典范。不少日本企业都有浓厚的工匠精神，很多工人甚至终其一生都在同一家企业工作。在他们看来，在企业工作不只是为了谋求生存，而且是为了追求自己的事业，所以他们愿意为了一生的事业而付出全部精力。因此，日本很多中小型企业数十年如一日地专攻一门技艺，生产一种产品，产品自然会变得日趋精致甚至完美。与日本一样，德国也以工匠精神著称。在德国人看来，成为一名工匠是莫大的荣誉，因为工匠可以通过自己的技术改变世界，而且工匠所从事的事业与科学家一样神圣。为了追求技艺本身的完美，德国人甚至可以不计经济成本。正如有学者总结的那样，近两百年来的德国现代化道路，从外部来看，是一条技术兴国、制造强国的道路；从内部来看，支撑这一道路的是“工匠精神”——对技术工艺的追求远远超越了对利润的角逐。事实证明，正因为日本、德国等制造业强国将工匠精神发挥得淋漓尽致，其制造的产品才会产生较大的竞争性优势，甚至达到不可替代的地步，从而帮助这些国家在世界制造业市场中长期立于不败之地。

（二）工匠精神在我国的缺失与回归

中国制造曾是低端制造的代名词。在追逐经济利益的动机驱使之下，一些企业并未把重点放在产品的研发、设计等环节上，而是尽可能地追求在最短时间内、最小成本下获得最大的利润。受此影响，中国制造业一直处于世界制造业生产链条中的低端位置。而且，随着人工智能的发展，欧美发达国家的“再工业化”演变为一种新的趋势，世界制造业市场已经开始出现回流迹象。与此同时，随着越南、马来西亚等东南亚国家制造业的崛起，以及中国劳动力市场人力成本的提升，中国制造业的人力资源优势已经越来越小。在此背景之下，中国制造业的转型升级已经不可避免。为此，中国推出了“中国制造 2025 战略”，并提出进行供给侧结构性改革，实现制造端与消费端的端对端对接。这一战略成功实施的关键仍然在于工匠精神的回归，只有从根本上将工匠精神贯穿于制造业生产的全过程，才能真正实现从中国制造向中国创造的转变。[①]

实际上，不仅制造业领域需要工匠精神，其他领域也同样需要工匠精神。回顾改革开放以来的发展历程，我们从曾经的供应短缺到现在的产能过剩，从曾经的没有一家世界 500 强企业到现在有 100 多家，发展速度如此之快，以至于被称为“中国奇迹”。在速度为王的理念指导之下，整个社会的发展都显得过于浮躁。如今，我国已经悄然步入“互联网+”时代，不少地区甚至兴起一股“机器换人”的浪潮，这并不意味着工匠精神已经不再重要。相反，在这个科技日新月异的时代，尽管很多工作岗位有可能为机器所替代，但是工匠身上所具有的追求极致、精益求精的精神品格却是无法替代的。科技越发达，越需要工匠精神。由于所处工作岗位的不同，不可能每个人都成为工匠，但是工匠所具有的精神品格却值得我们每个人学习，踏实做事、认真做人应该成为每个人的人生守则。因此，我们不能将工匠精神单一地理解为制造业领域所特有的，而应该从更加多元的角度去理解工匠精神。诚然，以工匠精神助力中国制造业的转型升级是我们的重要目的。然而，发

① 匡瑛，井文. 工匠精神的现代性阐释及其培育路径 [J]. 中国职业技术教育，2019 (17).

挥工匠精神“普惠众生”的作用，以工匠精神推动整个中国社会的转型升级才是其最终目的。①

问题卡片

1. 东方和西方的工匠精神有什么不同和相通之处？
2. 我国为何各行各业倡导工匠精神？
3. 高职大学生如何传承和弘扬工匠精神？

知识链接

工匠精神的价值内涵与时代需求

随着现代化生产的日益发达，传统手工业逐渐退出历史舞台，传统手工业的缔造者——工匠，也渐渐淡出人们的视野。人们经常把体现工匠精益求精、执着专注的工作品格称为工匠精神。伴随着经济的飞速发展，有些观点认为，工匠这个群体已不适应现代化生产的发展，工匠精神已经落伍了。此种说法源于对工匠精神的误解，认为工匠精神就是用苦力、使蛮劲、费时间，事实并非如此。工匠精神意味着专业精到、精益求精、执着专注、追求品质的工作品格和工作原则，涵盖追求完美与极致的工作理念，展现着严谨细致的工作态度，体现坚守专注的敬业精神。这种精神代表着一种正面价值，无论在任何时代、地域，都应备受推崇。在当今社会中，工匠精神已呈现出重要的理论和实践价值。

一、现代工业制造需要凝聚工匠精神

虽然现代化工业制造取代了传统手工业生产，但工匠精神依旧凝聚着现代工业制造的灵魂，因此，充分发扬工匠精神，并将工匠精神融入现代工业制造，是成为工业制造强国的重要手段。纵观当今世界一些工业制造强国的发展历程，都与该国家重视发扬工匠精神密不可分。如德国是世界知名的工业强国，不仅制造业发达，而且其产品品质以精密优良享誉世界，出产了保时捷、奔驰、宝马、西门子等不少世界顶级品牌。在大多数德国企业主眼中，精湛的技艺、凝聚匠心的工作所带来的成就和意义早已超越经济利益。纵观德国近百年来的现代化发展道路，从宏观看，是一条技术兴国、制造强国的道路；从微观看，支撑这一道路的是“工匠精神”——对技术工艺的追求远远超越了对利润的角逐。当欧洲一些国家出现经济停滞甚至衰退局面时，德国却依然能保持经济持续增长的势头，究其原因，德国人认为他们靠的是执着专注、精益求精的工匠精神。现代工业的飞速发展，工业制造强国的形成与追求精益求精、完美与极致的工匠精神密不可分。

二、工匠精神极大体现生产制造者的自我价值

传统的工匠从事制作活动，并非简单机械地重复性体力劳动，也是一个不断对产品及工艺进行提升完善的过程。工匠可以从工作中不断学习，并且将自己对世界的理解和认识、内在想法等体现在产品中，同时在劳动过程中不断提高自己的技能。当自我意识通过产品获得了客观的表达，那么，工作就不再是苦差事，而是一种忘我的投入。工作成为制造者生命的另外一种外在表达，自身价值已凝聚在自己创造的作品之中，在工作中，生产制造者就能够获得极大的满足感和职业成就感，生产者的自身价值得到最大的体现。现代化的生产极大地满足了人们的物质需求，在获得物质

① 庄西真. 多维视角下的工匠精神：内涵剖析与解读［J］. 中国高教研究，2017（05）.

满足之后，人们不再局限于对产品的最低要求，和现代化产品呈现出的标准化、单一化缺乏独特性、人情味的特征相比，人们更需要生产温暖和亲切的产品来满足自己更高层次的需求。如果将工匠精神贯穿于产品的创作过程中，产品与制造者是自然贴近的，产品的创造构思、制作加工、设计完成都凝聚着制造者的思想、修养、价值观、审美观，那么，产品也是艺术品，蕴含着制造者的个人气息和修养品格。

三、当代中国制造呼吁“工匠精神”的回归

当今世界，工业格局面临着重大调整，各个国家都在加强对高精尖产业的研究。德国为了继续保持工业强国的首要位置，提出“工业 4.0”计划。面对强劲的国际势头，我国提出“中国制造 2025”战略计划。要实现“2025 战略”目标，实现我国由工业大国到工业强国的转变，核心是要提升中国制造的质量，当代中国制造呼吁“工匠精神”的回归。

任务三 大国工匠

案例导学

孟剑锋——錾刻人生

北京 APEC 会议上送给外国领导人和夫人的国礼中有一件纯银丝巾果盘，果盘里面是一条柔软的银色丝巾，丝巾上的图案清晰自然、赏心悦目。为了分别做出果盘的粗糙感和丝巾的光感，孟剑锋反复琢磨、试验，亲手制作了近 30 把錾子，最小的一把在放大镜下做了 5 天。追求极致，这是孟剑锋给自己提的标准。支撑果盘还需要 4 个中国结作为支架，工艺标准并没有规定它们必须是手工加工。技师们准备用机械铸造出来，再焊接到果盘上，但是，铸造出来的银丝上有砂眼，尽管极其微小，孟剑锋心里却怎么也过不去这道坎。在他心中，没有瑕疵，并且是纯手工，这才配得上做国礼。

如今，已经是国家高级工艺美术技师的孟剑锋，对自己还有更高的要求，他觉得要干好工艺美术这行还应该懂绘画，现在有时间就和爱人一起出去写生、练素描。孟剑锋说，有一天，他一定会拿出一个像样的绘画作品，就像做錾刻那样，他就是要超越自己，追求极致。

任务目标

知识目标：掌握大国工匠的形成与内涵。

能力目标：能分析大国工匠的特征。

素质目标：通过学习大国工匠的系列故事，让学生形成尊重大国工匠、崇尚大国工匠的价值观。

认知学习

一、了解大国工匠

“国之重器，大师之谓也。”

技艺精湛，即为大匠。《庄子·徐无鬼》中记载“郢人垩漫其鼻端，若蝇翼，使匠石斫之，匠石运斤成风，听而斫之，尽垩而鼻不伤，郢人立不失容。”中国自古以来就是一个工艺制造大国，无数行业工匠的创造是灿烂的中华文明的标识。在手工业时代，我国产生过鲁班、李春、李冰、沈括这样的世界级工匠大师，还有遍及各种工艺领域的像庖丁那样手艺出神入化的普通工匠。进入现代工业时代和信息化时代，伴随着手工艺向机械技艺以及智能技艺转换，传统手工工匠似乎远离了人们的生活，但工匠并未消失，而是以新的面貌出现，即现代工业领域里的新型工匠：机械技术工匠、智能技术工匠，大国工匠即来自这一类工匠。

大国工匠既属于普通工匠，具备一般工匠群体所具有的执着专注、精益求精、一丝不苟、追求卓越等特征；同时，又是工匠群体的佼佼者，是工匠群体中的特殊成员。与普通工匠相比，这种特殊主要体现在追求“大国技术”、注重“大国品质”、厚植“大国情怀”三方面。

（一）追求“大国技术”，拥有世界一流水平是大国工匠的首要特征

如果只是坚守岗位、尽职尽责、传承技艺，可以成为一名好工匠，但要成为大国工匠，需要在坚守中创新，在传承中创造，不断突破技术瓶颈，拥有世界一流技术水平。中国经济正在迈向高质量发展，在中国制造日益走向世界的今天，正是这些大国工匠大胆探索创新、攻克技术难关，将无数“不可能”变为“可能”。

案例

焊接领域的“大国工匠”，响当当的“大师傅”

艾爱国是第一位从湘钢走出来的焊接大师，是湖南华菱湘潭钢铁有限公司焊接顾问，湖南省焊接协会监事长，党的十五大代表，第七届全国人大代表。从世界最长跨海大桥——港珠澳大桥，到亚洲最大深水油气平台——南海荔湾综合处理平台，这些超级工程中，都活跃着他的身影。从助力中国船舶制造业提升国际竞争力，比肩世界一流水平，到突破国外企业“卡脖子”技术，填补国内技术空白，都离不开他的焊接绝活。他完成了 15 000 余项专用量规生产制造任务，进行小改小革，工艺创新项目 1 100 余项，累计为公司创造价值 3 100 余万元。他用工匠担当，组织团队破解位置量规、无人机内外轴等工厂、国家乃至世界级的机械制造难题。面对一次次高薪聘请和诱惑，他依然选择了工具钳工这个平凡的工人岗位，敬业坚守、道技合一、精雕细琢、默默奉献。凭借一身绝技和执着追求，2021 年，他被中共中央授予“勋章”。大国工匠是万千工匠中的技能先锋、创新群体，是从“中国制造”发展到“中国创造”“中国智造”的技术引领者，是大国崛起、民族复兴伟大使命的重要担当者。

（二）注重“大国品质”是大国工匠的重要特征

《道德经》有云：“天下大事，必作于细。”执着专注、重视细节、追求品质是大国工匠的共同特征。在世界制造的舞台上，“德国制造”一直占据高位。德国的汽车、钟表、刀具、酿酒设备、地下排水系统、建筑与家具等，都以耐用、可靠、安全、精密等特征享誉世界。这也构成了“德国制造”的核心文化。“专注品质”是工匠精神的核心内容之一。大国工匠高度重视细节和品质，不忽视任何一道工序、不放过任何一个细节，花费大量时

间和精力在提升产品细节和质量上，实现产品从优秀到卓越。正是这种止于至善的产品质量追求、细节把控才能不断打造出行业最优品，成为平凡工匠中的英雄和楷模。

（三）厚植“大国情怀”是大国工匠的本质特征

大国工匠首先应是与大国有关，与大国崛起、民族复兴的伟大使命紧密相连，与工业、农业、科技、文化、医疗、国防、军工等领域的重大项目、攻关工程息息相关。大国工匠的行业文化、专业领域、岗位职责不同，但有着鲜明的共同之处，就是脚踏实地、艰苦奋斗、淡泊名利、心有理想、身怀绝技，以其家国情怀、聪明才智、敬业勤勉和无私奉献，在本行业和领域担大任、干大事、成大器、立大功。山西省十大技术创新能手、山西省劳动模范、全国技术能手、中华技能大奖获得者、长治清华机械厂数控铣工韩利萍，20多年钻研机床操作、工艺编程、刀具工装技能，将自己加工的关键零件相继用在长征系列火箭发射平台上，稳稳地将“神舟”系列飞船、北斗卫星、“天舟货运飞船”送上太空。北方重工业集团有限公司特种机械厂“镗工大王”戎鹏强，负责对火炮身管内膛进行精镗，保证火炮直线度、确保火炮打击精度，他的“超长小口径管体深孔钻镗”操作法破解了高压釜出口偏难题，填补了国内空白。中车集团大连机车车辆厂的高级技师毛正石，30年潜心钻研、苦苦求索，攻克了铸造战线上一道道技术难关，成为精雕国际标准的铸造大师、行业技术权威，为国家争了光。中国首位女性世界技能大赛冠军聂凤，通过6年的刻苦训练，在2015年巴西圣保罗举行的第43届世界技能大赛上，一举夺得美发项目冠军，实现中国世界技能大赛金牌零的突破。大国工匠是矢志报国，托起中华民族伟大复兴中国梦的时代先锋，不仅拥有世界一流技术水平，还富有深厚的家国情怀和使命担当。

2015年5月，中央电视台《新闻联播》开始推出《大国工匠》系列节目，到2017年“五一”节前夕播出第5季，先后展现了近50位“大国工匠”的精湛技艺和高远境界，受到社会广泛好评。这些大国工匠代表性人物，继承发展了传统的民族工匠精神，以舍我其谁的信念，从我做起，脚踏实地，追求完美，不仅将生命化作绝技，而且打破传统观念，不把技能当资本，而把绝活儿当作国家、民族的财富，千方百计开辟传承发展之路，成为一颗颗大国工匠的种子，倡导、实践“国家兴亡，匹夫有责”的责任担当精神，为中华民族伟大复兴注入力量。

案例

大国工匠风采：“金手天焊”高凤林

高凤林，男，汉族，1962年3月生，河北东光人。1991年12月加入中国共产党，1980年9月参加工作，大学学历，学士学位，高级技师。全国劳动模范，全国五一劳动奖章获得者，全国国防科技工业系统劳动模范，全国道德模范，全国技术能手，首次月球探测工程突出贡献者，中华技能大奖获得者，中国质量奖获奖者，2009年获国务院政府特殊津贴。2018年“大国工匠年度人物”。2019年9月25日，高凤林获“最美奋斗者”个人称号。

没人天生会焊接，与很多人一样，高凤林第一次拿焊枪也很不顺利。当他一手用焊枪夹住焊条，一手拿起防护面罩，焊条已不自觉地接触到练习用的铁板，那突然闪出的耀眼弧光和铁板、焊条熔解的“滋滋”声，让他下意识地将焊枪向上一提——焊条却从焊枪上掉了下来。他放下防护面罩，关掉电源，一屁股坐在地上，半天没有再动一下。与许多人不一样的是，回过神的他，掏出笔记本和笔开始记录焊接的操作规程和自己操作时的心理变化，再去观察师傅们是如何操作的，然后记下他们的动作特点。最终总结为三个大字：“稳”“准”“匀”。终于，他打开电源、拿起焊枪、戴上防护罩，深吸一口气，稳稳地将焊枪在铁板上轻轻一点，在满地洒落的“流星”中，完成了人生中的第一道焊缝。

在国家“七五”攻关项目、东北哈汽轮机厂大型机车换热器的生产中，“熔焊”是一大关键，有关人员经过一年多的试验也未能取得突破。这块“硬骨头”交到了高凤林的手上。此时他已经成长为焊接领域的青年专家。半年的时间里，从早到晚，高凤林天天趴在冰冷的产品上，一趴就是几个小时。凭着这股劲头，他终于把压在单位一年多的两组18台产品交付出厂。时至今日，高凤林都说：“这是最苦的一次。”他把“不达目的，誓不罢休”的精神用在了学习和每一次攻关中。参加成人自考时，为了复习，他瘦得腮帮子都凹陷了。参加航天系统青工技术比赛时，他吃住在厂里，白天穿梭于攻关现场、训练场、课堂，晚上抱着两摞厚厚的书籍学习到三四点钟，不到30岁的人头发一把把地往下掉。最终，高凤林在比赛中取得了实践第一、理论第二的优异成绩，课程设计考试一次通过，产品攻关也进展顺利，并于1991年被破格晋升为国家级技师。他深深地体会到：只有把知识和实践结合起来，才能发挥出无穷的力量。高凤林说：“如果追求短期内快速成功，很可能就是昙花一现。”

“事业为天，技能是地”，高凤林参加工作30多年来，默默奋战在火箭发动机系统焊接第一线，他敢为人先、勇于创新，艰苦奋斗、甘于奉献，为中国航天事业的发展做出了突出贡献。他热爱自己的祖国和所从事的事业，以主人翁的责任感、刻苦钻研的精神、无私奉献的态度，走出了一条成才之路，成为新时代高技能人才的楷模。在他身上劳模精神得以发扬光大，散发出更多的光和热，汇聚成这个时代宝贵的精神财富。

二、认识弘扬大国工匠精神的时代意义

大国工匠精神，是指在长期的行业发展或职业实践中形成的，集中体现在大国工匠身上的职业理念与工作态度，是从业者职业道德、职业能力、职业品质的体现。改革开放以来，立足于新的时代条件，在继承和发扬中国传统工匠精神的基础之上，形成了以追求世界一流技术水平、高度重视细节品质、厚植家国情怀为核心的大国工匠精神，对加快制造业转型升级，实现制造大国向制造强国转变具有积极的推动作用。

经济学原理告诉我们，无论技术发展到什么水平，都离不开人这一最核心的生产要素。如果智能化的机器从事生产，那必然需要能驾驭机器的高级技工。这对我们每个人来说，是挑战也是突破。传承就是一场永不停歇的接力赛。我们应该看到，古今这些“大国工匠”，背后是坚韧不拔的品质、追求卓越的恒心、钻研创新的执着。新一代青年大学生唯有汲取力量，勇于“接棒”，奋力前行，方能不负时代使命。

中国特色社会主义进入新时代，大国工匠精神的时代价值更加凸显。各行各业的劳动者大力发扬大国工匠精神，创造了一个又一个中国制造的奇迹，港珠澳大桥、京张高铁、北斗卫星导航系统……一个个超级工程、一台台大国重器、一项项高精尖技术背后，都离

不开大国工匠精神的支撑。

（一）发扬大国工匠精神有利于培育大国工匠，建设创新强国

2013 年 5 月 4 日，习近平在同各界优秀青年代表座谈时的讲话中指出：“创新是民族进步的灵魂，是一个国家兴旺发达的不竭源泉。”一个民族的创新离不开技艺的创新。在现代工业条件下，对于工匠技艺的要求已经不仅是传承，更要求创新，将传承与创新统一起来。现代机械制造尤其是现代智能制造，对技艺提出了越来越高的要求，不仅要有娴熟的技能，而且要求技术创新。每一个产品的开发，每一项技术的革新，每一道工艺的更新，都需要有工匠的创新技艺参与其中。建设创新型国家是党和国家的重大战略方针，也是我国基本实现社会主义现代化的重要指标。加快建设创新型国家，不仅需要强化基础研究、加强应用基础研究、加强国家创新体系建设、深化科技体制改革、倡导创新文化，还要培养造就一大批具有国际水平的战略科技人才、科技领军人才、青年科技人才和高水平创新团队，需要一大批实践技能突出、具有娴熟技术、善于解决实际问题的大国工匠。人才是创新实践的主体和主导者，具有工匠精神的产业工人是新时代建设创新型国家的生力军。新时代大力发扬大国工匠精神，是培育富有创新精神、充满活力的产业工人队伍，稳步提升我国产业工人的整体素质，创造经济发展持续动力，加快建设创新型国家的重要举措。

（二）发扬大国工匠精神有利于推动国家经济转型升级，建设质量强国

改革开放以来，我国制造业在优胜劣汰的竞争环境下完成原始积累并已具有较高的制造水平，制造业发展取得了举世瞩目的成绩，建成了门类齐全、独立完整的产业体系，有力推动工业化和现代化进程。但与世界先进水平相比，我国制造业仍然大而不强、全而不优，存在创新能力不足、缺乏核心技术、竞争优势层次低下等问题。2016 年 3 月 5 日，国务院总理李克强在政府工作报告中提到，“鼓励企业开展个性化定制、柔性化生产，培育精益求精的工匠精神，增品种、提品质、创品牌”。发扬大国工匠精神，鼓励在设计研发、生产加工、营销服务各个环节追求卓越，能够更好地提品质、增品种、创品牌，推动中国产品向中国品牌转变的同时满足广大消费者个性化、多样化的需求，减少消费外溢和扩大内需，促进产品质量的进一步提升，进而增强中国制造在国际市场的竞争力和美誉度，打造“中国品牌”，增强我国经济质量优势。

（三）发扬大国工匠精神有利于改善社会风气，建设文化强国

党的十九大报告指出，要坚持中国特色社会主义文化发展道路，激发全民族文化创新创造活力，建设社会主义文化强国。大国工匠精神蕴含的职业理念和价值取向与社会主义核心价值观倡导的敬业和诚信高度契合。一方面，大国工匠精神可以增强广大劳动者的文化自信，激发他们的劳动热情，引导他们学习新知识、钻研新技术，甘于奉献，把个人价值的实现融汇到辛勤的劳动之中；另一方面，大国工匠精神是对劳模精神、劳动精神的体现和升华，这对于积极培育和践行社会主义核心价值观，形成爱岗敬业、无私奉献的文化氛围，树立劳动光荣、奉献伟大的精神风尚，具有重要意义。

三、发扬工匠精神，做匠心报国的劳动者

伟大事业孕育伟大精神，伟大精神引领伟大事业。当下我国经济结构面临换挡升级、提质增效的问题，只有技术型、创新型、知识型“大国工匠”不断涌现，凝聚匠心合力，才能实现高质量发展。大学生应当主动践行和发扬大国工匠精神，敢于承担时代赋予的使命，为民族复兴贡献自己的力量，争当大国工匠，先修“心境”，专于“技境”，再达“创境”。

技能型工作具有重复性高、持续性强等特征，工匠需要长期的积累才能习得一项技艺，大学生应当坚定心性，修炼“心境”。劳动没有高低贵贱之分，大学生应该尊重、热爱自己的工作，树立崇高的职业情怀。职业情怀实际上是指个体对自己从事职业所具有的稳定的态度和体验。只有拥有强烈职业情怀的人，才能够从内心产生对自己所从事职业的需求意识和深刻理解，从而无限热爱自己的职业和岗位，表现出高度的责任心和特别的敬业精神。一方面，大学生应当具备一丝不苟的工作态度，在学习、实训以及工作中，应当认真学习行业标准，严格按照规范进行操作，杜绝“大概”“大约”“差不多”等职业理念，追求“100%”的要求；另一方面，大学生还应当培育持之以恒的职业精神，不追求“短、平、快”，不因短期利益急于求成，而是从长远发展角度进行规划，不断创新产品技术，注重产品细节、确保产品质量。

有了执着专注、追求品质的“心境”，大学生还需要不断地磨砺与积淀技艺，不断夯实知识基础，高度重视实训课程，主动参与技能竞赛，在实践中不断获得知识技能、掌握创新方法、具备技术技能、增强能力本领。当代大国工匠高凤林、张冬伟、顾秋亮等，其技艺达到臻于完美的境界，都是通过刻苦训练和反复实践实现的。要成为真正的大国工匠，大学生应当迎难而上，不断精进技艺，追求完美。

有了精湛的技艺和一流的技术，达到“技境”，大学生还应该具有科学研究的精神，在实践中勇于探索、不懈努力，再达“创境”。每一位工匠具体而微的自我超越推动了时代发展，形成了锐意进取的“中国创造”。纪录片《大国工匠》中的那些大国工匠，不仅具有高超的技艺，而且具有强烈的创新意识和创新能力，不是对以往工艺墨守成规，而是对现有的生产技艺大胆革新，给行业技艺带来突破性贡献，促进生产技艺水平提升，推动社会经济发展。

只有大力弘扬工匠精神，培养更多高素质技术技能人才、能工巧匠、大国工匠，才能为全面建设社会主义现代化国家、实现中华民族伟大复兴的中国梦提供有力人才和技能支撑。新时代的大学生是可爱、可信、可贵、可为的一代，大学生应当深刻理解大国工匠精神的时代价值和重要意义，用自己的实际行动践行和发扬大国工匠精神，用高度的责任感和精湛的技艺，在各行各业发光发热，充分彰显青年大学生的使命担当和精神气质，谱写高质量发展的时代凯歌。

问题卡片

1. 你怎样理解大国工匠的特征？

2. 你所了解的大国工匠有哪些？

3. 高职大学生应当怎样弘扬大国工匠精神？

知识链接

中国制造呼唤大国工匠精神

习近平总书记曾经提出“推动中国制造向中国创造转变、中国速度向中国质量转变、中国产品向中国品牌转变”，这是给中国制造业提出的行动指南。政府工作报告中也提到鼓励企业开展个性化定制、柔性化生产，培育精益求精的工匠精神，增品种、提品质、创品牌。在中国经济发展进入新常态，产业结构向中高端发展，全社会创新创业全面展开的大背景下，提出并强调工匠精神，确实是适逢其时，有很强的现实意义和深远的历史意义。

在我国，制造业整体上仍然“大而不强”，在一些关键技术领域仍存在短板的背景下，强调“工匠精神”，切中了时弊和要害。当下一些地区、行业只看眼前、不顾长远、急于求成的思维和习惯，造成了我国制造业大而不强、产品档次整体不高、自主创新能力弱的状况，与发达国家相比还有不小差距，直接制约中国产品在国际上的竞争力和吸引力。

没有工匠精神，就不可能打造金字招牌的中国制造。中国正在打造经济升级版，中国制造要走进世界市场，品牌、技术、标准、质量等一定要建立国际比较优势。其中人才建设，特别是形成一批新一代的“工匠”是重要的因素。如果把提高科技创新水平、提升信息化与工业化融合能力等看作我国制造业转型升级的“硬件”，那么广大劳动者身上的工匠精神就是必不可少的“软件”，缺少软件支撑的硬件，犹如断弦之弓，发挥不出任何价值。任何科技的创新都不能取代劳动者的双手，从制造业大国迈向制造业强国的过程中，需要一大批具备工匠精神的劳动者挥洒汗水，实现由制造业大国向制造业强国的跃升，离不开大国工匠精神的坚实支撑。

弘扬“工匠精神”，就要让工匠们工作得有舞台、有价值，生活得有尊严、有体面，让讲究“工匠精神”的企业有公平健康的市场竞争环境。要改革教育制度，让职业技术教育在国家有更高的社会地位，让工程教育在高等教育中有更大的分量，让实践教育贯穿我们的中小幼教育；要提高工匠的地位，通过物质奖励和精神鼓励等手段，培养一批专家和技术工人，扎根基层，扎根专业领域，让工匠在社会上有职业声望、更高的获得感和荣誉感；要营造“鼓励创新、宽容失败”的社会文化环境，建立创新失败补偿机制，要让青年创客沉得下心、坐得住“冷板凳”，真正做出好创意、好作品。

让中国制造走向世界，企业是主体，产品和技术创新是关键环节，要将工匠精神融入企业生产的每一个环节，促进企业精益求精、提高质量，使认真、敬业、执着、创新成为更多人的职业追求，带动中国从制造大国走向制造强国。

资料来源：梁启东．中国制造呼唤大国工匠精神［EB/OL］．光明网，2017-06-13.

任务四 劳模精神

案例导学

来之不易的路盘活了整个下庄村

地处秦巴山区腹地的下庄村被称作“天坑村”。曾经，四面绝壁犹如一圈难以跨越的高墙，将下庄人紧紧困在里面，近400名下庄村村民中，近一半人一辈子没走出过大山。

1997年，毛相林当选村党支部书记，他提出要修一条出山路。“咱不能一直当穷汉！”在村民大会上他给大家鼓劲：“山凿一尺宽一尺，路修一丈长一丈。这辈人修不出路来，下辈人接着修，抠也要抠出一条路来！”会上，毛相林带头签下了一份“生死状”，誓言“路不通，不罢休”。

“下面就是万丈悬崖，并且上面还在落石渣。毛书记第一个往前冲，把险排好，腰上系着一根绳子，老百姓就跟着他下去了。”当年参与修路的村民杨元鼎说。这一修，就是7年，其间有6位村民先后为修路献出生命。在安葬村民黄会元的葬礼上，毛相林声音颤抖着问大家：“如果再修下去，可能还要死人。今天大家表个态，这路到底修还是不修？”“修！”有人大声吼道。回应的人，正是黄会元的父亲黄益坤。在场所有人举起了手。

2004年，一条8千米长、2米宽的机耕道，终于在绝壁上修通了！“路通车的那天，毛书记找来一辆车，把路从头到尾地走了一遍。我们全村人都跟在车子后面走了一遍。”村民彭仁松说，走到终点的时候，毛相林哭了，全村人都哭了。从下庄村到县城的时间，由过去的两天缩短到一个半小时左右。2004年公路通车时，下庄村还戴着“贫困帽”，大多数村民还生活在贫困线下。毛相林明白，要想脱贫致富，光靠路还不够，得搞出像样的产业来。他请来农业专家对下庄村的土壤、气候、光照等进行全面考察评估，最后确定发展柑橘、桃、西瓜三大脱贫产业。县里也派来了果树栽种技术专家，手把手培训村民。经过几年的悉心培育，全村650余亩柑橘产业初见成效。2015年，下庄村整村脱贫；2020年，全村年人均收入超过1.3万元。

2021年2月25日，毛相林走进人民大会堂。他被党中央、国务院授予“全国脱贫攻坚楷模”荣誉称号。“这份荣誉让我肩上的担子更重了，今后要更加努力地回馈乡亲们。”毛相林说。回到村里，他和村民们一起谋划好了乡村振兴的新产业：改善村里人居环境，完善旅游接待基础设施，发展乡村旅游。村民们在这个老党员的带领下，又一次许下了誓言：“不致富，不罢休！”

任务目标

知识目标： 了解各个时期劳动模范的特点，掌握劳模精神的核心要素。

能力目标： 具备探索学习劳动模范路径的能力。

素质目标： 通过学习劳动模范的系列故事，培养对劳动模范的敬重之情，争做劳动模范，引导学生树立高尚的理想信念，总体形成尊重劳动模范的价值观念。

认知学习

一、劳动模范的形成与内涵

劳动模范是社会主义建设事业中做出巨大贡献，取得卓著成绩的劳动者，经过职工民主评选、有关部门审核和政府审批后被授予相关荣誉称号。劳动模范是民族的精英、人民的楷模，是共和国的功臣。劳动模范通过他们高尚的品德、出色的成绩赢得了人民的爱戴，成为人民学习的榜样，引领着人们在自己的岗位上满腔热情地参加工作，创造出自己的辉煌业绩。劳动模范产生于平凡的劳动者之中，是其中最先进的代表，也是我们中华民族的精英与楷模。

自土地革命战争以来，中华大地上涌现出一批又一批的劳动模范。他们为推动国家的发展前赴后继，挥洒了热血与青春；他们在平凡的岗位上创造出不平凡的业绩，成为中华民族的骄傲。

（一）新民主主义革命时期

最早的劳动模范诞生于 20 世纪 30 年代陕甘宁边区开展的劳模运动。在抗日战争时期，中国共产党在领导陕甘宁边区人民开展政治经济社会建设，尤其是生产建设时面临多方面的困难，工作重心是最短时间内提高劳动者的生产热情，落实党中央“自力更生、艰苦奋斗”的决策部署，使他们能够以新劳动者的态度对待当时的工农业生产以及社会变革，推动根据地的经济发展与社会进步。经过不断的探索，党中央和边区政府决定把表彰劳动英雄（劳动模范）的方式作为当时解决问题的突破口。劳模运动对边区经济的恢复和发展起到了非常重要的作用，成为中国历史上的一大创举。

劳动模范在此历史阶段主要起到三个作用：带头作用，劳动模范在当时创造出了新的劳动标准，并以此积极影响其他劳动者；骨干作用，劳动模范作为广大普通劳动者的核心力量特别能吃苦、特别能奋斗，受到广大劳动者的普遍尊重，不断地吸引着其他劳动者向他们靠拢，将不同领域的劳动者团结起来，促进各项工作的开展；桥梁作用，劳动模范本身来自群众，劳动模范利用这一优势畅通领导和群众之间的沟通渠道。

案例

模范工人赵占魁

赵占魁（1896—1973），山西定襄人，陕甘宁边区特等劳动英雄，他是抗日战争时期陕甘宁边区农具厂化铁工人，是在生产竞赛中涌现出来的劳动英雄。

1938 年，赵占魁到延安参加抗日并加入中国共产党。在高达两千摄氏度的高热熔炉面前，他每时每刻都认真工作着，毫不懈怠。他每天早晨上工，都先把当天一切工作准备妥当；晚上放工，把工场收拾清楚，始终“冲锋在前，退却在后”。赵占魁在工作上不怕艰苦繁重，始终站在最前面，做得最多、最好，但他从来不自夸、不贪功，每遇论功行赏的时候总是让开，认为那是大家努力的结果。他说：“为革命多做些工作，是自我牺牲精神的应有体现，为了抗战与人民的需要增加生产，在工作中发挥最高的劳动热忱心甘情愿。”他从来不计较个人的待遇与得失，克己奉公。赵占魁这种埋头苦干、大公无私、自我牺牲的精神，大大地鼓舞了边区工人的劳动热情，有力地推动了整个边区工业建设向前发展。在赵占魁的身上，体现了一种新的劳动态度，那就是能够认识自己的主人翁地位，把自己锻炼成一个劳动英雄、技术能手、节约模范，锻炼成一个团结和学习的标兵。朱德称赞他是用革命者态度对待工作的“新式劳动者”。在赵占魁身上，还有一种自觉爱护工厂、团结工人、努力生产、提高技术，一切为着革命利益、不计较个人得失的无产阶级的宝贵品质。

《解放日报》发表了《向模范工人赵占魁学习》的社论，社论高度评价赵占魁：“在他的工作作风中，所一贯表现出来的——始终如一、积极负责、老老实实、埋头苦干、大公无私、自我牺牲的精神，也正是我们新民主主义地区公营工厂工人所应有的新的劳动态度。这种新的劳动态度是宝贵的，是值得大大发扬的，是值得我们学习的。我们希望全边区有千个万个赵占魁一样的模范工人涌现出来。”

（二）社会主义建设时期

中华人民共和国成立初期我国面临着严峻的考验，党中央通过开展各种劳模运动积极调动广大工人阶级、农民阶级的生产积极性，尽快建立我国独立的工业体系以及恢复农业生产、提高广大人民群众的生活水平。在此阶段，劳动模范发扬不怕苦、不怕死的革命精神，以饱满的热情投身到社会主义建设中去，无论是勇争先进、勇攀高峰的马万水，还是“宁肯一人臭，换来万户香”的时传祥，或是“宁肯少活二十年，拼命也要拿下大油田”的“铁人”王进喜，都展现了这个时期劳动模范能吃苦的光辉形象。他们继承了新民主主义革命时期陕甘宁边区劳动模范的优良传统，团结、教育广大职工把自己的命运与国家的命运、民族的命运紧密地联系在一起，将人生价值的实现与国家经济的发展连在一起，为后人树立了一面旗帜。“劳模队伍的迅速壮大及其具有的示范引领作用，为新中国国民经济的恢复、社会主义建设在各条战线的起步与发展做出了重大贡献，为树立社会主义劳动观念、推广劳模经验、提高生产工作效率、提升组织管理协作水平发挥了重大作用。”①

（三）改革开放时期

1978 年 3 月，全国科学大会在北京人民大会堂召开，这是一次由中共中央召开的动员全党、全国人民向科学技术现代化进军的大会。邓小平同志在中国工会第九次全国代表大会致辞中指出：“在党的领导和工会的帮助下，全国各民族、各地区、各工业部门的职工群众中都涌现了一批劳动模范和革命骨干，他们至今还是我们学习的榜样和团结的核心。”同时邓小平同志还阐述了科学技术是生产力、科学技术工作者是劳动者的重要论点，“知识分子成为工人阶级的一部分”的论断，让国内的知识分子和科技工作者迎来科学的春

① 王永玺，张晓明．简述中国劳模的历史发展［J］．北京市工会干部学院学报，2010（9）．

天，他们不畏艰辛、勇攀科学高峰的壮举与辛勤付出，为我国工业现代化、农业现代化、国防现代化、科学技术现代化做出了突出贡献。

榜样的力量是无穷的。在这一代知识分子身上，我们看到的是开拓创新、争创一流、改革发展、与时俱进的劳模精神。这种精神极大地鼓舞了知识分子，也激发了全社会，尤其是在校学生学习科学知识的热情，同时在全社会塑造了尊重科学、崇尚知识的良好社会风气，推动我国的社会主义现代化建设不断向前。将更多的代表先进生产力发展方向的知识分子吸收进劳动模范的队伍中来，是我国改革开放时期重视知识、充分发挥知识分子劳动模范作用的一种价值导向。改革开放后，社会上涌现出一大批以知识分子和科技工作者为代表的先进典型，“劳模”的称号是对他们最大的肯定。“工人发明家”包起帆、“金牌铆工”杨建华、“专家型工人”李斌、“蓝领专家”孔祥瑞……一大批知识型产业工人的劳动模范勇立时代潮头、锐意改革创新，他们敢啃硬骨头、敢于涉险滩，在波澜壮阔的改革开放历史进程中绽放出夺目光彩。

（四）中国特色社会主义新时代

经历前三个阶段的发展，中国特色社会主义进入了新时代。党的十八大以来，党带领全国各族人民实现了第一个百年奋斗目标，在中华大地上建成了小康社会，目前我国已进入高质量发展阶段，劳动者的生活方式、工作方式、劳动工具都有了明显的科技发展趋向，中国迎来新的历史发展机遇期，科技创新、民族振兴成为时代的主旋律。这些发展既使得不同分工方式的劳动者的地位与作用有了新的历史性变化，也为劳动者提供了广阔的发展前景和奋斗平台。劳模群体的结构也相应地发生了改变，从普通劳动者到高级知识分子，从体力劳动者到脑力劳动者，从技术工人到企业家、科学家，国家对劳动者的创新品质培育日益重视，劳模群体的形象也相应地转向“知识型、技能型、创新型”的复合型人才，他们以自己的智慧和汗水铸就了新时期的劳动丰碑。除了重视创新精神以外，新时期的劳模评选也更加重视对其人文精神的考察，对其道德品质的要求更加严格，不仅需要技术过关，更要道德修养高尚，辩证看待公德、私德和大德，重视个人利益与集体利益的统一。中华人民共和国成立以来所走过的风风雨雨，在劳动模范身上体现得淋漓尽致，他们所体现出的不同时代的价值观和劳动观、道德观，既集中体现了中华民族与时俱进、顽强拼搏的崇高品格，同时凝重而又简洁地展示了中华人民共和国成立以来不同时代的思想观念与情愫表现，赋予劳模文化独具一格的引领风尚。从“铁路小巨人”巨晓林到“金牌焊工”高凤林，从“大国工匠”洪家光到“守护万家灯火的‘光明使者’”张黎明……他们在新时代谱写了“中国梦·劳动美”的新篇章。

二、新时代劳模精神的核心要素

劳模精神是指在长期的劳动实践过程中形成的，集中体现在劳动模范身上的价值观念、思维方式、行事准则、精神气质的总和。劳模精神是劳动模范在平凡岗位上做出不平凡业绩所坚守的基本信念、价值追求、人生境界及展现出的整体精神风貌，根植于中华民族优秀传统劳动文化和中国共产党领导中国人民的长期奋斗实践。劳模精神极大地丰富了民族精神和时代精神的内涵，是中国共产党人精神谱系的重要组成部分。

当前，我国正处于实现第二个百年奋斗目标的关键时期，我们必须深刻把握劳模精神的内涵和核心要素，弘扬劳模精神，培育高素质的劳动者，为实现中华民族伟大复兴矢志奋斗，不断谱写新时代的劳动者之歌。

（一）爱岗敬业、争创一流

广大劳动者只有做到爱岗敬业、争创一流，才能成长成才，才能在劳动中成就不一样的事业。干一行，就要爱一行，做到爱岗敬业。工作岗位没有高低贵贱之分，只有贡献大小之别。中国航发沈阳黎明航空发动机有限责任公司高级工程师洪家光说："每天与零件打交道，同样的动作做几千遍，我当时也曾迷茫过。但我渐渐想明白了，没有平凡的岗位，每一个岗位都有自己的价值，我要尽自己最大的努力，加工好每一个零件。"无论是秉持"辛苦我一人，方便千万家"的水电工徐虎，还是行走在雪域高原上的邮政员王顺友，都是从最平凡的岗位上走出来的劳动模范，向我们传递着鲜明的价值导向：劳动者只有立足岗位和本职工作，兢兢业业、精益求精，才会在为社会和国家做出贡献的同时，实现自己的人生价值，受到社会的广泛认可。干一行，还要专一行，做到争创一流。"专家型工人"李斌自 1980 年 12 月进入上海液压泵厂工作，一干就是 39 年，始终坚守一线生产岗位，他虚心好学、刻苦钻研，精通车、钳、铣、刨、磨全套加工技术，在掌握各种加工技术的同时，他还深入思考如何尽快改变我国机械制造业加工落后的面貌，他说："学知识、学技能，仅仅是我的第一步追求，用知识和技能搞创新，为企业和国家创造更大的效益，才是我的最终追求。"作为技能型、知识型、创新型人才的典范，李斌领衔的高压轴向柱塞泵马达国产化关键技术攻关项目，突破了 11 项关键技术，达到国内领先、国际先进水平，使我国真正拥有国际先进的液压元件制造技术，打破了国外技术垄断。在他的带领下，全公司技术革新项目一个个完成，取得了非凡成绩。尤其近十年来，共完成新产品项目 102 项，申报专利 192 项，完成工艺攻关 350 项，设计专用工具、夹具 550 把，为企业创造效益超过 6 亿元人民币，最大限度地提升了加工水平，为我国液压气动行业和上海先进制造业发展做出了重要贡献。在我们身边，还有许多像李斌一样的劳动者，他们在自己平凡的岗位上真正做到了干一行、爱一行、钻一行、精一行，用自己勤劳的双手和不懈的奋斗绘就了多彩人生，助力了国家的富强与时代的进步。

（二）艰苦奋斗、勇于创新

劳动模范和先进工作者是辛勤劳动、诚实劳动、创造性劳动的实践者，他们发愤图强、敢为人先，在实现中华民族伟大复兴的征程中彪炳史册。艰苦奋斗，不仅是劳模精神的重要内容，也是中华民族的优良传统。"一勤天下无难事"，历年来的劳动模范，他们身上有一个共同点，那就是奋发奋斗、苦干实干。中铁一局电务公司电力高级技师窦铁成，原本只有初中文化，但却以顽强的毅力坚持走自学成才、岗位成才之路，自费购买技术书籍，累计写下 90 余本、200 多万字的学习笔记，站在了技术最前沿，成长为一名学习型、知识型、技能型、创新型技术专家。他累计解决现场施工技术难题 69 项，解决送电运行故障 400 余次，获 2 项国家专利，为企业创造和节约费用 1 800 余万元。创造不平凡的业绩，勇于创新是关键。近年来评选出的劳模，高级技工、科研精兵的比重不断增加，知识型、创新型劳动者不断涌现。“多做一点点、创新一点点，日积月累，‘高原’才能成为‘高峰’，才能推动中国制造向中国创造转变”，全国劳动模范、中国电子科技集团公司第五十四研究所钳工夏立说。因此，广大劳动者应当要把握时代潮流，保持奋斗底色，苦练能力本领，培养创新思维，成为技能型、知识型、创新型劳动者。

（三）淡泊名利、甘于奉献

淡泊名利、甘于奉献作为劳模精神的核心要素，它要求劳动者不谋一己之得失，而忧事业之兴衰，在各自的工作岗位上埋头苦干、无私奉献。在中国共产党领导中国广大劳动者进行伟大实践的过程中涌现出了一代又一代的劳动模范，劳模精神也随着时代的发展不断变化，但劳模精神的价值追求却始终如一，未曾改变。每个时代的劳动模范和先进工作者只问耕耘创业、不计个人得失，在超越小我中成就大我，在体现党和国家价值导向的同时，带领着更多人积极投身社会主义建设事业。张桂梅同志扎根边疆教育一线 40 余年，默默耕耘、无私奉献；毛相林同志 40 余年坚守偏远山村，带领村民向绝壁挑战，历经 7 年时间在悬崖绝壁上凿出一条“天路”，堪称“当代愚公”。在实现中华民族伟大复兴的奋斗之路上，广大劳动者在平凡的岗位上坚守初心、默默奉献、任劳任怨。

“爱岗敬业、争创一流、艰苦奋斗、勇于创新、淡泊名利、甘于奉献”诠释了新时代背景下劳模精神的内涵，就其内在逻辑而言，“爱岗敬业、争创一流”体现的是劳动模范的本色与追求，“艰苦奋斗、勇于创新”展示了劳动模范的作风与品质，“淡泊名利、甘于奉献”展现了劳动模范的境界与修为，三方面相辅相成、互为补充。

三、践行劳模精神，成为有贡献的劳动者

当今世界正经历百年未有之大变局，我国正处于实现中华民族伟大复兴的关键时期，站在新的奋斗起点，我们比历史上任何时期都更接近中华民族伟大复兴的目标，青年大学生作为实现民族复兴的主力军，更应学习劳动模范，激发劳动热情，将弘扬劳模精神贯穿于实践中，体现在行动上。

（一）崇尚劳动模范，大力弘扬劳模精神

中华民族自古以来就有崇尚劳动的传统美德，具有伟大的创造精神和奋斗精神，中华民族优秀传统文化滋养了劳模精神，为劳模精神注入了艰苦奋斗、敢于创新的民族文化基因。劳模精神集中体现了社会主义核心价值体系的要求，与社会主义核心价值观具有内在一致性。一个崇尚劳动、尊重劳动者的社会一定是富有生机、蓬勃发展的社会。中国特色社会主义是人民当家做主的社会，工人阶级和劳动群众是国家的主人，是建设中国特色社会主义的主力军。在经济社会发展的各条战线和人民群众的各个阶层中涌现出的无数劳模，是我国广大劳动群众的优秀代表。他们以热爱劳动、勤奋劳动的模范行为，为创造社会财富、促进社会发展做出了突出贡献；他们以爱岗敬业、争创一流，艰苦奋斗、勇于创新，淡泊名利、甘于奉献的伟大劳模精神，为全民族创造了新的精神财富，塑造了新的英雄形象。中国特色社会主义紧紧依靠人民，大力弘扬深深蕴藏在人民之中的劳模精神，充

分显示了中国特色社会主义的本质内涵。青年大学生应当要学习劳动模范，争做劳动模范。

（二）夯实专业知识，积极投身劳动实践

大学生现在正处于苦练本领、增长才干的黄金时期，应当要刻苦钻研理论，努力提升技能水平。当今时代，知识更新不断加快，新技术更迭日新月异，新模式层出不穷。这既给大学生带来了施展才华、展现风采的青春舞台，也对大学生个人能力、自身素质提出了更高的要求。“争创一流”“勇于创新”的核心要素要求劳动者拥有扎实的专业基础。任何一项技术要保持一流的水平都需要不断创新，任何一项技术创新都要求创新者具有扎实的专业知识。大学生作为社会主义事业的生力军，是实现中华民族伟大复兴的中坚力量，应当要系统学习专业知识，同时培养创新思维，勤于思考、善于发现、勇于创新。“空谈误国、实干兴邦”，大学生在夯实专业知识的基础上应当主动将自己置身于中国特色社会主义的新征程中，积极投身到各种劳动实践中去，在实践中深化认识、增长才干、创新创造，成为一名技术型、知识型、创新型劳动者，在奋勇搏击中放飞青春梦想，书写伟大时代的青春华章。

（三）提升自身修养，不断追求精神境界

中华民族具有崇尚精神的优秀传统，始终重视整体利益、强调责任奉献，同时注重道德修养，追求精神境界，如林则徐提出的“苟利国家生死以，岂因祸福避趋之”，范仲淹提出“先天下之忧而忧，后天下之乐而乐”，这种天下兴亡、匹夫有责的爱国精神凝聚成中华民族独有的价值追求。“为民纺纱”的黄宝妹，“勿忘人民、勿忘劳动”的申纪兰，“禾下乘凉梦”的袁隆平，“不变初心、为民服务”的张定宇，100 位为新中国成立做出突出贡献的模范代表张思德，他们身上都体现了坚守初心、默默付出、淡泊名利、无私奉献的劳模精神，大学生应当学习劳动模范的精神气质，升华我们为人民服务的精神境界。

青年大学生是中国特色社会主义事业的建设者和接班人，应当肩负起时代赋予的重任，在劳模精神的引领下，克服急功近利的浮躁，远离追名逐利的彷徨，做到脚踏实地、埋头苦干，树立淡泊名利、甘于奉献的高尚品格，自觉将个人理想与国家发展、社会进步紧密联结在一起，积极投身实现中华民族伟大复兴的宏伟事业中，做为民服务、无私奉献的“孺子牛”，做创新发展、攻坚克难的“拓荒牛”，做艰苦奋斗、吃苦耐劳的“老黄牛”，让青春在为人民奉献力量、为国家建功立业中焕发出绚丽光彩。

问题卡片

1. 各个时期劳模精神的时代特色有哪些共同点？
2. 结合新时代要求，谈谈青年大学生如何继承和弘扬劳模精神。

知识链接

习近平：在知识分子、劳动模范、青年代表座谈会上的讲话（节选）

劳动模范是劳动群众的杰出代表，是最美的劳动者。劳动模范身上体现的“爱岗敬业、争创一流，艰苦奋斗、勇于创新，淡泊名利、甘于奉献”的劳模精神，是伟大时代精神的生动体现。我们

要在全社会大力宣传劳动模范的先进事迹，号召全社会向他们学习、向他们致敬。要为劳动模范更好施展才华、展现精神品格提供全方位支持，使他们的劳动技能、创新方法、管理经验能广泛传播，充分发挥示范带动作用。劳动模范要珍惜荣誉、谦虚谨慎、再接再厉，不断在新的起点上为党和人民创造更大业绩。

素质是立身之基，技能是立业之本。广大劳动群众要勤于学习，学文化、学科学、学技能、学各方面知识，不断提高综合素质，练就过硬本领。要立足岗位学，向师傅学，向同事学，向书本学，向实践学。三百六十行，行行出状元。任何一名劳动者，无论从事的劳动技术含量如何，只要勤于学习、善于实践，在工作上兢兢业业、精益求精，就一定能够造就闪光的人生。

人类是劳动创造的，社会是劳动创造的。劳动没有高低贵贱之分，任何一份职业都很光荣。广大劳动群众要立足本职岗位诚实劳动。无论从事什么劳动，都要干一行、爱一行、钻一行。在工厂车间，就要弘扬“工匠精神”，精心打磨每一个零部件，生产优质的产品。在田间地头，就要精心耕作，努力赢得丰收。在商场店铺，就要笑迎天下客，童叟无欺，提供优质的服务。只要踏实劳动、勤勉劳动，在平凡岗位上也能干出不平凡的业绩。

话题探讨

话题主题：工匠人物访谈

话题目标：通过访谈了解工匠的事迹和工匠精神，帮助自己提升职业素养。

话题时间：60 分钟

话题流程：

1. 将学生按照 10～12 人一组划分小组，并进行岗位分工；

2. 拟定 4 个行业工匠作为模拟访谈对象，并进行访谈提纲撰写；

3. 按照岗位职责分工和提纲进行访谈；

4. 各小组整理访谈内容并总结如何提升自身职业素养，每小组由组长分享访谈感受；

5. 教师进行点评、归纳分析、总结，让学生真正理解工匠精神的价值和意义，引导学生发扬专注坚守的职业精神、精益求精的品质精神、勇于创新的卓越精神、协同合作的团队精神等优秀工匠精神。

项目小结

劳动创造幸福，实干成就伟业。习近平总书记强调，“希望广大劳动群众大力弘扬劳模精神、劳动精神、工匠精神，勤于创造、勇于奋斗，更好发挥主力军作用，满怀信心投身全面建设社会主义现代化国家、实现中华民族伟大复兴中国梦的伟大事业。”我们要牢牢把握为实现中华民族伟大复兴中国梦而奋斗的工人运动时代主题，大力弘扬劳动精神、工匠精神、大国工匠精神、劳模精神，团结带领广大劳动者为实现第二个百年奋斗目标、实现中华民族伟大复兴的中国梦不懈奋斗。青年大学生应当以民族复兴为己任，自觉把人生理想融入国家富强、民族振兴、人民幸福的伟业之中，矢志追求更有高度、更有境界、更有意义的人生。

课后思考与练习

一、选择题

1. 新时代大学生要树立（　　）的观念。【单选题】

A. 劳动最光荣　B. 劳动最美丽　C. 劳动最崇高　D. 劳动最伟大

2. 新时代劳动精神是（　　）的集中体现。【单选题】

A. 辛勤劳动　B. 诚实劳动　C. 体面劳动　D. 创造性劳动

3. 新时代劳动精神展现了新时代“以劳树德、（　　）”的立德树人的内涵。【单选题】

A. 以劳增智　B. 以劳健体　C. 以劳育美　D. 以劳创新

4. 培育工匠精神的路径主要有（　　）。【单选题】

A. 爱岗敬业　B. 精益求精　C. 责任担当　D. 创新发明

5. 习近平总书记总结时代特点，总结提炼出了（　　）的劳模精神。【单选题】

A. 爱岗敬业、争创一流　B. 艰苦奋斗、勇于创新

C. 淡泊名利、甘于奉献　D. 艰苦奋斗、朴素作风

二、辨析题

某同学说，大学生在校期间的主要任务是学习科学文化知识，既没有参加劳动的义务，也没有参加劳动的必要。对此观点你怎么看？

三、论述题

结合自身实践，谈一谈你对劳动精神、劳模精神、工匠精神和大国工匠精神的理解。

项目八 劳动追求

名人名言

1. 人类是劳动创造的，社会是劳动创造的。劳动没有高低贵贱之分，任何一份职业都很光荣。

——习近平

2. 我们世界上最美好的东西，都是由劳动、由人的聪明的手创造出来的。

——马克思

3. 世界上没有一种具有真正价值的东西，可以不经过艰苦辛勤的劳动而能够得到。

——爱迪生

项目目标

1. 理解理想对新时代劳动者的重要性以及如何成为新时代有理想的劳动者。

2. 帮助学生掌握各种技能技巧，引导学生成为有本领的新时代劳动者。

3. 培养学生的责任意识，引导学生成为有责任、有担当的新时代劳动者。

4. 帮助学生培养创新意识，增强创新能力，引导学生成为有成就的新时代劳动者。

5. 培养学生的无私奉献精神，引导学生成为乐于奉献的新时代劳动者。

任务一 坚定信念，做有理想的新时代劳动者

案例导学

禾下乘凉梦，一梦逐一生

袁隆平曾表示，“我一直有两个梦想，一个梦是‘禾下乘凉梦’，另一个梦是‘杂交水稻覆盖全球梦’。经过多年的努力，目前，这两个梦想正在逐步成为现实。”

从水田到沙漠再到盐碱地，杂交水稻走出国门，袁隆平希望能让更多人“吃上饭，吃饱饭”。

“倘若全球有一半稻田种上杂交稻，按每公顷比常规水稻增产 2 吨计算，则增产的粮食可以多养活 4 亿～5 亿人口。那都是一个个生命啊！”这个袁隆平常挂在嘴边的计算公式，他一直在努力践行着。

1979 年，杂交水稻走出国门，80 多个发展中国家参加了我国开设的杂交水稻技术国际培训班，袁隆平作为培训班的老师，培训过的外国杂交水稻技术人才达 14 000 多名。

接下来，在印度、越南、菲律宾、孟加拉国、巴基斯坦、印度尼西亚、美国、巴西等国，杂交水稻实现大面积种植。

水稻杂种优势利用的成果，也为其他作物的杂种优势利用做出了杰出贡献。在袁隆平的指导下，湖南油菜作物雄性不育杂种优势利用走在全国前列，湖南也因此成了该领域内最先实现油菜杂交三系配套的省份。

2019 年 9 月 29 日晚，袁隆平院士在接过“共和国勋章”的那一刻，还在憧憬着又一个高产目标。2020 年秋天，第 3 代杂交水稻双季亩产突破 1 500 千克，“我们近期目标就是把第三代杂交稻的优良品种向全省、全国推广开来。远期目标就是实现‘禾下乘凉梦’，不断地高产、高产、更高产。我们双季稻亩产已经达到了 1 500 千克，之后的目标是一季稻要达到 1 200 千克，两季稻要达到 2 000 千克。”“90 后”的袁隆平对杂交水稻培育工作依旧充满热情与信心。

“退休对我来讲是不存在的，只要身体好，能工作就行了。”如今，袁老实现了自己的承诺，至死未退休，他也实现了自己的目标，禾下可乘凉！

任务目标

知识目标：认识到理想对劳动者的重要性，了解如何制定可行的职业规划。

能力目标： 具备将制定职业规划、理想与现实相结合的能力。

素质目标： 通过学习，让学生坚定理想信念，并形成将个人理想与中国梦相结合的正确价值观。

认知学习

一、树立远大的职业理想，找到奋斗方向

习近平总书记指出："形象地说，理想信念就是共产党人精神上的'钙'，没有理想信念，理想信念不坚定，精神上就会'缺钙'，就会得'软骨病'。"① 理想信念是精神之基，力量之源。回望过去，从"宁肯少活 20 年，拼命也要拿下大油田"的"铁人"王进喜、"宁愿一人脏，换来万家净"的掏粪工人时传祥，到摘取数学皇冠上明珠的陈景润；从打开我国核武器理论研究工作新纪元的"两弹一星"之父邓稼先，到做着"禾下乘凉梦"和"杂交水稻覆盖全球梦"，充实天下粮仓的"90 后"劳动楷模袁隆平……他们不忘初心，坚定理想信念，一生致力于实现国家富强、民族复兴、人民幸福的中华民族伟大复兴中国梦，不畏艰难困苦，爱岗敬业、艰苦奋斗、勇于创新，淡泊名利、甘于奉献，在平凡的岗位上书写伟大的人生。党的二十大报告指出："青年强，则国家强。当代中国青年生逢其时，施展才干的舞台无比广阔，实现梦想的前景无比光明。"② 在建设社会主义现代化强国的百年新征程上，作为新时代高职大学生应该怎么做呢？

（一）认识理想

流沙河在《理想》中提到理想是石，敲出星星之火；理想是火，点燃熄灭的灯；理想是灯，照亮夜航的路；理想是路，引你走到黎明。什么是理想？理想是人们在实践中形成的、有可能实现的、对未来社会和自身发展的向往与追求，是人们的世界观、人生观和价值观在奋斗目标上的集中体现。对理想含义的理解，应当把握以下几点：

第一，理想是一种社会意识形态，是一定社会生产活动的产物。社会生产力水平不同，社会实践的深度、广度不同，人们追求的理想目标也就不同。

第二，理想是人类特有的对自己人生道路的规划。人能够根据自我实践活动的价值取向进行选择，从而来规划自己的实践行为、制定自己的奋斗目标。这是一种由客观的物质现象所决定的人类特有的精神现象，实际上也就是人生理想的确立和追求。

第三，理想是以当前现实发展的客观性来展示未来的可能性，是人们对真善美的美好追求。科学的理想必须建立在客观现实的基础上，以一种历史发展的必然趋势来预测明天的现实。理想与空想、幻想不同。尽管空想也是人们对未来的一种想象，但它是脱离客观实际的主观臆想，是不可能变为现实的。幻想虽然反映了人们的一定需要和愿望，但是脱离了现实依据，属于主观想象，并不具备实现的可能性。理想是真的、善的，也是美的，

---

① 习近平. 习近平谈治国理政：第1卷［M］. 北京：外文出版社，2018：15.

② 习近平. 高举中国特色社会主义伟大旗帜 为全面建设社会主义现代化国家而团结奋斗——在中国共产党第二十次全国代表大会上的报告［N］. 人民日报，2022-10-17.

是符合现实条件的。

（二）理想与职业理想的关系

第一，理想影响职业理想。职业理想的形成离不开理想的影响，理想具有现实可能性，职业理想同样具有现实可能性，职业理想也不是空想和幻想，它是可以通过后天努力得以实现的。理想具有时代性，职业理想同样具有时代性，社会的分工、职业的变化，是影响一个人职业理想的决定因素。生产力发展的水平不同、社会实践的深度和广度不同，人们的职业追求目标也会不同。总之，不同的理想会产生不同的职业理想，如理想是保家卫国，那么其职业理想就更加倾向于选择警察、消防、军人等特性的职业；理想是治病救人，那么其职业理想就会偏向于选择医生、护士等特性的职业。

第二，职业理想是理想的重要组成部分。理想按照内容进行划分，可以划分为社会政治理想、道德理想、生活理想以及职业理想。职业理想作为理想在职业中的具体体现，同时也是人的一种职业追求，追求职业理想的过程也就是人的精神需求与自我价值实现的过程。社会政治理想，是指在阶级社会中，一定的社会阶级（阶层、集团）或个人对未来社会制度的向往追求和总体设想，也包括对未来社会面貌的预见。道德理想，是指一定社会、一定阶级或个人的理想人格，是人们在道德方面追求的最高标准的行为表现。生活理想，是指人们在社会理想、道德理想的引导下，对未来的物质生活和精神生活目标的向往和追求。社会政治理想、道德理想、生活理想、职业理想都是理想的重要组成部分，四者密切联系、相互渗透，共同构成一个人理想的完整系统，对人们的活动施加综合性影响。

第三，职业理想体现理想追求。职业理想是指人们在一定的世界观、人生观、价值观的指导下，对未来从事的行业、工作性质、工作种类和事业成就大小的向往和追求，反映了个人的职业追求和价值取向，是人生理想的重要组成部分。职业理想是人们对职业活动和职业成就的超前想象，与人的理想观念、职业期待、职业目标密切相关，是人们的理想目标在职业方面的集中体现，是人们在职业活动中对理想的生动诠释。职业理想反映了理想在职业方面的要求，正是在理想的影响下，职业理想才能得以全面、完整地体现个人的职业价值观，直接指导人们的择业行为。

（三）职业理想促进劳动者职业发展

1. 职业理想影响劳动者的职业选择

不同的职业理想会影响劳动者进行不同的职业选择。

（1）以社会利益为重的职业理想。具有这种职业理想的人，把是否有利于国家和社会的利益作为自己选择职业的最重要的标准。以社会需要为重，个人的职业选择服从社会的需要。正如马克思在《青年在选择职业时的考虑》中这样写道：“在选择职业时，我们应该遵循的主要指针是人类的幸福和我们自身的完美。”①

（2）以个人的兴趣与爱好为重的职业理想。具有这种职业理想的人在选择职业时，往

① 马克思，恩格斯. 马克思恩格斯全集：第1卷［M］. 2版. 北京：人民出版社，2012：459.

往首先考虑的是个人的兴趣和爱好。当选择的职业符合自己的兴趣爱好时，热情很高，干劲十足，而当职业不符合自己的兴趣时，往往热情度低，且缺乏干劲。选择自己热爱的职业没有错，但不能一味地强调个人的兴趣与爱好，社会上的每一项工作都需要有人去做，我们需要辩证地看待不同职业的价值。

（3）以经济利益为重的职业理想。具有这种职业理想的人，选择自己的职业时主要考虑的是这份职业能带来多少经济收入。经济收入是选择职业的重要考虑因素，人们需要通过职业劳动获取报酬，以维持自己的物质和文化生活的需要，因此，把经济收入作为选择职业时首要考虑的问题是无可厚非的。但是，如果一切向“钱”看，一切为了钱，单纯为钱而工作，忽略职业的其他价值意义，这不是我们提倡的职业理想和职业选择。

2. 职业理想激励劳动者奋勇前进

（1）职业理想的导向作用。“志不立，天下无可成之事。”理想是心中的目标，是指引人生的前进方向。人生发展的目标是通过职业理想来确立的，并最终通过职业理想来实现。俄国的托尔斯泰曾说：“理想是指路的明灯，没有理想就没有坚定的方向，没有方向，就没有生活。”职业理想是遇到职业挫折时重新振作的重要精神力量，能够激励劳动者朝着自己的职业目标奋勇前进。

（2）职业理想的调节作用。职业理想在现实生活中具有参照系的作用，它指导并调整着我们的职业活动。当一个人在工作中偏离了理想目标时，职业理想就会发挥纠偏作用。职业理想是劳动者在遭遇工作困境和瓶颈时的精神支柱，是支撑心灰意冷、丧失斗志、缺乏信心的劳动者重整旗鼓、重拾信心和调节心灵的精神良药。总之，一个人只有树立正确的职业理想，无论在顺境或者逆境中，都会奋发进取，勇往直前。

（3）职业理想的激励作用。职业理想源于现实又高于现实，它是对未来的美好憧憬。为使美好的未来和宏伟的憧憬变成现实，人们会以坚韧不拔的毅力、顽强拼搏的精神和开拓创新的行动努力奋斗。周恩来 12 岁时就发出“为中华之崛起而读书”的誓言，表达了他从小立志振兴中华的伟大志向。我们应该向周恩来同志学习，以崇高的人生目标，激励我们不断前行，为实现中华民族伟大复兴的中国梦贡献自己的力量。

二、制定可行的职业规划，走对人生道路

（一）认识职业规划

职业规划又称职业生涯规划，是指在对个人性格特点、兴趣爱好、成长环境、从业经历等因素进行深入分析的基础上，确定个人短期和长期的事业发展目标，明确可以达成目标的职业或岗位的选择范围，制订相应的工作和教育（或培训）行动计划，从而增加有限的职业资源的效率和收益，增强对职业生涯的自我控制力和管理能力，最终获得持久、高效、平衡的职业发展。

职业生涯规划能够更好地帮助个人了解自身的优势及缺陷，使自己有针对性地学习和择业，是保障劳动者高效就业或者再就业不可或缺的重要手段。职业生涯规划的意义，体现在以下几个方面：

（1）职业生涯规划有助于劳动者确定职业发展目标。通过认识自己、了解自己，预估

自己的能力、智慧以及分析自己的性格，找到自己的特点，明确自己的优势，正确设定适合自己的职业发展目标，并制订切实可行的行动计划，使自己的才能得到充分发挥，以实现职业发展目标。

(2) 职业生涯规划有助于鞭策劳动者工作进步。职业生涯规划中的短期目标与长期目标都会时刻提醒自己目前的状态与自己的目标相差多远，职业生涯规划会激励你时刻朝着自己设定的目标前进，也会不断地督促你成长、鞭策你进步。

(3) 职业生涯规划有助于劳动者高效处理工作。事有轻重缓急，制定职业生涯规划的一个最大的好处是有助于我们安排日常工作的先后顺序，更好地把握工作节奏。通过职业生涯规划，我们能紧紧抓住工作的重点，做好工作的精力分配，增加成功的可能性。

(4) 职业生涯规划有助于引导劳动者发挥潜能。职业生涯规划能够帮助劳动者更加客观地了解自己，帮助劳动者了解自己的性格特征、优势与劣势，能够帮助劳动者清晰定位自己的能力范围以及清楚自己的工作才能，这样劳动者才能集中精力、全神贯注于自己有优势并且会有高回报的方面，才有助于劳动者发挥最大的潜力，最终实现目标。

(二) 制定职业生涯规划

1. 自我评价

自我评价就是全面认识自己。一个有效的职业生涯设计必须是在充分且正确认识自身条件与相关环境的基础上进行的。要正确客观地审视自己、认识自己、了解自己，清楚自己的优势和劣势，做好自我评估，包括自己的兴趣、特长、性格、学识、技能、智商、情商、思维方式等。即要弄清我想干什么、我能干什么、我应该干什么、在众多的职业面前我会选择什么等问题。

2. 确定目标

确定目标是制定职业生涯规划的关键。在充分了解自己的自身条件之后，我们可以制定符合自己人生发展的目标。目标通常会有短期目标、中期目标、长期目标和人生目标之分。长期目标需要个人经过长期艰苦努力、不懈奋斗才有可能实现，确立长期目标时要立足现实、慎重选择、全面考虑，使之既有现实性又有前瞻性。短期目标更具体，对人的影响也更直接，也是长期目标的组成部分。制定目标的注意事项有：(1) 人生目标、长期目标要尽可能地远大，但不要求具体详细；(2) 短期目标一定要具体且有相对应的实现期限；(3) 能够配合工作环境的需求；(4) 在符合自己的价值的基础上，与社会发展需求相适应。

3. 环境评价

职业生涯规划还要充分认识与了解相关的环境，评估环境因素对自己职业生涯发展的影响，分析环境条件的特点、发展变化情况，把握环境因素的优势与限制，了解本专业、本行业的地位、形势、发展前途、社会价值以及社会需求。

4. 职业定位

职业定位就是要为职业目标与自己的潜能以及主客观条件谋求最佳匹配。良好的职业定位应以自己的最佳才能、最优性格、最大兴趣、最有利的环境等信息为依据。职业定位过程中要考虑性格与职业的匹配、兴趣与职业的匹配、特长与职业的匹配、专业与职业的匹配等。职业定位的原则有：(1) 依据客观现实，考虑个人与社会、单位的关系；(2) 比较职业的条件、要求、性质与自身条件的匹配情况，选择条件更合适、更符合自己特长、更感兴趣、经过努力能很快胜任、有发展前途的职业；(3) 正确认识自己的优缺点、个人性格，寻求合适的职业；(4) 审时度势，及时调整，要根据情况的变化及时调整择业目标，不能固执己见，一成不变。

5. 实施策略

实施策略就是要制定实现职业生涯目标的行动方案，要有具体的行为措施来保证。制定好了科学的职业目标还需要与之相匹配的切实可行的行动方案，将之逐步实现。没有行动，职业目标只能是一种梦想。要制定周详的行动方案，更要注意去一步一步落实这一行动方案。

6. 评估与反馈

整个职业生涯规划要在实施中去检验，看效果如何，及时诊断职业生涯规划各个环节出现的问题，找出相应对策，对规划进行调整与完善。

由此可以看出，整个规划流程中正确的自我评价是最基础、最核心的环节，这一环做不好或出现偏差，就会导致整个职业生涯规划各个环节出现问题，此外设定的目标也必须符合客观的自身条件，不能好高骛远，设定好了目标还需要制定相对应的行动方案，在工作过程中朝着目标行动。整个规划都是环环相扣的，所以我们要做好职业生涯规划的每一步，为实现人生目标和自我价值做好铺垫。

三、实现职业理想，助力中国梦

(一) 个人职业理想与中国梦紧密相连

第一，中国梦引领职业理想。中国梦体现着中华民族的整体利益，是全党全国各族人民共同的奋斗目标，是每个中国人的职业理想的航标灯。马克思在《青年在选择职业时的考虑》中这样写道："如果我们选择了最能为人类而工作的职业，那么，重担就不能把我们压倒，因为这是为大家作出的牺牲；那时我们所享受的就不是可怜的、有限的、自私的乐趣，我们的幸福将属于千百万人。"① 当代高职大学生应树立远大志向，应将个人职业理想与正确的就业观和择业观相结合。中国梦与世界各国人民的美好梦想相通，具有前瞻性，是我们树立正确的职业理想的航向标杆。我们的职业理想只有在中国梦的引领下才具有更深层次的意义与价值。只有在中国梦的引领下，我们的职业理想才能与时俱进，我们才能在逐梦路上行稳致远。实现自己的职业理想，不仅体现为自我价值的实现，更是为滔滔海浪般的中国梦注入涓涓细流。

第二，职业理想推动中国梦的实现。每个中国人的职业理想是实现中国梦的强有力的推进剂。中国梦是国家的梦、民族的梦，也是每一个中国人的梦。中国梦的实现离不开每

---

① 马克思，恩格斯. 马克思恩格斯全集：第1卷 [M]. 2版. 北京：人民出版社，2012：459.

个中国人的付出与努力。习近平总书记指出："历史告诉我们，每个人的前途命运都与国家和民族的前途命运紧密相连。"① 因此，中国梦与我们每位中国人的职业理想的终极目标是一致的，我们要把实现中华民族伟大复兴的中国梦与实现职业理想有机结合起来。根据社会发展的需求和自身专业实际，把高尚的职业理想融入中华民族伟大复兴的中国梦中去，在中国梦广阔的舞台上绽放职业理想之花，让每个中国人都成为"梦之队"的一员，成为中国梦的参与者、书写者，将个人职业理想汇聚成实现中国梦的强大力量。

（二）在平凡的工作岗位上助力实现中国梦

第一，实干才能梦想成真。实现理想目标既要仰望星空，亦要脚踏实地，不论是我们自己的职业理想还是中国梦，都不是靠喊喊口号就能实现的，这些梦想是需要我们拼出来、干出来的，需要我们每个人为此付出艰苦努力，用实干托起梦想的种子，用汗水浇灌梦想的幼苗，用拼搏支撑梦想的大树。"空谈误国，实干兴邦"，不管是中国梦还是我们自己的职业理想，要想将其变为现实就需要拼搏的勇气、吃苦耐劳的品质以及自强不息的奋斗精神。我们要在各自平凡的岗位上脚踏实地，切忌好高骛远，将求真务实、埋头苦干的精神发扬壮大。

第二，立足岗位助力中国梦。工作岗位是实现职业理想的重要平台，也是我们为实现中国梦贡献自己的力量的重要途径。"三百六十行，行行出状元"，平凡的岗位也能创造不凡的价值。踏入职场的我们应该要爱一行专一行。每个职业、每个岗位都是实现中华民族伟大复兴中国梦不可或缺的重要节点，每一个岗位都有其价值和存在的意义。我们要在岗位上磨炼自己的意志，锻炼自己的本领，不怕苦、不怕累，尽职尽责地做好自己的本职工作，立足现实、立足岗位，为中国梦加油助力、添砖加瓦，在工作过程中同时实现自己的人生理想和生命价值。

问题卡片

1. 你怎样理解"没有理想信念，理想信念不坚定，精神上就会'缺钙'，就会得'软骨病'"的观点？

2. 如果没有理想，新时代的劳动者会变成什么样？

3. 如何成为有理想的新时代劳动者？

知识链接

以赤子丹心铸民族伟业——论贯彻落实习近平总书记在知识分子、劳动模范、青年代表座谈会上的讲话精神

"五一"国际劳动节、"五四"青年节到来之际，中共中央总书记、国家主席、中央军委主席习近平在安徽合肥主持召开了知识分子、劳动模范、青年代表座谈会并发表重要讲话。他强调，全面建成小康社会，进而实现中华民族伟大复兴的中国梦，必须依靠知识，必须依靠劳动，必须依靠广

① 习近平．习近平谈治国理政：第1卷［M］．北京：外文出版社，2018：36.

大青年。广大知识分子、广大劳动群众、广大青年要紧跟时代、肩负使命、锐意进取，把自身的前途命运同国家和民族的前途命运紧紧联系在一起，努力为共同理想和目标而团结奋斗。

青年的选择就是国家的未来，民族的命运就是知识群体的命运。在重大历史关头，中国知识分子都曾率先点燃启蒙的火把，为国家民族的发展提供了理论的滋养和精神的鼓舞，或舍生取义投身战斗，或坚守术业殚精竭虑，或传道解惑培育后学。他们一方面致力于唤醒民族自觉、淬炼民族精神、探索民族未来，在世界历史中为中华文明寻找着坐标和方向；另一方面力图将世界范围内的文明成果、科学理念、法治精神带入中国，将现代化的中国重新送回世界舞台之中。百年风云激荡，中国优秀知识分子、爱国青年以赤子丹心写下了彪炳青史的功绩。

清醒的自觉、宽阔的胸襟、家国天下的情怀、泽被苍生的理想，在任何年代都是知识群体最珍贵的品格，也是时代精神的精华所在。正如习近平总书记所言，“勇立潮头、引领创新，是广大知识分子应有的品格”“天下为公、担当道义，是广大知识分子应有的情怀”。现在，面对和平发展，面对民族复兴的伟业，当代知识分子尤其是青年人更应该赓续薪火、彰显中国知识群体的自觉。在业务上，坚持面向经济社会发展主战场、面向人民群众新需求，勇于担当、敢于创新，为国家发展进步提供坚实的人才支撑、智力支撑、创新支撑；在价值上，坚持国家至上、民族至上、人民至上的信念，始终胸怀大局、心有大我、坚守正道、追求真理。在民族大业中成就人生，用创新成果造福人民。

雄关漫道真如铁，而今迈步从头越。当代知识分子与青年群体要以习近平总书记的重要讲话为鞭策，担铁肩道义、著家国文章、铸民族伟业，为中华民族伟大复兴中国梦贡献应有的力量。

任务二　脚踏实地，做有本领的新时代劳动者

案例导学

吴孟超：披肝沥胆 报国为民铸忠诚

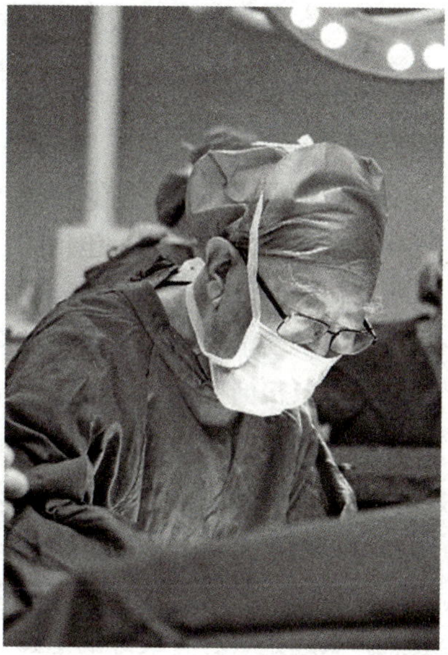

2022 年 5 月 22 日 13 时 02 分，中国科学院院士、我国肝胆外科的开拓者和主要创始人之一、原第二军医大学副校长吴孟超同志，因病医治无效在上海逝世，享年 99 岁。5 年前，也是在 5 月，上海阴雨绵绵，经吴孟超院士允许，记者穿上医学防护服与他一同走进原第二军医大学东方肝胆外科医院 6 号手术室。在手术台前，94 岁高龄的吴孟超院士站立了 1 个多小时。剥离、阻断、切除，他双手探入，一个肿瘤被分离出肝脏。

吴孟超院士被誉为“中国肝胆外科之父”，从医 70 多年来，成功救治了 1.6 万余名患者。尽管这在世人眼中已是天文数字，他却常感慨地说：“我老了，能工作的时间不像年轻人一样多了，所以更要争分夺秒！”吴孟超院士不仅医术高超，而且医德高尚。2017 年春，“时代楷模”获得者、“不忘初心的好民警”陈清洲被查出肝癌。吴孟超当即表态：“这样的人民公仆要得到好报！”认真研究病情后，他决定主刀手术，为陈清洲切除了巨大肿瘤和门静脉癌栓。

他首创了肝脏外科“五叶四段”解剖学理论和间歇性肝门阻断切肝法，完成了以世界首例中肝叶肿瘤切除为代表的一系列标志性手术，创造切除肿瘤重量最大、肝脏手术年龄最小、肝癌术后存活时间最长等世界纪录。他主编出版专著 20 余部，在国内外学术刊物发表论文 1 200 多篇，先后获国家、军队科技进步奖 24 项，2005 年成为荣获“国家最高科技奖”的医学界第一人。

任务目标

知识目标：认识到如何成为有本领的新时代劳动者。

能力目标：培养任何岗位环境下都能成为有本领的劳动者的能力。

素质目标：通过学习明白成为有本领的新时代劳动者需要培养勤学好问的学习态度、刻苦学习的优秀品质以及善于学习的学习方法。

认知学习

一、勤学好问，求真学问

什么是有本领？有本领就是求真学问、练真本领，本领扎实、能力过硬。吴孟超院士是我国著名的肝胆外科专家，中国肝脏外科的开拓者和主要创始人之一。从医 70 多年，他拥有自主创新重大医学成果 30 多项，主刀完成包括我国第一台肝中叶切除术在内的 16 000 多台重大肝脏手术，使我国肝脏疾病的诊断准确率、手术成功率和术后存活率均达世界领先水平，肝癌患者术后最长存活已达 45 年。他用自己学到的真本领救治了无数被病痛折磨的人，挽救了无数被病魔支配的家庭，90 多岁的高龄却不惧高龄带来的枷锁，坚持上手术台拿手术刀。不仅如此，他还一直为祖国培养更多肝胆方面的人才，将自己的本领传授下去。从吴孟超院士的事迹中我们能得到如下启发：

（一）主动学习

要想求得真学问必须要培养主动学习的学习态度。主动学习主要是指学生积极的学习精神和自觉的学习态度，包括学习态度端正、学习积极性高、求知欲强，乐于自主、主动地获取知识、增长才干。培养主动学习的学习态度和学习习惯是一个人走向成功的基础，一旦养成主动学习习惯，人们就会下意识地主动去学习。掌握技能专业知识以及涉猎广泛的知识可以帮助个人更好地适应工作，而想要获取扎实的专业知识和广泛的基础知识，就需要具备一定的主动学习习惯和能力。如何培养主动学习的习惯呢？

第一，对症下药，激发学习兴趣。主动学习的学习态度是一种主观意愿上的个人倾向，只有当个人对其产生浓厚的兴趣才会产生主动接近的意愿，才愿在上面花费较多时间跟精力。兴趣是培养主动学习习惯的基石。要养成主动学习习惯，首先要挖掘学习者的兴趣点。兴趣是学习者最好的老师，不同的学习者的兴趣点与关注点不一样，学习方式也不一样，只有准确把握学习者的兴趣点，了解学习者的兴趣爱好、性格特征，才能采取最适合的方式激发其学习积极性。立足其兴趣点采用合适的方式进行科学引导，将兴趣点与学习挂钩是最关键的步骤，如有的学习者喜欢活跃愉快的学习氛围，喜欢新颖超前的学习内容，喜欢实践较强的专业；也有的学习者喜欢理论性较强的专业，喜欢严谨学术性强的氛围，喜欢中国优秀的传统文化，喜欢互相辩论、唇枪舌剑的学习方式。所以只有选择学习者最感兴趣的学习方式和学习内容，找到学习者最适合的学习专业，才能充分发挥学习者的学习积极性和主体性，确保学习效率。

第二，给予发展空间，激发学习潜能。人与生俱来就有学习天性，教育的功能就在于顺应天性，而学习就是摸索天性、释放天性、最终回归天性。如何激发学习潜能，培养学习者主动学习习惯？首先要给予学习者发展的空间，打破繁杂的硬性规定和条条框框的约束条件，保证学习者在充分自由的环境下寻找自己的发展潜能，鼓励学习者勇于试错，去探索和研究未知领域，不拘泥于刻板印象，敢于突破自我，敢于大胆创新。其次要充分认识学习者的主体地位。学习者一直都是学习中的主体而其他人都只是辅助其学习，要充分让学习者明白这一点，并鼓励学习者从自身现实情况出发，找到学习的最佳方式和最佳状态，只有当学习者充分认识到自己是学习主体时，学习者才会更加主动地自觉学习，而不是强加给自己的需要完成的任务；也只有当学习者认识到学习是自我发展的必然途径，学习者才会为了提升自我而主动学习。最后要充分挖掘学习者的学习天赋，学习的过程也是学习者自我探索学习潜能的过程，通过不断学习，学习者能够更加清楚地认识到自己的长处和短处，并找到自己的闪光点。闪光点是学习者主动学习的支撑，也是学习者持续学习的动力源。如果学习者无法自我肯定，那么就会丧失学习的积极性。所以，要挖掘学习者身上的闪光点，让学习者通过学习找到成就感，从而促进学习者更加积极主动地投入时间和精力学习。

（二）刻苦学习

要想求得真学问，必须要下苦功夫。勤奋刻苦是中华民族自古以来的传统美德，是一种良好的学习品质。“书山有路勤为径，学海无涯苦作舟”。对于大多数普通人而言，学有所成离不开刻苦学习，也只有通过刻苦学习才能获得真学问。所谓“台上三分钟，台下十年功”，专家学者知识渊博的背后是阅书无数卷，艺术家妙笔生花的底气是临摹无数幅，奥运健儿一举夺冠的密钥是训练无数次。刻苦从来不过时，努力才是成功的法宝，不经一番风霜，哪有蜡梅扑鼻香。如何培养刻苦学习的学习品质呢？

第一，营造环境，激发刻苦学习的内在动力。培养刻苦学习的学习品质要从小做起。在家里，父母要营造以刻苦学习为荣的学习和生活环境。父母是孩子的第一任老师，父母要以身作则，以实际行动教育孩子，如父母在做一些比较艰辛的工作时坚持下来，并让孩子参与其中，让孩子体会到通过自己的付出和汗水，最终收获的快乐和满足。还可以通过鼓励式教育，在孩子通过刻苦学习获得好成绩的时候给予孩子一定的鼓励和奖励，激励孩子继续保持刻苦学习的品质。在学校里，教师可以通过各种方式来积极培养学生刻苦学习的品质，比如可以设一个表扬勤奋、刻苦学习的专栏，定期评比，进行奖励，以鼓励和激励学生勤奋刻苦学习；也可以组织一些以勤奋、刻苦学习为主题的活动，让学生自己讲一些关于勤奋、刻苦学习的名人故事或发生在自己、身边的人身上的事迹，通过榜样示范作用，让每位学生都能清楚地认识到刻苦学习的重要性并积极向榜样学习。最重要的是，教师也要以身作则，言传身教。

第二，确立目标，强化刻苦学习的成果。这个目标，在整个奋斗过程中需要父母和教师的监督、鼓励来实现。有了目标的压力和动力，那么他们的学习和生活将会有方向，他们才会为达成目标而开动脑筋、付出努力，更加刻苦学习，这样才能更好地让学生体会、认可并最终形成“刻苦学习”的良好习惯。

第三，培养责任感，营造刻苦学习的氛围。每个人都有自己的责任，一个没有责任心的人，是不可能去经受勤奋刻苦的磨砺的。责任是学生刻苦学习的不竭动力，当一个人有了责任感，自然就会驱动学生为承担责任更加努力，刻苦学习。

第四，优化方法，提升刻苦学习的效率。要有步骤地引导学生养成刻苦学习的良好习惯。一是要注意培养学生在学习方面的基本功，比如性格、想法、知识面等；二是要注意适时教育，引导学生产生勤奋学习的欲望；三是要注意劳逸结合；四是态度要平和，应该怀有一颗平常心，不要急于求成；五是要阶段性地不断地调整学生前进的目标，并用成功来激励学生。

（三）善于学习

要求得真学问，必须找到行之有效的学习方法。有效的学习是指投入有效学习时间与实际学习时间的比值，或者说学习投入与学习收获之间的比值。提升学习效率最重要的就是要找到有效学习的方法，俗话说找对方法事倍功半，这对于学习而言更是如此。现如今也存在很多人在学习上耗费大量的时间和精力却没有达到理想的学习效果，其关键因素就是没有找到正确的方法。那么如何找到有效的学习方法呢?

第一，明确自己适合哪种学习方式。如有的人白天记忆力更好、学习效率更高，那么就可以在白天多学习；有的人晚上记忆力更好、学习效率更高，那么就可以在晚上多学习；有的人在安静的环境下学习效率更高，习惯一个人默念；而有的人大声读出来或者通过问答的方式效率更高。

第二，在新旧知识之间建立一定联系。成为更有效学习者的另一个好方法是使用关系学习，其中涉及将新信息与已知事物联系起来。心理学中的顺向正迁移就是指先前学习内容会对后继学习发生正面影响，例如：如果你正在学习一门新语言，可能会将正在学习的新词汇和语法与已经了解的母语或可能已经讲过的其他语言相关联；再如会骑自行车的人学会骑摩托车更容易等。

第三，懂得劳逸结合。学习不是一蹴而就的，而是一项长期工程。知识也不是一天就能学完的，学无止境，活到老、学到老。适当的体育锻炼和娱乐活动在学习生活中是必不可少的，大家都知道一个学习效率公式：7+1≥8，就是每天 7 小时学习，1 小时娱乐锻炼，效果大于 8 小时连续不断地学习。如果一味地发挥“拼命”精神，整天只知道学习，最终只能是筋疲力尽、学无所成。聪明的学习者善于在自己的大脑产生疲劳前及时转换学习的内容，或通过休息和运动转移兴奋热点，巧妙地把紧张和放松交替在一天的学习中，保持最佳的身体和心理状态。

二、苦练技能，练真本领

案例

杨凯：精益求精的“90 后”工匠达人

提到合肥热电集团有限公司金源分公司的锅炉专工杨凯，大家纷纷竖起了大拇指。吃苦耐劳、技术拔尖、精益求精、执行力强、热情开朗、双商俱高……一系列“零差评”标签的背后，是这位“90 后”锅炉专工长达 11 年的日夜坚守。

2021 年 9 月，杨凯主持了金源分公司＃3 锅炉上、中两级空预器更换工作。从项目开工至结束，杨凯没有休息过一天，整整干了 35 天。秉持着“全过程、全覆盖、零容忍”的动态监督理念，杨凯在整个技改过程中加强对高风险作业区域的监督检查，重点控制高空、密闭空间等作业的风险，落实重大技改的安全技术方案，圆满实现了技改期间安全“零事故”目标，为#3锅炉技改筑牢了安全防线。

杨凯先后获评2018年金源分公司“第四季度安全环保管理之星”；2019年金源分公司“第二季度安全环保之星”“优秀宣传工作者”；2020年、2021年金源分公司“第一季度安全环保管理之星”“先进工作者”；2022年合肥热电集团“热电工匠”。对于“热电工匠”这个称呼，杨凯坦言压力很大。“我身边还有许许多多优秀的人，他们也能担得起这一荣誉。如果说对‘工匠精神’一词有什么理解的话，我觉得，工匠就是把平时的工作做得更好。”

（一）习得一技之长

“千金在手，不如薄技在身。”新时代有本领的劳动者，是指具有专业技术能力的劳动者。新时代的“技”，即技能，是指在某领域的专业知识基础上掌握某种技能的能力。

技能包括专业知识、实践经验和创新能力三个核心要素。专业知识是指在某一方面、领域所具有的特殊的知识或者经验，非普通大众应该掌握的基础性知识或者常识，而是某领域的专家应该熟知的知识。专业知识是练就真本领的前提条件，也是进行创新和实践的基础。实践经验就是指人们认识世界和改造世界各种活动经验的总和，即大多数人进行实践活动所产生的在认知层面的进一步深化。实践经验是练就真本领的保障，实践出真知，刀刃也需要不断磨炼才能更加锋利，实践才是检验真理的唯一标准，通过实践才能真正做到知行合一，在实践中创新。创新能力就是指以现有的思维模式提出超出常规或常人思路的见解，利用现有的知识和物质，在特定的环境中，以满足自我想象和社会需求而改进或创造新的事物，并能产生实质性效果的能力。这是练就真本领的关键，也是支撑实践的动力，是升华技能的点睛之笔。

第一，系统的专业知识是劳动技能的基础，专业知识既包括系统的理论知识，也包括与之相匹配的技能知识。作为一名劳动者，既需要扎实的理论知识做支撑，也需要专业的技能知识做铺垫，二者缺一不可。这就要求劳动者不仅需要认真学习理论知识还要掌握技能知识，不断夯实专业知识，优化知识结构，为练就真本领打下坚实基础。

第二，实践经验是掌握劳动技能的必经环节。如果掌握的专业知识仅仅存留于知识层面，而缺乏实践这个关键环节，那么一切都是纸上谈兵，没有任何实际意义。劳动者就是要将自己学到的真本领在实践中检验。

第三，创新是永恒的话题。如果新时代的劳动者没有一定的创新能力，那么终究会被时代淘汰。如果一个行业或者一项技能缺乏创新，那么总有一天会被历史掩埋。如果一个国家或者一个民族没有创新能力，那么终将被世界遗忘。创新不仅是新时代劳动者屹立于自己岗位、不被任何人代替的秘密武器，亦是一个行业欣欣向荣的立身之本，更是一个国家、一个民族永葆生命力的不竭动力。

（二）技多不压身

书到用时方恨少，技多从来不压身。多学一份技能就多一份优势，多一份经历就多一份经验，多一次学习就多一份成长。人只有善于学习，以学益智、以学修身，掌握各种本领，才能成为社会发展需要的复合型人才。国家正处于迈向高质量发展转型期，这是需要高素质技术人才的大时代，是新时代劳动者不断成长的时代。新时代的劳动者不仅要熟练掌握本专业的技能，还要广泛学习其他学科领域的知识，不断扩大视野，丰富知识结构，增强自身的综合素质。国家的发展需要高素质的复合型人才，需要“一专多能”“专精结合”的技能人才，这是时代发展的趋势。

“学则智，不学则愚”。新时代是个终身学习的时代，倘若畏难于“成人不自在”，结果就是“自在不成人”。在这个提倡全民终身学习的时代背景下，不想学、懒得学和害怕学的思想只会使人懒惰、颓废、得过且过和虚度年华，最终会使个人思想僵化、能力弱化，跟不上时代进步的步伐。新时代有本领的劳动者更应善思、多学、勤练，与时俱进、不断创新，成于学习，长于努力。大学是劳动者掌握技能的黄金时期，如何把握人生中技能成长的关键期、帮助自己掌握安身立命之“艺”是每一位劳动者应该思考的问题。大学时光稍纵即逝，学什么、怎么学是摆在我们每个人面前的难题，专业的知识是立足之基，专业技能是立业之本，每一位劳动者都要勤于学习、善于学习，以自身特长为路标，以勤奋学习为路基，以实战练习为路径，走出属于自己的康庄大道。

（三）精益求精，掌握技能精髓

什么是精益求精？精益求精是注重细节、严谨专一、追求极致的精神理念和劳动品质。精益求精是指已经做得很好了，还要求做得更好，即使做一颗螺丝钉也要做到最好。正如老子所言，“天下大事，必作于细”。能基业长青的企业，无不是精益求精才获得成功的。精益求精就是在追求完美，向着更好方向努力，追求精益求精的过程也是磨炼意志品质、塑造人格和提高境界的过程。没有精益求精的精神与锲而不舍的态度，就不会有深入人心的匠心作品。如果我们的劳动者致力于精益求精，那我国产品的质量就会提升到新的高度。

培养大国工匠要追求精益求精。习近平总书记在2016年的知识分子、劳动模范、青年代表座谈会上强调：“广大劳动群众要立足本职岗位诚实劳动。无论从事什么劳动，都要干一行、爱一行、钻一行。”[①] 改革开放以来，我国涌现了一大批干一行、爱一行、专一行、精一行的劳动模范和大国工匠。他们锐意进取、精益求精，在平凡的岗位上做出不平凡的业绩，他们积极投身社会主义现代化建设，为国家和人民建立了杰出功勋。新时代有本领的劳动者要适应新一轮科技革命和产业变革的需要，勤学苦练、深入钻研，不断提高技术技能水平；要增强创新意识、培养创新思维，展示锐意进取的勇气、敢为人先的锐气、蓬勃向上的朝气；要成为有理想、守信念、懂技术、会创新、敢担当、讲奉献的大国工匠。

大力弘扬精益求精的工匠精神。习近平总书记在全国劳动模范和先进工作者表彰大会上强调要大力弘扬劳模精神、劳动精神和工匠精神，这是鼓舞全党全国各族人民风雨无阻、勇往向前的强大精神动力。习近平总书记也曾用16字概括工匠精神的深刻内涵，“执着专注、精益求精、一丝不苟、追求卓越”。千百年来工匠以业维生，并以技艺为立身之

---

① 习近平. 在知识分子、劳动模范、青年代表座谈会上的讲话［M］. 北京：人民出版社，2016：17.

本，无私地奉献自己的全部心血，刻苦钻研，努力提高和完善自己的技艺，创造了灿烂的工匠文化。工匠精神就是干一行、爱一行，在干中增长技艺与才能；工匠精神就是一丝不苟、精益求精，在追求完美和极致中创造出匠心作品。

三、服务社会，做有用之才

（一）立足岗位，服务社会

做真正的有用之才需立足岗位，服务社会。这就要求劳动者不仅具有精湛的技艺，还要具有服务社会的匠心，将自己的真本领用在真正需要的地方，要把技能本领转化为服务社会的能力，要把自己发展的前途命运与社会发展需要紧密联系，既在自己的工作岗位发光发热，也为社会做出自己的贡献。所以，真正有用之才不仅仅是拥有高超的技艺，还要有敬业奉献的精神。张定宇谈起自己对敬业奉献模范标准的理解时，认为敬业奉献模范应当立足岗位刻苦钻研，把自己的知识转化为生产力，转化为服务社会、服务人民的能力。敬业即立足自身本职工作，也就是说劳动者在自己的工作岗位上兢兢业业、恪尽职守、认真负责，做好自己的本职工作；奉献即指劳动者奉献工作、奉献社会、服务社会的工作精神，不仅局限于在工作岗位上乐于奉献，还指肩负起社会责任，将本职工作与社会发展联系起来，以无私奉献的精神热爱本职工作，服务社会。

何为爱岗敬业？一是热爱本职工作。做到干一行爱一行，只有热爱自己所从事的职业，才能创亮点、出业绩。二是忠于职守。忠于职守是最基本的职业道德，也是对工作的一个最起码的标准。工作中应该具有饱满的工作热情、认真负责的工作态度、勇于奉献的工作精神和乐于创新的工作意识。敬业是基础，乐业是前提，勤业是根本。三是尽职尽责。做好本职工作，就要勇于主动承担工作责任，不知难而退，尽心尽责；注重自身能力的培养，加强学习，提高业务能力，提高自身综合素质；工作中细致认真，尽心尽责，勇于实现工作中的创新。

何为乐于奉献？在平凡的岗位上坚守，兢兢业业、任劳任怨地工作，也是一种奉献精神。滴滴细流，汇成江河，各行各业都把本职工作做好了，就是为社会的发展贡献了自己的一份力量。在立足岗位的前提下，尽自己所能为社会发展贡献一份力量，在社会需要时挺身而出，以自己微薄的力量给社会带来一丝温暖、一些善意，传递积极正能量，更是自我价值的体现。例如：作为一名人民教师，在学校认真上课、努力工作是本职，如果在假期去偏远山区支教，为更多渴望知识的孩子带来希望，将自己的能力不局限于校园教学，在做好本职工作的同时为社会做出自己的贡献，为我国的教育事业增添一份力量。

（二）练就本领，报效祖国

做真正的有用之才需练就本领，报效祖国。每位劳动者必须拥有一颗爱国之心，身怀报国之志。古有顾炎武“天下兴亡，匹夫有责”，今有周恩来总理“为中华崛起而读书”，他们都用自己的才能报效祖国，为祖国奉献自己的一切。新时代的劳动者不仅需要练就过硬本领，还要胸怀报国大志，将自己的本领转化为报效祖国的利器，成为能够肩负起民族振兴重任的时代新人。练就过硬本领是报效祖国的前提，如果只是把报效祖国停留在喊口号阶段而不付诸行动，那么报效祖国的愿望终究是竹篮打水一场空。报效祖国是练就过硬本领的最终目的，只有将个人本领与民族振兴紧密结合，才能真正实现人生价值。所以作为高职大学生应该如何练就本领呢？

第一，拓宽知识储备。丰富的知识储备是一个劳动者练就本领的重要基础，万丈高楼平地起，只有具备渊博的知识，才能在技术更迭的职场上奋力前行。新时代的劳动者不仅要学习本专业的知识，还要广泛学习其他学科的知识，拓宽思维和知识维度，不断提高自身的综合素质，帮助自己更能游刃有余地应对工作。作为高职院校的学生，在学校里不仅要学好专业知识，还要培养自主学习能力，广泛涉猎各个领域，丰富自身的知识储备，为今后的职业发展打下扎实的基础。

第二，练就过硬技能。提高技术素质、技能水平是日积月累、不断磨炼的过程，只有练就过硬技能，才能在激烈的竞争中脱颖而出，有宽广的发展空间和发展机遇。因此，作为高职院校的学生，不仅要在学校里认真学习专业技能技巧，积极参与各种技能大赛，还要在工作岗位上不断加强学习，多向优秀的人请教，善于总结思考自己的不足，提高自己的技术能力。

第三，塑造高尚人格。人格，是一个人性格、气质和能力等特征的总和。人格魅力是指一个人的性格、气质、能力和道德品质等方面所具有的能吸引人的力量，是自身素质和综合素养的外在体现。人格魅力是软实力，是一个劳动者能力中不可缺少的因素。勇者无畏，仁者无敌。一个具有人格魅力的人，在对他人和善、为他人着想、尊重他人的同时也会赢得别人的尊重。从一定意义上来说，这是一种高级的智慧和软实力。因此，作为高职院校的学生，要提高道德修养，增强社会责任感，塑造高尚人格。

问题卡片

1. 你怎样理解“千金在手，不如薄技在身”的观点？
2. 你如何理解工匠精神的内涵？
3. 根据自身经历以及所学知识，思考如何成为有本领的大国工匠。

知识链接

大力弘扬工匠精神，培养更多高技能人才和大国工匠

干一行、爱一行，专一行、精一行。在长期实践中，我们培育形成了执着专注、精益求精、一丝不苟、追求卓越的工匠精神。习近平总书记强调：“各级党委和政府要高度重视技能人才工作，大力弘扬劳模精神、劳动精神、工匠精神，激励更多劳动者特别是青年一代走技能成才、技能报国之路，培养更多高技能人才和大国工匠，为全面建设社会主义现代化国家提供有力人才保障。”

当今世界，综合国力的竞争归根到底是人才的竞争、劳动者素质的竞争。一位位高技能人才以坚定的理想信念、不懈的奋斗精神，脚踏实地把每件平凡的事做好，在平凡岗位上干出了不平凡的业绩，共同培育形成了工匠精神。这种精神是我们宝贵的财富，成为中国共产党人精神谱系的重要组成部分。正如习近平总书记强调的：“劳模精神、劳动精神、工匠精神是以爱国主义为核心的民族精神和以改革创新为核心的时代精神的生动体现，是鼓舞全党全国各族人民风雨无阻、勇敢前进的强大精神动力。”

习近平总书记强调："我国经济要靠实体经济作支撑，这就需要大量专业技术人才，需要大批大国工匠。"不论是传统制造业还是新兴制造业，不论是工业经济还是数字经济，高技能人才始终是中国制造业的重要力量，他们身上蕴藏的工匠精神始终是创新创业的重要精神源泉。截至2020年底，全国技能劳动者超过2亿人，高技能人才超过5 000万人。"心心在一艺，其艺必工；心心在一职，其职必举。"大力弘扬工匠精神，需要褒扬工匠情怀、厚植工匠文化，引领劳动者在本行业和本领域担大任、干大事、成大器、立大功。"择一事、终一生"的执着专注，"干一行、钻一行"的精益求精，"偏毫厘不敢安"的一丝不苟，"千万锤成一器"的卓越追求……无论从事什么劳动，都要以勤学长知识、以苦练精技术、以创新求突破，努力成为知识型、技能型、创新型劳动者。"三百六十行，行行出状元"。一切劳动者，只要肯学、肯干、肯钻研，练就一身真本领，掌握一手好技术，就能立足岗位成长成才，就能在劳动中发现广阔的天地，在劳动中体现价值、展现风采、感受快乐。立足岗位、奋发有为，把工匠精神倾注于一个个零件、一道道工序、一次次试验，必将推动工人阶级和广大劳动群众用实干成就梦想，在平凡中彰显不凡，汇聚砥砺奋进的强劲动能。

资料来源：本报评论员．大力弘扬工匠精神，培养更多高技能人才和大国工匠[N]．人民日报，2021-10-11.

任务三 踔厉奋发，做有担当的新时代劳动者

案例导学

“共和国脊梁” 钟南山

1965 年 3 月，钟南山加入中国共产党。2020 年 1 月 18 日，作为一名老党员，钟南山临危受命担任国家卫生健康委员会高级别专家组组长，那张高铁餐车上满脸倦容的照片感动了亿万国人，也让无数人感受到何为英雄之举、国士担当。

通过各种视频采访，人们记住了常年挂在钟南山办公室墙上的那四个字——敢医敢言，这也是公众对钟南山报以无限信任的重要原因。2003 年抗击非典疫情，钟南山认定元凶并非衣原体，而是一种新型冠状病毒，为战胜非典疫情做出重要贡献。17 年后，也正是因为钟南山的敢医敢言，让全社会都对新冠这一新发传染病保持了足够的警惕性，从而让中国迅速控制住疫情，为国际社会提供了抗击疫情的中国经验。

“作为一名医生，首先应该时刻想着广大人民的身体健康。”铿锵的话语言犹在耳，“武汉本来就是一个很英雄的城市。有全国，有大家的支持，武汉肯定能过关。”在武汉抗击疫情最严峻的时刻，钟南山的哽咽让无数中华儿女为之动容。

2021 年 5 月下旬，广东出现新一轮新冠疫情，85 岁的钟南山院士组织团队在核酸检测、疫情预测、重症救治、疫苗研发等方面紧抓落实，对防控工作提出意见和建议。

在 2021 年两院院士大会上，钟南山院士就疫苗接种等专业问题接受记者专访。权威专业的判断让公众看到接种疫苗的重要意义，也看到战胜疫情的希望之光。

2003 年以来，无论是面对非典还是 H7N9、H1N1、MERS，钟南山总是奔走在一线，及时发声。这位致力于推动国家重大呼吸道传染病防控体系建设的八旬院士，始终和团队坚守在国际医学研究一线，分享中国的抗疫做法和经验。

“我们相信钟南山。”这句网上最常见的留言，是一份信任，是对一位医者的最高肯定，也是对一位“共和国脊梁”的最佳褒扬。

任务目标

知识目标：了解如何培养责任意识以及如何成为有担当的新时代劳动者。

能力目标：能在生活中自觉敢于担当，承担起应该肩负的时代责任。

素质目标：树立责任意识，培养担当精神，以实现中华民族伟大复兴为己任，担负起民族复兴大任。

认知学习

一、树立责任意识，勇于承担责任

担当一词出自《朱子语类》卷八七："岂不可出来为他担当一家事?"是指承担、负责的意思。担当精神文化贯穿于中华民族筚路蓝缕的奋斗历程。从顾炎武的"天下兴亡，匹夫有责"，林则徐的"苟利国家生死以，岂因祸福避趋之"，到梁启超"负责任最苦，尽责任最乐"等，都深刻体现了中华儿女敢于担当、为国为民的使命意识。从鸦片战争后无数仁人志士为救亡图存、强国富民的艰辛探索，五四运动青年学子高举"外争国权、内惩国贼"的爱国旗帜，到中国共产党团结带领人民群众进行革命、建设、改革的百年征程，生动诠释了中华儿女开拓进取、百折不挠的思想品质。敢担当、能尽责的红色基因，深深熔铸于中华民族的灵魂之中，支撑起中华儿女的精神脊梁，激励着中华儿女踔厉奋发、创造辉煌。

青年的担当关乎国家的前途和民族的命运，培养青年一代的担当精神是建成社会主义现代化强国，实现中华民族伟大复兴的需要。高职大学生作为青年一代的中坚力量，是新时代社会发展的生力军，更要树立责任意识，培养担当精神，始终保持应有的闯劲、锐气和担当，把人生理想融入国家和民族的事业中，踔厉奋发、笃行不怠，书写无愧于时代、无愧于人民的优异答卷，在实现中华民族伟大复兴中国梦的征途上唱响青春赞歌。

习近平总书记谈道："中国梦是我们这一代的，更是青年一代的。中华民族伟大复兴的中国梦终将在一代代青年的接力奋斗中变为现实。"[①] 这深刻道出青年一代所肩负的历史使命和重大责任，反映出国家民族的未来与青年一代的努力密不可分。因此，大学生应当立足时代之基，明确前进方向，树立责任意识，展现新担当、新作为，努力实现人生价值。

案例

黄文秀的驻村日记

2018年3月，黄文秀主动来到百色最偏远的乐业县新化镇百坭村担任第一书记。在她到任之初，百坭村交通不便、产业不强、脱贫任务重，472户2 067人中，还有103户473人未脱贫，贫困发生率为22.88%。初来乍到，乡亲们对这位年轻的"女娃娃"并不信任，都说她是来村里"镀镀金"的。为了取得乡亲们的信任，黄文秀直接住到村里，翻山越岭、进村入户访贫问苦，手绘"民情地图"，学说方言，帮着大伙儿扫院子、干农活。渐渐地，大家从心底里接受了她，专心跟她搞发展。不到一年的时间，百坭村103户贫困户顺利脱贫88户，贫困发生率降至2.71%，村集体经济项目收入翻倍。黄文秀还协调完成了1.5千米的道路硬化，新建蓄水池4座，完成两个屯47盏路灯的亮化工作。这位扶贫路上的"女战士"曾在自己的驻村日记中写道："扶贫之路就像一条长征路，无论多么艰难，我都会坚定不移地走下去。"

---

① 习近平．决胜全面建成小康社会 夺取新时代中国特色社会主义伟大胜利——在中国共产党第十九次全国代表大会上的报告［M］．北京：人民出版社，2017：14.

（一）坚定目标，增强青年人的志气

志气就是决心，就是勇气，就是意志坚强、不甘落后，为了实现奋斗目标，能够一往无前、不畏艰险。在中国共产党的奋斗史中，无数心怀梦想的青年志在追求真理，救国救民，不惜抛头颅洒热血，舍生取义，涌现出陈延年、夏明翰、杨开慧、方志敏、赵一曼、杨靖宇、江竹筠等千千万万的青年革命者，书写了“为有牺牲多壮志，敢教日月换新天”的壮丽诗篇。在新征途上，高职大学生要从党的百年奋斗中感悟信仰的力量，筑牢思想之基，继承优良传统，严守行动之范，明确肩负的责任目标，扛起强国有我的历史使命，永远把人民对美好生活的向往作为奋斗目标，不负韶华，只争朝夕，敢于啃硬骨头，敢于涉险滩，以永不懈怠的精神状态和一往无前的奋斗姿态，朝着实现中华民族伟大复兴的宏伟目标奋勇前进。

（二）积极向上，增强青年人的朝气

朝气就是活力，就是拼劲，就是能够直面问题、敢闯敢拼，敢于开拓创新。李大钊在《新青年》上曾寄语青年，“为世界进文明，为人类造幸福，以青春之我，创建青春之家庭，青春之国家，青春之民族，青春之人类，青春之地球，青春之宇宙，资以乐其无涯之生。”青年一代犹如初升的太阳，照耀黎明前的黑暗，不断散发着光芒和热量，给国家带来未来，给人民带来希望。新时代大学生朝气蓬勃、风华正茂，正处在长本事、长才干的大好时期，无论是体力还是智力都处在人生的巅峰时刻，一定要孜孜不倦地学习，全面锤炼自我能力，面对困难不回避、不退缩，主动担当、勇挑重担，在关键时刻站得出来、危难关头冲得上去，出现问题不推诿、不辩解，善于自我反省，敢于自我批评，主动向先进学习，不断锤炼自我，厚积薄发，努力完成党和人民交给我们的任务，为中华民族伟大复兴贡献青春力量。

（三）提升能力，增强青年人的底气

底气就是自信，就是实力，就是能够明确定位、凝聚力量，以强烈的历史主动精神奋进新征程。如今，在中华大地上全面建成了小康社会，历史性地解决了绝对贫困问题，正意气风发向着全面建成社会主义现代化强国的第二个百年奋斗目标迈进。深厚的文化底蕴、不懈的艰苦奋斗，支撑着中华民族从苦难走向辉煌，坚强屹立于世界民族之林，铸就强大的中国精神、中国力量，让每个中华儿女都感到自信骄傲。新时代高职大学生生逢其时、重任在肩，既要看到国家的强大，坚定实现中国梦的信心，又要看到国内外形势严峻，前进道路上布满荆棘，以更为充足的底气面对时代进步、社会变化和世界发展，发扬历史主动精神，敏锐把握时代机遇，主动适应社会发展需要，在工作中增长才干、练就本领，以真才实学服务人民，以创新创造贡献国家，用实际行动书写新时代的青春华章。

二、立足本职工作，以助人为乐

习近平总书记强调：“伟大出自平凡，英雄来自人民。”[①] 平凡与伟大的辩证法就在于：

① 习近平．学习英雄事迹 弘扬英雄精神 将非凡英雄精神体现在平凡工作岗位上［N］．人民日报，2018-10-01.

把每一项平凡工作做好就是不平凡，把每一项小事做好就是大事业。在社会生活中，我们的角色、职业、岗位或许不同，但只要热爱工作、辛勤劳动、勇于坚守、甘于奉献，每一份平凡的工作都能创造不凡的社会价值，每一位平凡的人都能书写不凡的人生华章。作为新时代高职大学生，无论身处何种岗位，都要树立正确的价值观，平等对待每一份工作，用坚守诠释劳动的意义，用奉献标注时间的刻度，用实干书写责任的注脚，以无悔付出为社会发展、人民幸福贡献自己的一份力量。

（一）有担当，就要严以修身、知行合一

古人云："君子为政之道，以修身为本。"修身律己作为中华民族的传统美德，是一个政党保持先进的坚实基础，更是一个人走向成功的重要因素。古往今来，无数仁人志士坚持"吾日三省吾身""君子求诸己，小人求诸人""律己则寡过，绳人则寡合"等高标准严格要求自己，不断追求进步。当今社会经济快速发展，思想文化多元化，充斥着各种利益诱惑，新时代大学生独立在学习和工作中打拼，想要干出一番事业，成就人生梦想，更应该时刻牢记严以修身是立身、立业的根本所在，始终保持清醒和自觉，经常自我审视和批判，及时弥补不足之处，保持奋发有为、开拓进取的精神状态，一心一意坚守自己的岗位，兢兢业业做好手里的事情，不断提升自我能力和品行，从思想到行动都严格律己，真正做到知行合一、表里如一。

（二）有担当，就要无私奉献、助人为乐

《礼记》有云："君子贵人贱己，先人而后己。"社会是一个大家庭，我们每个人都是其中的一员，在追寻梦想的道路上，要学习和弘扬雷锋精神，展现担当。新时代的中国大地上，学习雷锋精神已经蔚然成风，爱岗奉献也已经成为公序良俗，青年一代更是展现出向上向善、敢闯敢拼的青春气息，例如："00 后"戍边烈士陈祥榕写下"清澈的爱，只为中国"，英勇战斗至最后一刻；黄文秀研究生毕业后毅然回到家乡，把青春和生命奉献给脱贫事业；还有 1.2 万多名"90 后""00 后"青年医护人员义无反顾驰援湖北，用行动诠释责任担当。新时代高职大学生是与新时代同向同行、共同进步的一代，肩负着国家和民族的希望，应当自觉传承发扬雷锋精神，培养爱岗敬业、助人为乐的道德品质，立足工作岗位，主动担当作为，以个人的进步推动社会的发展，以不懈的奋斗助力中国梦的实现。

（三）有担当，就要心怀理想、奋勇争先

苏格拉底曾说："世界上最快乐的事，莫过于为理想而奋斗。"青春是船，理想是帆。只有树立远大理想，青春的航船才能在理想风帆的导引下破浪远航，到达梦想的彼岸。中共一大代表平均年龄 28 岁，长征途中红军将领平均年龄不足 25 岁，嫦娥团队、神舟团队平均年龄 33 岁，北斗团队平均年龄 35 岁……理想之光激励着一代代有志青年踏上奋斗之路。党的二十大指出："广大青年要坚定不移听党话、跟党走，怀抱梦想又脚踏实地，敢想敢为又善作善成，立志做有理想、敢担当、能吃苦、肯奋斗的新时代好青年，让青春在

全面建设社会主义现代化国家的火热实践中绽放绚丽之花。”① 作为新时代高职大学生，要把立大志、明大德、成大才、担大任作为人生追求，在学习和工作中时刻心怀梦想，要求进步，不可轻易放纵自我、止步不前，始终珍惜韶华、奋发有为，在感悟真理力量中坚定志气，在学思践悟中坚定理想信念，在奋发有为中践行初心使命，以青春之我、奋斗之我书写出更加精彩的逐梦故事，在激扬情怀、奉献社会、服务人民中创造出无愧于时代的青春业绩。

三、参与公益活动，共建和谐社会

公益活动、志愿服务是社会文明进步的重要标准，是广大青年志愿者展现担当、奉献爱心的重要渠道，对于涵养社会风尚、构建和谐社会具有重要的现实意义。志愿服务是点亮青春的指明灯，是推动社会进步的加速器。在 2019 年中国志愿服务联合会第二届会员代表大会召开之际，习近平总书记发来贺信，指出：“希望广大志愿者、志愿服务组织、志愿服务工作者立足新时代、展现新作为，弘扬奉献、友爱、互助、进步的志愿精神，继续以实际行动书写新时代的雷锋故事。”新时代青年要积极践行雷锋精神，广泛参与公益活动，在志愿服务中找到个人价值和社会需要的契合点，找到青春年华的存在感，书写最美丽的青春故事，用青春力量托起中国梦。

（一）参与志愿服务，促进全面发展

在马克思主义看来，人的本质是一切社会关系的总和，社会性是人的本质属性，个人若与他人、社会没有关系，也就失去了产生意义和创造价值的基础，而与他人、社会关系的疏密远近，则影响着个人的发展程度。社会公益活动旨在引导人民群众积极参与社会实践，充分发挥自身能力，参与本职工作以外的活动，为有需要的他人提供具有专业性、技能性、公益性的志愿服务，展现个人作用与价值，为社会发展贡献一份力量。新时代高职大学生除了在课堂上认真学习专业知识，扮演好学生的本职角色，还应当积极参加志愿服务，承担服务社会的兼职角色，加强与社会外界的联系，形成助人为乐、担当奉献的正确认知，摆脱个人利益的束缚。在公益活动中，高职大学生可以寻找到新的价值认同，获得满足感和幸福感，并且进一步拓宽视野、提升眼界，锻炼本领、提升能力，实现自我价值和社会价值，促进人的自由全面发展。

（二）参与志愿服务，促进社会和谐

近年来，来自社会各界的志愿者和志愿服务组织主动承担社会责任，在脱贫攻坚、济弱助残、紧急救援、生态保护、农村教育等领域广泛开展公益活动，以实际行动践行志愿精神，在解决社会发展不平衡、不充分问题上做出巨大贡献。据统计，截至 2021 年 12 月，全国注册志愿者人数 2.17 亿，平均每万人中就有 1 544 位注册志愿者，共有志愿团体 113 万个，志愿项目 621 万个，累计志愿服务时长达 16.14 亿小时，人均志愿服务时长为

---

① 习近平. 高举中国特色社会主义伟大旗帜 为全面建设社会主义现代化国家而团结奋斗——在中国共产党第二十次全国代表大会上的报告 [N]. 人民日报，2022-10-17.

7.44 小时。可见，志愿服务已然成为一种强大的社会风尚与道德盛景，擘画着和谐社会的蓝图，传递着亿万人心的温度。新时代高职大学生要注重培养社会责任意识，积极深入基层，了解群众需求，充分利用专业知识、劳动技能服务社会，为弱势群体提供心理咨询、亲情陪护、日间照料、作业辅导、居家清扫等特殊关爱服务，让广大群众感受到社会的关怀和温暖，不断实现人民对美好生活的向往。

（三）参与志愿服务，助力国家建设

“青年者，国之魂也。”青年一代充满朝气与活力，一个国家的未来，只有寄希望于青年，才能兴旺发达。随着中国特色社会主义进入新时代，青年的成长、成才也有了新的历史方位和环境条件，社会主要矛盾的转变影响着青年的价值判断和价值选择。可以看见，当今社会青年掀起了一股潮流，越来越多的青年放弃热门行业的高薪工作，选择具有长远意义的基础研究岗位；放弃优越的生活条件，前往西部艰苦地区支教；告别繁华的大城市，毅然奔赴乡村基层……这股青春热潮的动力就来自青年的担当。新时代高职大学生应当深刻认识自身所面临的时代际遇和历史责任，将个人梦与中国梦结合起来，以实现中华民族伟大复兴为己任，不辜负党的期望、人民的期待和民族的重托，树立毕业后到西部基层单位建功立业的青春目标，在服务国家建设中展现人生价值，努力成为可堪大用、能担重任的栋梁之材。

话题探讨

什么叫负责任、有担当？有人说兢兢业业完成好自己的工作就是负责任、有担当。“各人自扫门前雪，莫管他人瓦上霜”，守好自己的一亩三分地、做好自己该做的事情就是负责任、有担当。作为新时代青年，你是如何理解负责任、有担当的？

问题卡片

1. 你是如何理解顾炎武提出的“天下兴亡，匹夫有责”的？
2. 你参加过哪些志愿者服务活动？请结合自身经历思考如何培养担当意识。
3. 根据所学知识和自身经验，思考作为新时代劳动者应该如何肩负起民族复兴大任。

知识链接

庆祝中国共产主义青年团成立 100 周年大会在京隆重举行

习近平指出，一百年来，在党的坚强领导下，共青团不忘初心、牢记使命，走在青年前列，组织引导一代又一代青年坚定信念、紧跟党走，为争取民族独立、人民解放和实现国家富强、人民幸福而贡献力量，谱写了中华民族伟大复兴进程中激昂的青春乐章。历史和实践充分证明，中国共青团不愧为中国青年运动的先锋队，不愧为党的忠实助手和可靠后备军。习近平给共青团提出 4 点希望：第一，坚持为党育人，始终成为引领中国青年思想进步的政治学校。要牢牢把握培养社会主义建设者和接班人这个根本任务，引导广大青年在思想洗礼、在实践锻造中不断增强做中国人的志气、骨气、底气。第二，自觉担当尽责，始终成为组织中国青年永久奋斗的先锋力量。要团结带领

广大团员青年自觉听从党和人民召唤，胸怀“国之大者”，担当使命任务，争当伟大理想的追梦人，争做伟大事业的生力军。第三，心系广大青年，始终成为党联系青年最为牢固的桥梁纽带。第四，勇于自我革命，始终成为紧跟党走在时代前列的先进组织。要自觉对标全面从严治党经验做法，以改革创新精神和从严从实之风加强自身建设。

习近平强调，新时代的广大共青团员，要树立共产主义远大理想和中国特色社会主义共同理想，自觉践行社会主义核心价值观，大力弘扬爱国主义精神；要做刻苦学习、锐意创新的模范，带头立足岗位、苦练本领、创先争优；要做敢于斗争、善于斗争的模范，带头迎难而上、攻坚克难；要做艰苦奋斗、无私奉献的模范，带头站稳人民立场，脚踏实地、求真务实，甘于做一颗永不生锈的螺丝钉；要做崇德向善、严守纪律的模范，带头明大德、守公德、严私德，严格遵纪守法，严格履行团员义务。

任务四　勇于创新，做有成就的新时代劳动者

案例导学

屠呦呦：“中国小草”的力量

“呦呦鹿鸣，食野之蒿”。青蒿，中国南北方都很常见的一种植物，外表朴实无华却内蕴治病救人的力量。名字出自《诗经》的屠呦呦，正是用这株小草改变了世界。

屠呦呦，女，1930 年 12 月 30 日出生于浙江省宁波市，药学家。1951 年，屠呦呦考入北京医学院药学系。1955 年毕业后，被分配在卫生部（现改名为卫健委）中医研究院中药研究所工作。现为中国中医科学院首席科学家，终身研究员兼首席研究员，青蒿素研究开发中心主任，2015 年荣获诺贝尔生理学或医学奖。

20 世纪 60 年代，在氯喹抗疟失效、人类饱受疟疾之害的情况下，屠呦呦接受了国家疟疾防治研究项目“523”办公室艰巨的抗疟研究任务。通过整理中医药典籍、走访名老中医，她汇集编写了以 640 种药物为主的抗疟方药集。在青蒿提取物实验药效不稳定的情况下，东晋葛洪《肘后备急方》中对青蒿截疟的记载——“青蒿一握，以水二升渍，绞取汁，尽服之”给了屠呦呦新的灵感。通过改用低沸点溶剂的提取方法，富集了青蒿的抗疟组分，屠呦呦团队最终于 1972 年发现了青蒿素。

2000 年以来，世界卫生组织把青蒿素类药物作为首选抗疟药物。世界卫生组织《疟疾实况报道》显示，2000 年至 2015 年期间，全球各年龄组危险人群中疟疾死亡率下降了 60%，5 岁以下儿童死亡率下降了 65%。

屠呦呦先后荣获国家最高科学技术奖和“最美奋斗者”等荣誉称号。2019 年，她被授予“共和国勋章”。

任务目标

知识目标：了解创新的重要性，以及如何成为有成就的新时代劳动者。

能力目标：培养创新意识，增强创新创业能力。

素质目标：懂得创新、敢于创新、能够创新，在创新创业中激发潜力，为全面建设社会主义现代化强国而奋斗。

认知学习

一、培养创新意识，增强创新能力

在《中国共产党第十九届中央委员会第五次全体会议公报》中，“创新”在不同内容板块中被着重提及15次，并且明确把“进入创新型国家前列”纳入二〇三五年基本实现社会主义现代化远景目标。可见，时代发展呼唤创新，创新事关国家民族的未来，关乎经济社会的发展，关乎美好生活的实现。实现创新绝非易事，不可异想天开、坐而论道，必须求真务实、脚踏实地。习近平总书记强调：“实现我们的奋斗目标，开创我们的美好未来，必须紧紧依靠人民、始终为了人民，必须依靠辛勤劳动、诚实劳动、创造性劳动。这一重要论述为我们创造美好生活、实现伟大梦想指明了为之依靠的主体力量——人民群众，找到了为之奋斗的实践路径——劳动活动。”① 马克思在《1844年经济学哲学手稿》中指出：“整个所谓世界历史不外是人通过人的劳动而诞生的过程，是自然界对人来说的生成过程。”② 人通过劳动实践创造了人类社会的物质财富和精神财富，人民是历史的创造者，人民是真正的英雄。青年作为整个社会力量中最积极、最有生气的力量，历史的接力棒终将交到青年一代的手中。高职大学生作为青年群体的重要主力军，必须肩负起时代的重任，依靠扎实本领和实干能力，助推国家发展，成就个人梦想。另外，回顾中华民族五千多年的发展历程可以发现，没有劳动付出，再美好的愿景、再伟大的梦想，也只能是一纸空文，如同虚幻的空中花园。历史和现实反复证明，“幸福不会从天而降，美好生活靠劳动创造”③，唯有凭借勤劳的双手和辛勤的汗水，才能创造一个个发展奇迹，不断改善人民群众的生活水平，推动整个民族的发展进步，尤其是新时代高职大学生渴望追求人生价值，实现家国圆梦，更要脚踏实地、奋力拼搏。

（一）高职大学生是推进创造性劳动的关键力量

习近平总书记指出：“实现中华民族伟大复兴的中国梦，必须依靠知识，必须依靠劳动，必须依靠广大青年。”④ 高职大学生作为中国青年群体的重要组成部分，既掌握专业理论知识，又具备职业技能，自然肩负着实现民族复兴的重任，是社会发展不可缺少的新时代劳动者。为进一步增强高职大学生群体的劳动能力，明确劳动教育的目标要求，中共中央、国务院印发的《关于全面加强新时代大中小学劳动教育的意见》强调，劳动教育要“培养勤俭、奋斗、创新、奉献的劳动精神”⑤。其中，创新精神是衡量高职大学生劳动教育质量的重要指标，在社会竞争日益激烈的新形势下，高校要加强高职大学生劳动教育，培育创新意识，增强创新能力，鼓励创新创业，让高职大学生懂得创新、敢于创新、能够创新，在创新中谋求发展机遇，在创新中实现人生价值，在创新中助力国家建设，做有成

① 习近平．习近平谈治国理政：第1卷［M］．北京：外文出版社，2018：44.
② 马克思．1844年经济学哲学手稿［M］．北京：人民出版社，2014：89.
③ 同①80.
④ 习近平．在知识分子、劳动模范、青年代表座谈会上的讲话［M］．北京：人民出版社，2016：5.
⑤ 中共中央国务院．关于全面加强新时代大中小学劳动教育的意见［M］．北京：人民出版社，2020：4.

就的新时代劳动者。

习近平总书记指出："创新是一个民族进步的灵魂，是一个国家兴旺发达的不竭源泉，也是中华民族最鲜明的民族禀赋。"① 一个民族、一个国家不能没有创新，创新越来越成为推动民族进步的核心动力，成为提升国家竞争力的关键因素。在竞争日益激烈的新形势下，对于个人而言，创新意识和创新能力更是影响着个体的发展前景。党的二十大报告指出，深入实施人才强国战略，"坚持尊重劳动、尊重知识、尊重人才、尊重创造"，"完善人才战略布局"，"加快建设世界重要人才中心和创新高地，促进人才区域合理布局和协调发展，着力形成人才国际竞争的比较优势"，"把各方面优秀人才集聚到党和人民事业中来"。② 因此，高等职业教育在人才的培养目标和培养模式上，更加注重创新型人才培养，开展高质量的劳动教育，注重理论传授与实践锻炼的融合，培养高职大学生的创新意识，激发创新思维，增强创新能力，引导高职大学生关注现实生活，发现社会问题，让高职大学生能够运用创新意识和批判思维洞察社会现象，充分发挥创新能力解决实际问题，练就一身过硬本领。

（二）培养创新意识，弘扬首创精神

思想是行动的先导，创新能力的塑造必须基于创新意识的激发。因此，高职大学生要树立积极进取的态度，勇于探索新事物，培养创新意识，弘扬劳动创新精神。首先，重视知识的学习和积累。掌握理论知识是培养创新意识的必要条件。高职大学生应该端正学习态度，明确学习目标，保持对知识的求知欲，掌握实用高效的学习方法，认真学习通识性知识和专业基础知识，主动关注专业前沿信息，结合自身兴趣和需求，广泛了解多学科的知识，在不断接受新知识的过程中，更新、优化和构建知识体系，不断提高认知水平和思维能力。其次，消除创新的心理障碍。提高心理素质是培养创新意识的重要因素。高校应该推进校园文化建设，开展试错教育、成功教育、创新创业教育、心理健康教育等主题教育活动，打造积极向上的校园文化，加强教师队伍建设，配备专兼职心理健康教育教师，开设心理健康教育公开课、心理咨询室，传授正确的心理健康知识和调节方法，帮助学生释放心理压力，塑造健全的人格，重拾勇于创新的自信；高职大学生应该全面认识自我，学会自我调控，正确进行问题归因，理性对待自身的优缺点，磨炼坚强的意志力，树立敢于创新的自信心，不断激发探索新事物的好奇心，积极发扬首创精神。最后，参与创新实践活动。投身实践锻炼是培养创新意识的关键一步。高职大学生应该主动关注校园内的创新实践信息，积极参与创新创业培训、创新知识竞赛、"挑战杯"创业大赛等活动，并且积极向就业部门了解高职大学生创新创业的信息和政策，广泛参与各类培训活动，在实践中找到个人兴趣，运用自己所学知识加以实践，充分发挥自身优势，激发创新意识和创业潜力。

---

① 习近平．习近平谈治国理政：第1卷［M］．北京：外文出版社，2018：59.

② 习近平．高举中国特色社会主义伟大旗帜 为全面建设社会主义现代化国家而团结奋斗——在中国共产党第二十次全国代表大会上的报告［N］．人民日报，2022-10-17.

（三）增强创新能力，争做时代新人

思想上完成了“破冰”，下一步将是能力上的“突围”。高职大学生要努力把创新意识转化为创新能力，打破习惯定式和功能固着的束缚，运用创新思维和办法研究新情况、解决新问题、干出新成绩，在劳动创新的道路上走得更远、更稳。

首先，提高发现问题的能力。解决一个问题，首先应该发现问题，观察能力是增强创新能力不可或缺的条件。高职大学生既要在课堂上多提问、勤思考，把基础理论知识学懂悟透，关注学科专业领域的发展动态，大胆向一些权威观点提出质疑，勇于提出新观点、新思路，努力探索解决问题的新方法，又要深入社会、观察社会，对群众生产生活进行调查研究，了解人民群众的烦心事、忧心事，敢于质疑社会建设中不合理的现象，抓住根本问题，反映群众关切。其次，提高分析问题的能力。对现实问题进行合理分析，做出正确研判，是增强创新能力的关键。高职大学生应该广泛收集各类信息，充分调动既有的专业知识认识问题，主动向他人请教学习，拓宽思考问题的广度和深度，并且选择和运用合适的分析方法，做到举一反三、触类旁通，全面弄清问题的内在规律和来龙去脉，找到解决问题的突破口和切入点。最后，提高解决问题的能力。面对社会发展问题，高职大学生应该有强烈的责任感和使命感，主动将所学理论知识和专业技能对接社会实践，积极反思理论知识，努力打磨技能本领，强化实践锻炼，激发创意灵感，反复推敲研判，制定科学有效的最优方案，在解决问题的过程中，训练批判思维能力、动手操作能力、创新技术的运用能力等创新技能，进而增强创新能力，成为有担当、能创新、懂技术的时代新人。

二、敢于创新创业，发扬实创精神

习近平总书记强调：“青年是国家和民族的希望，创新是社会进步的灵魂，创业是推动经济社会发展、改善民生的重要途径。青年学生富有想象力和创造力，是创新创业的有生力量。”[①] 创新与国家和民族的前途命运息息相关，创业关乎人民群众的生活水平，敢于创新创业决胜未来。高职大学生作为新时代创新创业的生力军，是实施创新驱动发展战略及推动大众创业、万众创新的重要组成部分，其创新创业的素质和能力将决定全民族创新创业的高度和效益。因此，在加快建设创新型国家的新征途上，高校作为我国原始创新的主渠道和创新人才培养的主阵地，必须在教学中引导和培养高职大学生对创新创业的兴趣，鼓励和支持高职大学生进行创新创业，在服务国家战略和培养卓越人才上主动作为。高职大学生应该关注创新创业事业，提高创新创业热情，主动将学业、专业、就业与创新创业相结合，选择在创新创业中增长智慧才干，在艰苦奋斗中锤炼意志品质，坚信幸福是奋斗出来的，大力发扬实干精神，为建设创新型国家、创造美好生活贡献青春力量。

---

① 习近平. 致2013年全球创业周中国站活动组委会的贺信［N］. 人民日报，2013－11－09.

案例

从 2G 到 5G 华为的创新成绩不断刷新世界传奇

中央广播电视总台主办了“2019 中国品牌强国盛典”活动，活动现场发布了 2019 中国品牌强国盛典榜样 100 品牌，十大年度榜样品牌、十大年度新锐品牌和年度荣耀品牌。在活动现场，华为获得了“2019 中国品牌强国盛典年度荣耀品牌”的殊荣。华为凭借对科技创新的追求，在 5G 时代实现了对世界领先水平的追赶与超越，也让中国品牌在高端手机领域占据了一席之地。

领先全球的中国 5G 技术在这里发布，指甲盖的面积里，排布了 103 亿颗晶体管，勇夺 6 项世界第一，赢得行业尊重，成功进军欧洲。

近年来，国内外环境发生深刻变化，我国经济下行压力加大，加之高校毕业生数量持续增长，高职大学生就业形势严峻。在新形势下，大众创业、万众创新已然成为缓解市场压力、推动经济提质增效的有力引擎，鼓励和支持高职大学生创新创业更是成为破解就业难题、释放社会活力的重要抓手。可是，创新创业的能力不是与生俱来的，创新创业的勇气也并非人人皆有，而是在学习生活和工作实践中慢慢积累、逐渐培养起来的。高职大学生想要在创新创业道路上有所突破、有所作为，需要做好全方位的准备，创造有利条件，积极主动作为。

（一）扎实学习，提高创新创业的认知

学习是创新创业的基础，贯穿于创新创业的全过程。高职大学生进行创新创业不能忽视学习的重要性，应该树立以学习促创新、以专业带就业的观念，养成看书思考的习惯，潜心向老师和同学学习，熟练掌握理论知识和职业技能，经常翻阅和研读各类书籍，打牢知识基础和培养学科兴趣，真正学好、用好专业本领，虚心向劳动群众学习，倾听基层民生诉求，汲取前辈的经验和建议，拓宽知识视野，用心在社会实践中学习，了解社会现实需求和发展现状，在劳动实践中发现自身的不足，不断更新知识储备和打磨职业技能，努力做到既及时关注党和国家的路线方针政策，又深刻熟悉本行业、本职工作所涉及的业务知识，让自己的思想始终紧跟时代潮流、社会需求、群众期盼，全面提升对事物的分析和判断能力，为创新创业奠定坚实基础。

（二）科学规划，增强创新创业的勇气

创新创业是一个复杂且长期的经济活动，从想法萌生、项目选定、具体实施到创业成功需要一定的时间周期，在此过程中，资金、人员、信息、组织关系等事务需要处理，每一个环节都可能影响最终的结果。因此，高职大学生选择创新创业应该做好科学规划，在认真完成学业的同时，积极走进社会考察项目，全面了解项目的现状和前景，综合分析项目的实施难度和成功率，一旦确定目标项目，就要开始考虑政策环境、资金来源、人员配备、技术力量等各类因素，努力获取有利条件，保障项目顺利实施，并且明确中长期发展目标，制定多种实施预案，争取在校期间利用学校的资源进行模拟和准备，请教专业人士和老师帮忙参考和分析，及时修改、调整和完善，提高目标项目的可行性和达成度，确定最优方案，进而清除行动阻碍，做好充足准备，增强创新创业的勇气和实力。

（三）保持理性，抓准创新创业的时机

在“大众创业、万众创新”的热潮和“互联网＋”的刺激下，创新创业备受追捧，越来越多年轻人加入自主创业大军，为创业而创业，追求快速致富。然而，需要注意的是，创业并非一股脑热，还须保持理性，抓准创业最好的时机，避免走进创业创新的误区。高职大学生选择创新创业的过程中，需要正确认识创新，理性对待创业，避免从众心理，要清醒地认识到自身在心理承受能力、社会经验、资金、信息等方面的不足，广泛涉猎各类创业知识，多向企业家等前辈请教学习，全方位持续性考察市场需求，认真研究国家创新政策、创业投资方向，做好创业策略分析和战略准备，研判创新创业的时机，在犹豫不决时多关注行业内部龙头企业的发展动向，必要时伺机而动，进行追随创业、观察创业，为将来自主创业丰富经验。

（四）奋发有为，磨砺创新创业的耐心

回顾过往创业者的奋斗历程，可以发现，创新创业的道路不可能一帆风顺，蓝图不可能一蹴而就，梦想不可能一夜成真。高职大学生选择创新创业不能只憧憬美好未来，更应该聚焦眼前的征途，坚定干事创业的初心，担当开拓创新的责任，保持奋发有为的实干姿态，在遇到技术攻坚、市场动荡等困难时，发扬越是艰险越向前的斗争精神，脚踏实地、锐意进取，转变工作思路，创新工作方法，在困厄中谋出路，在苦斗中寻希望，耐得住寂寞，守得住清贫，扎扎实实地干好本职工作，坚定目标负重前行，坚决破除心浮气躁、不思进取的惰性，弘扬求真务实、真抓实干的作风，真正做到干一行、爱一行、钻一行、精一行，展现青年一代的干劲、闯劲、韧劲，力争在自己的岗位上追求新突破、追求新极致，努力成为行业标兵。

三、争做创业新青年，绘制创新强国新蓝图

党的十九届五中全会明确指出：在“十四五”期间要“坚持创新在我国现代化建设全局中的核心地位”，“深入实施科教兴国战略、人才强国战略、创新驱动发展战略，完善国家创新体系，加快建设科技强国”①。创新是引领发展的第一动力，人才是支撑发展的第一资源。进入新发展阶段，强起来要靠创新，创新要靠人才，在加快建设创新型国家的征途中，必须大力培养和吸引创新型人才，尊重人才，支持创新。今天，新时代高职大学生身逢中华民族发展的最好时期，既面临着难得的建功立业的人生际遇，也面临着“天将降大任于斯人”的时代使命，应当自觉将个人理想融入实现中国梦的新长征，在创新、创业、创造中激发潜力，为全面建设社会主义现代化强国而奋斗。

（一）担当社会责任，以创新创业贡献国家

纵观我们国家的发展轨迹，青年一代总是走在时代的前沿，直面困难与挑战，在艰苦奋斗中锤炼本领，为社会发展积蓄力量。当今，新一轮科技革命和产业变革孕育兴起，全

---

① 中共中央关于制定国民经济和社会发展第十四个五年规划和二〇三五年远景目标的建议［M］. 北京：人民出版社，2020：9.

球科技竞争日趋激烈，创新成为综合国力较量的核心竞争力，加之中国社会进入新时代，面临深化供给侧结构性改革、实现高质量发展、全面实施创新驱动战略、建设世界科技强国等目标任务，前所未有地呼唤创新、创业、创造。高职大学生作为社会主义事业的建设者和接班人，应当主动承担起为国家建设服务的社会责任，积极发挥所学的知识和本领，在创新、创业、创造中有所作为，在创业选择时考察社会发展需要，聚焦关键核心技术攻关，主动服务和融入国家发展战略，勇当时代弄潮儿，扛起新时代国家建设的大旗。

（二）发扬创业精神，以创新创业引领时代

回顾改革开放四十多年的历史进程，从小岗村实行家庭联产承包责任制到如今广大农民工返乡积极创业，从浙江温州颁发第一张个体工商户营业执照到全国个体和民营经济蓬勃发展，究其背后的奥秘，创新、创业发挥了举足轻重的作用，推动中国社会发生翻天覆地的变化，书写一个又一个发展奇迹。如今，随着大众创业、万众创新理念深入人心，创新、创业已经成为新时代的主题，成为一代青年的人生追求。习近平总书记曾寄语青年："要勇于创业、敢闯敢干，努力在改革开放中闯新路、创新业，不断开辟事业发展新天地。"[①] 作为新时代的高职大学生，应当准确把握时代潮流，充分利用社会提供的有利条件和广阔舞台，坚定创业目标，发扬创业精神，既大胆探索又脚踏实地，不断实践，开拓创新，在创新、创业中燃烧青春岁月，以干事创业精神引领社会风尚，努力成为时代发展的真正主角。

（三）保持奋斗姿态，以创新创业成就梦想

一代人有一代人的使命，一代人有一代人的担当。变化的是主题和使命，不变的是奋斗姿态。总结党的百年经验，奋斗是一股强大动力，支撑着共产党人锐意进取、永不言弃，创造发展奇迹，谱写自强不息的壮美华章。习近平总书记明确指出："幸福不会从天而降，美好生活要靠劳动创造"[②]"奋斗是青春最亮丽的底色"[③]。对于新时代大学生而言，走上在创新创业中建功立业的路，前路注定布满荆棘，绝非一帆风顺，那么，始终保持奋斗姿态就尤为重要，奋斗就不能只是口号，而是撸起袖子加油干的身影，做到脚踏实地、风里来雨里去，心怀梦想，辛勤打拼，认真对待工作中的每一件小事，高质量完成每一项任务，不折不扣履行每一项职责，在披荆斩棘中锤炼本领，在攻坚克难中创造成绩，永不懈怠地朝着既定方向不断迈进，用勤劳的汗水浇灌梦想之花。

问题卡片

1. 你是如何理解"创新是一个民族进步的灵魂，是一个国家兴旺发达的不竭源泉，也是中华民族最鲜明的民族禀赋"的？

2. 作为创业者应该具备哪些素质？

---

① 习近平．习近平谈治国理政：第1卷［M］．北京：外文出版社，2018：97．

② 同①82．

③ 习近平．习近平谈治国理政：第3卷［M］．北京：外文出版社，2020：689．

3. 创新能力对于新时代劳动者和国家的重要性体现在哪里？

知识链接

以创业带就业 以创业促创新

在优化创业准入服务方面，湖北省推行“驻场”“多点”“专窗”等多项创新服务。各级市场监管部门主动与辖区高校对接，采取专人入驻或定期入驻方式，到大学生创业（孵化）基地、机构，现场受理登记注册、许可审批、知识产权、质量技术支持等业务咨询、办理申请，通过邮寄、送照（证）上门等方式，实现大学生创业入市“零跑路”。开设大学生创业注册登记、许可审批绿色通道，为大学生创业提供免费代办、帮办、导办服务，推行容缺受理、当场办结。

在推行精准跟踪服务方面，湖北省建立大学生创业市场主体数据库，推动部门间数据共享、联动，对在校和毕业 5 年内大学生新办市场主体进行精准识别，对存量市场主体进行明确标注，针对性开展跟踪服务；充分发挥“湖北高校毕业生就业创业政策地图”等线上平台作用，采取精准直达方式，确保创业扶持政策宣传到位、惠及到人；组织有创业意愿的大学生参与专题培训、创业沙龙等活动，符合条件的按培训类别分别给予创业培训补贴。

在落实、落细创业扶持政策方面，对毕业 5 年内的高校毕业生在省内初次创办小微企业、个体工商户、民办非企业单位、农民专业合作社等，经营 6 个月以上且带动 2 人及以上就业的，给予 5 000 元的一次性创业补贴；在湖北省内自主创业，符合条件的可申请最高额度不超过 20 万元的创业担保贷款，财政部门按规定给予贴息。大学生创业者初次租用经营场地，可给予场地租金等补贴。

在营造良好发展环境方面，简化扶持政策申报审批手续，大学生创业者可在湖北政务服务网直接申报创业补贴，实现扶持资金一键“直达快享”。对大学生创业者强化合规经营指导，执行“轻微违法免罚”制度，“进一次门、查多项事”，减少抽查频次。通过 12345、12315 热线电话及阳光信访平台等渠道，积极受理大学生创业者相关投诉举报，维护大学生创业者合法权益。

任务五 胸怀大局，做有奉献的新时代劳动者

案例导学

学成报国，不改初衷

1947 年，钱三强在法国科学界已经站稳了脚，然而就在此时，他选择回国。居里夫妇对钱三强夫妇的决定表示充分理解和支持，赠给他们一包放射源，鼓励钱三强回国后要大力发展中国核工业。1948 年 5 月，怀着建设祖国的愿望，钱三强夫妇抱着刚刚半岁的女儿远涉重洋，返回故土。“学以致用，报效祖国”是钱三强在异国他乡时的座右铭，也是他毕生的追求。曾有人问他，为什么一定要回到中国？钱三强说，虽然科学没有国界，科学家却是有祖国的。中华人民共和国成立后，钱三强参与了中国科学院的组建工作，为我国原子能科学事业的创立、发展奠定了基础。他在担任中国科学院物理研究所所长期间，领导建成了中国第一个重水型原子反应堆。

追寻光明，向党承诺

旅居法国期间，钱三强奠定了他成为共产主义战士的基础。导师约里奥是一名法国共产党党员，在其影响下，钱三强在 1940 年就读了《西行漫记》。通过这本书，他对中国共产党产生了由衷的敬仰和向往。1955 年 8 月，钱三强实现了多年愿望，站在党旗下庄严宣誓。1956 年 5 月，他在《请求转正报告》上郑重地向党承诺：“为了使得我国的科学从落后的状态快步地赶上我们的需要，我们必须要加强党的领导。我要求党给我努力的机会，允许我转正，我保证今后向达到党员的标准努力奋斗。”

知人善任，甘于奉献

1960 年，党中央决定完全靠自力更生发展原子弹，已兼任二机部副部长的钱三强担任技术总负责人、总设计师。钱三强知人善任，从点兵点将到组织队伍，度过了一个又一个紧张的日日夜夜。他组织队伍找人谈话时，总是神秘地说：“我们要放个大炮仗，想请你参加。”四年后，钱三强和新中国的科学家们就成功研制出原子弹。在这之后，他又参与并领导了中国第一颗氢弹的研制工作。钱三强曾在给国外导师的信中表示，他担心忙于科学组织工作而无法再开展科学研究，但为了祖国甘于奉献：“我知道人民的胜利不是件容易的事情，为了能获得彻底的胜利，每个人都应当做出自己的贡献。”

任务目标

知识目标： 理解如何成为有奉献的新时代劳动者。

能力目标： 培养大局意识，提升为国为社会奉献的能力。

素质目标： 积极践行奉献精神，敢于担当，以辛勤劳动服务社会，在爱国奉献中实现个人价值。

认知学习

一、把握发展大势，担当历史使命

习近平总书记深刻指出："领导干部要胸怀两个大局，一个是中华民族伟大复兴的战略全局，一个是世界百年未有之大变局，这是我们谋划工作的基本出发点。"① 可见，大局是根本，是方向。"两个大局"同步交织、相互激荡，构成了一个事关世界去向何方、中国如何稳定发展的时代课题，"两个大局"成为准确研判历史发展规律和大势的基本出发点，是科学谋划社会主义现代化建设事业的基本出发点。在此意义上，我们必须全面把握"两个大局"，紧紧抓住和切实用好发展的重要战略机遇期，在危机中育新机、于变局中开新局，坚定不移地朝着实现中华民族伟大复兴的目标稳步前进。

习近平总书记在庆祝中国共产党成立 100 周年大会上深情寄语："新时代的中国青年要以实现中华民族伟大复兴为己任，增强做中国人的志气、骨气、底气，不负时代，不负韶华，不负党和人民的殷切期望。"② 青年者，国之魂也。当代青年有担当、有本领，国家就有前途、民族就有希望。高职大学生是青年群体中的中坚力量，肩负着实现国家富强、民族复兴、人民幸福的时代重任，高职大学生要立足"两个大局"，心怀"国之大者"，树立正确的历史观、大局观、角色观，坚定理想信念，锤炼道德品质，增长知识技能，主动担当作为，争当走在时代前列的奋进者、开拓者、奉献者，在事业的拼搏中干出成绩，在青春的磨砺中绽放光彩，以辛勤劳动和无私奉献助力中国梦。

人类历史一再表明，顺境中存危机，逆境中有机遇。习近平总书记明确指出："历史发展有其规律，但人在其中不是完全消极被动的。只要把握住历史发展大势，抓住历史变革时机，奋发有为，锐意进取，人类社会就能更好前进。"③ 回顾过往的奋斗路，中华儿女面对磨难和挫折，从未低头屈服，无数次奋起反抗，主动探索历史规律，准确抓住发展机遇，引领中华民族从苦难走向辉煌。展望前方的奋进路，中华民族正向着第二个百年奋斗目标迈进，在新征程中肯定还会出现风险和挑战，必须继续以历史的发展的眼光研判形势，把握新的发展机遇。对新时代高职大学生而言，一定要清醒地认识到所处历史阶段，扛起青年一代的历史使命，尊重发展规律，紧跟时代潮流，做到准确识变、科学应变、主

---

① 习近平. 习近平谈治国理政：第 3 卷 [M]. 北京：外文出版社，2020：153.

② 习近平. 在庆祝中国共产党成立 100 周年大会上的讲话 [M]. 北京：人民出版社，2021：25.

③ 习近平. 论中国共产党历史 [M]. 北京：中央文献出版社，2021：214.

动求变，奋力创造新成绩。

（一）准确识变，找准定位、明确目标

辩证唯物主义认为，世间一切事物，一直处于发展变化之中，发展变化遵循一定的客观规律。只有聚焦时代变化，全面认清形势，才能准确抓住主要矛盾和次要矛盾，明确中心工作和重点任务。经过长期努力，中国特色社会主义进入新时代，社会主义矛盾发生转变。经过全国各族人民的不懈奋斗，我国打赢脱贫攻坚战，全面建成小康社会，实现了第一个百年奋斗目标，意气风发地向着第二个百年奋斗目标迈进。可见，在社会发展进程中，“变”的是环境、是阶段，“不变”的是初心、是使命，是一代又一代人艰苦卓绝的奋斗。身处这个大变革、大发展的时代，高职大学生要以更高的站位、更宽的视野审视自己、规划未来，在“变”与“不变”中找准定位，既要充分了解国家的发展战略和社会的现实需求，又要全面认识自身的优势与不足，做到综合考量和理性分析，找到正确的努力方向和切实的发展目标。

（二）科学应变，敢于担当、善于作为

无论风险再多，挑战再大，劳动都是走向成功的必经之路。习近平总书记指出：“人世间的美好梦想，只有通过诚实劳动才能实现；发展中的各种难题，只有通过诚实劳动才能破解。”[①] 当今世界正经历百年未有之大变局，国内发展环境日趋复杂，我国经济社会面临增长动能不足、关键核心技术“卡脖子”、人口红利消解等诸多问题。在这样的环境下，要实现高质量发展的目标，必须大力发挥创造引领发展的第一动力作用，培养具有创造力的高素质人才。置身于一个呼吁创新的时代，高职大学生作为有知识、思维新、懂技术的时代新人，应当义不容辞地融入国家发展战略，扛起创新创造的重任，无论从事什么职业、处在什么岗位，都要辛勤工作、全心奉献，最大限度地激发创新意识，不断增强劳动创新能力，聚焦各行业的技术难关，勇于攻坚克难、追求卓越，以创造性劳动推动技术突破，在劳动创新中寻求发展机遇，切实满足当今社会发展需求。

（三）主动求变，因势而谋、顺势而为

《孟子》有云：“虽有智慧，不如乘势。”这意在强调，人想要在事业上获得成功，应该讲究科学方法，顺应时代潮流，做事情应当巧干、苦干、实干，绝不能蛮干、瞎干、胡干。当前，受传统文化、就业压力等因素影响，社会上“考公热”“考研热”持续升温，越来越多高职大学生不顾所学专业的实际，选择投身“考编”大军，执着于体制内工作。这反映出多数高职大学生在择业时一味地、单纯地追求稳定体面，忽视了社会经济需求、专业培养目标以及个人兴趣爱好，不利于社会全面进步和人的全面发展。当代青年是同新时代共同前进的一代。高职大学生在选择职业的过程中，不能与时代前进的浪潮“背道而驰”，应当与国家的事业同向同行，与时代的发展同频共振，紧盯社会需求风向标，找准自身优势和职业定位的结合点，如投身制造业，建设制造强国；前往农村基层，助力乡村振兴；积极融入国家发展大局，主动承担历史责任，在时代的潮流中有所作为。

---

① 习近平. 习近平谈治国理政：第1卷［M］. 北京：外文出版社，2018：84.

二、厚植家国情怀，践行奉献精神

马克思在《关于费尔巴哈的提纲》中指出：“人的本质并不是单个人所固有的抽象物在，其现实性上，它是一切社会关系的总和。”① 人是社会性的存在，每个人既是社会关系的创造者，也被社会关系创造。在纷纭复杂的社会关系中，个人与国、与家的关系是最根本的，贯穿于一切社会关系的始终，影响人生价值的选择。虽然时代风云变迁，社会关系更加广泛，但是爱国、爱民仍然是华夏儿女成长成才、建功立业的重要条件，家国情怀依旧是华夏儿女最真挚的情感归宿和最浓烈的精神底色。奋进在新时代新征程上，高职大学生应当自觉厚植家国情怀，将个人命运与国家发展、民族前途紧密联系，积极践行奉献精神，敢于担当奉献，让青春在为党和国家事业、为人民群众服务奉献中焕发光彩。

案 例

守岛

1986年7月，王继才受组织派遣，前往黄海前哨开山岛执勤。同年，妻子王仕花辞掉教师工作，陪伴丈夫守岛。30多年来，王继才夫妇以孤岛为家、与艰苦为伴，坚持每天升国旗、巡逻、看管维护军事设施和民用设备，救助渔船渔民，观察海上、空中情况。

1999年，曾有犯罪分子想利用开山岛独特的地理位置，将其变为犯罪的“避风港”，多次威逼利诱王继才交出开山岛管理权。面对危险，王继才丝毫没有退缩。每当回忆起险情，他憨笑着说：“其实他们威胁我，我一点儿都不害怕，他们做的事是违法的，肯定会被抓。”32年中，他提供的情报线索成功破获多起走私、偷渡案件，为国家挽回巨额经济损失。

守岛卫国32年，王继才、王仕花夫妇用无怨无悔的坚守和付出，在平凡的岗位上书写了不平凡的人生华章。2018年7月27日，王继才在执勤时突发疾病，经抢救无效去世，年仅58岁。王继才、王仕花夫妇荣获“最美奋斗者”“时代楷模”“全国爱国拥军模范”等称号。王继才被追授“全国优秀共产党员”称号，2019年被授予“人民楷模”国家荣誉称号。

（一）将“小我”融入“大我”，传承爱国主义

习近平总书记指出：“爱国，是人世间最深层、最持久的情感，是一个人立德之源、立功之本。”② 爱国，从来都不是一个抽象的概念，是对于生于斯、长于斯的民族和国家的坚定认可，就每个人来说，爱国情是最朴素的情感，强国志是最基本的责任，报国行是最

① 马克思，恩格斯. 马克思恩格斯文集：第1卷［M］. 北京：人民出版社，2009：501.

② 习近平. 在北京大学师生座谈会上的讲话［N］. 人民日报，2018-05-03.

坚定的使命。表达情感的最好语言就是行动，在新时代的征途中，一批批青年积极响应党和国家的号召，主动将爱国情化为报国行。在脱贫攻坚战中，青年干部埋头苦干；高职大学生积极参与西部计划，用实际行动践行无私奉献的爱国主义精神，谱写了坚守初心的青春赞歌。当今社会，个人命运与国家发展、民族未来紧密联系、休戚相关，离开了祖国需要、人民期盼，任何个人利益都无从谈起。高职大学生应当始终坚持集体利益与个人利益的高度统一，自觉将“小我”的个人梦融入“大我”的中国梦，以聪明才智回报国家，以辛勤劳动服务社会，以在爱国奉献中实现个人价值。

（二）以优秀传统文化滋养心灵，彰显家国担当

爱国主义是中华民族精神的核心，自古以来就流淌在中华儿女的血脉之中。家国情怀成为中华优秀传统文化中极为重要的情感构成，不乏“正心、修身、齐家、治国、平天下”的理想追求，“天下兴亡，匹夫有责”的爱国情怀，“苟利国家生死以，岂因祸福避趋之”的英勇无畏，“先天下之忧而忧，后天下之乐而乐”的忧患意识。正是有这种文化的积淀和精神的传承，中华民族才能保持长期稳定团结，朝着伟大复兴的目标迈进。今天，历史的接力棒传到了青年一代的手中，国家的未来和民族的前途系于青年一代的表现和作为。新征程上，高职大学生应当从文化传承中汲取奋进力量，认真感悟优秀传统文化的处世智慧，修身进德、正心笃行，树立主人翁意识，涵养家国情怀，以国家和人民的需要为己任，为中华之崛起而读书，心怀天下、坚守梦想，积极作为、无私奉献，在奋进新时代的征途中彰显家国担当。

（三）从先进榜样中汲取奋进力量，弘扬英雄模范精神

《论语》曰：“见贤思齐焉，见不贤而内自省也。”榜样是看得见而且最具说服力的哲理，是时代进步和社会发展的丰碑。革命战争年代的杨根思、刘胡兰、邱少云，和平建设时期的钱学森、华罗庚，改革开放时期的孔繁森、杨善洲、郭明义，新时代的杜富国、黄文秀、陈祥榕，以及各时期、各领域的英雄模范，他们的精神品质直抵心灵、催人奋进。他们用实际行动诠释爱党爱国、坚守岗位、淡泊名利、甘于奉献的使命担当。他们的先进事迹是培育和践行家国情怀、奉献精神的生动教材。习近平总书记指出：“崇尚英雄才会产生英雄，争做英雄才能英雄辈出。”① 学先进、守初心、担使命，高职大学生应当崇尚英雄、学习英雄，从先进榜样的事迹中汲取奋进力量，在追忆英雄模范的同时自我锤炼，积极弘扬英雄模范精神，真正做到以党和国家的事业为重，对人民群众常怀感恩之心，自觉把家国情怀转化为真诚奉献的行动，沿着英雄模范的足迹砥砺前行，在接续奋斗中争做新时代的英雄。

三、坚守平凡岗位，书写精彩人生

“人民创造历史，劳动成就梦想”，这是马克思主义的基本观点，也是马克思主义幸福观的核心要义。劳动作为人的本质活动，是推动人类社会进步的根本动力，劳动没有高低

---

① 习近平．论中国共产党历史［M］．北京：中央文献出版社，2021：114．

贵贱之分，任何一份职业都很光荣，人们只要爱岗敬业、辛勤工作，就一定能凭借智慧和双手创造美好生活，为社会稳定、国家发展做出应有贡献。幸福都是奋斗出来的，在新时代的中国，每个人只要尽心尽力做成一件事、干好一件工作，都将在平凡岗位上创造出不平凡的成绩，推进党和国家事业向前一步，在实现中国梦的征途上绽放光彩。

（一）保持平实之心，树立正确择业观和就业观

择业观、就业观是人生理想在职业选择上的具体体现，是一个人对职业目标的追求和向往。社会中的职业岗位各有不同，对求职者的能力要求也存在差别，意味着人们在择业时要保持平常心，综合考虑自身条件、社会需求和职业前景，不可一味追求高薪、爱慕虚荣，要平等看待每一份职业，找到适合自己的职业定位和职业目标，争取在工作中充分发挥自身价值，为社会发展做出贡献。正如马克思在《青年在选择职业时的考虑》中这样写道："如果我们选择了最能为人类而工作的职业，那么，重担就不能把我们压倒，因为这是为大家作出的牺牲；那时我们所享受的就不是可怜的、有限的、自私的乐趣，我们的幸福将属于千百万人。"① 对于高职大学生而言，一定要树立正确择业观和就业观，端正对待职业的态度，坚信任何职业都是神圣的，只要全身心投入工作，做到脚踏实地、尽职尽责，在任何岗位上都能干出成绩，找到成就感和幸福感，成就一番事业，展现人生价值，实现人生目标。

案例

"共和国勋章"获得者张富清　一辈子坚守初心深藏功名　不改本色

2022年12月20日23时15分，"共和国勋章"获得者、全国优秀共产党员、全国道德模范、"时代楷模"称号获得者、全国模范退役军人、"最美奋斗者"张富清同志，因病医治无效，在湖北武汉逝世，享年98岁。

几张类似奖状的泛黄纸页、一个红本子、三枚奖章……2018年底，湖北恩施土家族苗族自治州来凤县退役军人事务局进行退役军人信息采集工作时，收到了张富清珍藏多年的军功证明，人们这才发现了这位深藏功名63年的老英雄。

随着张富清的事迹被人们熟知，他获得了许多荣誉。一个个沉甸甸的荣誉对张富清来说，都是一次次鞭策。他说："要时刻问自己，党的要求都做到了没有；要不断努力，为党的事业继续奋斗。"他说，自己这辈子最深的信念就是听党的话，永远跟党走。

张富清60多年深藏功名，一辈子坚守初心、不改本色。在部队，他保家卫国；到地方，他为民造福。他用自己的朴实纯粹、淡泊名利书写了精彩人生。

① 马克思，恩格斯．马克思恩格斯全集：第1卷［M］．北京：人民出版社，1995：33.

（二）保持求知之心，做到知识与技能内外兼修

《庄子》有言："吾生也有涯，而知也无涯。"如今，社会经济发展日新月异，科学技术突飞猛进，职业分工逐渐细化、新兴产业职业不断涌现，各行各业都对劳动者提出了更高要求。面对就业压力和工作困境，高职大学生应当主动顺应社会发展潮流，树立终生学习的理想，始终保持求知之心，广泛学习各方面知识，既要学习思想理论知识，补足精神上之"钙"，筑牢思想之"魂"，又要学习基础业务知识，不间断地给自己"充电"，适应岗位最新能力要求，真正把读书学习当成一种生活习惯，完善知识体系。学习的目的在于运用，在于解决实际问题。高职大学生应当把学习知识引向实践锻炼，深入研究新问题、新矛盾，不断探索钻研业务，练就过硬的技能本领。不管在何种岗位上，都要坚持学习、积极实践，努力做到知行合一，不断适应和满足社会需要和工作要求，这样才能真正在平凡的岗位上创造美好未来。

（三）保持崇尚之心，践行劳模精神、劳动精神、工匠精神

按照马克思主义的基本观点，劳动创造了人本身。那么，劳动精神就成为人的精神，工匠精神是成为更加优秀的人的精神，劳模精神则是成为影响别人的人的精神。中国今日之成就，正是中国共产党团结带领亿万劳动人民，艰苦奋斗、积极进取的结果，劳动人民不仅创造了璀璨的物质文明，还铸就了伟大的劳动精神。实现奋斗目标，开创美好未来，在新时代的征途上，高职大学生应当始终保持崇尚之心，尊重劳动、尊重劳动者，践行劳模精神、劳动精神、工匠精神，走向社会、步入工作岗位，无论从事体力劳动还是脑力劳动，无论从事简单劳动还是复杂劳动，都要热爱劳动、真诚劳动，既要埋头苦干、实干，也要向身边的模范学习，真正做到干一行、爱一行，钻一行、精一行，牢牢扎根本职岗位，脚踏实地把每件小事做好，在不懈奋斗中书写精彩人生。

问题卡片

1. 你是如何在实现个人利益和服务社会利益之间取得平衡的？
2. 作为有奉献精神的新时代劳动者应该如何书写精彩人生？
3. 你还能列举出哪些在工作岗位上无私奉献的新时代劳动者？你对他们作何评价？

项目小结

劳动追求是劳动者最高精神价值的体现，当代青年应该追求做有理想、有本领、有担当、有成就、有奉献的新时代劳动者。做有理想的新时代劳动者就要坚定信念；做有本领的新时代劳动者要勤学好问，求真学问、苦练技能，练真本领、服务社会；做有担当的新时代劳动者要树立责任意识，勇于承担责任、立足本职工作，乐于助人为乐、积极参与公益活动，共建和谐社会；做有成就的新时代劳动者要培养创新意识，增强创新能力，敢于创新创业，发扬实创精神，训练批判思维能力、动手操作能力、创新技术的运用能力等，进而增强创新能力；做有奉献的新时代劳动者要把握发展大势，担当历史使命，厚植家国情怀，践行奉献精神，坚守平凡岗位，书写精彩人生。

课后思考与练习

一、选择题

1. 古人言："志不立，天下无可成之事。"这说明理想指引着人生的前进方向，这体现了职业理想的（　　）?【单选题】

A. 导向功能　　B. 激励功能　　C. 调节功能　　D. 实践功能

2. "书山有路勤为径，学海无涯苦作舟。"从这句话我们可以得出：要想求得真学问，必须要下苦功夫，也体现了我们要学习真本领一定要（　　）。【单选题】

A. 主动学习　　B. 善于学习　　C. 刻苦学习　　D. 认真学习

3. 习近平总书记在纪念五四运动 100 周年大会上深刻指出："新时代中国青年要继续发扬五四精神，以实现中华民族伟大复兴为己任，不辜负党的期望、人民期待、民族重托，不辜负我们这个伟大时代。"那么作为当代青年大学生，我们应该（　　）。【多选题】

A. 立足时代之基，树立责任意识，展现新担当、新作为，努力实现人生价值

B. 培养担当精神，始终保持应有的闯劲和担当，把人生理想融入国家和民族的事业中

C. 意志坚强，不甘落后，为了实现奋斗目标，能够一往无前、不畏艰险

D. 增长才干、练就本领，以真才实学服务人民，以创新创造奉献社会

二、论述题

青年向上，国家向前。在庆祝中国共产党成立 100 周年大会上，习近平总书记深情寄语新时代的中国青年，"要增强做中国人的志气、骨气、底气，不负时代，不负韶华，不负党和人民的殷切期望!"一代人有一代人的担当，新时代的劳动者应当承担什么样的历史重任?

参考文献

1. 柏拉图. 理想国［M］. 郭斌和，张竹明，译. 北京：商务印书馆，1986.

2. 恩格斯. 自然辩证法［M］. 中共中央马克思恩格斯列宁斯大林著作编译局，编译. 北京：人民出版社，2015.

3. 韩先煌，马骏. 加强劳动实践 提升创新能力［J］. 安徽教育科研，2022（18）.

4. 胡月，靳玉乐. 教科书里的劳动者形象塑造——劳动教育融入学校课程的探索［J］. 华东师范大学学报（教育科学版），2022（06）.

5. 决胜全面建成小康社会 夺取新时代中国特色社会主义伟大胜利——在中国共产党第十九次全国代表大会上的报告［M］. 北京：人民出版社，2017.

6. 匡瑛，井文. 工匠精神的现代性阐释及其培育路径［J］. 中国职业技术教育，2019（17）.

7. 李宏伟，别应龙. 工匠精神的历史传承与当代培育［J］. 自然辩证法研究，2015（08）.

8. 李丽. 论劳动精神的内涵、生成逻辑及育人价值［J］. 贵阳学院学报（社会科学版），2021（04）.

9. 龙柒. 世界上最伟大的50种思维方法［M］. 北京：金城出版社，2011.

10. 马克思. 1844年经济学哲学手稿［M］. 北京：人民出版社，2014.

11. 马克思，恩格斯. 马克思恩格斯全集：第21卷［M］. 北京：人民出版社，1965.

12. 马克思，恩格斯. 马克思恩格斯全集：第1卷［M］. 北京：人民出版社，1995.

13. 马克思，恩格斯. 马克思恩格斯文集：第9卷［M］. 北京：人民出版社，2009.

14. 马克思，恩格斯. 马克思恩格斯文集：第10卷［M］. 北京：人民出版社，2009.

15. 马克思，恩格斯. 马克思恩格斯文集：第1卷［M］. 北京：人民出版社，2009.

16. 马克思，恩格斯. 马克思恩格斯文集：第5卷［M］. 北京：人民出版社，2009.

17. 马克思，恩格斯. 马克思恩格斯选集：第2卷［M］. 北京：人民出版社，2012.

18. 马克思. 1844年经济学哲学手稿. 北京：人民出版社，2000.

19. 毛泽东文集：第7卷［M］. 北京：人民出版社，1999.

20. 彭维锋. 习近平总书记关于劳动精神的重要论述研究［J］. 山东社会科学，2019（04）.

21. 彭维锋. 新时代劳模精神、劳动精神、工匠精神的理论内涵与实践导向［J］. 江西社会科学，2021（05）.

22. 王肖东，张秋辉. 新时代大学生劳动创新精神的时代逻辑、核心要义和践行路径[J]. 河南科技学院学报，2022 (08).

23. 王永玺，张晓明. 简述中国劳模的历史发展 [J]. 北京市工会干部学院学报，2010 (09).

24. 吴玉章. 吴玉章文集：上 [M]. 成都：四川教育出版社，1989.

25. 习近平. 高举中国特色社会主义伟大旗帜 为全面建设社会主义现代化国家而团结奋斗——在中国共产党第二十次全国代表大会上的报告 [N]. 人民日报，2022-10-17.

26. 习近平. 论中国共产党历史 [M]. 北京：中央文献出版社，2021.

27. 习近平. 学习英雄事迹 弘扬英雄精神 将非凡英雄精神体现在平凡工作岗位上[N]. 人民日报，2018-10-01.

28. 习近平. 在北京大学师生座谈会上的讲话 [N]. 人民日报，2018-05-03.

29. 习近平. 在庆祝中国共产党成立 100 周年大会上的讲话 [M]. 北京：人民出版社，2021.

30. 习近平. 在同全国劳动模范代表座谈时的讲话 [N]. 光明日报，2013-04-29.

31. 习近平. 在知识分子、劳动模范、青年代表座谈会上的讲话 [N]. 人民日报，2016-04-30.

32. 习近平. 致 2013 年全球创业周中国站活动组委会的贺信 [N]. 人民日报，2013-11-09.

33. 习近平. 习近平谈治国理政：第 1 卷 [M]. 北京：外文出版社，2018.

34. 习近平. 习近平谈治国理政：第 2 卷 [M]. 北京：外文出版社，2017.

35. 习近平. 习近平谈治国理政：第 3 卷 [M]. 北京：外文出版社，2020.

36. 习近平. 习近平谈治国理政：第 4 卷 [M]. 北京：外文出版社，2022.

37. 习近平在乌鲁木齐接见劳动模范和先进工作者、先进人物代表 向全国广大劳动者致以“五一”节问候 [N]. 光明日报，2014-05-01.

38. 修林. 政治理论常识讲座第一讲“劳动创造世界”[J]. 前线，1963 (08).

39. 赵怡雯，嵇芸芸. “动态竞争”推动企业发展 [N]. 国际金融报，2012-06-20.

40. 中共中央关于制定国民经济和社会发展第十四个五年规划和二〇三五年远景目标的建议 [M]. 北京：人民出版社，2020.

41. 中共中央国务院. 关于全面加强新时代大中小学劳动教育的意见 [M]. 北京：人民出版社，2020.

42. 中共中央文献研究室. 十八大以来重要文献选编：上 [M]. 北京：人民出版社，2014.

43. 周恩来教育文选 [M]. 北京：教育科学出版社，1984.

44. 庄西真. 多维视角下的工匠精神：内涵剖析与解读 [J]. 中国高教研究，2017 (05).